The Strategy and Tactics of Pricing

定价战略与战术

通往利润之路

A Guide to Growing More Profitably

[第五版]

[美] 汤姆·纳格　约瑟夫·查莱
陈兆丰 > 著

龚　强　陈兆丰 > 译

华夏出版社
HUAXIA PUBLISHING HOUSE

图书在版编目（CIP）数据

定价战略与战术：通往利润之路 /（美）汤姆·纳格 (Thomas Nagle) ,（美）约瑟夫·查莱 (Joseph Zale) , 陈兆丰著；龚强，陈兆丰译 . -- 北京：华夏出版社有限公司，2019.10（2023.7 重印）

ISBN 978-7-5080-9832-6

Ⅰ.①定… Ⅱ.①汤… ②约… ③陈… ④龚… Ⅲ.①商品－定价－研究 Ⅳ.① F713.53

中国版本图书馆 CIP 数据核字（2019）第 171404 号

The Strategy and Tactics of Pricing:A Guide to Growing More Profitably (5th edition) by Thomas T. Nagle John E.Hogan and Joseph Zale.
Copyright © 2011, 2006, 2002, 1995, 1987 Pearson Education, Inc., publishing as Prentice Hall, One Lake Street, Upper Saddle River, New Jersey 07458.
Simplified Chinese translation copyright © 2012 by Huaxia Publishing House Co.,Ltd and Monitor Group jointly.
Monitor Group, 北京市朝阳区建国门外大街乙 12 号双子座大厦东塔 16 层，www.monitor.com/cn
All Rights Reserved.

本书中文简体版权由 Monitor Group 授予华夏出版社有限公司，版权为华夏出版社有限公司和 Monitor Group 所共有。未经出版者书面允许，不得以任何方式复制或抄袭本书内容。

版权所有，翻印必究
北京市版权局著作权合同登记号：图字 01-2011-7750 号

定价战略与战术——通往利润之路（第五版）

著　　者	［美］汤姆·纳格　　［美］约瑟夫·查莱　陈兆丰
译　　者	龚　强　陈兆丰
策　　划	陈小兰
责任编辑	陈小兰
出版发行	华夏出版社有限公司
经　　销	新华书店
印　　装	三河市少明印务有限公司
版　　次	2019 年 10 月北京第 1 版 2023 年 7 月北京第 3 次印刷
开　　本	710×1000　1/16
印　　张	21
字　　数	387 千字
定　　价	49.00 元

华夏出版社有限公司　地址：北京市东直门外香园北里 4 号　邮编：100028
网址：www.hxph.com.cn　电话：（010）64663331（转）
若发现本版图书有印装质量问题，请与我社营销中心联系调换。

目 录

中文（第五版）序言 / 1

第 1 章 战略定价：掌控利润驱动因素 / 1

成本加成定价 / 3
客户驱动型定价 / 4
市场份额驱动型定价 / 5
什么是战略定价 / 6
价值创造 / 8
价格结构 / 10
价格和价值沟通 / 12
定价政策 / 13
价格水平 / 14
战略定价的实施 / 15
小结 / 17

第 2 章 价值创造：定价优势的来源 / 19

价值在定价中的作用 / 20
经济价值估算 / 23
基于价值的市场细分 / 41
小结 / 48

第 3 章 价格结构：区别市场细分的定价战术 / 49

价格-产品组合设计 / 52
价格计量单位 / 57

价格区隔 / 66
小结 / 73

第4章 价格和价值的沟通：影响支付意愿的战略 / 75

价值沟通 / 76
价格沟通 / 88
小结 / 96

第5章 价格政策：管理客户预期以提高价格实现 / 97

政策制定 / 100
应对价格异议的政策 / 101
管理价格上涨的政策 / 112
应对经济下滑的政策 / 115
促销价格政策 / 116
小结 / 118

第6章 价格水平：符合持续盈利要求的定价 / 119

价格设定流程 / 120
价格—销量权衡 / 129
评估客户反应 / 131
亚马逊在线试验"零"价格点 / 134
动态定价模型 / 136
与市场进行新价格的沟通 / 138
小结 / 139

第7章 产品生命周期的定价战略：在演变的市场中调整战略 / 141

新产品和产品生命周期 / 142
在市场引入阶段为创新产品定价 / 143
产品成长阶段的新产品定价 / 147

成熟阶段的产品定价 / 151
市场衰退阶段的产品定价 / 154
小结 / 156

第8章 定价战略实施：将战略性定价融入组织 / 159

组织 / 161
激励 / 168
有效管理变革过程 / 177
小结 / 179

第9章 成本：成本如何影响定价决策 / 181

成本在定价中的角色 / 181
确定相关成本 / 182
为什么是增量成本 / 183
为什么是可避免成本 / 187
避免会计核算的误导 / 190
评估相关成本 / 191
作业成本法 / 197
边际收益率和定价战略 / 198
对转移定价中的成本加以管理 / 201
小结 / 205

第10章 财务分析：盈利性定价 / 207

盈亏平衡销量分析：基本案例 / 209
包含可变成本变化的盈亏平衡销量分析 / 212
包含增量固定成本的盈亏平衡销量分析 / 214
被动定价的盈亏平衡销量分析 / 216
计算可能的财务变化 / 217
盈亏平衡销量曲线 / 219
关注基准点 / 223

收回非增量固定成本和沉没成本 / 223
案例研究：李特父子公司 / 224
小结 / 231
附录 10A　盈亏平衡公式的推导 / 231
附录 10B　价格变动的盈亏平衡分析 / 233
小结 / 241
致谢 / 241

第 11 章　竞争：深思熟虑地管理冲突 / 243

理解定价博弈 / 244
竞争优势：盈利的唯一可持续来源 / 246
对竞争作出反应：三思而后行 / 250
你应该如何应对 / 257
管理竞争信息 / 260
应该何时开始价格战 / 266
小结 / 267

第 12 章　价格敏感性的测量：辅助决策判断的研究技巧 / 269

测量方法的类型 / 270
正确使用各种测量技术 / 295
小结 / 302

第 13 章　道德和法律：理解定价的限制性因素 / 305

定价中的道德限制性因素 / 305
定价的法律框架 / 309
协议价格或价格激励 / 311
转售协议价格或激励 / 313
价格歧视和促销歧视 / 317
运用非价格变量支持定价目标 / 323
其他定价问题 / 326
小结 / 327

中文（第五版）序言

一直以来，"物美价廉"总被大部分商家误以为是吸引客户购买的最有效的价值主张。于是，商家们纷纷向消费者抛出低价的橄榄枝，使得市场上的"价格战"硝烟弥漫。君不见这厢有大喊"引爆低价狂潮"的广告语，那厢的促销口号就是"大牌低价，特惠疯抢中"，更有"百货盛宴，底价狂欢，全场低至3折"的豪言壮语，硬是让消费者养成了不低价不买的习惯。而企业间的价格战也屡见不鲜，低价成了企业争取业务增长和抵御竞争的常用武器，但最终导致的结果呢？商家因此陷入利润率下降的漩涡，乃至亏损。

其实，我们传统消费观所讲的"物有所值"更值得推崇，与现代世界级营销管理理念中的战略定价思维如出一辙，都是以客户价值为基础的观念。而定价是能让客户感到"物有所值"的最直接参照，也是影响企业利润最大和最直接的杠杆之一。

改革开放以来，很多企业依靠低成本优势运营，以低价策略赢得了多年的市场份额和业务增长。但随着国内外市场环境的演变，企业运营成本上升压力日趋紧张，低价和低成本已较难成为众多国内和国际市场竞争企业的可持续竞争优势。

如何摆脱低层次的价格战竞争？如何促进企业利润持续增长？如何引进和吸收全球先进企业在定价管理方面的世界级最佳实践？如何通过以定价管理和利润提升为切入点的营销变革来建立世界级的营销管理体系？这些都是摩立特集团过去近20年，为超过500多个各行各业的企业客户在定价战略和战术咨询服务方面所面临的共同的战略性问题，也是摩立特集团在中国市场为国内客户服务所积累的定价实践和实战经验的主要范畴。

自《定价战略和战术》英文版在1987年第一次出版以来，此书被多家领先商学院沿用为定价战略方面的课本或参考书，更因摩立特集团在此领域服务众多商界客户的优良口碑，原著者汤姆·纳格被誉为"全球战略定价之父"。我和此书英文第五版的共著者约瑟夫·查莱有幸能在汤姆指导下一起在摩立特集团为我们的客户提供定价方面的战略和管理咨询，并结合我们的咨询经验和项目实施经验在第四版的基础上更新了本书近80%的内容，我也根据国内咨询项目实践经验为本书的中文版编写了些本地化内容，以便此书内容能更与时并进，真正成为中国商界学界的"定价圣经"。

本书在翻译和出版过程中，得到了华夏出版社及西南财经大学的大力支持。华夏出版社的陈小兰女士、马颖女士为本书的出版提供了宝贵的意见和建议。西南财经大学龚强教授和他的团队为本书的中文翻译提供了大力的支持。摩立特集团中国区的沈忻和薛敏等同事为本书的翻译和校对做了大量仔细认真的工作。摩立特集团中国区市场部总监夏虹对本书翻译和出版工作的总体协调更是本书顺利出版所不可或缺的。在此谨代表所有著者表示衷心的感谢！

陈兆丰

摩立特集团合伙人

2012年7月

第1章

战略定价：掌控利润驱动因素

经济因素决定利润率，而经济因素会随着科技、监管、市场信息、消费者偏好或者相对成本的变化而不断改变。因此，在变化市场中取得盈利性增长的公司经常需要打破成规，创造新的定价模式。举例来说，民营的快递公司以上门取件和货到付款等灵活服务方式改变了传统的邮递定价和服务范围。欧洲的瑞安航空公司大幅拆分原来人们认为是理所应当的空中客运服务项目，而对行李托运、座位选取、办理登机服务、提供饮料等采取分别计价的方式。这种创新型的定价模式使得瑞安航空的每架飞机每天能够比现有的竞争对手获得更高的上座率，并进而取得更多的收益。新兴网络媒体的制作者们为网络广告的定价设计了全新的度量方法——按点击次数收费。相对于传统媒体，这种方法能让广告成本更加接近其真实价值。苹果公司通过对单首歌曲下载收费，而不是像传统模式那样需要购买整张唱片专辑而改变了整个音乐市场的规则。

不幸的是，大部分的职业经理人，甚至是专门从事营销的职业经理人，很少接受过相关的系统培训，难以制定像以上示例中的战略定价决策。大多数公司仍然是"见招拆招"式的根据当前碰到的变化来做出定价决策，并非主动预测变化从而制定相应的策略。而如今变化如此迅速的市场情况更加需要企业快速深入地对自己的定价策略进行调整。信息革命让各种价格更加透明，从而使得消费者对价格更加敏感。市场的全球化让竞争者的数量大大增加，同时也使销售成本进一步下降。因此，虽然许多行业科技水平的日新月异为客户创造了价值的新来源，但却不一定为生产者带来利润的显著增长。

尽管如此，那些有能力根据市场变化制定并实施有效定价战略的公司也确实得到了丰厚的回报。我们对消费者和商业市场上200多家公司的"价值扫描"调查显示,那些制定并有效实施基于价值的定价战略的公司比那些以追求市场份额或者目标毛利率来定价的公司,营业利润要高31%。① 在这方面有众多的具体事例可以充分说明战略定价管理对奖励创新的影响力。

一个突出的例子就是苹果手机。当苹果公司发布iPhone时,外界批评说400多美元的价格太离谱了,因为竞争商品要么用一半的价格就可以轻松买到,要么与电信运营商签两年的合同便可以免费获得。然而苹果公司明白,有一群看重创新的核心客户能够轻易认识到iPhone的独特差异,并且愿意为这一价值付出更高的价格。通过在一个高价位上努力满足这一客户群体的需求,苹果为其易于使用的用户界面建立了较高的价值基准。当苹果稍后将价格降至300美元时,虽然这个价格相对来说仍然很高,但相对于前面的价值基准来说似乎成了一项让利,从而吸引了更多的人来购买。通过建立这一高价值基准,苹果不但以高价格获取了绝对优势的市场份额,同时又进一步从第三方应用程序的销售中每年赚取了超过10亿美元的收入。

沃尔玛是另一个通过运用战略定价来实现盈利性增长的公司。与苹果手机的高价策略不同,沃尔玛的着眼点却是在什么地方以及如何提供折扣价格。比如沃尔玛将最多的折扣放在诸如一次性尿布等产品上,以此来吸引那些如家庭主妇等的关键顾客更频繁的光顾。而这些顾客往往是家庭开销的主要决策者,每一次光顾也就意味着更多其他产品的采购。由于那些拥有相对较少产品线的竞争者没有办法以某类亏本产品来津贴其他盈利产品的战略定价方式,沃尔玛因此能够以此削弱对手来产生更多的客流,同时也不至于引发破坏其战略的价格战。沃尔玛的例子告诉我们,衡量战略定价成功与否不是看提高了多少价格,而是看增加了多少利润。

本书旨在帮助大家理解决定一个定价战略成功的关键因素,并进而积极主动地制定实现这些因素的定价战略,然后通过有效实施定价战术而从中获利。世上没有哪种不需创造更多价值便能以比竞争者更高的价格而获得成功的"魔法"。然而,多年的实践经验让我们深信,要想获得与产品和服务价值相称的利润,对这本书里解释的这些原理的运用才是最关键和最根本的能力。

在达到这一目标之前,所有职能部门的经理人都必须摒弃那些只会把他们引入冲突,让他们制定损害利润的错误定价思路。那么,就让我们来看看这些错误

---

① 来源: ValueScan Survey, Monitor Group, Cambridge, MA, 2008. 摩立特集团价值扫描调研报告。

的思路，然后一举摒弃它们。

■ 成本加成定价

成本加成定价一直以来都是最常见的定价策略，这是因为它总是顶着财务审慎的光环。按照这一想法，人们以产品或服务的各项成本为基础，并在此基础上加上一个事先决定好的回报率，然后认为这样就实现了利润。从理论上讲，这是一个简单的盈利指南，但实际上它却是一条导致平庸财务表现的路径。

成本驱动型定价有一个根本的问题，即在大部分行业中，在确定产品的价格以前是不可能确定它的单位成本的。为什么呢？因为单位成本会随销量的变化而变化。这种成本变化之所以发生是由于成本中有很大一部分是"固定成本"，必须"分摊"这些固定成本才能确定全部单位成本。不幸的是，由于这些分摊取决于销量的大小，而销量又随着价格的变化而变化，所以单位成本实际上是一个变动指标。为了"解决"这种在确定价格前便确定单位成本的难题，那些基于成本的定价者就不得不荒唐地假定他们能够在不影响销量的情况下定价。由于无法将价格对销量的影响，以及销量对成本的影响考虑到定价当中，直接导致经理人做出了损害盈利的定价决策。用涨价来收回更多固定成本的做法会导致"死亡螺旋"：更高的价格减少了销量，固定成本分摊在更少的产品上，这样又进一步增加了单位成本，而根据成本加成理论，价格也应该进一步上升，进而再次引起销量下降。另一方面，如果销量超过预期，固定成本能够分摊到更多商品上，使平均单位成本大幅下降，根据成本加成理论，这就意味着应该降低价格，进而会损害利润。成本加成定价造成了在疲软市场上价格定得过高而在繁荣市场上价格定得过低——这恰恰有悖于财务审慎的战略。

那么，经理人应该如何应付这种基于成本的定价问题呢？答案是他们不应该这么考虑。问这个问题本身就反映出一种对定价作用的错误看法。这个看法的基础是相信可先确定销量水平，再计算出单位成本和一个利润目标，然后再定一个价格。其实经理人需要积极主动的定价而不是被动的制定价格来覆盖成本和完成盈利目标。他们需要懂得，价格影响销量，销量影响成本，而战略定价的部分意义就在于有效地管理固定成本的分摊。

一个定价者要问的问题不应该是价格能否完全覆盖分摊的成本，而是价格上的改变引起的收入变化是否能够充分抵消固定成本和可变成本的变化。当收入变化大于可变成本的变化时，那么这家企业额外获取的收益将足够覆盖它的固定成本；当收入变化小于可变成本的变化时，那么这家企业获取的收益将不足以覆盖固定成本。在随后关于价格变更的财务分析一章中，我们将详细介绍一种用来计算对任一价格变更所需的销量变化的简便方法。

■ 客户驱动型定价

很多公司已经意识到了基于成本定价的谬误和它对利润的不利影响。他们认识到了必须让定价反映市场情况。于是，很多公司已经把定价的权利从财务经理的手中转交给了销售经理或产品经理。从理论上讲，这个趋势与基于价值的定价是一致的，因为营销和销售部门是公司中最了解产品对于客户的价值的部门。然而在实际当中，利用定价来达到短期的销售目标通常会损害客户对获得的价值的感知，甚至会导致利润更大程度的降低。

战略定价的目的并不仅仅是创造更多满意的客户。客户的满意度通常可以简单的通过提供高于产品价格的价值，或者提供比产品价值更低的价格来实现。但营销人员如果相信通过这种方式实现的销量就代表着营销的成功，那就是自欺欺人。**战略定价的目的应是通过盈利性地定价实现更多的价值，而不一定是追求更大的销量。**当营销人员把这两个目标混为一谈的时候，他们就落入了按购买者想付多少就定多少的价格陷阱，而不是按产品实际价值的多少来定价。这种决定尽管使营销人员能够实现他们的销售目标，但却无一例外地会损害企业长期的盈利。

这种根据买方的支付意愿来定价的策略会带来两个方面的问题。第一，老练的采购者在他们究竟愿意为产品支付多少方面几乎总是不说实话。可以理解，专业的采购员工作的一部分就是要擅长隐瞒所采购的产品对他们企业的真实价值。一旦买方得知卖方的价格是可变动的，买方自然就倾向于向卖方隐瞒信息，甚至会误导卖方。很明显，这种战术削弱了销售人员与客户建立紧密关系并了解其需求的能力。

第二，这种按买方支付意愿来定价的方式还会带来一个更根本的问题。销售和营销工作的目的并不是单纯的按客户当前的支付意愿来制定价格，而是要把客户的支付意愿提高到更能反映产品真实价值的水平上来。许多公司在定价过程中，总是向不了解产品价值的潜在客户询问他们的支付意愿，那么他们得到的结果往往是不能反映产品真正价值的价格要求，而这一点使得许多公司对真正的创新产品定价过低。但是我们通过对创新的研究发现，"常规"价格对客户尝试新产品的意愿几乎没有影响。例如，大多数客户最初都认为复印机、大型计算机和食品加工器的价格不能匹配他们带来的价值。但在做了大量的营销工作来传达和保证价值后，这些产品才得到市场认可。不要把那些从未用过你产品的客户的原始支付意愿太过放在心上！相反，要去了解这个产品为满足客户需求带来的价值，并把这个价值传达给他们。低价行销永远不能代替充分的营销和销售努力。

■ 市场份额驱动型定价

最后，考虑那种基于市场竞争状况而定价的策略。按照这种看法，定价是完成销售目标的工具。在有些经理人看来，这就叫"战略性的定价"。事实上，这是一种舍本逐末的做法。一个企业为何想要取得更多市场份额呢？因为经理人相信更多的市场份额通常会产生更多的利润。[1] 但是当经理人仅仅为完成市场份额目标而去减少每次销售的利润时，那就是本末倒置了。只有当与同类竞争产品相比，我们的产品不再能提供更多的价值来合理支持产品溢价的时候，才应该降低价格。

尽管削价大概是完成销售目标的最快、最有效的方法，但是从财务上讲它通常不是一个好的决策。因为削价很容易被效仿，所以削价只能带来短期的市场优势，而代价是长期的低利润率。因此，除非公司有充分理由相信它的竞争对手不能效仿同样的削价，这种把价格当做竞争武器带来的长期危害往往会超过任何的短期获益。虽然产品差异化、广告宣传和销售渠道的提升可以带来的销量增加不如削价来得快捷，但是这些方面带来的好处是更加可持续的，因此通常也是更划算和有效的。

定价的目标应该是找到实现长期盈利最大化的利润率和市场份额的组合。有时候，最有利的价格往往是那种很大程度上限制自己可能获得的市场份额的价格。毫无疑问，如果把高迪瓦巧克力、劳力士手表、宝马汽车、罗尔斯·罗伊斯发动机或卡特彼勒机械装备价格定得更接近于竞争对手的话，拥有这些品牌的公司都会获得巨大的市场份额。然而，是否值得为了增加市场份额而放弃他们最为高价品牌的高利润和成功地位就难说了。

战略定价要求充分平衡价格和销量的关系以实现利润最大化。这种平衡一般

---

[1] 在过去的 20 年间，对于如何打造一个能够持续获得巨大成功的公司，严肃的理论著述已取代了过分简单化、案例式的原则。参见 Michael E. Porter, *Competitive Advantage* (New York: The Free Press, 1985); Gary Hamel and C. K. Parhalad, *Competing for the Future* (Cambridge, MA: Harvard Business School Press, 1994); Adrian Slywotzky and David Morrison, *The Profit Zone* (New York: Randomm House, 1997); Robert Kaplan and David Norton, *The Strategy – Focused Organization* (Cambridge, MA: Harvard Business School, 2001).

来说有两种形式。第一种是通过降低价格以获取更多市场机会来推动销量。成本加成定价者经常不愿意使用这种方式，因为它降低了该产品的利润贡献率，而这让该产品同其他产品相比看起来表现不佳。但如果销量增加的概率较高且管理恰当，较低的利润率通过更多的销量也可能带来较高的总体利润。第二种形式是提高价格但面临销量下降的风险。以市场份额或客户支付意愿为导向的定价者往往在面对丢单或销量降低的时候感觉压力很大而不愿提高价格，但价格上涨的经济效应可以是非常引人注目的。比如说，一个有30%利润贡献率的产品，如果价格提高10%，即使销量下降25%，仍然可以保证总体利润持平。所以，有水平的定价者会经常性的衡量利润率与市场份额之间的平衡，而当这一平衡向某一方偏离太多时，他们能够做出艰难但正确的决定来重获平衡。

■ 什么是战略定价

"战略"一词在许多不同的语境中代表着不同的意思。在这里，我们把战略理解为协调整合原本独立的行为以达到一个共同的目标。对于战略定价来说，这个目标就是盈利。获得高额利润需要做的远不止仅仅是提高价格管理水平。它需要保证这些产品和服务中尽量包含客户愿意为之支付的特性，而不是那些徒增成本却并不能增加价值的东西。战略定价要求把产品差异化带来的好处转化为客户可以感知的合理的溢价。这需要企业在销售中不断创新，让客户为他们获得的差异化价值支付更多。它需要调整价格来优化固定成本，同时控制那些增加额外服务成本的行为。有时候它还需要企业培养内部能力来应对过于激烈的竞争者的行为。

尽管企业可以利用不同的战略达到盈利结果，但几乎所有成功的定价战略都包含了三个原则——**基于价值、积极主动和利润驱动**。

基于价值：简单地说就是价格变化应该反映客户得到价值的变化。举例来说，许多经理人问，在经济衰退时，市场需求下降，此时是否应该降低价格呢？答案是：如果客户从你的产品或服务中获得的价值确实由于经济衰退而减少，那么企业应该降低价格来反映这种情况。但事实是，在市场上购买你产品的客户变少了并不意味着他们认为你的产品价值降低了。除非一个相近的竞争者削减了他的价格，给消费者提供了更好的选择，否则从基于价值的角度看，是没有必要降价的。

积极主动：这意味着企业要预见破坏性事件（如与客户的谈判、竞争威胁或是技术革新）所带来的影响，并提前制定策略来应对。举例来说，当企业预见到新一轮衰退的到来或是一个新竞争对手的进入会让客户要求更低的价格时，积极主动的企业会制定诸如可供选择的较低价产品或服务，或是设立客户忠诚计划等项目来掌握主动权，而不是等到最后时刻被迫接受客户所定的谈判条款或屈服于竞争对手的压力而降价。

利润驱动：一个企业评估价格管理的成功与否，是要将它获得的投资回报与可替代的投资机会的投资回报来相比，而不是拿它的收入与竞争者的收入相比。举个例子，艾伦·穆拉利在 2006 年接任福特汽车公司首席执行官时，他就宣布福特从今会专注于成为一家盈利的汽车公司，即使那意味着可能因销售收入降低而使福特变成一个较小的公司。他把当时福特共 96 款车型削减到仅剩 20 款，并卖掉了不赚钱的"美洲豹"和"路虎"业务。当 2008 年经济衰退出现时，他毫不犹豫地削减了产量，而不遵循美国三大汽车制造商以增加对客户和经销商的激励来尽可能长久的保持产量水平的传统思维。① 尽管福特最初放弃了市场份额，但最终却是三大汽车巨头中唯一没有遭受破产厄运的公司。

在这本书中，您会看到这三个原则自始至终都贯穿在如何定义和制定好的决策的讨论中。一个优秀的定价战略包括 5 个截然不同又层层递进的选择，这些选

图 1-1 战略定价金字塔

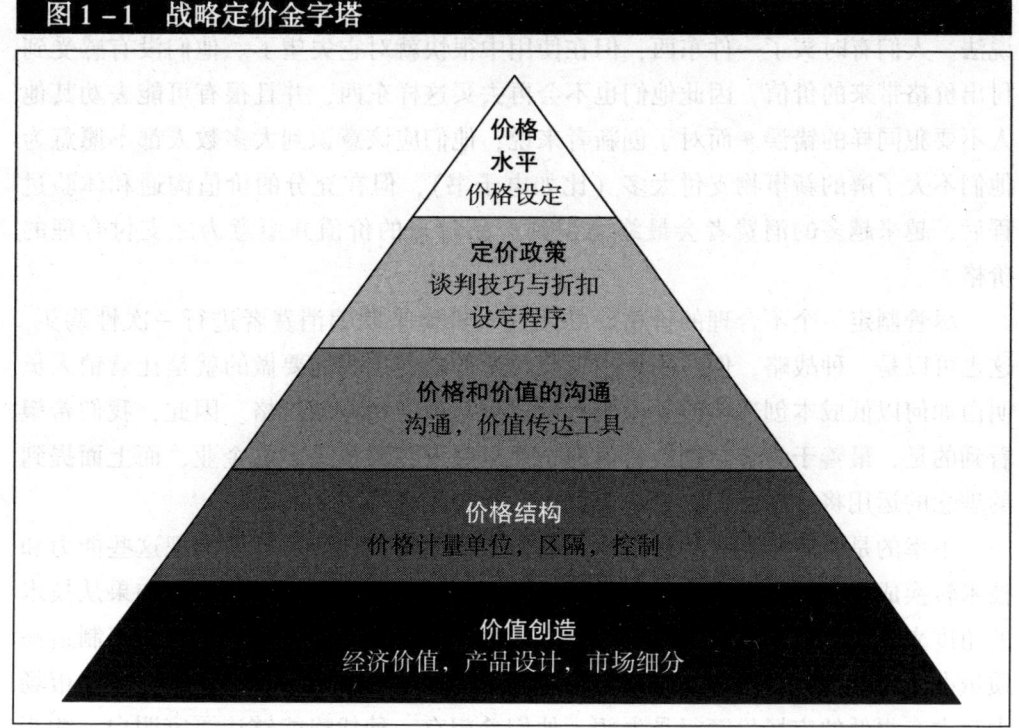

---

① Andrew Clark, "Car Wars: How Alan Mulally Kept Ford Ahead of Its Rivals," *The Guardian*, May 11, 2009.

择可以用下图中战略定价金字塔的 5 个层次来表示。在金字塔底部的战略为那些处于顶部的战略提供必需的支持和基础。尽管每一层级的选择基础原则都是相同的，但把这些原则运用到特定的市场上却需要有对这些产品和市场细节拥有创造性把握。我们在本章仅对每种选择做一些简单的介绍，而在接下来的五章中，我们会对这里涉及的理念、工具，以及策略等进行更详细的阐述。值得注意的是，在一些大公司里，这些选择通常都由不同职能部门的不同人员所管辖，所以这种需要跨职能部门协作实施的战略定价选择并不容易做到。这就是为什么高层管理人员一定要参与到定价过程中来，他们的参与不是去制定价格水平，而是要阐明制定每一层级的每一项选择背后的意义及目标，以帮助定价战略顺利的高效实施。

■ 价值创造

人们通常说某种东西的价值就是某人愿意为之支付的价格。我们不同意这种说法。人们有时买了一件东西，但在使用中很快就对它失望了。他们没有感受到付出价格带来的价值，因此他们也不会再去买这样东西，并且很有可能去劝其他人不要犯同样的错误。而对于创新者来说，他们应该意识到大多数人都不愿意为他们不大了解的新事物支付太多（比如电子书），但在充分的价值沟通和体验过程后，越来越多的消费者会最终意识到产品带来的价值并愿意为之支付合理的价格。

尽管制定一个不合理的价格，并用这个价格来欺骗消费者进行一次性购买，这也可以是一种战略，但这不是本书要讨论的内容。我们要做的就是让营销人员明白如何以低成本创造价值并说服人们付出与价值相称的价格。因此，我们希望看到的是，最善于为客户创造价值的企业也是得到回报最多的企业，而上面提到的理念的运用将帮助我们创建一个健康的社会经济环境。

不幸的是，一些拥有相应技术和能力来创造价值的公司却没能把这些能力和技术转换成客户需要的价值。这种错误的根源就在于，很多人相信，如果从技术的角度来看，对客户而言"多即是好"。我们之前的一个项目曾经为一家制造高质量办公家具的公司工作，这家公司对于自己在这个快速增长，充满竞争的市场中只占有很低的市场份额很是失望。他们希望有一种战略能够让买家明白：购买那些能够保持外观和功能 20 年，甚至更长时间而经久耐用的办公家具是一个很好的选择。在与目标市场上的买家做了几次交流之后，这家办公家具制造商才认识到了真正的问题所在。原来这个办公家具市场中的目标公司客户都认为自己的公司 5 年内要么被收购，要么就倒闭，所以根本不会考虑要购买的办公家具可用 20 年的潜在好处和价值。

图 1-2 说明了让许多公司生产高质量但却低价值产品的错误逻辑。技术和制造部门设计、制造出他们认为"更好"的产品。在这个过程中，他们为产品加入一些他们认为很好的新特征及新服务，而这些新东西是需要投资并带来成本的。财务人员这时就根据这些成本定出一个"目标"价格。之后，也只有到了这个阶段，营销人员才参与到进程中来，而他们的任务就是努力向客户证明现在的价格对于这些"更好"的产品和服务给客户带来的价值是合理的。有时候他们会很幸运，客户认为这个价格确实合理；但大多数情况却是市场中只有极少一部分客户能够认识到这些价值并愿意为之支付。

图 1-2 价值创造的不同途径

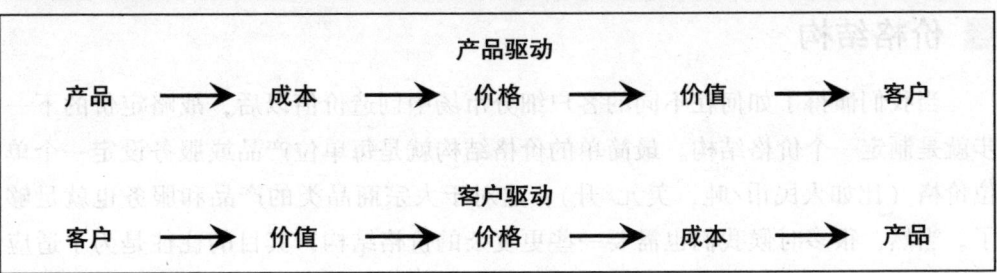

当基于成本的定价被证明是不合理的时候，管理者可能会试着允许在成本上加成的一些"灵活性"来弥补而降价。尽管这种降价战术可能只会使企业"少赚点"，但它从根本上并不是解决问题的方法，因为产品的财务回报仍然是不足的。于是，财务部门责怪市场和销售部门削减了价格，而市场部门又怪财务部门在价格计算中增加了太多额外成本。只要产品的特征和成本与客户的需求和价值不相符合，这个问题就会不断地反复出现。除此之外，一旦客户因为价格谈判而获得了折扣，即使他们认同产品本身的价值，客户的降价要求将来也会变得越来越频繁。

解决基于成本的定价需要的不仅仅是一个快速的解决方案，它需要一个完全相反的过程——那就是要从客户开始。目标价格应该基于对客户需要产品的特征和服务的价值来估算，同时考虑其他竞争商品以及企业所需战略的市场份额目标。财务管理的工作不是坚持要用价格覆盖成本，而是要坚持成本只发生在生产那些能够为目标客户带来价值且能被盈利性定价的产品上。

在过去 20 多年间，这种设计产品和服务并使其能在一个盈利的价格水平上增加销量的理念，已经从一个不常见的现象变成了许多成功公司的目标。[①] 从万豪酒店到波音飞机，从医学技术到汽车行业，利润领先的公司现在都在思考一个新产品应该服务哪个细分市场，如何挖掘和确定客户的需求，以及怎样制定一个能够说服客户支付的价格。基于价值定价的公司对他们的技术人员提出的要求是，希望他们能够用足够低的成本开发生产出能够在目标市场中以目标价格获利的产品及服务。率先实施这种基于价值的定价战略的公司将能够在行业里取得巨大的市场优势，而落后者最终也必须跟着学习如何管理价值以求得生存。

创造价值的关键首先是估计不同的利益组合能够给客户带来多少价值，这通常是市场营销部门或是市场研究部门的工作。我们将在第2章详细讨论如何计算价值。

▌价格结构

当我们懂得了如何在不同的客户细分市场中创造价值以后，战略定价的下一步就是制定一个价格结构。最简单的价格结构就是每单位产品或服务设定一个单位价格（比如人民币/吨，美元/升），这对于大宗商品类的产品和服务也就足够了。当然，很多时候我们也需要一些更复杂的价格结构，其目的往往是为了适应不同细分市场中客户的特点，进而能够尽可能地捕捉每个细分市场中可能实现的最优价格，或者是以最低成本实现尽可能多的销售，或是双管齐下。

举例来说，同样的一个飞机座位，对于一个需要在特定地点和特定时间会见客户的商务旅客，和一个对目的地、旅行时间都无所谓的随意型旅游者来说，其对于前者的价值远远大于后者。航空公司很早就使用复杂的价格结构来让他们从这些不同类型的旅客中实现收益最大化。在周一早上和周五下午，他们让飞机坐满了支付全价票的商务旅客，但如果他们在周二、周三和周四也制定同样的价格，那飞机多半都会空着很多座位。这时候，他们当然可以通过在"非高峰"时段削减每个座位的价格来填满这些座位，但那就意味着不得不给一些在这些天出行的商务旅客不必要的折扣，而这些商务旅客自己实际上并不在乎是否有折扣。为了吸引更多的价格敏感的随意型旅客而又不必给商务旅客不必要的折扣，他们创造了根据客户群细分的价格结构，从而让大多数乘客能够支付一个与他们对座位重视程度相符的价格。

[①] Peter F. Drucker,"The Information Executives Truly Need," *Harvard Business Review*（January – February 1995）: 58.

我们在写这一部分的时候正好是周二上午，如果我们到旅行服务网站上，很容易就可以查到下面这样的机票价格。从波士顿飞到洛杉矶然后两天后返回，只需要支付 324 美元的低价——但你只能拿到一张不能退票的机票，换票另收 100 美元，托运行李来回各加收 15 美元，而且如果因为天气或者机械原因航班取消而需要重新预订航班，我们只能排在低优先等级中。而支付 514 美元，我们就能够获得同一航班同样位置的机票，但这张机票可退可换，在有干扰因素存在需要重新预订的时候，享有很高的优先权。这些对于那些随意型的旅游者来说，可能根本就不是什么问题，而对于那些商务旅客来说可能就成为订什么样机票的决定性因素。同样的，我们可以花 934 美元买一张不可撤销的头等舱往返机票，另加 150 美元的换票费（如果我们需要更换飞机）。而完全灵活的可退可换机票则需要 1 901 美元。通过提供这些不同的选择，航空公司就能够在预计商务票需求量的基础上控制不可退票的折扣票座位的销售，从而实现每个航班的收益最大化。①

最近，一些航空公司设计了更复杂的价格结构来进一步区分不同细分客户群的服务需求，并以此来控制那些增加成本的消费行为，进一步降低服务成本。欧洲瑞安航空公司在这方面走在了最前沿。他们将服务收费的理念推到了极致，并同时也把机票的折扣不断加大。如果你没有在到机场前把登机牌打印出来，那你就必须准备为办理乘机手续另花 5 欧元。想托运一个包吗？再加 10 欧元。想抱个小孩旅行吗？20 欧元。想把小孩的汽车座椅和童车一起带上吗？每样 20 欧元。而让你在长长的候机队伍中优先登机，你需要付 3 欧元。当然，任何飞机上的食品饮料也是要另付费的。如果你觉得在飞机上不吃东西也没什么大不了，那你就可以省钱了。瑞安航空的首席执行官最近重申了他在短途航线上对使用飞机卫生间收费的计划。理由是"如果我们能去掉一架 737 上三个厕所中的两个，我们就能多加六个座位"。② 也许你会认为这种价格结构肯定会赶跑客户吧，我们也这样认为。但转念又一想，瑞安航空只用了不到十年的时间就坐上了欧洲航空公司载客量、收入增长和股票市值的头把交椅，靠的不正是既创新又合理的价格结构吗？③

我们在第 3 章里会详细介绍如何制定价格结构，好让价格反映不同客户细分市场上的价值和成本。

---

① 这种折扣定价的过程被称作"空座管理"，在第 9 章第 2 节中有更详细的描述。——译者注
② "Ryanair Ready for Price War as Aer Lingus Costs Leap," *The Telegraph*, June 2, 2009.
③ Ryanair Full Year Results Analysts Briefing – June 2, 2009, www.ryanair.com/aboutus.

■ 价格和价值沟通

即使理解了产品可为客户创造的价值，并且将这种理解转换成一个有效的价格结构，仍然可能导致不理想的销售业绩，除非客户认识到了他们所获得产品的价值。**一个成功的定价战略必须能够沟通和确定价格相对于提供的产品服务效益所体现的价值的合理性**。由于产品服务的种类以及沟通的渠道与方式的多样性，价格和价值沟通可能是营销人员最富挑战性的工作之一。在某些情况下，营销人员会使用传统广告媒体来传达他们的差异化价值，比如苹果公司曾经在美国非常流行的广告语"我是一台苹果机"。这个广告由演员贾斯汀·朗来扮演一台苹果机，约翰·霍奇曼扮演一台普通个人电脑，突出了那些个人电脑用户很容易碰到的但苹果机用户很少出现的问题。这个广告被认为在十几年前对苹果公司的成功做出了巨大贡献。[①] 另一些情况下，价值信息会在销售过程中直接得到沟通，这可以借助对目标细分市场中客户体会到的价值的直观展现，或者通过电子表格模型来量化向某个具体客户提供的价值而得到体现。[②]

价值信息的内容会根据产品类型和购买环境的不同而变化。对于人们常常购买的如洗涤剂、个人护理用品等日用品的信息传递方式会倾向于非常具体的差异点，以帮助客户在替代品之间做出比较。与之相对的，对于像服务等体验品一般来说就要淡化细节差异，而是建立一种保证：一旦购买了产品，价值就能够得到实现。同样的，价值信息的内容必须明确获益本身是心理上的还是经济上的。在第4章我们就会指出，营销者应该非常明确经济收益的量化价值，同时也需对心理上收益的量化价值有所理解。

价格和价值信息也必须配合客户的购买背景。当全球领先的手机设备商三星为它的新第四代（4G）手机制定价值沟通策略时，它选择了根据客户的特点来传递不同的信息，比如说对于一个新的手机用户，或者对一个喜欢跟上最新科技浪潮的科技爱好者来说，需要传递的信息显然不同。同时三星也需要根据客户现在处在购买过程中的哪个阶段来调整信息。当客户还处于最初的信息收集阶段时，价值沟通的目的就是要向客户突出介绍最富差异化的（也是最大价值所在的）特征，好让他们在做出购买决定的时候能够着重考虑这些特征。对于三星来

---

① "I am a Mac" 的广告可以在 YouTube 上的以下链接找到：http://www.youtube.com/watch?v=lgzbhEc6VVo.

② 一个关于销售过程中的价值沟通工具可以在以下地址中找到：http://www.leverage-point.com/valueManagement/index.html.

说，这就意味着需要着重强调手机的超大屏幕和数据传输的高速度。当客户进入到购买流程的完成阶段时，信息沟通的重点就应该从价值转向价格，这时营销人员就要尽量用最有利的方式来描述价格。手机厂商经常用"平均每天只花几美分"来描述价格，而非"今天一次性要多少美元"这样的宣传。已有研究表明，把价格带来的影响分到很小的单位上，再与一个相对较大的效益来对比，可以明显地降低消费者的价格敏感性。[①]

就像这些例子所呈现的，在设计价格和价值沟通的时候需要考虑很多因素。但营销人员的最终目的是要在客户购买过程中，将合适的信息，在合适的时点，传达给合适的人。我们将在第4章中详细讲述如何应对这一挑战。

■ 定价政策

定价政策的最终成功取决于客户是否愿意支付你指定的价格。基于价值的定价基本原理就是一个客户对不同产品的相对支付意愿，应该与这些产品不同的相对价值相一致。当客户对一个公司制定的无论何种价格都变得越来越抵制时，多数经理人都会得出以下三种结论之一：产品没有提供预期的那么多价值；客户没有认识到产品的价值；价格相对价值来说定得太高。但还有一种可能，也是非常普遍的原因：客户有时之所以不愿意用我们认为合理的价格支付那些具有很高价值的产品，是因为他们已经认识到：如果能够不断地与销售人员讨价还价，他们可能会获得一个更好的价格。

越来越多的北美电信公司开始面临这个问题。为了让人们把手机、宽带网络以及有线电视三项服务同时整合到一个提供商上，电信公司对新客户提供了非常有吸引力的三合一捆绑服务合同（通常是99美元一个月）。一年以后，服务收费会恢复到正常水平，而这就比前面提供给新客户的价格要高20%或者更多。由于对这些新客户优惠捆绑政策已经大规模地宣传了很长时间，客户意识到他们能够利用这种政策。所以在签约入网一年以后，许多人脱离原来的服务提供商，而与新的服务提供商签订另一个一年合同，从而继续享受99美元一个月的优惠价格。因此，一个原本设计出来让客户去体验提供商的高价值服务的方案，反而变成了让那些不怕麻烦的购买者躲避支付那个体现真实价值的正常价格方案了。

定价政策指的是一些企业明文规定的，或是在企业文化中形成的定价规则或

---

① J. T. Gourville, "Pennies – a – Day: The Effect of Temporal Reframing on Transaction Evaluation." *Journal of Consumer Research* 24, no. 4 (March 1998): 395 – 408.

惯例。好的定价政策能够让企业完成短期目标，同时不会促使客户、销售代表、竞争者去改变他们的行为而损害企业未来的销量和利润。相反的，糟糕的定价政策则会鼓励客户、销售代表和竞争者做出损害未来销售或是影响客户支付意愿的行为。用经济学的术语说，好的定价政策让价格沿着需求曲线移动，而不会产生那种导致未来购买的需求曲线负向"位移"的预期改变。而糟糕的定价政策让价格的改变转向负面，从而影响客户未来的支付意愿或购买意愿。我们会在第5章详细介绍如何制定一个有效的定价政策，同时也提醒你那些不好的但却经常被使用的定价政策有哪些潜在的风险。

▌价格水平

根据经济学理论，制定价格是一个很直截了当的过程：营销管理者只需要把价格设定在需求曲线上边际收益等于边际成本的那一点上。然而，每个有经验的定价管理者都知道，在现实世界中，价格的设定很少有这么简单的。一方面是由于客户和竞争者反应的不确定性，使得无法准确预测销售收入如何随着价格变化而改变。另一方面，大多数公司的会计系统一般来讲都不能全面正确地辨认相关成本，从而拥有帮助制定有效定价决策的能力。这通常会导致营销管理者做出一些损害盈利的定价决策。

这种关于边际成本和收益的不确定性，给试图制定最大化利润的价格营销管理者制造了一个困境：在不确定性存在的情况下他们应该如何分析价格走势呢？目前有很多定价工具和技巧，比如联合分析和"最优化"模型等，它们可以将不确定性因子输入到工具或模型中，计算后就会给出似乎确定的价格建议。虽然这些工具对营销管理者来说是非常宝贵的辅助工具（我们会在第6章中介绍如何才能运用它们以发挥出最大优势），但我们也必须要认识到这里仍存在着让营销管理者错误估计其准确性和精确性的风险。在定价时没有什么能真正替代管理者丰富的经验和判断。

价格制定应该是一种由营销部门领导的、反复的、跨职能跨部门的过程。这一过程包含几个关键行动。首先便是制定适当的定价目标，不管方式是用价格来提升销量还是最大化利润率。2008年的时候，麦当劳利用经济衰退、消费者价格敏感度和转移消费意愿不断提高的契机，使用渗透定价的方法，从星巴克那里夺来相当部分的市场份额。客户在尝试了麦当劳的优质咖啡后，发现味道也相当不错，但价格却便宜很多，许多人因此就不愿意再回到星巴克去了。第二个行动是权衡价格—销量的平衡。一个有20%利润率的产品，若在价格上削减10%，最终可能需要100%的销量增加才能获得比原来更高的利润；对于一个利润率达到70%的产品，同样的改变则只需要17%的销量增长来实现更高盈利。我们经常会吃惊地发现，许多经理人因为不懂这些基本的财务计算而做出了错误的定价决策。

在对某个特定的价格变动明确地计算出价格 – 销量平衡后，下一个行动便是估计客户可能的反应，这需要评估一些与价值无关的价格敏感度的驱动因素。两个咖啡爱好者可能对同一杯星巴克咖啡有同样的价值评估。尽管对于咖啡价值的评判相同，那些仅有少量固定收入的退休人员可能会比那些有大量可支配收入的工薪阶层的价格敏感度更高。反过来，当星巴克咖啡与"邓肯甜甜圈"的咖啡相比时，两种个体都会变得不那么价格敏感了，因为星巴克更高的价格表示其咖啡有着更高的品质。营销人员的工作就是去理解不同细分市场消费者对价格敏感度的变化情况，从而能更好地估计潜在的定价改动可能对利润带来的影响。正如我们在第6章中解释的那样，有许多工具可以帮助我们完成这项工作，但同时我们也要记住，宁愿近似地正确，也不要精确地犯错误。

■ 战略定价的实施

在过去的10年里，定价管理议题对企业发展的重要性越来越显著。大多数高层管理人员也都已经意识到了价格和价值管理对于实现盈利增长的重要性。尽管定价管理有着如此重要的战略地位，我们还是很吃惊地发现许多公司的定价决策仍然是由那些较为低层的经理人做出的，他们缺乏相应的能力、数据以及实施定价战略的权威。这种任由低层经理人操作的定价战术往往很容易给企业的财务表现带来负面的影响。我们的研究发现，那些采用基于价值的定价战略并构建了相应的组织能力来实施这种战略的公司，通常比行业同类公司获取的利润高24%。[1] 在同一研究中我们也发现，有23%的市场营销经理和销售经理不理解公司的定价战略，或是不相信他们的公司有定价战略这种东西。

定价战略的实施是一项艰巨的任务，因为它需要包括市场、销售、生产和财务等许多不同职能部门的参与和配合。战略定价的成功实施有三个支柱性因素：有效的组织、及时准确的信息和获得适当激励的管理团队。大多数情况下，企业没有必要建立一个大型而集中的组织来进行定价管理，企业真正需要的是每一个

---

[1] John Hogan, "Building a World – Class Pricing Capability：Where Does Your Company Stack Up?" published by Monitor Group，April 2008.

参与定价决策的人都明白他在价格制定过程中的角色以及他有怎样的权责。比如定价经理可能会有设定价格的权力，销售经理可能会有磋商定价决策的权力，而高层管理者有否决这些决策的权力。通常，这些决定权都没有明晰化，使得定价决策这一个原本明确界定的业务流程，在各个职能部门试图影响价格的过程中，变成了部门间政治力量的角逐。

一旦经理人懂得了他们在价格制定过程中的角色，接下来就必须给他们提供正确的数据和工具来让他们完成任务。在我们的研究中，当经理人被问到，什么能够给公司的定价决策带来最大提升时，75%以上的人都会回答说："更好的数据和工具"。当我们想一想要做出优秀的定价决策所需要的数据的复杂程度时，这种回答或许并不令人感到意外。市场营销经理需要客户价值和竞争价格的数据；销售经理需要数据来支持他们宣称的价值，保护溢价；财务经理需要准确的成本数据和销量数据。在整个组织内部搜集和派发这样大量的数据是一项艰巨的任务，这让许多公司都不得不采用复杂的价格管理系统来整合他们的数据库，保证经理人能拿到他们需要的信息。但不是每个公司都需要投资专门的系统来管理定价数据的。要想让公司的定价战略跟上许多市场上正在发生的变化，每个企业都必须懂得如何快速地把正确的信息准确无误地传递到正确的经理人手中。

还有一点对于定价战略的成功实施也很重要，那就是要用正确的方式去激励经理人主动调整自己的行为来支持定价战略的实施。我们经常看到，许多激励措施往往是鼓励人们去做损害定价战略和利润率的事情。公司通常会把销售代表送去参加价值销售的培训，但当他们回到工作中时，销售奖金的发放却仍然以销售收入最大化为目标。当销售代表或是区域销售经理的激励只是以销售收入为基础时，很难想象他们会坚持捍卫溢价。很显然，溢价越高，损失这笔生意的可能性也就越高。因此激励机制应该设计成为一个用来鼓励更多盈利行为的体系。

我们认识的一个企业高级销售代表最近被提升为区域销售经理。而在他管辖的地区内，折扣普遍且猖獗。在第一次销售会议上，这位经理把销售代表上一季度的业绩按价格实现程度进行了排序，并邀请头两名销售代表来讲述他们是如何做到高盈利销售的，同时也请排名最末的两名销售代表来讲讲哪儿出了问题。接着他让30多名销售代表一起讨论在未来如何应对排名最末那两位所面临的挑战。在会议结束时，他告诉销售代表们，这样的活动会在每个季度末都举行一次。在随后的一个月里，销售代表们都想知道他们在这个排名中的位置，这就说明他们都已经被有效的激励去努力提高自己的销售利润，以免在下次会议中排在后面。

■ 小结

战略定价对企业的成功已经变得至关重要。这也反映出国际竞争的日益激烈，客户所得信息不断增加以及众多市场中产品和服务加速变化的情况。传统而简单的成本驱动、客户驱动和市场份额驱动的定价方式，已经无法使企业在如今这个多元开放的市场中持续实现盈利了。

这一章介绍的战略定价金字塔包含了 5 个关键因素。经验告诉我们，在定价表现中要达到可持续的进步需要对这个金字塔中的多个因素不断的评估和调整。那些对定价战略的内容构成有狭隘看法的企业没有看到这至关重要的一点，从而导致了不完整的解决方案和较低的利润。构建战略定价的能力需要的不仅仅是对于有效战略内容的一般理解，还需要组织结构、体系、个人技能，以及最终公司文化的谨慎设计和建设。这些东西构成了战略定价金字塔矗立的基石，也必须同定价战略一同演变。但战略定价的第一步是懂得金字塔每一层的内容以及它们是如何支撑其上面各层内容的。

第 2 章

价值创造：定价优势的来源

企业大力投资开发和推广差异化的产品或服务是为了取得市场上的竞争优势，而战略定价的目的则是帮助企业获取应得的回报。第 1 章介绍的战略定价金字塔的每层，都在帮助企业实现可持续的盈利性收益最大化的过程中扮演了重要角色。而战略定价金字塔的基础（应该也是任何战略营销组织的首要任务）是要深刻理解产品和服务是怎样给客户创造价值的，这是定价战略至关重要的第一步。

但是对于很多企业来说，他们通过定价管理得到的收获并不理想。其中一个重要原因是因为他们没有真正理解如何通过产品、服务或者客户关系来为客户创造价值。他们错误地假设，只要不断向产品中加入一些新功能，或简单地提高产品的表现就可以理所当然地收取溢价，或者提高销量，或者两者兼得。但除非这些新添加的功能确实能给客户带来实实在在的财务价值和心理价值，否则单凭这种简单的添加很可能没有办法取得实现更多盈利的效果。

对企业来说，对其产品如何为客户创造价值的深入理解是提高产品定价能力的关键。这种理解会使企业各级管理人员统一思想，并以此为出发点制定利于实现盈利的决策。例如，一个对所推销产品的价值有着明确认知的销售人员，在面对顾客刁钻的议价战术时，便能在客观数据的支持下娓娓道来为什么该产品应该值所标的价格。对营销部门来说，了解同一产品在不同细分市场上价值的不同，可以帮助他们更有效地设计出满足不同细分市场，实现价格区分的产品服务价格或价格套餐，从而实现利润提升。产品开发部门也可以从消费者价值的量化估计中受益，使他们在产品开发的过程中将重点放在客户愿意买单的产品特性上而不是客户想要但不愿意额外支付的特性上。最后，定价部门也可以根据客观的客户数据来衡量产品价值，制定出以利润最大化为目标的价格，而不是根据内部成本的数据或市场份额的目标来定价。

这些例子展示了如何通过对客户价值的透彻理解来使企业的不同部门在内部价值链各个环节找到创造和提高利润的机会。但是要想把这些机会转变成可持续的差异化利润绝非一项简单的任务。要想成功，企业需要一套有效的程序来收集数据，估计客户价值，然后将这些信息整合后送到决策者的手里好好利用。面对不断变化的市场需求和市场竞争，管理者们需要新的技巧和工具以便及时做出更好的定价战略决策。更重要的是，要保证企业的定价决策紧紧围绕"实现长期利润"这一主题，企业应当拥有相应的组织结构来为此保驾护航。作为"定价旅程"中的第一站，在本章我们会定义什么是价值，并解释它在定价战略中扮演的角色，描述不同种类的价值估算方法，并展示基于价值的市场细分如何能帮助企业将其产品和服务同客户的支付意愿相匹配从而实现更大的利润。

价值在定价中的作用

价值这个词一般指的是客户从使用产品或享受服务中得到的总的满足感。经济学家把这叫做使用价值，即从产品中获得的效用。例如，在炎热夏日的海滩上，一杯冰饮的使用价值对于大部分人来说是相当高的——也许一杯冰镇苏打汽水或者受欢迎品牌的啤酒能值 10 美元。但是因为极少有人会真的付出这个价格，所以对一个在海滩上兜售饮料的小贩来说，知道这个使用价值也没能帮他卖个那么高的价格。

潜在客户知道，在绝大多数情况下，他们并不需要按产品的全部使用价值向卖家付费。他们知道卖家之间的竞争将会为他们带来更划算的交易，使价格接近于他们从过去经验中得到的预期价格——例如一瓶苏打汽水 2 美元（经济学家把产品的使用价值和其市场价格之差称作消费者剩余价值）。或许他们知道离海滩半英里地方的一个零食店里同样的饮料仅售 1.5 美元；还有，一小段车程之外有一个便利店，在那里一套六瓶装饮料仅售 3.99 美元。结果，口渴的沙滩阳光爱好者们很可能拒绝高价，即使产品对于他们的使用价值来讲要比这个价格高得多。

战略定价的核心并不是使用价值，而是经济学家所称的交换价值或者经济价值。经济价值主要取决于满足客户同样需求的替代产品的选择。当人们认为市场可以在明显更低的价位提供相同的替代品时，即使一杯可乐的使用价值是 10 美元，大部分人也都不会为它支付哪怕2美元。另一方面，只有少数客户会坚持购买价格最低的替代品。很多人可能愿意付出2美元从附近的小贩那里购买一杯可乐，即使同样的产品可以用更低的价格在零食店或便利店买到。这是因为小贩正在提供差异化的产品供应，而这个产品供应的价值对于某些细分市场客户而言要比对另外一些细分市场客户来得高得多。至于这个价值高出多少，则取决于客户眼中由于不需要去海滩零食店或开车去便利店购买而带来的经济价值。对于一些人来说，不用走很远去买汽水的经济价值比较高，他们愿意为小贩所提供的便利而支付更高的价钱。对于另一些不在乎沿海滩走一段的人来说，他们愿意为这种便利支付的溢价就要少很多。为迎合这部分人，小贩需要通过另外的方式来实现产品供应的差异化以便得到这类消费者认可的高价值。

我们能够从产品中具有共同特性的部分所得到的经济价值，将不会高于我们的竞争对手对该部分共同特性的要价。只有与产品差异化相关的部分经济价值，也就是我们所说的差异化价值才能在价格中潜在地被体现出来。差异化价值存在两种形式：货币性的差异化价值和心理上的差异化价值。这两者在客户做出购买选择的过程中都非常重要，但二者要用完全不同的方法来进行估计。

货币价值代表客户在购买和使用一个产品后产生的成本节约或是收入增加的总和。在企业之间的购买行为中，货币价值是最重要的考虑因素。当一个生产厂商向世界著名电力设备供应商 ABB 公司购买高速交换设备时，它买到的产品将具有极高的可靠性，能将电力设备短路的可能性降到最低。对于 ABB 公司的很多客户来说，少点电力设备短路就意味着可产生更高的货币价值，因为他们可以大大降低生产车间因为电力设备短路而被迫停产所造成的成本。

心理价值指的是一个产品为消费者带来的各种各样的内在满足感。一块劳力士手表可能不会为消费者带来太多有形的货币收益，但对于某个细分市场上的消费者来说，对尊贵和奢华的专属占有感能带给他们巨大的心理满足，使他们认为从经济的角度来看也是值得的。正如上述劳力士手表的例子证明的那样，当消费品聚焦于创造满足和欢愉时，它们通常带来更多的是心理价值，而非货币价值。然而，一些消费品能带来双重的价值，比如混合动力汽车，这时候要辨别上面两种价值中哪种对于消费者的购买决定更重要就颇具挑战了。一位丰田汽车用户在考虑购买新车的时候，可能会出于更加节省油费的考虑而转为购买混合动力汽车。另一些消费者可能会出于更环保的考虑购买混合动力汽车，因为环保行为能为他们带来心理满足，也就是前面提到的心理价值。还有一群消费者看重混合动力汽车的时尚性时也能获得同样的心理价值。撇开上述价值的各种源头不说，有一点是很清楚的：一辆混合动力汽车中蕴藏的更高的经济价值使它能比市面上其他传统动力汽车卖出更高的价格。

说得更正式些，一个产品的总经济价值是客户最优替代品的价格（参考价值）加上所有使得这个产品区别于其他替代品的经济价值（差异化价值）。正像图2-1中显示的那样，差异化价值可以是正的也可以是负的。总经济价值是一个充分了解市场信息并且试图取得最佳价值的"聪明购买者"愿意付出的最大价值。然而，并非每个买家都是"聪明购买者"。使用产品和服务的用户（尤其是代表用户的采购人员）经常不能认识到他们从产品中获得的实际经济价值。也就是说，如果买家对产品信息了解不充分，其对所购买产品的认知价值也许会小于产品真正的经济价值。所以企业一定要在销售展示和营销沟通中确保那些有可能对于买方很重要的产品特性（尤其是体现有竞争优势的特性）一定要得到买家的注意。这对于一个公司来说是至关重要的。这也是为什么丰田汽车公司在它的网页上专门设置了能耗快捷的计算器来帮助客户计算Prius混合动力汽车在能耗节约方面与其他品牌汽车的优越性。①

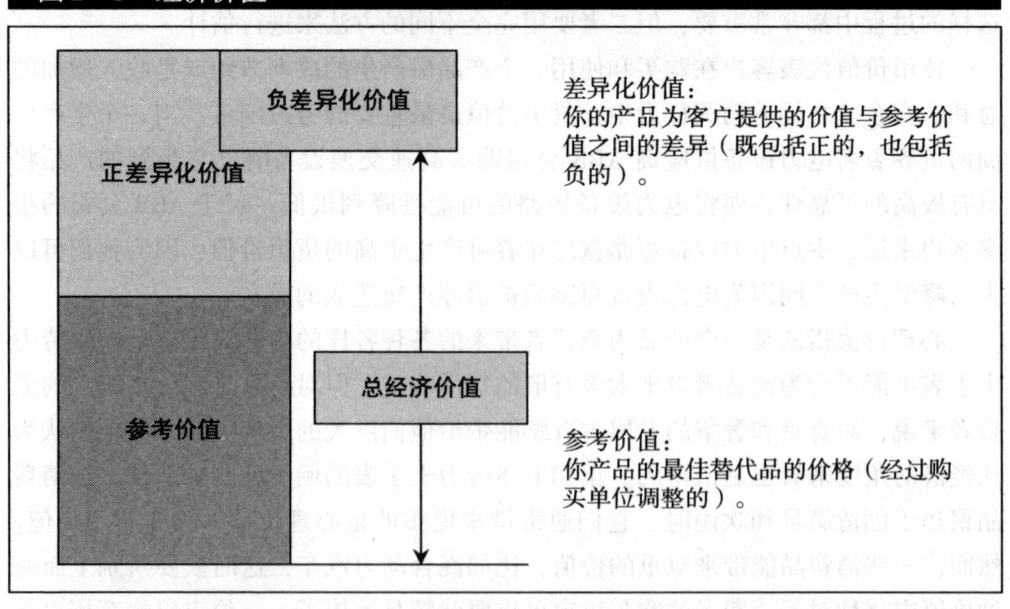

图2-1 经济价值

驱动客户购买选择和支付意愿的最重要的因素之一就是还有哪些替代品可以考虑。从营销人员的观点来看，这些商品代表了"下一个最优替代品"。因为竞争商品的报价是影响客户购买决策的核心因素，经济价值的估算就要从决定竞

---

① http://www.toyota.com/sem/prius.html?srchid=K610_p2665505

对手的价格开始（不一定是下一个最优替代品的使用价值），而这个价格将会成为我们模型当中的参考价值。例如，我们在商务旅行中居住的酒店房间的参考价值就等于同一城市中下一个最好的替代酒店所能提供的价格，当然前提是这个酒店提供的服务也能够满足商务旅客的基本要求。再比如，一个新的苹果手机，它的参考价值则应等于功能相似的黑莓手机或者其他3G手机。

有的情况下，参考商品或服务不一定是市场上特定的某个竞争对手的产品，而是同样可以为客户达到目标但重新设计的新的解决方案。例如，以往大部分会计软件供应商都假设其客户会将他们的软件与传统的复式记账法对比，所以他们的产品能自动实现复式记账法所要求的非常精确的借贷数据输入功能。然而，世界著名的个人理财软件开发商 Intuit 公司发现对于2/3的小型企业来说，复式记账法根本就是错误的参考方式，这些小公司采用的是更为简单的现金流记账法。通过与这些客户的沟通了解，Intuit 了解到了他们对于简便的需求，并开发出 Quickbooks（目前美国市场上最好的用于个人计算机的小型商务财务软件），将小企业记账时会用到的简单方法自动化，从而在小企业市场上迅速打败了其竞争对手。

差异化价值是你提供给客户的商品或服务超出其参考商品的那部分价值。沙滩上卖软饮料的小贩相比起距离较远的便利店来说，提供给消费者的差异化价值是便利。消费者倾心的酒店可能提供免费的早餐和鸡尾酒，而这些可能正是"下一个最优"酒店所不能提供的。处于竞争中的同类产品可以提供多种不同的差异化价值。所以有效进行价值估算很重要的一个方面是要重点关注那些对某个客户或某个客户细分市场最显著的差异化价值来源。可能一份免费的早餐对于那些由企业买单的商务旅客来说根本就无所谓，但对于那些因为家庭旅游而需订酒店的消费者来说却是一个很重要的考虑因素。面对各种客户的需求，供应商如何有的放矢地制定具有差异化的产品和服务将是决定营销人员能否成功订出高于参考价值的溢价的最重要因素。

■ 经济价值估算

以前，营销人员通常花费大量的精力来制定能代表其公司和产品的价值主张。绝大多数营销人员都认可这样一个观点：一个有效的价值主张，也就是产品和服务能给客户到底带来什么好处的简要说明，对于品牌建设和销售谈判来讲是必不可少的。但是一个笼统的价值主张对于定价决策来说是远远不够的，因为它缺乏制定定价战略时必要的细节和量化数据。在这一节中，我们会详细描述能对客户价值进行量化估计的技巧，用它可以制定出为企业带来更多利润的定价战略。首先我们会讨论怎样收集和分析竞争参考价格，然后我们会给出量化货币价值和心理价值的方法，并用详细的案例加以阐释。

□ 竞争参考价格

确定你产品的"下一个最优竞争替代品"并收集到准确的参考价格，这想起来似乎很容易，但是实际上困难重重。比如说，对于消费者来说，一些产品可能没有一个合适的单个的竞争替代品，取而代之的可能是一系列不同的商品或服务。美国的几家大通讯公司，如康卡斯特、时代华纳和威瑞森采用了"三合一"服务捆绑策略，给同时选择从同一家公司订购电话服务、互联网服务和有线电视服务的消费者提供价格折扣。而卫星电视公司因为技术和政策上的限制不可能提供这种产品组合。为这些消费者制定参考价格时就要对三种服务的总价进行分析和估计。

制定竞争参考价格的另一个挑战是收集准确的价格数据并保证它们对你的产品定价也具有可比性。你必须确保竞争价格是用客户熟悉的单位来衡量的（比如，每磅价格，每小时价格），同时和你的产品及服务使用相同的单位。在有些产品市场，如零售百货，竞争价格比较容易获取，可以通过市场调研数据公司购买现成的报告，或通过直接到不同的商店比较价格。然而，在某些其他种类的市场中，竞争价格可能很难得到，也许是因为不公开价格本来就是这个行业不成文的共识，也许是因为每个价格实际上都是一单一单通过单独谈判沟通取得的。在这些情况下，营销人员必须能够创新性地从二手来源中找到价格信息，包括由销售人员上报竞争者价格的调查，或进行客户或潜在客户的访谈。这样获取的二手价格数据相比在销售发生时点直接获得的数据不可避免地会包含了一些偏差，在可靠性上免不了要打一些折扣。但即使是这样，我们可以将这些可能并不完美的数据做一些技术处理，使之成为可以用来进行价值估算的有用资源。

图2-2和2-3显示了二手价格数据是如何被调整处理以适用于价值估算的。示例中的数据是由北美的一家科技生产厂商收集的，作为其竞争战略评估的一部分。当图2-2中的数据被用来进行价值估算时，呈现出的结果是竞争对手在设定价格时似乎无章可循。在看了这些未经处理的数据之后，一位产品经理惊呼他的猜想被证实了：竞争对手在制定价格时是完全不理性的！但是仔细观察这些数据后我们发现，大部分的偏差实际上并不是随意的，其原因实际上是由销量差异和服务水平的不同引起的。在将这些数据根据上述因素重新调整之后，图2-3显示出竞争者的定价行为具有很高的合理性。此时，这些数据就能被用来进

行价值估算了。

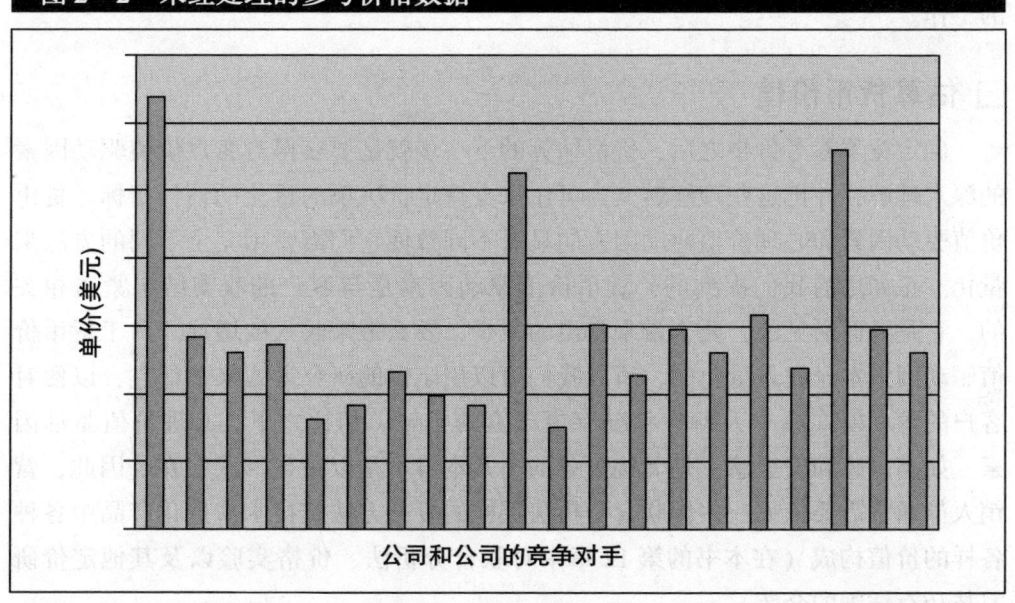

图2-2 未经处理的参考价格数据

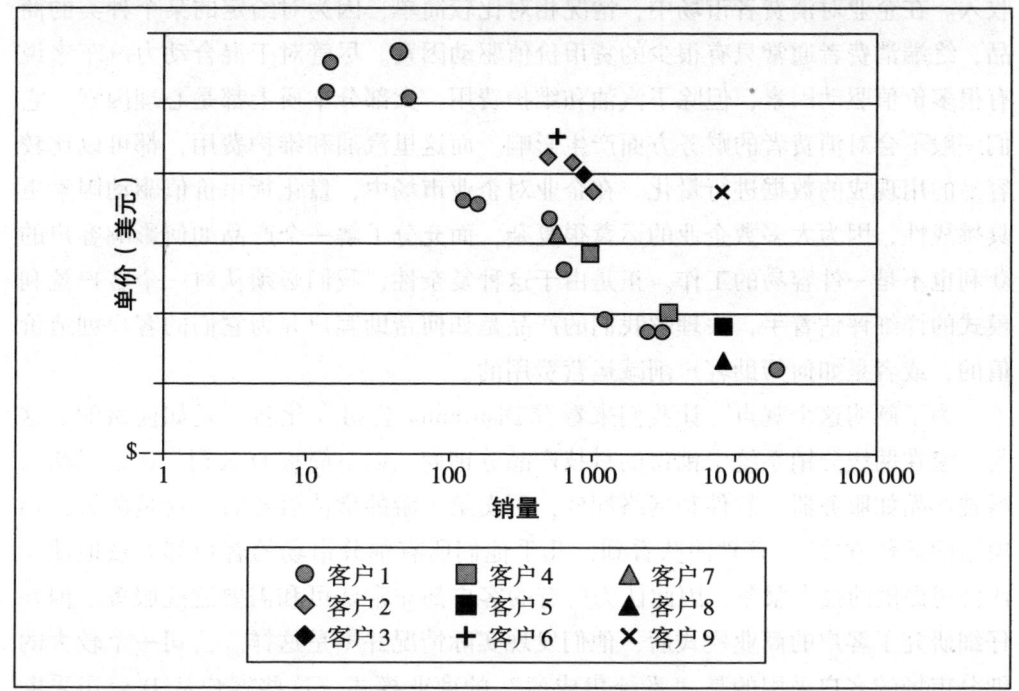

图2-3 经过处理的参考价格数据

正如这个例子所表明的，收集参考价格远不止是收集数据的工作而已，这个过程还需要对数据进行调整和分析，以确保采集到的数据能充分适用于价值估算的工作。

☐ 估算货币价值

确定竞争参考价格之后，价值估算的下一步就是要获得对客户价值驱动因素的深入理解，并把这些理解转变为可用来支持定价决策的量化的估计指标。货币价值驱动因素和心理价值驱动因素的显著不同致使它们需要用完全不同的方法来量化。正如之前我们提到的，货币价值驱动因素是与客户的收支结果紧密相关的，它是显而易见的，要么带来支出的减少，要么带来收入的增加。由于货币价值驱动因素本身就是量化的，所以我们可以用定性的研究方式来估计它，以便对客户的盈利模式或个人财务状况有更丰富的了解。相比之下，心理价值驱动因素，如满足感和安全感，是无迹可寻的，其本身不是以量化形式存在。因此，营销人员通常需要依靠一些像联合分析法那样的复杂方法或技术来量化产品中各种各样的价值构成（在本书的第 12 章中对联合分析法、价格实验以及其他定价研究技巧有详细的介绍）。

量化货币价值驱动因素的第一步是理解各个产品种类如何影响客户的成本和收入。在企业对消费者市场中，情况相对比较简单，因为对给定的某个种类的商品，终端消费者通常只有很少的货币价值驱动因素。尽管对于混合动力汽车来说有很多价值驱动因素，但除了汽油和维护费用，大部分本质上都是心理因素，它们一般不会对消费者的财务方面产生影响。而这里汽油和维护费用，都可以比较容易的用现成的数据进行量化。在企业对企业市场中，量化货币价值驱动因素更具挑战性，因为大多数企业的运营很复杂，而充分了解一个产品如何影响客户的获利也不是一件容易的工作。正是由于这种复杂性，我们必须从对一个客户盈利模式的详细评估着手，去理解我们的产品是如何帮助客户并为它们的客户创造价值的，或者是如何帮助客户削减运营费用的。

为了阐明这个观点，让我们来看看 Distributor 公司（化名）是如何做的。这是一家在两级分销系统中销售的科技产品分销商，以下简称 D 公司。D 公司购买科技产品如服务器、软件和网络配件，再卖给下游的增值服务商（这是两级分销渠道的运作方式）。管理团队看到，几乎他们所有细分市场的客户都大量地使用 D 公司提供的技术服务，因此认为所有的客户都非常认可和需要这些服务。但在仔细研究了客户的商业模式后，他们发现实际情况并不是这样。公司一个较大的细分市场的客户采用的是"系统集成商"的商业模式。这些客户从 D 公司采购产品，然后为他们的下游客户提供组装及维护一条龙服务。对于这些客户来说，要完成产品的拼装及未来整机的维护工作，高质量的产品技术支持就显得尤为重要。与之相反，另一个细分市场的客户采用"整箱批发商"的商业模式，他们从D公司购买与"系统集成商"一模一样的产品，然后直接装箱后卖给下游客户，让其自己组装。对于"整箱批发商"来说，技术支持对他们来讲就没那么重要了，因为他们是依靠低价走量，尽量降低存货成本和提高周转率来取胜的。有趣的是，尽管技术支持不是其成功经营的必要因素，"整箱批发商"依然使用D公司大量的技术服务。这也可以理解，因为D公司的客户价值主张就是为所有客户提供免费的技术支持。洞察到这一现象，D公司开始对他们的定价策略进行调整，开始对技术支持服务收费。结果，很多"整箱批发商"大大地降低了技术服务的使用率，因为对于这些客户来说，此项服务的货币价值本来就很低。这个定价举措在两方面提升了利润：一方面，它减少了为"整箱批发商"提供不必要的技术服务，从而降低了服务成本；另一方面，它增加了来自于"系统集成商"的收入和利润，因为对于这些客户而言，技术支持是经营过程中不可或缺的。

一旦从客户的商业模式角度理解了价值创造的机制，下一步就是为量化价值估算收集数据了。客户深度访谈是最佳的信息来源。与信息调查或者焦点小组座谈很不相同的是，客户深度访谈可以发现客户商业模式潜在的经济规则以及你的产品在其中可能扮演的角色。目标是挖掘价值驱动因素计算方法，即估计每种产品表现的差异化货币价值的公式和运算方式（图2-4）。

图2-4 价值驱动因素的计算方法（以设备制造商为例）

成本驱动因素	计算方法
安装成本下降	（当前的安装成本）×（安装成本下降的百分比）
采购成本下降	（节约的采购成本）/（订单数量）
处理故障电路板的成本下降	（故障电路板的减少数量）×（电路板的单位成本）/（订单数量）
收益驱动因素	计算方法
新合约	（合作商占升级业务的百分比）×（客户因低价优势赢得竞标的百分比）×（合约的平均毛利）
新增产能	（每次测量中产能提高的百分比）×（每次测量的毛利）×（测量的平均值）

与许多定性研究方法相比，深度访谈所需技巧有所不同。与其说价格调研者在努力保证统计的精确性、有效性、可信性和重要性，不如说他们在寻找对客户的复杂商业模式的近似描述，这种描述也许不能精准至小数点的推敲。但正像格言中所说，重要的是保持近似的正确而不是准确的错误，所以当价值估算中碰到一个几乎不能量化但又很重要的价值驱动因素时，我们不应该因为无法准确估算而忽略它，而是应该用最近似的方法去把它考虑进来。因此，客户深度访谈将为后来的价值计算以及原始数据收集奠定重要基础。

一旦我们决定了差异化价值运算方法，最后一步便是将参考价值和差异化价值加总，得到总货币价值。在估计货币价值时，有几条准则应当遵守，以确保你简化整个估计过程并避免一些常见的错误。第一，只考虑你的产品和"下一个最优替代品"（NBCA）之间的价值差异。任何与NBCA所提供的相同的部分，其价值已经被竞争决定，也已经被考虑到参考价值中了。就这方面而言，无论产品对客户端使用价值有多大，都不能收取比NBCA更高的价格。第二，差异化价值的衡量要么是取得一个特定利益所节省的成本，要么是一个相同成本下取得的额外利益。不要将二者加总，这是重复计算。最后，不要简单的假设价值增加与产品效能增加成正比。尽管你的零部件耐用期是竞争产品的两倍，但这并不代表你的零部件的价值也是竞争产品的两倍。假如这个竞争产品卖10美元，但如果使用我们的产品，客户也许会为此将生产线由于零件出问题而被迫关闭的频率降低到了从前的一半，这或许会为客户节约成百上千美元。如果是这样，你会对你的零部件只收15美元（50%的溢价）吗？当然不会！

货币价值估算示例

GenetiCorp公司（化名）创造出可以加速基因测试过程的创新产品。运用货币价值估算方法可以确定这些创新实际上给不同种类的客户带来了多少价值。

GenetiCorp一个名为"Dyna-Test"的产品可以从现存DNA样本中合成互补的DNA链，从而大大降低DNA分子的退化速度并提高DNA分析的精确性。Dyna-Test保留样本完整性的时间比主要的竞争对手EnSyn长得多，从而在很多不同的应用中提高了DNA测试的成品率和准确性。例如，犯罪调查人员可以利用DNA来匹配头发、血液或其他人体样本；医院和医学专家利用DNA来诊断疾病；制药生产商利用DNA分析来定位易受到新药物治疗影响的基因。在所有的应用当中，测试失败的成本都非常大：犯罪调查中一个"失真的图像"也许会产生一个假阴性的错误测试结果，随之而来的重新测试可能长达数周。可是，犯罪案件中的人体组织样本本来就非常少，以至于经常无法进行重复测试。类似地，对于制药公司来说，分析 DNA 链时一个失真的画面可能导致药物研究者错过真正的目标，即那些有可能引发疾病的 DNA 基因片段。

不幸的是，在开始推广 Dyna – Test 时，GenetiCorp 对于其产品的真正货币价值并不完全了解。它在定价的时候仅是在成本上加成一个较高的利润，然后不得不在潜在大客户的压力下提供折扣。为了提高利润，GenetiCorp 决定仔细研究一下其产品对于客户究竟有多大价值，即 Dyna – Test 的参考价值（客户认为其最好替代品的价格）加上它无论是正的还是负的差异化价值（将 Dyna – Test 与其最好的替代品区分开的那些特性给客户带来的使用价值）。如果产品的特性和益处与竞争产品无差异，那么购买者的最高支付意愿不会高于参考价值。当多个竞争对手给客户提供的产品并无差异时，这些产品就被大宗商品化了；客户不需要支付产品实际价值的费用，因为他可以从其他地方很容易购买到同类产品。产品溢价只来自于其区别于竞争产品的差异化表现，也即差异化价值。参考价值和差异化价值的总和就是总的货币价值。

Dyna – Test 的货币价值驱动因素不止一个，因为不同种类的使用者有不同的参考替代品，并且从 Dyna – Test 的独特产品特性中得到不同的使用价值。让我们在商用研究者和非商用研究者两个不同的细分市场中来分析价值估算的组成部分。

制药公司和生物技术公司中的商用研究者通常把 EnSyn 看做 Dyna – Test 的最佳替代品。EnSyn 每个测试套装卖 30 美元。对于这些使用者来说，这就是这类产品的参考价值。为确定 Dyna – Test 的差异化价值，GenetiCorp 研究了商用研究者眼中 Dyna – Test 差异化价值的 5 个主要驱动因素。

价值驱动因素 1——收益率提高的机会成本：Dyna – Test 能将用于基因分析的完整长度的 cDNA 的收益率大幅提高。而这种完整长度的 cDNA 对客户来讲有很高的价值。拥有更多完整长度的 cDNA 可以让研究者大幅减少寻找相关 DNA 片段的实验次数。GenetiCorp 客户访谈发现，这一项平均可以为客户节约一周的宝贵研究时间。

GenetiCorp 研究了其制药行业客户的商业模式，发现一种成功的商用药物，其年收益在 2.5 亿美元到 10 亿美元之间，保守估计平均为 4 亿美元，按照 75% 的利润率，可以产生 3 亿美元的利润贡献。一般来说开发一种药物的成本大约为 5.9 亿美元。对于一个还有 17 年专利期限而进入市场的成功药物来说，综合考虑这些收益和成本，这种药物每年的利润净现值估计将达到 4 100 万美元。但是平均需要 500 次目标实验才能最终确定一个新药的基因序列，所以最终每次目标实验的价值为 82 000 美元。按一年 260 个工作日（大约 2 100 小时）来算，一次目标实验的价值是每小时 39 美元。如果使用 Dyna – Test 可以节约研究者一周（40 小时）时间（这些时间可以用来开发其他的新药）这 40 小时的价值是 1 560 美元。

价值驱动因素 2——收益率提高实现的人工成本节约：Dyna – Test 比 EnSyn 更优越的 cDNA 收益率也让实验室人员的工作更有效率。客户访谈表明，与使用 EnSyn 相比，使用 Dyna – Test 节约了 16 个小时的样品处理工作。由于实验室人员平均每小时工资为 24 美元，所以从 Dyna – Test 中省下的人工成本大概是 384 美元。

价值驱动因素 3——质量控制实现的人工成本节约：在使用 Dyna – Test 之前，研究人员经常要检验化学试剂的质量、无菌性和复制能力，这使每次实验增加了两个小时。而 Dyna – Test 则可以在数年内保持统一的质量和性能，于是研究者可以放心地取消质量控制检验。在访谈中，客户评价说："我对于 Dyna – Test 很有信心，因为它是一个高质量的，并且经过了检验的产品。"也有的说："Dyna – Test 的应用已足够久了，你知道它确实很有效。如果某人说他们使用 Dyna – Test 做了这个实验，那么这个实验一定是对的。"这种高品质节约了客户两个小时的人工成本，总计 48 美元。

价值驱动因素 4——样本使用量减小带来的机会成本：如果使用传统方法的话，分析 DNA 样本通常需要一开始就使用一些"初始"的样本原料。而通常原始样本材料存量非常小，当紧急情况发生时，要去收集更多原料这会导致三周研究时间的损失。但是 Dyna – Test 套装的两步系统可以减少对初始样本的需求，从而实际上是增加了可测试的原始样本量，这样就给予研究者更多的研究时间去进行别的研究工作。根据前述 Dyna – Test 的每周价值，GenetiCorp 估计每个项目为搜寻新的"初始"原料的机会成本是 4 680（3 周 × 每周 1 560）美元。但是因为这种紧急搜寻大约只在 10% 的情形下发生，所以预期的机会成本平均是 468（4 680 × 10%）美元。

价值驱动因素 5——样本使用量减少带来的人工成本节约：与价值驱动因素 4 类似，在紧急情况下，采集新的初始原料需要研究者重复整个分析实验过程——这将导致额外 16 个小时的研究时间，同样仍然是只有 10% 的情形下发生。这样，如果使用 Dyna – Test 套装，按人工成本每小时 24 美元来计算——使用 Dyna – Test 的价值是 38 美元（24 美元 × 16 × 10%）。

总而言之，对于制药和生物技术企业来说，估算的 Dyna – Test 总经济价值是参考价值 30 美元加上每个价值驱动因素下的差异化价值，得出的总经济价值大约为 2 528 美元。换句话说，购买 Dyna – Test 套装而不是 EnSyn 套装，对于一个公司研究部门来说将减少 2 528 美元的成本，同时也意味着利润的提升。图 2 – 5 表明了这个商业购买者细分市场的货币价值估算结果。

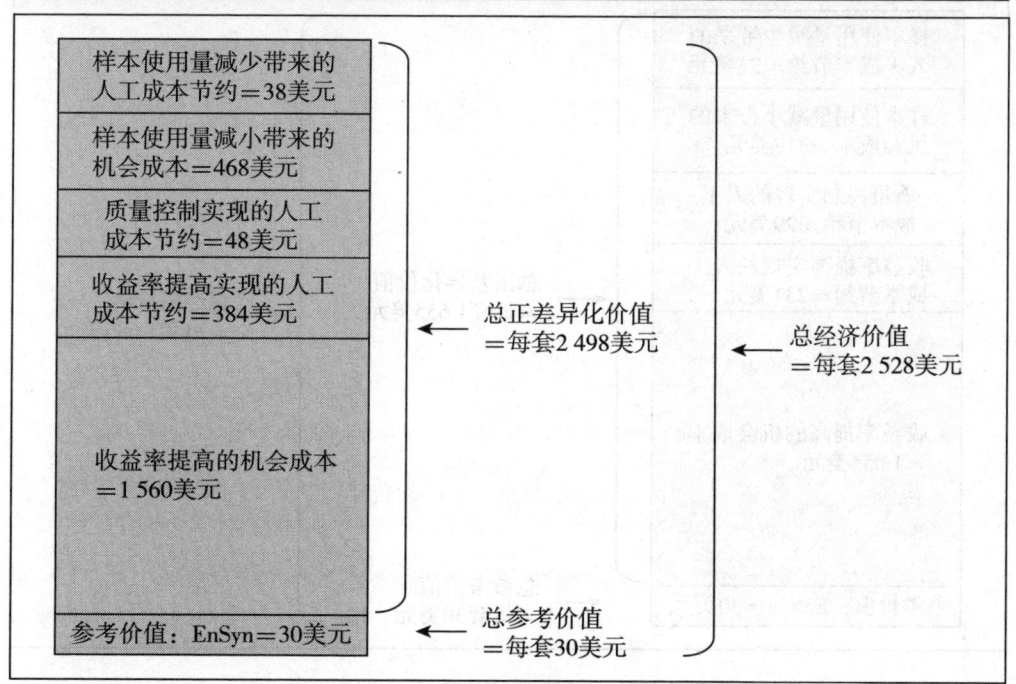

图 2 – 5　对于 Dyna – Test 商用购买者的货币价值估计

学术机构和政府实验室之类的非商用市场也可以采取类似的方式估算经济价值。他们的参考价值也是 EnSyn 套装 30 美元的价格。但是，他们当中最具价格敏感性的方面是安排实验室助手——实际就是一些免费的学生劳动力——从零开始制作 DNA 测试产品。Dyna – Test 套装在这个市场的差异化价值驱动因素与商用客户类似，但是需要稍加修正，以反映不同的研究环境和经济回报结构。

根据价值驱动因素 1，使用 Dyna – Test 节约的机会成本是 1 055 美元，比商用研究者略微少一些，因为收益率的提高给非商业的基础研究所带来的经济回报要少一些。

根据价值驱动因素 2、3、4、5，**收益率提高实现的人工成本节约**是 231 美元，**质量控制实现的人工成本节约**是 29 美元，**样本使用量减小带来的机会成本**节约了 317 美元，**样本使用量减少带来的人工成本节约**就更小了，这是由于大学系统中更低的劳动力成本导致的。

因此，Dyna – Test 对于学术性实验室的总经济估算价值，可以通过加总 30 美元参考价格和每个价值驱动因素的估计价值来计算，得到总的货币价值估计为

1 685 美元。图 2-6 表明了这些关系。

图 2-6 对于 Dyna-Test 非商业性学术机构和政府机构购买者的货币价值估计

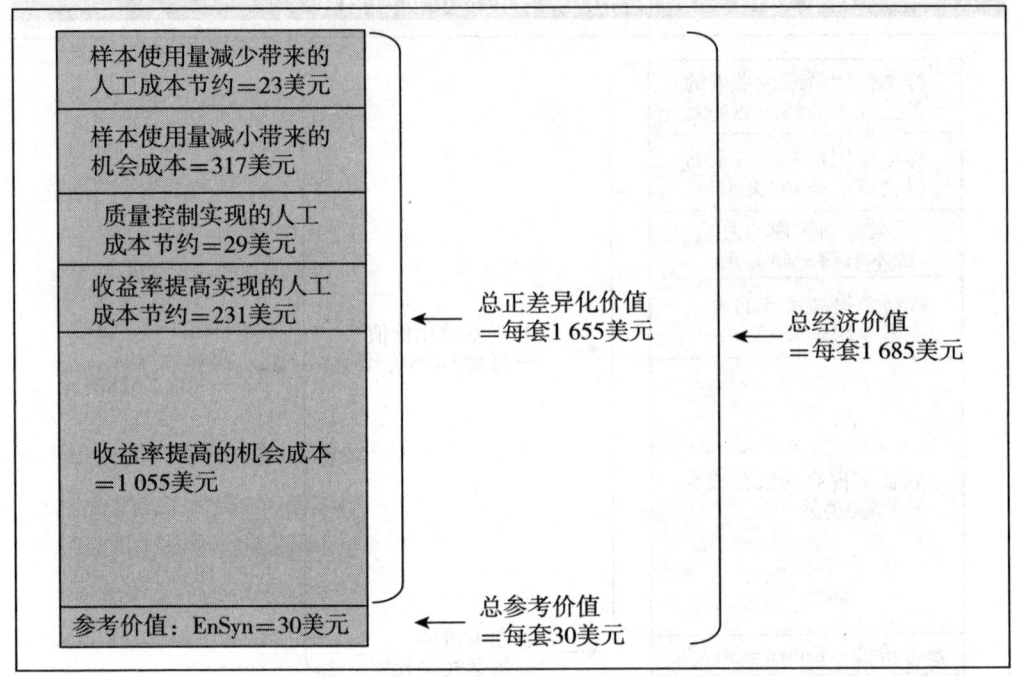

要记住，从货币价值估算中得出的经济价值并不一定是购买者对产品的认知价值。客户也许并不知道参考产品，也不会被参考产品的价格所影响。买家也许并不知道产品的差异化特性，并且不愿意投入时间和金钱来了解这些特性。如果这个产品的价格较低，买家也许会在冲动之下购买，而不会真正考虑太多其经济价值。同样的，品牌形象和其他同样无法准确量化的因素都可能影响价格敏感度从而减少经济价值对购买决策的影响，就像前面提到的劳力士手表一样。最终来说，一个产品的市场价值不光是由产品的经济价值决定的，而且是由买家对于价值认知的准确度和对于有效利用金钱的重视程度决定的。

货币价值估算的这个局限性是缺陷也是优势。说它是缺陷，因为经济价值不能指明一个合适的要价。它只是估计出当充分认识到产品对于他们的价值并且有足够的购买动机时，一个特定细分市场的买家可能支付的最高价格。说它是优势，因为据此可以判断产品滞销到底是由于它相对于其经济价值标价过高，还是由于它未得到很好的推广和市场认可。过高定价的唯一解决方法是降低价格。而认知问题的一个更好的解决方法通常却是在积极引导市场的同时维持甚至提高价格。这也就是 GenetiCorp 对 Dyna-Test 所做的事情。在之前通过降价满足那些明显价格敏感的客户后，GeneticCorp 将价格提高至原来的 2~5 倍，同时展开积极主动的营销攻势。虽然客户采购人员对此表示失望，Dyna–Test 的销售量却持续增长——因为新的价格也仅仅反映了产品能给客户带来的全部价值的一小部分。由于购买者了解到 Dyna–Test 对他们更高的经济价值，从而同意为得到该价值付费，尽管有时会不大愿意，但 GeneticCorp 的利润在接下来的一年中增长非常迅速。

GeneticCorp 的经验表明，价值在不同的细分市场间是可以变化的。为了确定产品的定价战略和定价政策，你必须确定带给每个细分市场的经济价值以及每个细分市场的规模。掌握这些信息后，你就可以建立整个市场的一个经济价值概况，并且可以确定在何种价格水平下供应哪一个细分市场可以获得最大的利润。图 2–7 记录了经济价值概况和每一个 Dyna–Test 细分市场的市场潜力。

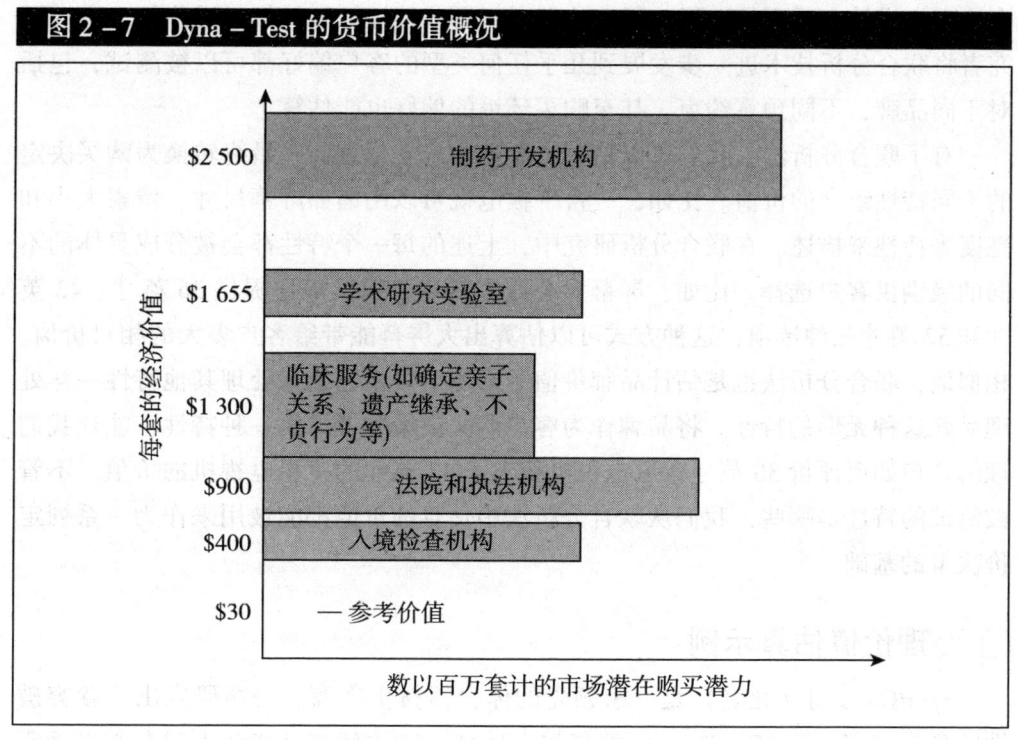

图 2–7 Dyna–Test 的货币价值概况

当面对由于成本压力而对价格特别敏感的买家时，货币价值估算工具尤为有效。例如，自从美国医疗报销系统为医院和医生提供财务上的激励以促使他们选择性价比更高的药物以来，制药公司不得不在原有药物临床效用说明中加入更多有关降低治疗成本以及提升疗效方面的证据。不少公司如今都会向购买者提供详细的测试结果以表明其优质优价的合理性。强生公司发明的医用动脉支架售价

1 300美元，最初看起来确实很贵。但当通过充分证明这种支架能够大大降低动脉阻塞的发生几率，从而避免进一步的手术及住院费用，其实际节约的医疗费用至少达到3 500美元后，强生成功消除了顾客的价格抵制。

估算心理价值

心理价值驱动因素如满意度和安全感，其主观成分很大，因此采用如深度访谈这样的定性研究技巧就很难估算。这样一来，定价研究者必须依靠各种各样的定量研究方法来估计产品的差异化特性所带来的价值。在这些方法当中，最广泛应用的便是联合分析法了，它产生于20世纪70年代，在80年代早期得到较大发展。该方法能识别出客户对产品特性的隐藏价值。它的基本操作是：将产品的特性分解成几类，然后将这些特性重新组合形成各种特性组合，并就这些特性组合为客户设计一系列的选择，了解他们对于哪些特性更加偏好。近些年，市场研究者将联合分析技术进一步发展到几乎任何类型的客户偏好都可以被测试，包括对不同品牌、不同预算约束，甚至购买环境的偏好也能估算。

有了联合分析法，我们可以估算出驱动客户支付意愿并最终转换为购买决定的不同特性组合的价值。比如，一台平板电视可以用诸如屏幕尺寸、像素大小和亮度等特性来描述。在联合分析研究中，上述的每一个特性都会被分成具体的不同的级别供客户选择。比如，屏幕大小这个特性可以给客户提供36英寸、42英寸和52英寸三种选项，这种方式可以估算出大屏幕能带给客户多大的相对价值。相似地，联合分析法也是估计品牌价值的常用手段，它能像处理其他特性一样处理品牌这种无形的特性。将品牌作为客户购买决策中考虑的一种特性，能让我们理解客户如何评价36英寸索尼电视机相对于42英寸的三星电视机的价值。不管被测试的特性是哪些，我们从联合分析法中估算的价值都能被用来作为一系列定价决策的基础。

心理价值估算示例

SportCo公司（化名）是一家领先的体育器材生产商。公司研发出一款突破性的名为"超劲"（Big Drive）的高尔夫球杆。这款新产品能让击球者在击球距离和精度两方面都大大提高，并对初学者和高手都适用。但公司管理团队苦恼的是，面对这么多可成为潜在客户的不同类型的高尔夫球爱好者，他们应该如何设定一个恰当的价格。初学者觉得"超劲"很具吸引力是因为相比起传统球杆来说，即使没有挥好球杆，其击出的球也不会那么差。然而，管理团队认为初学者相对来说往往对价格较为敏感，并且不愿意为了略佳的击球表现而花高价购买

"超劲"球杆。更高层次的高尔夫球爱好者则非常关心球杆的性能，因此"超劲"能增加击球距离这一点让他们很心动。并且定性研究表明他们非常愿意为"超劲"支付一定的溢价。了解到这些不同的客户细分市场以及他们不同的价值驱动因素和不同的购买意愿，SportCo 公司的管理团队又陷入了另一困境——该怎样设定一个能使利润最大化的价格？

运用前文提到的联合分析法，有这样几个步骤。第一，找出会对这种新球杆感兴趣的细分市场类型。在本例中，我们将客户分成了4种类型：

- **创新型买家**：这些是经常打球并非常看重球杆性能的高尔夫球爱好者。他们大多有较高收入，会在高尔夫用品专营店购买球杆，并且在购买之前，会向专营店的导购或其朋友进行大量的咨询。
- **淘宝型买家**：每个季度打 5~10 次比较随意的高尔夫球爱好者。他们收入一般，主要在大型零售商如 Sports Depot 和 Golf Warehouse 购买高尔夫器材。这类买家比较节俭，但他们也会愿意为了更好的球杆性能而支付更高的价格。
- **偶然型买家**：这一类买家占了很大比例，他们偶尔才打一下高尔夫球，大部分已经渐渐不再玩这项运动。他们不会购买大量的高尔夫器材，但当市面上有新型的球具能在市场上产生一些关注时，这可能也能引起他们的注意，并使他们再回到球场上试一试。
- **经济型买家**：这类买家在技术水平和打球频率上分布范围很广，但他们有一个共同点：由于受预算的约束，购买器材的数量十分有限。他们一般都在打折商场如沃尔玛或者网上直销渠道购买球具。

找到主要的细分市场后，下一步就是要找出每个细分市场客户认为具有吸引力的球杆特性以便放到联合分析当中去测试。在众多用于测试的特性中，有三种是所有细分市场客户都经常提到的：击球距离、击球直度和一致性。随后，这三个特性就与其他一些特性，如质保期等一起被放到一个样本规模为 670 名高尔夫球爱好者的联合分析当中进行测算。

联合分析的结果为基于细分市场的定价战略提供了有力的数据支持。例如，这个研究结果为我们提供了消费者针对不同商品特性的支付意愿的相关数据，如图 2-8 显示的是"质保期"这一特性的结果。最初的假设认为质保期不是购买决策的关键驱动因素，潜在买家更看重的是球杆的性能。然而，数据显示原先的假设是错的，因为所有细分市场的客户都愿意为一年的质保期多付一些钱。有趣的是，将质保期从一年延长至两年，客户的支付意愿并没有按比例增加。

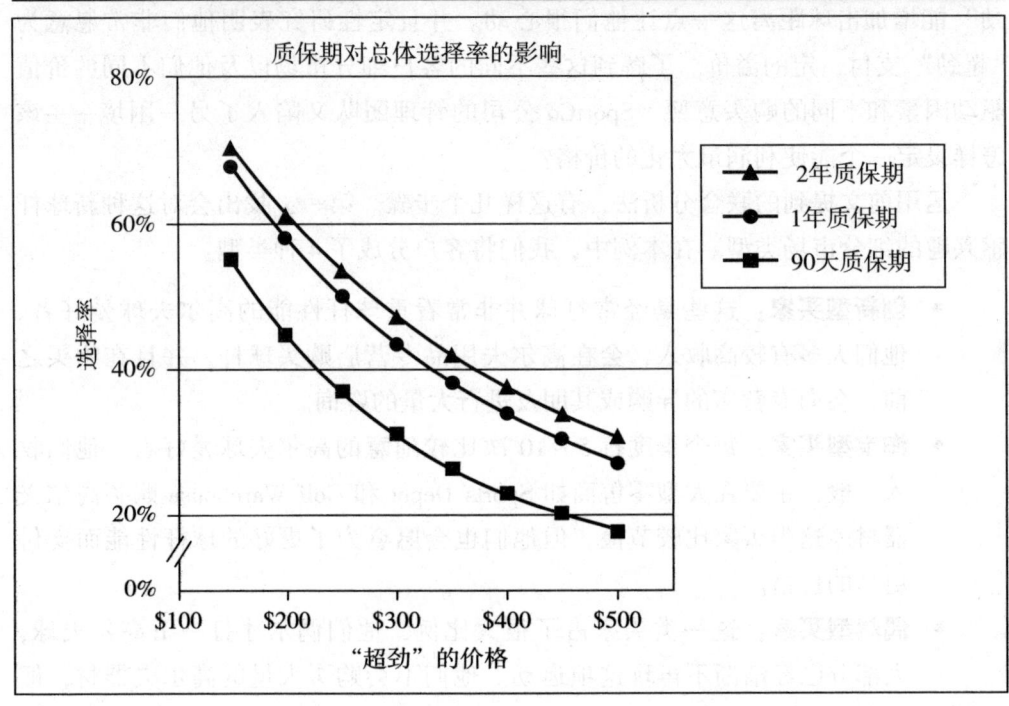

图 2-8 质保期对支付意愿的影响

测试结果还为我们理解不同细分市场客户的价值认知提供了关键启示，从而为针对不同渠道的定价战略提供指导。根据联合分析的结果，图 2-9 显示出创新型买家和经济型买家这两个细分市场在支付意愿上的差别。对于创新型买家市场来说，利润最大化的价格是 425 美元，可达到大概 4 万个球杆的销量。正如预期的那样，对于经济型买家市场来说，最优定价要低得多，只有 275 美元。这种价值（也可以说是支付意愿）的差异使 SportCo 公司进退两难：如果将价格制定为对创新型买家最优的 425 美元，他们将会失掉许多经济型买家，因他们占了近 30% 的比例。这种由不同细分市场客户认可价值的差异造成的定价挑战是很常见的，我们将会在第 3 章重点讨论。在这种情况下，量化的价值估算结合对不同细分市场中客户购买模式和价值驱动因素的认知，管理团队合理地采取了双重定价战略。通过对"超劲"球杆在设计上、美感上以及品牌上的一些细微调整，SportCo 公司开发出一种在击球表现上比"超劲"略逊的球杆，这种球杆主要面向经济型买家并在打折零售商店出售。同时，他们还针对创新型买家和淘宝型买家开发出"超劲"的升级版，性能更优越，但价格也更高，并在专卖店和高端体育器材专营店出售。

因为击球距离和准确度带来的好处是高尔夫球爱好者熟知并有亲身体验的，

图 2-9　质保期对支付意愿的影响

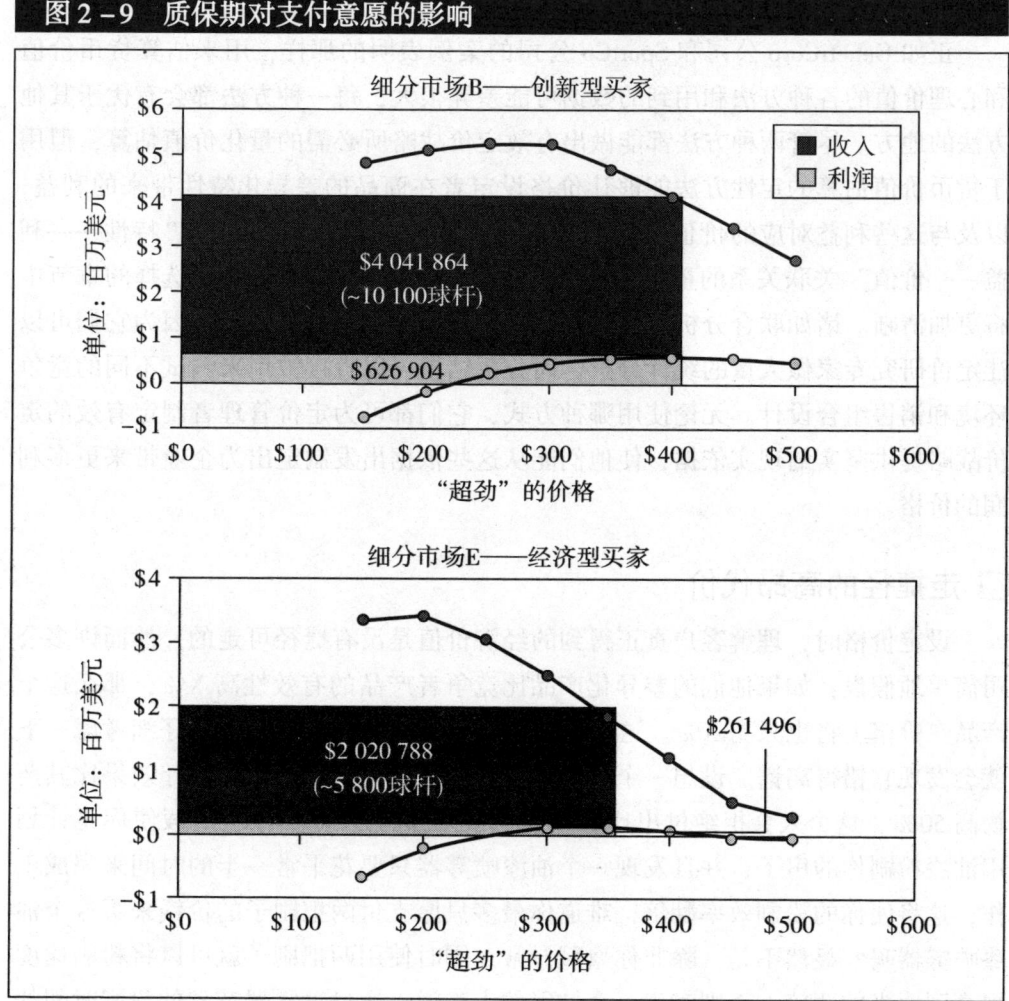

因此在使用这些特性进行联合分析得出的"超劲"球杆的心理价值估算是较为可靠的。高尔夫球玩家很清楚在四人对抗赛中,从支架上开出一杆绝佳好球带来的快感,所以他们可以想象为了这种快感他们愿意付出多少价钱。但是,当某种差异化价值是全新的,客户也从没有体验过的时候,联合分析法和其他类似调研技巧有时也会捉襟见肘。因为此时,调研的主体会猜测这种差异化特性究竟能带来多少价值,他们从中得到的满足感到底是怎样的程度。大多数人,甚至那些对这项技术很熟悉的人,在推断全新的差异化价值时有时也会感到苦恼。1977 年,当时全球第二大计算机公司的创始人兼首席执行官曾公开宣称:"任何人都不会想在家里放一台计算机。"但是苹果公司的史蒂夫·乔布斯却想象到计算机可以给家庭用户带来的益处,并因此给苹果计算机制定了合理的价格,使家用计算机产业从星星之火发展为燎原之势。

正如 GenetiCorp 公司和 SportCo 公司的案例表明的那样，用来估算货币价值和心理价值的各种方法和用到的数据可能差异很大，每一种方法都会有优于其他方法的地方。尽管两种方法都能做出有效定价战略所必需的量化价值估算，但用于货币价值估算的定性方法能够让价格设定者在商品的差异化特性带来的利益，以及与这些利益对应的价值之间找到一个明晰的关联关系。这种"特性——利益——价值"关联关系的重要性会在后面讨论捆绑销售和价值沟通选择的章节中将更加清晰。诸如联合分析这一类的定量研究方法也很有吸引力，因为它们可以让定价研究专家做大量的统计分析，而分析结果可以直接被用来测试不同的竞争环境和销售组合设计。无论使用哪种方式，它们都可为定价管理者制定有效的定价战略提供坚实的现实依据，使他们能从这些依据出发制定出为企业带来更多利润的价格。

□ 走捷径的高昂代价

设定价格时，理解客户真正得到的经济价值是没有捷径可走的。然而许多公司简单地假设：如果他们的差异化产品比竞争者产品的有效性高 X%，那么这个产品在价格上将也只高 X%。这个关系表面上看起来有道理，但是仔细考虑一下就会发现它错得离谱。设想一个人得了癌症并且知道某种药物的治疗效果比其药物高 50%，这个人会拒绝付出比 50% 更多的溢价吗？显然不会。假使你正计划用油漆粉刷你的房子，并且发现一个油漆喷雾器只要花平常一半的时间来完成工作，这将使你的粉刷效率翻倍，难道你最多只愿支付两把刷子的价钱来买这个油漆喷雾器吗？显然不是，除非你禀赋异常，同时使用两把刷子就可以将粉刷速度提高到原来的两倍，否则对于一个忙碌的人来说，通过喷雾器节省的粉刷时间的价值比第二把刷子的价值要高得多。

正如这些例子所表明的，基于价值的溢价通常可以比产品对技术效率提升的百分比大很多。只有当买家只是通过购买更多参考产品就可以取得同样的效果时，差异化产品的总经济价值才与其技术效率成正比。在这个例子中，只有当使用 1.5 倍剂量药物的竞争者或者同时使用两把刷子能够产生与使用更高级的产品相同的效率增长时，才会出现这种情况。正是由于这种误解，许多致力于使用基于价值定价策略的公司都被误导了：他们错误地相信，如果其价格对使用价值的比率超过竞争者，他们的产品就没办法销售出去而实现自身价值了。

这种误解的核心是一个目前比较普遍的概念，客户价值模型。该模型产生于全面质量管理运动的大潮中，其目的是通过具有竞争力的定价来衡量并提供更高的品质。营销专家和各种价值咨询师已经在很多情况下运用过客户价值模型——包括马尔科姆·波多里奇国家质量奖的早期评奖标准，这在很大程度上是因为这种概念很容易执行。客户价值模型的形成主要基于客户对价格和产品特性的主观评判。它假设客户总是想要购买在每单位价格上给予他们最大认知利益的产品——这个认知利益也许可以但并不一定需要用货币术语来量化。由于避免了把相关产品特性转换成实在的货币估算，客户价值模型在分析上要比经济价值估算简单，在给极具心理价值的消费产品定价的时候更是这样。

但是，事实上客户价值模型会低估市场上差异化价值较强的产品，而对差异化价值较低的产品则会高估。客户价值模型和经济价值估算对价值的定义不同。通过对现有及潜在客户的市场调查，客户价值模型按照客户对每种产品特性的重要性的估计来评价竞争者的能力。然后客户价值模型假设认知价值和价格之间的关系是线性的，并创造出许多不同的概念术语来表述这种线性关系，例如"公平价值线"、"价值等值线"及"无差异线"等。客户价值模型理论家认为"价值等值线"上的点公平地表明了价格与质量一一对应的关系。他们认定，对于某个既定价格而言，如果产品的认知质量低于直线上的质量值，那么这个产品将处于不利地位，并且将持续失去市场份额。相反，如果认知质量高于直线上对应的质量值，那么它将获得更多的市场份额。

客户价值模型的理论有许多不足之处。首先，客户不是为平均的差异化的利益付费，而是为自己得到的那些与产品利益相对应的价值付费。这就是说，客户在他们的头脑中将利益转化为货币形式，以评价应该为那些价格更高的产品带来的那部分额外价值多付多少钱。如果这个额外价值比卖者所要求的溢价要多，那么客户就会买下这个产品。

第二，客户价值模型没有将大宗商品化性质的普通利益的价值和差异化服务的独特利益的价值区别开。总经济价值——客户真正从产品获得的货币价值和心理价值——与价格之间并非是单一线性关系。经济价值的两大组成部分之一的参考价值通常比参考产品的本身使用价值要小很多。参考价值是客户付给最优替代品的价格，如前文中第二把油漆刷子的价格、EnSyn DNA 测试套装的价格或者饮料店里一瓶苏打水的价格。当客户要的某种产品利益可以由多个供应商的产品提供时，这种利益就成了具有大众商品性质的利益。客户可以从多个来源取得同样的利益。这些供应商之间的竞争导致价格低于实际的使用价值，从而使价格对使用价值之比降低至 1:1 以下。

与此相反，总经济价值的第二部分（即差异化价值），则是产品相对参考产品提供的额外使用价值。用货币单位表示，差异化价值等于差异化产品供应商以公平价格索取的溢价。说这是公平的，是因为客户照此价格支付刚好可以得到与溢价等值的额外使用价值，不多也不少。这个溢价对差异化价值的比例是1:1。换句话说，价格与经济价值的关系包括两种不同的价格对品质的比值，而不是客户价值模型所假设的单一比值。

这个差别是巨大的，因为如果差异化价值在产品的总经济价值中比例越大，那么对客户真正公平的价格——也就是经济价值估算的价格——超过客户价值模型假设的"公平价值线"上的价格就会越多。[①] 因此，若将拥有高度差异化价值产品的价格定在假定的"公平价值线"水平，则真的会威胁到你的利润水平。

图2-10 保修期对支付意愿的影响

产品	参考价值	差异化价值	总货币价值	基于价值的"公平"价格	客户价值模型的"公平"价格	价格差异
					（平均价格价值比率＝0.61）	
小工具 A	$40	$0	$80	$40	$49	($9)
小工具 B	$40	$20	$100	$60	$61	$1
小工具 C	$40	$30	$110	$70	$67	$3
小工具 D	$40	$40	$120	$80	$73	$7

图2-10中的简单例子表明了经济价值估算和客户价值模型的区别。为简单起见，我们假设所有的小工具客户都充分了解他们可以从供应商A、B、C、D的产品中得到怎样的利益。所以在这个例子中，认知的品质与经济价值相等。总的"公平价值线"代表客户价值模型确定的价格对于经济价值的平均关系。在这个案例中，该比率是0.61。参考价值是40美元，这是任何供应商为大众商品化的、任何人都能提供的利益能够取得的最大价格，尽管参考产品A的使用价值可能是80美元或更高。如此低的参考价值使由客户价值模型中的公平价值线中的价格对价值的平均比率关系小于1.0，这就表示实际上每1美元使用价值的产品最终只能产生0.61美元的价值。也许用一条曲线表示的公平价值线，或者如果非要使用一条直线的话，那么一条只代表差异化价值的公平价值线也许会更准确。而实际上如果用曲线，则能更好地表示出在不同价格水平上价值加速或减速变化的情况。但是为得出这样一条曲线，需要首先努力把经济价值估算做好。不幸的是，有效的战略定价没有捷径。

[①] 要找到更多关于"比例价值-比例价格"的论述，请阅读 Gerald E. Smith and Thomas T. Nagle, "Pricing the Differential", *Marketing Management*, May/June 2005; Gerald E. Smith and Thomas T. Nagle, "A Question of Value", *Marketing Management*, July/August 2005.

我们应注意到，当产品差异化价值增长时，经济价值估算价格将明显超过客户价值模型价格。如果小工具 D 的价格定在客户价值模型价格的 73 美元上，生产商将在每把工具上损失 7 美元，即小工具创造出价值的 9%（正如我们将要在后面的章节中看到的，生产商能在多大程度上实现小工具 D 的 40 美元差异化价值，这很大程度上将取决于价格谈判）。

基于价值的市场细分

市场细分是市场营销当中最重要的任务之一。对市场群体的鉴别和描述可以指导营销决策的制定，让营销和定价过程更加便捷高效。例如，与价格敏感度高、服务成本低并且已经享受了竞争对手较好服务的客户相比，我们可以向那些价格敏感性低、服务成本高而没有得到竞争对手很好服务的客户要求更高的价格。但是在许多公司，市场细分战略把重点放在那些对定价决策没有多大用处的客户特性上，所划分的客户群体并没有体现客户购买动机的差别，也就是说未能按照有益定价决策的方式对客户进行归类。

当前，到处都是会使用各式各样细分市场模型的咨询顾问和市场研究者。通常这些方案大多使用人口特征或者企业基本信息（如客户规模、标准行业分类）等很明显易得的统计口径。尽管这些结果看起来很清晰并且偶尔也会对购买动机加以区分，但是这些细分方法对定价决策（尤其对通过区别定价以实现不同细分市场利润最大化而言）几乎没有帮助。更有用的模型应是基于价值的市场细分模型，它可以保证定价与客户认知并享受到的价值相一致。只有这时，买家才可以保证每个不同的客户子群体都付出了卖家能够索取的最有利可图的价格。对整个市场进行无差别定价将带来一定的风险：对某些细分市场而言，定的价格不够高，就造成潜在利润损失；而对另外一些细分市场而言，这种价格又显得太高，于是客户转向其他供应商，又会增加新的损失。

价值的市场细分方法和其他市场细分方法之间巨大的差别，对于定价而言是非常重要的。第一，绝大部分市场细分标准与购买者支付更高或更低价格的动机没有很好的相关性。例如，水管工和人身伤害案件律师都认为网上广告非常重要。他们通过打广告来吸引有高价值意外需求的客户。谷歌公司可以向两个群体收取相同的广告费率，但是律师完全可以比水管工支付更多的钱，因为律师的每个客户都有着更大的价值。但统一提高广告价格将最终使得水管工放弃网上广告，而转向其他价格更低廉的媒体，这会导致谷歌公司损失掉水管工人的生意。所以谷歌公司发明了一种灵活的竞价机制，使客户可以基于他们心目中广告的价值进行付费。当然，作为交换，你的竞价越低，你的广告在网页上的排名就越靠后。通过采用这种让客户自我权衡价值与价格的竞价机制，谷歌公司成功地将价格与价值联系起来，提高了其广告收入。

第二，即使是基于需求的市场细分也只是关注了那些客户认为重要的差异化特性。但它们忽略了另一重要方面——对卖家运营成本影响最大的客户需求；然而正如我们在下面将要看到的，卖家的成本和其他局限性对于定价决策也有重要影响，因为我们的目标不仅仅只是销售量和市场份额，还包括利润。最后，基于价值的市场细分下的客户深度访谈也解释了为什么客户认为（或者在掌握充分信息后将认为）某些产品利益是有吸引力的。这些认识揭示出开发新产品和服务的机会，同时也可以揭示由于缺乏全面研究而导致的战略缺陷。

在下面的经典案例中，国际收割机公司（简称IH）通过惨痛的教训认识到了这一点。多年以来，IH根据对农民"利益认知"（尤其是农民对IH与其主要竞争对手约翰·迪尔的设备可靠性的认知）的调查来对农民进行分类。农民们始终认为迪尔的设备"更加可靠"，所以IH通过投入巨大的财力物力提高其拖拉机的品质，来保证IH拖拉机的故障发生率要低于迪尔拖拉机，但是迪尔在调查排名上仍然保持领先。直到进行了深度访谈，IH才了解到真实情况。根据农民关于维修问题的反馈，IH的机器故障发生率并不比迪尔的高，所不同的是每次故障造成的停工期。由于机器故障会导致一至两天的生产力损失，IH的客户认为这是一个应该尽力避免的"大问题"。而迪尔客户之所以认为迪尔的可靠性较高，只是因为迪尔通过其广泛的服务导向型经销商网络储存了零部件并且提供拖拉机租借服务，这使得遭遇机器故障的农民在一天之内又可以开始工作。IH以客户所获得的利益来细分市场的方式将这个重要指标漏掉了。而如果采用基于价值的市场细分，他们本来可以早些发现，迪尔所服务的是一个不同细分市场——这个细分市场的农民们更加重视一条龙服务解决方案，而迪尔正好在这方面领先了一步。

为实施基于价值的市场细分，我们推荐一个6步的过程。

□ 第1步：确定基本的细分标准

任何市场细分的目的都是将市场划分为子群体，这些子群体的成员可以用共同标准区别其购买行为。一个简单的例子可以说明这个概念：工业研磨机卖家可以根据客户所在的行业、对产品的应用或客户从产品中得到的总价值来对市场进行细分。但是，根据行业分类的细分标准并不能指明客户是否以相似的方式使用研磨机。而基于产品应用的细分方法虽然可以表明不同客户使用研磨机的不同方式，却无法指明研磨机对哪个细分市场的商业模式更为重要。只有基于研磨机价值的市场细分才可以揭示，在某个细分市场中，客户仅仅将研磨机视作组装线成本的一小部分，而在另一细分市场中，研磨机却因为帮助客户完成了一个关键工序并直接导致客户获得溢价，从而为客户带来了更大的价值。在我们的拖拉机营销案例中，如果 IH 把快速服务需求作为其细分标准，那么它将会发现自己在现场服务能力上其实远比不上迪尔。如果 IH 一早采用正确的细分方法，它将会认识到自己需要通过其他的产品特性来弥补其快速服务方面的缺陷——这也许很困难，因为停工期的成本对农民来说非常高——或者将注意力转向其他更重视 IH 所擅长的产品特性而对停工影响并不那么在乎的细分市场上。

选择合适的细分标准的第一步是对整体市场进行描述概括，以确定明显的细分市场以及这些细分市场之间的区别。在消费者市场中，诸如年龄、性别及收入等基本人口统计数据为整体市场提供了明显的细分标准。而例如收入、行业和雇员数量等公司基本信息也可以清楚地将公司分离成不同的群体。这类基本分析所需的信息输入来源主要包括现有细分市场研究、行业数据库、政府统计数据和其他二手研究资源。输出的分析结果则包括购买模式、客户描述、当前客户需求初步清单和未被满足的客户需求列表。基于这些分析结果，你应该能够设计出初步的细分方案。在这个过程中，请检查这些初步细分方案对于销售员和销售经理来说是否有道理。尽管最终定价战略将会依赖基于价值的市场细分，市场沟通和销售战略却很有可能受到其他非常"明显"的客户特征的影响，而这类客户特征往往是对媒介广告投放及销售区域安排进行选择的基础。

□ 第2步：确定区别性的价值驱动因素

初步细分之后，你要确定那些在不同细分市场中差别最大，而在细分市场内部差不多同质的价值驱动因素，即购买动因。这将使我们能够理解哪些东西对于某个细分市场的客户是最重要的。本章前面提到过的 GenetiCorp 公司也认为，虽然可以用明显的公司特征（如区分商业或非商业研究机构）来细分市场，但这些细分市场在成本降低和利润提高方面也存在不同的价值驱动因素，因此也可以作为潜在的细分市场标准。但是永远不要简单地认为那些基于明显细分标准的初步市场细分能恰好给出一个有效的价值区分。例如，商业性的和非商业性的医药实验室很可能有相似的需求，他们都可以从一个没有差异化特征的产品（例如实验室的玻璃器皿）中得到相似的价值。

深度访谈可以研究买家对竞争性进行选择的方式及原因，从而为确定价值驱动因素提供宝贵信息。行业专家、分销商和销售人员可以提供补充信息，以确认在深度访谈中揭示出来的价值认知模式。这个步骤的分析结果可以为基于价值的市场细分打好基础。比如，按区分客户的效果对一系列价值驱动因素进行排名列表（统计学中的数据聚类分析方法在这里是一个有用工具），对每个驱动因素提升价值的原因进行解释，以及研究每个细分市场中的客户是否认识到这些价值等。如果你的产品或服务满足了之前未被满足的需要，上述列表也应将客户由此得到的新价值包括在内。

□ 第3步：确定你的执行限制和执行优势

在这一步中，你应该检查你的执行优势在哪里？哪些价值驱动因素是你可以用更低的成本以及更有效的方式提供的？同样，应该明确哪些驱动因素会受到你的资源和执行能力的限制？在这一步骤，需要考虑经验、资本支出计划、个人能力和公司整体战略。使用作业成本法（是分析公司业务的一种好方法，可查阅会计参考书描述）来建立一个客户行为谱图，从而衡量你服务于不同客户的真正服务成本。哪些方式需要更多的现场服务？哪些决策周期更短？这些因素对决定客户盈利性、价值传递，以及你对那些捆绑的或不能捆绑的特性可能收取的价格都非常重要。你也应该尽可能细致地检查自己在关键价值驱动因素上的竞争性优势和劣势。

有了这些数据，你可以得到关于已满足和未满足客户需求的列表、买家的优势和资源限制列表以及竞争者的能力列表，并将这些列表中的内容加以对照和比较。你公司的可持续竞争优势在哪里？竞争者在何处占据优势？假设潜在的客户对你们的服务能力是充分了解的，哪些客户你公司可以服务得比竞争者更好，而哪些客户可能超过了你的服务能力范围？

□ 第4步：创建一级和二级细分市场

这一步能把你已经学到的对不同客户价值的理解和对服务不同客户的成本及限制的理解结合起来。除非你擅长同时处理多个价值驱动因素的多元统计分析方法，否则你会发现最方便的方法是按照不同的价值驱动因素将市场逐次细分为多个层次，层次的多寡取决于那些可以对客户价值产生实质差别的关键价值驱动因素的数量。从理论上讲，你制定的一级市场细分应该基于区分客户的最重要的衡量标准。二级市场细分则根据次重要的分割标准，进一步把一级细分市场分割为不同的子群体。如果你还有第三重要的分割标准，你可以进一步把二级细分市场分割成三级细分市场，以此类推。

但是在实践中，连续的分割次数越多，你可以确定的细分市场数量就越不可控。例如，根据无足轻重的区分标准来细分头发类型就没有任何意义。这些子细分市场之间的细微差别对于定价政策来说几乎没有影响。

同样，主要的市场细分应当将公司能力、公司所受的限制以及客户需求都考虑在内。考虑到这种"战略重叠"，第一级的市场细分需要将这些方面结合起来，找出区分客户的最重要标准，也就是对买家的运营限制影响最大的客户需求，以及这些需求是否能够在卖方获利的前提下得到满足。而你的二级分割将在每个一级细分市场内部寻找最具区分能力的价值驱动因素。

图2-11的例子说明了在服务于目录营销市场的商业打印服务商中，一个业内领先公司的市场细分过程。目录公司有各种打印需求。有的主要考虑品牌形象，要求他们的直接营销与其他渠道销售（如零售店）的有机结合。有的则有其他独特的需求，例如目录出版商会要求打印服务商根据其某个下游细分客户群的要求提供定制化的服务，比如在打印材料的不同部分加入一些特殊的页面。当然，总体而言，打印时间还是主要的价值区分标准。一些目录公司坚持要求按自身商业模式决定哪一天打印，而其他公司则更愿意让打印商来灵活决定什么时候处理其业务。本例中的"战略重叠"在于：由于打印服务商的打印机数量有限，而且每天每台打印机工作的时间也是一定的，那么为满足客户关于固定打印时间的需求将大大增加打印服务商的服务成本。

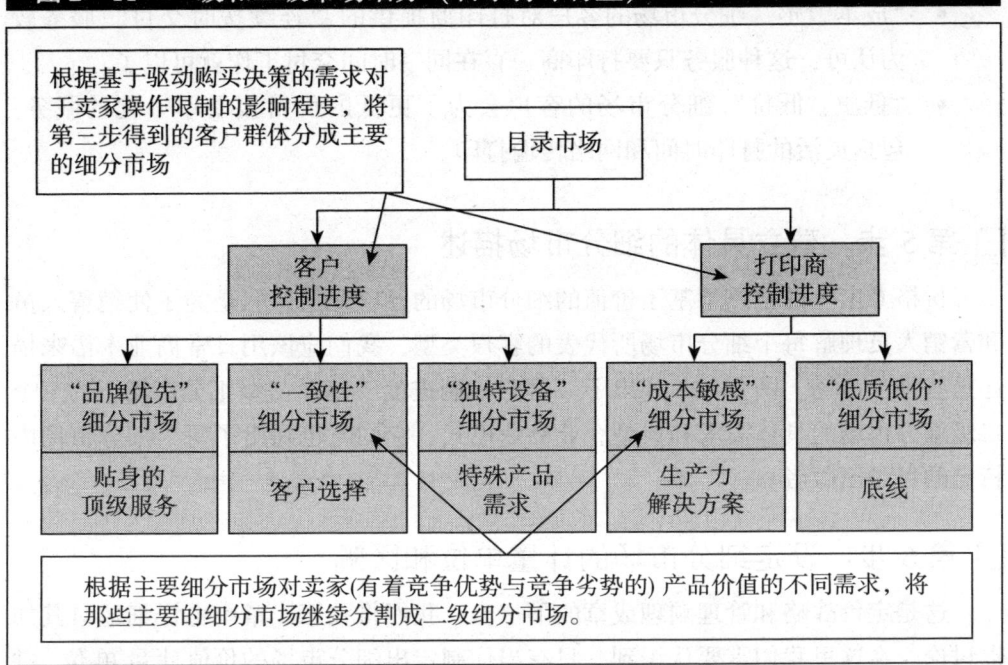

图2-11 一级和二级市场细分（目录打印行业）

图 2-11 展示的一级市场细分，是一个以客户对打印时间安排需求与打印商实际运营能力之间的战略重叠为基础建立的。这里出现了两个一级细分市场：需要精确时间安排的客户和那些愿意放弃自己对打印时间的控制来换取价格优惠的客户。在"客户控制进度"的一级细分市场中，三个二级细分市场又有着不同的特殊服务需求：

- "品牌优先"细分市场需要客户服务和定制的解决方案。
- "一致性"细分市场的客户对价值及自身利润更为重视，他们要求每次都能得到高质量的标准化服务（如打印、装订和裁边）。
- "独特设备"的细分市场客户有着特殊的需求，例如特殊的裁边大小、很少量的印刷要求，以及定制的装订服务等，同时他们仍然想要控制打印的时间安排。

开始时，打印商像对待那些要求严格打印时间的客户一样对待允许灵活安排打印时间的客户。打印商为他们也同样提供固定的打印时间安排，尽管客户不断谈判希望得到更低的价格。但是，基于价值的市场细分表明，这些客户愿意为了更低的价格而放弃要求严格的打印时间。打印商可以在非高峰时期安排这些客户的打印业务，从而避免服务能力的闲置。它的二级细分市场可以按照客户为更低价格而愿意放弃的服务加以区分：

- "成本敏感"细分市场的客户对打印商提供的"连续按时交付"服务较为认可，这种服务只要打印商一直在同一时间交付工作就可以了。
- "低质、低价"细分市场的客户会为了更低的价格接受单一化的服务，包括灵活的打印时间和网络传输打印。

□ 第 5 步：建立具体的细分市场描述

价格专家也许很熟悉基于价值的细分市场的各项变量，但是为了使销售人员和营销人员理解每个细分市场所代表的客户类型，我们应该用日常商业术语来描述这些细分市场。图 2-12 列出了"客户控制进度"这个一级细分市场下的三个二级细分市场的具体需求和典型企业商业模式。它同时也列出了每个细分市场内特定的目录出版者。

□ 第 6 步：设定细分市场的计量单位和区隔

这是定价战略和管理顺理成章的下一步，我们将在第 3 章中更详细地对其加以讨论。在这里我们需要认识到，只有当你制定出细分市场的价值计量单位，并

图 2-12 为便于区分而进行的更具体的细分市场描述

细分市场	客户控制进度		
	品牌优先	一致性	独特能力
需求	·在不同渠道中维持品牌形象 ·根据客户需求量身定制客户服务 ·积极主动的问题解决方案 ·高级别的维护 ·完整服务的配套解决方案	·利润管理 ·期待由客户方管理的三大标准服务 ·精确打印 ·中等级别的维护 ·打印、装订及PMT（照相移印等）的需求 ·纸张供应选择	·针对终端用户的独特产品 ·先进的客户定位手段以促进需求 ·更长的目录架寿命
代表性目录	·ColdwaterCreek ·Spiegel ·EddieBauer ·WilliamSonoma	·JCrew ·Brylane ·Fingerhut ·BrooksBrothers	·Viking ·BonMarche ·Quill ·IndustrialCatalogs
关键市场数据信息	·大量的打印订单 ·中等大小的目录 ·每年打印1~4次或大于12次 ·使用高质量的纸 ·大多数用骑马钉装订	·少量至中等数量打印 ·大多数属于短切割/标准切割大小 ·中等大小的目录 ·大多数用骑马钉装订	·少量的打印订单数量 ·小型号目录 ·必须供应的组件 ·目录需包含商店品牌 ·更高比例的B2B目录

且设计出有利于客户认可其细分市场价格政策的价格区隔时，市场细分的作用才会真正体现出来。

价值计量单位是衡量客户所得到的价值及他们为此支付的价格的基础。例如，汽车出租公司曾经使用基于距离的价值计量单位，并且按照行驶里程和使用时间进行收费。随着时间的推移，竞争迫使租车公司放弃按里程要价的传统。汽车使用时间成为市场认可的唯一的价值计量单位，租车公司按照使用时间长短而给予客户不同的折扣率，如每周或每月折扣率。

价格区隔是客户为了获得价格折扣或奖励而必须遵守的政策、规则及程序等要求。例如最小购买量要求、按时间的会员资格及打包购买要求等。这可以使得客户付出的价格与得到的价值相一致。不管卖家成本如何，某些价格区隔可以使客户付出更高的价格。这方面最具代表性的例子就是美国航空公司的"周六留宿"政策，它很有效地将商务乘客（一般而言较能承担高价机票）与价格敏感的悠闲旅游者区分开来，直到市场竞争迫使各航线放弃这个要求。

你可以选择恰当的价值计量单位和区隔来建立并强化那些适合高端细分市场客户的溢价，同时通过重新组合和分拆产品特性来吸引那些低价值和低服务成本的细分市场。正如我们在这本书后面将要看到的，它的结果将是一个包含价格、产品、服务和特性的菜单，客户可以通过选择不同的组合方式选择不同的价格，从而获得不同的价值，实现价值与价格的一致。

确定基于价值的细分市场、产品价格计量单位和维持价格结构的价格区隔之后，卖家可以通过将价格、服务组合及产能利用方式等与不同的客户价值有效协调，从而实现利润提升。这是一个买卖双方双赢的局面。但是正如我们在接下来的章节中将要看到的，各方具体能"赢得"多少，这还取决于那些差异化价值他们到底能够把握多少。这也就是为什么我们仍然需要严格的定价政策来帮助进行基于价值的价格谈判。

小结

制定能使产品盈利的定价战略的基础要从深入了解客户的经济价值开始。因为，说到底价值是客户支付意愿的首要决定因素。这种对价值的基础性的理解能在多个方面帮助我们制定全面的定价战略。首先，它使我们看到支付意愿在不同细分市场是如何变化的。就如商业打印公司的例子证明的那样，基于价值的市场细分能给予我们的不单是定价方面的信息，还能告诉我们如何设计产品和服务。第二，理解客户价值是与客户进行有效沟通以增加其支付意愿的唯一途径。虽然沙滩上的游客或许意识到此时一瓶冰冻饮料对于他的价值，大部分客户可能都不大了解很多公司的产品和服务的真正价值。而销售人员的任务就是将此价值的信息传达给他们。最后，价值可以并应该是价格制定决策的关键要素之一，因为正如我们在第 1 章中展示的那样，基于市场份额或成本加成的其他定价方法所带来的利润可能更少。

第3章

价格结构：区别市场细分的定价战术

在开发出能为客户创造价值的产品或服务后，市场营销人员必须判定如何才能从销售量和价格中实现这些价值并使利润最大化。这里的挑战在于不同客户由于支付能力、心理偏好、使用计划不同，他们对产品价值的认知也不尽相同。此外，客户需求的时间、支付速度、服务要求的不同都会对企业的服务成本产生很大影响。如果企业向所有客户收取统一价格，或者向分销商、零售商要求一个标准的销售利润，那么企业将被迫在销售量和毛利之间做出重大权衡：因为一些客户会以远低于其心理支付意愿的价格获得该商品，从而对企业利润造成损失；而其他一些具有较低支付意愿的客户则买不到该商品，尽管他们愿意支付的价格足以覆盖企业的可变成本并带来利润，这势必对销量造成不好的影响。

除去纯大宗商品（如酒精、面粉等），单一定价很难成为获取收益的最佳途径。若想实现由产品和服务差异化带来的利润，企业需要对各个细分市场建立与经济价值和服务成本差异化直接挂钩的价格结构。建立价格结构的目的是要缓解高价低量和低价高量之间的矛盾。这就是为了从高价值高服务成本市场中实现更多的收益，或者在仍然可以带来利润的情况下接受较低的收益。

为了表明一个合理定义的细分市场价格结构如何为企业带来可观的收益，请看下面这个例子。假设一个供应商面临5个细分市场，每个市场中的客户愿意为其产品价值支付的价格各不相同（见图3-1）。细分市场1的潜在销售量为50 000件，客户愿意为每件产品支付20美元。细分市场2的潜在销量为150 000件，客户愿意支付的价格为15美元，依此类推。那么，厂商应设定什么价格呢？原则上，正确的答案是设定一个能使其利润最大化的价格。如果你计算一下这

5个价格下各自对应的利润贡献（假设单位产品的成本为5美元），那么能使利润最大化的单一价格为10美元（此时的利润为2 750美元）。

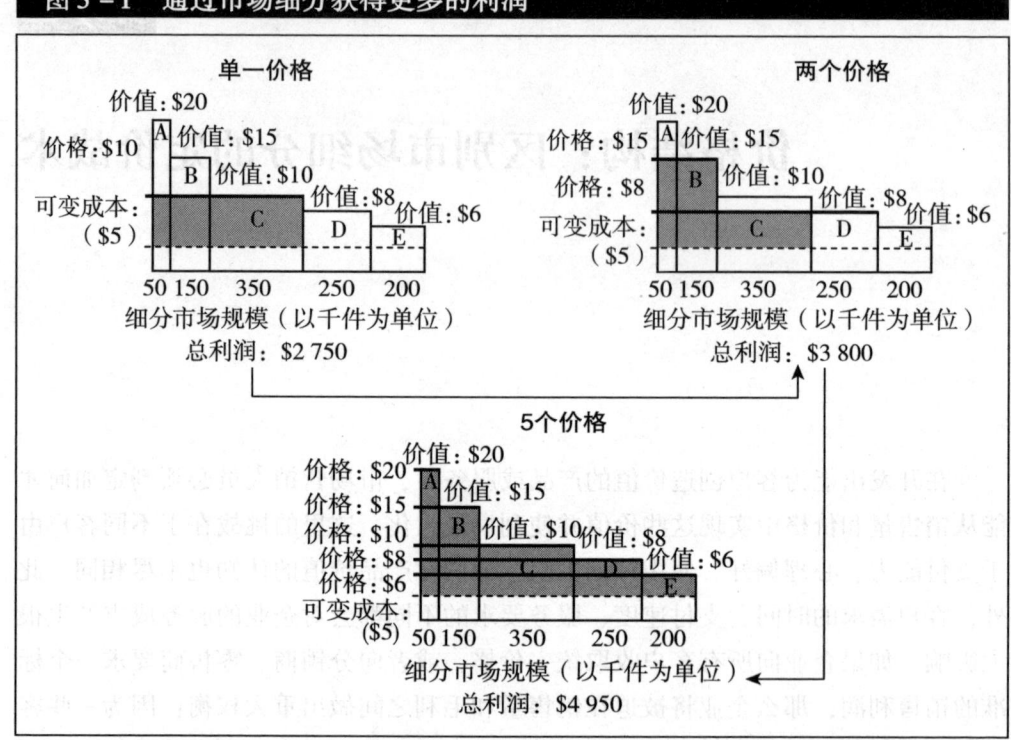

图3-1 通过市场细分获得更多的利润

然而，单一价格策略很明显令厂商失去了一部分利润，因为许多客户其实愿意支付更高的价格，如20美元或15美元。相比其他客户而言，这些高端买家认为从购买的产品中可以获得更多的价值。在10美元价格上，他们享有大量经济学家所称的"消费者剩余价值"。[①] 如果厂商能够向这些客户收取更高价格以取得部分"消费者剩余价值"，企业的利润水平就可以大为提高。第二个问题是，还有几乎一半的市场没有被满足，尽管厂商的售价只要高于5美元就可以盈利。

在固定成本很高的行业里，争取这些低价的潜在客户可能是非常有利可图，尤其是当这些客户可以带来较大的销量贡献时，争取到这些客户往往意味着巨大的固定成本分摊，结果可能关系到企业存亡。铁路系统若不是采用充分细分的价格结构，要维持运营可能都是一件很困难的事，更别说扩大规模了。铁路运费的

---

① 消费者剩余价值是指消费者支付意愿与实际购买价格的差额。一般认为，消费者剩余价值越大，消费者得到的福利越多。——译者注

设计就反映出被运送货物的价值差异。煤和未加工粮食的运费要远低于工业制成品，相应的，每车皮的利润贡献也小得多。可是由于这类货物通常数量巨大，铁路公司通过运送这些货物，极大地摊低了固定成本。如果要求铁路公司对所有发货人都按工业制成品收费，那么许多发货人的商品可能就会因为运输成本太高就不再具有竞争优势，而铁路公司也会失去这部分利润贡献。另一方面，如果要求铁路公司对所有发货人都收取和未加工粮食这样的货物一样的费用，那么在获得足够的收益以弥补固定成本并产生利润之前，铁路系统早已超过负荷。铁路运输公司利用基于价值的细分市场定价，在利润最大化的指导下，充分发挥其运输能力，向各个细分市场提供服务，如此得以维持运转和扩大规模。

连一些服务于高端市场的公司也经常发现，把自己限定于某个高端细分市场是有一定风险的，特别是当他们也可以以高于成本的价格服务其余细分市场的时候。在《创新者的两难困境》[①] 一书中，克莱顿·克里斯滕森引述了许多公司失败的案例。这些公司都未能在他们占支配地位的市场里满足那些要求较低品质，同时也只能获取较低利润的那些客户的需求。但有些公司最终抓住了这些需求，用它来支持部分固定成本，并以此为基础进入高端细分市场。施乐公司曾一度垄断高端复印机市场。然而，一些公司进入低端市场，并迅速扩大规模，还以此为基础建立了一套满足高端客户需求的快速服务网络。比如像复印中心这类客户就需要这种快速服务以尽可能地减少停机时间。至此，施乐便在复印机市场上失去了主导地位。

不同的细分市场价格不同，那么供应商应该向多少个细分市场供货呢？再回到我们上面的例子来，图3-1表明如果厂商设定两个价格水平，比如愿意支付15美元及以上的高端购买者和愿意支付8美元及以上的中端客户，那它可以细分出两类客户群。这时候可以将厂商利润水平提高40%。但是如果厂商能够向5个细分市场分别收取其对应的不同价格，其利润水平相对于单一价格策略可以提高80%。原则上，细分程度总是越高越好。但在实际操作中，价格细分的程度受到供应商执行成本的限制。

理论定义一个基于市场细分的定价结构比较容易，但要在实际操作中维持这样一个结构，那可就难得多了，因为那些可能被收取更高价格的客户很自然的具有破坏这个价格结构的动机。这些客户不会轻易让人看出自己原来是属于对价格不敏感的细分市场以帮助卖家向自己收取更高的价格。相反，他们会把自己伪装

---

① Clayton M. Christensen, *The Innovator's Dilemma* (Cambridge MA: Harvard Business School Press, 1999, 44-46).

成应该获得较低价格的客户。分销商也可能会破坏细分定价策略，他们声称要将产品卖给那些符合较低价格条件的客户，但转身将产品高价卖给支付意愿较高的细分市场客户，而把之间的差价归为己有。这一点对于欧盟国家的公司来说是一个巨大问题。产品价格较低国家的分销商会把商品运送到价格更高的国家，而其中的价格差异有时仅仅来自于货币价值的变化。欧盟法律禁止各国政府限制这种"平行贸易"，即使是在两个币种不同的欧盟成员国。这样，没有采用细分市场策略的生产商会因为库存不足失去向低价值国家销售的机会，同时也会在与"平行贸易者"的较量下失去本可以获得的高价值国家的利润。

那么厂商如何才能针对不同的顾客以及产品的不同应用有技巧地收取不同的价格呢？答案是，创建一个基于细分市场的价格结构，其中的可变因素不只是价格，还包括与价格相对应的产品特性或购买标准。细分的价格结构使收益随着两个关键盈利驱动因素的变动而变动。一，客户接受的经济价值；二，为提供服务所增加的成本。下面我们介绍以下三种用于维系这种细分价格结构的机制：价格－产品组合设计，价格计量单位，价格区隔。每一种机制分别适用于具有不同成因的价值细分市场。

■ 价格－产品组合设计

当不同细分市场对产品价值认知的不同是由于其产品性能或服务内容的不同价值引起时，供应商可通过为各细分市场设计不同的产品组合来区分细分市场。通过这种方式，我们能最大限度地避免过度强迫客户，因为客户实际上是自己选择了合适他们的产品，也就是自己选择了他们的价格。第1章中介绍的航空公司细分定价策略就是部分基于产品组合设计实现的：乘客能够自由地选择购买票价较高的包含免费取消、更改航班权利的机票，或者也可不要这项权利以换取更加优惠的价格。为了决定是否应该加入另外一种产品设计组合到客户选项菜单中，你可能需要制作一张类似于图3－2的图表。图表将帮助你分析新添加的产品组合引致的执行成本是否超过新增的利润贡献。在任何环境中，合理的价位由细分市场大小、价值成本差额以及增加产品组合引致的额外成本决定。

为了创建一个高效的价格结构，企业首先必须决定：哪些产品特征或服务内容应该放到定价菜单中让客户自己选择，哪些产品特性和服务内容应该进行捆绑销售。对于将所有产品特征或服务内容单一分开来定价的观点，这里我们也提供几点反对意见。将产品特征和服务内容捆绑后以单一价格销售能减少客户和卖家的交易成本。尽管科学技术的发展正在降低大规模定制的成本，但企业成本随着

图 3-2 价格细分带来的利益

	A	B	C	D	E	总数
细分市场最优价格	$20	$15	$10	$8	$6	
潜在销售量（000）	50	150	350	250	200	1 000
生产可变成本	5	5	5	5	5	
细分"区隔"成本	1	1	1	1	0	
总利润贡献（000）及细分市场边际成本：						净利润贡献
1 个价格（$10）	$250	$750	$1 750	0	0	$2 750
2 个价格（$15，$8）	$500	$1 500	$1 050	$750	0	$3 250
— 边际成本	50	150	350	0	0	
5 个价格（$20，$15，$10，$8，$6）	$750	$1 000	$1 750	$750	$200	$4 150
— 边际成本	50	150	350	250	0	

来源：Richard Harmer. "Strategies for Segmented Pricing," The Pricing Institute 6th Annual Conference (Chicago, March 22-25, 1993)

企业提供产品和服务种类的增加会快速增加。最后，很多相关研究也表明，当附加值高的产品特征和服务内容被捆绑销售的时候，人们对于其价格的敏感性会有所降低。[①]

☐ 优化产品捆绑销售

市场营销人员通过构建多种捆绑销售选择来吸引不同细分市场的客户，从而不但可以取得上文描述的各种好处，同时也得到市场细分带来的财务回报。例如，汽车制造商将不同的功能放入"运动版"或者"豪华版"汽车当中，这就是一种捆绑销售，而为此制定的价格也是对所有这些捆绑特性的一个统一价格。同样，有线电视运营商根据客户不同的特点，如家庭、体育爱好者、电影迷等，创建各种各样的捆绑产品。因为只有极少数客户会只在乎捆绑产品的某一个元素，而完全不在乎其他部分所带来的价值，所以，同捆绑销售带来的效率提高相比，企业由于捆绑销售带来的损失就显得微不足道了。

当被捆绑的特性之间存在一定关系时，相比对产品单一特性定价，卖家可以

[①] Daniel Kahneman, Jack L. Knestsch, and Richard H. Thaler, "The Endowment Effect, Loss Aversion, and Status Quo Bias", Journal of Economic Perspectives, 5, no.1 (Winter 1991)：193-206.

通过对捆绑在一起的产品特性整体定价获得更可观的收益。如果将产品的某些有共性的特征或服务捆绑起来销售能为细分市场中的客户创造高价值，它也能为企业带来明显的利润提升。而对所有产品特性或服务单一定价的菜单式价格可能会将某个细分市场的利润最大化，但对另外的细分市场而言，可能往往会定价过高或过低。这时候，捆绑可以为每个细分市场提供一个利润更高的基于价值的价格。应当注意到，即使我们可以为同类种特征在多个细分市场都制定盈利的定价，但是每个细分市场中的最优价格水平不一定相同。下面的例子就说明了这条原则。

音乐娱乐为有利可图的捆绑销售提供了绝佳机会，人们根据各种表演类型对音乐娱乐的"特性"进行估值。在本书作者居住的波士顿，人们能买到包含主流明星，如绿日乐队、肯尼·切斯尼和其他一些名气较小的但是更具"创新性"的表演者，如利昂国王以及 Solja Boy 的各种演唱会门票。但演唱会主办方面对的挑战是他们拥有两类庞大但很不同的客户细分市场。

其中一个细分市场的消费者仅把音乐视为各种娱乐活动的选择之一，他们愿意为主流明星的表演支付较高的价钱，所以较高的票价（例如每张 60 美元）可以让商家售票收入最大化。然而演唱会主办方也需要"引诱"他们去尝试体会一下创新型的表演。对于这种表演，他们可以负担的门票价格无法超过 25 美元。但如果没有这部分观众的支持，创新型演唱会可能由于无法获得足够的收入来覆盖成本而根本无法继续举办下去。

幸运的是由于波士顿是许多音乐学校和音乐发烧友的聚集地，总有一个规模较小的客户群愿意支付等同于（甚至超过）主流演唱会的门票价格来观看新颖的创新型表演。这类细分市场主要由学生和音乐家组成，然而由于他们早已体验过主流明星的表演，所以他们对于主流表演更具价格敏感性。演唱会主办方的挑战是如何同时从以上两个细分市场同时获取最大的利润。

假设根据以往的研究和试验，演唱会主办方相信图 3-3 中的针对每一个细分市场、不同类型的演唱会价格水平可以粗略代表最大化收益与上座率的价格水平。很不幸的是，如果主流表演的票价设定在每张 60 美元，许多音乐发烧友将因为价格太高而不会购买门票，势必有一些观众席不能坐满。如果创新型表演门票定位在 40 美元，那么庞大的普通娱乐客户群体根本不会出现，音乐会可能因此根本无法举办。对主流表演和创新型表演分别收取 40 美元和 25 美元将保证百分之百的上座率，但是演唱会主办方此时也损失了许多潜在收益，因为这种定价总会让其中一个细分市场的观众以比他们愿意支付的门票价更低的价格买到票，因而不能称之为一个最优的定价。

图3-3 通过细分演唱会市场优化收益

演唱会细分市场	主流表演	创新型表演
音乐发烧友	$40	$40
普通娱乐客户	$60	$25

由于存在相反的偏好（普通娱乐客户更偏好主流表演，音乐发烧友更偏好创新型表演），那么将两类演唱会捆绑在一起定价可能会带来更可观的利润。首先可以分别给主流演唱会门票和创新型演唱会门票设立60美元和40美元的单一票价，接下来主办者可以在此基础上推出具有一定优惠的、包含两类表演的组合套票以填满观众席。考虑到普通娱乐客户和音乐狂热者分别愿意为组合表演（主流表演+创新型表演）支付不超过85和80美元的价格，当组合套票的价格定位在80美元时（或者4场160美元、6场240美元等，只要购买者选择固定的搭配比例），不但音乐会现场可以坐满，同时主办方也可以从这种捆绑销售中获得比单一定价更多的收益（单一定价下，两场总计仅有65美元）。这个案例成功的秘诀在于不同的细分市场的客户因不同的原因为每一套表演组合多支付了15美元。在给予客户不同的理由为同一套表演组合支付溢价的同时，帮助了主办方在不危害销售量的情况下赚取了更多的利润。

在现实中通常存在超过两类以上的细分市场，每个市场的规模也不同，并且不止两种产品可以捆绑。这时，我们需要创建一张表格或者运用复杂的最优化模型来评估各种捆绑选择。[①] 而设计捆绑销售的原则和设计汽车套装、晚餐套餐、旅游度假套餐和电视网络广告时段套餐是一样的：关键就是要把各种在不同细分市场中估值不同的元素捆绑到一起，只要捆绑产品中的元素能够吸引消费者并且由此创造的收益大于新增成本，企业就应该提供这种捆绑选择。原则上，借助对三种特性元素的捆绑销售，企业可以在三个细分市场上（每个市场看重其中一种特性元素）实现利润最大化。

□ 设计针对特定细分市场的捆绑销售

当不同的细分市场客户对于一项核心的产品或服务（例如在一个受欢迎的旅游胜地选择住宿）的价格敏感性不同时，捆绑销售同样能帮助进行市场细分定价，从而提高企业盈利水平。当企业能够找到那些对某个细分市场而言非常重

---

① Gary D. Eppen, Ward A. Hanson, and R. Kipp Martin, "Bundling – New products, New Markets, Low Risk," *Sloan Management Review* 32, no. 4 (Summer 1991): 7–14, 描述了一个用于优化复杂捆绑产品的模型。

要，而对另外的细分市场来说可能并不重要的产品特性或服务时（例如，可以在这个旅游地参加专业高尔夫球训练课程，或者将孩子安全地托管在诸如"儿童俱乐部"之类的地方），通过捆绑销售设计特定细分市场的定价就显得很容易了。对于高尔夫球爱好者来说，度假的总成本等于房间价格和高尔夫球费用的总和。如果他对每晚居住于此的价值评估比家庭类游客高出 100 美元，那么相比训练课程相同但是风景逊色不少的地方，他在这里会愿意多支付不超过 100 美元的高尔夫果岭费（当然，需要假设在这个度假胜地附近没有质量相同但是价格更加便宜的课程）。由于家庭旅游者并不是专程前来打高尔夫球的，他们并不受到较高果岭费的影响。

这里，一个能带来很好回报但又经常被企业低估的方面是把一些含有附加价值的特性或者服务捆绑在一起来吸引那些需要低价格的客户。尽管这些客户支付的价格较低，然而他们的购买数量可能颇具盈利性。当在非使用高峰期或者经济下滑时，大量的生产力被闲置，这一点表现得尤为明显。如果只是为了赢得这部分客户而一味地削减价格，企业不仅将难以维持在其他细分市场中的较高价格，同时也会损害其品牌形象。但是如果把一些很受细分市场青睐的特质免费或很便宜的捆绑在产品中，企业就能改善在这部分细分市场中的价值定位，同时又能避免直接降价而危害在另外一些细分市场中的利润。

举例来说，度假酒店可以索要更高的房费，同时免费为携带儿童的成年顾客提供"儿童俱乐部"的服务，免费为儿童提供自助早餐，或者为酒店附近的家庭娱乐活动提供班车、折扣券。正是因为高尔夫球爱好者对这些服务本来就不在意，这种设计所吸引的客户群以及为酒店带来的新增成本就都非常有针对性的集中在家庭型游客身上。同样，在商家对商家（business-to-business，简称 B2B）市场中也存在类似的产品捆绑策略。很多商家由于担心大客户会要求更低的价格而无法向小客户提供折扣优惠，从而面临失去那些价格敏感的小客户的风险。这时，商家可以选择为这些小客户提供低成本融资，免费提供高效率的库存管理软件，或者其他一切小客户看重但大客户不在乎的服务。

相对于上面描述的通过捆绑来为低价细分市场增加价值的做法，我们还有另外一种方式来实现相同的目标：那就是在产品中加入一些对高价细分市场来说是扼杀价值，而对低价细分市场来说不受影响的特性。我们以前的一个同事迪克·哈默曾给这种方法取了一个令人难忘的称呼——"选择性丑化"。化学公司通常不会拥有两条生产线分别生产高端的"食用级"和低廉的"工业级"化学品，生产的产品往往只有一种。他们只是向工业级产品中添加了一些其他化学物质而使得产品不再能直接用于食品制造。航空折扣机票的星期六留宿规定是另一个例子。这项规定对于那些兴致勃勃的、无论如何都要把周末包含在旅行计划中的旅客几乎没有影响,却打消了大多数商务旅客购买这种低价票的念头。

☐ 战略性"松绑"

尽管捆绑销售可以成为一种提高细分市场利润的战略,但是仅仅是为了实现差异化而把很多高成本的服务捆绑在一起时,常常适得其反。比如,一个商用设备制造商试图通过承诺快捷的保修服务和免费配送来激励客户为其设备支付更高的价格;一家航空公司因为把免费的行李运输和代理预订服务加入机票捆绑的服务,便想收取更高的票价。这类价格结构通常会损害而不是提高利润,而且对于处于激烈竞争环境却死守这类价格结构的企业来说,这将是致命的。

当为客户提供捆绑服务的成本差别很大的时候,问题就显现出来了。对那些对捆绑的各项服务有高需求的客户,企业当然可以将他们牢牢吸引住。但随着这部分高成本用户比例不断提升,提供捆绑产品的平均成本也不断增加。如果企业试图把不断增加的平均服务成本融入价格中,那么他们将一步步失去其他并不重视该捆绑服务的用户。可是如果他们在成本增加的情况下又不提高价格,那么增加的成本将逐渐吞噬掉他们的利润。

除非相对于产品的总价值来说,提供服务的成本微不足道,否则把选择性服务免费绑入产品会破坏企业盈利能力。而企业在面临白热化竞争的时候,战略重心这时往往是对原本免费的捆绑销售进行松绑,例如按使用次数收费或者限制服务的使用等。许多航空公司正在为行李运输或者代理预订服务松绑,并要求使用这些服务的消费者额外付费。如果客户已经理所当然地认为产品应该包含某些服务,那么企业可以通过为那些不选择这些服务的客户提供价格折扣,这样就能在不得罪客户的前提下分拆价格结构。举例来说,某家公司的客户已经习惯于经常下"急单",因为这家公司的急单服务反正都是免费的。这时这家公司一方面提高价格,一方面对7天之内发货的订单提供超过价格上涨幅度的优惠。这就使得该公司既避免了损害与那些已经为快捷服务支付了溢价的客户关系,又使得公司在必要的时候匹配了竞争性价格。

■ 价格计量单位

并不是所有价值差异都能反映产品特性及服务的差异。有时候,客户接收到的价值可能根本与消费数量无关,这时就需要一种独立于产品或服务数量的价格计量单位。例如,在健康医疗领域,政府和个人都在抵制按服务计价的模式,这是因为对于相同的病症，住院时间越长或者检查越多可能常常代表治疗水平有限，并不是更佳的治疗效果。对于一些高水平的医疗结构，像美国的凯萨医疗中心和梅约诊所，它们已经证明能以更低的成本来提供优秀的医疗服务。这时，这些医疗机构和患者就可能转变思路，可以采取新的，更基于价值的价格计量单位来提高效益：（1）按"患者"计价，费用涵盖病人一年中所有的医疗服务；（2）按疾病或治疗计价，价格涵盖所有治疗费用，直到治疗结果令人满意为止。这些医疗机构通过采取这种计量单位从而避免了说服病患者为更优质的服务和疗效支付溢价的麻烦。这种计量单位也使得这些医疗机构更容易向患者证明，相比那些较差的医疗机构，它们能够让患者花更少的钱而取得更好的疗效。

上文描述的例子涉及一个从基于特征的价格计量单位到一个基于收益的价格计量单位的转换。价格计量单位就是计价用的单位。价格计量单位定义了交换的条件：购买者每支付一单位的价格到底会得到什么。通常有多种计量单位选择。比如健身俱乐部的计价可以按每小时、每次、每个会员资格（一年内不限次数），或者按健身成果（比如腰部减了几英寸或者胸肌增大了几英寸）来进行。健身俱乐部也可以按照一天内的不同时段（白天中午会员价较低，高峰时间会员价较高）或一年内的不同季节来改变价格，以反映不同时段机会成本的差异。最后，它还可以制定一个多维的计量单位：按小时数向年费会员征收额外的网球球场使用费。这些都是常用的价格计量单位：按个数、次数、时长、人头数和收益计价。

大部分价格计量单位的问题在于对计量单位的采用仅仅是因为约定俗成或沿袭传统。例如，软件公司最初对安装在服务器上的软件是按"每台服务器"收费的。大多数情况下，这导致价格计量单位没有很好地与产品价值挂钩。一些富有创见性的软件提供商发现，越多的服务器用户意味着软件购买者会获得越多的价值。因此，他们把计价方式从"每台服务器"多少价钱变为"每个服务器用户"多少价钱，结果使得拥有更多服务器软件使用者的客户支付了更多费用。在采用这种"每个用户"计价方式的计算机辅助设计以及财务分析公司显现出这种设计带来更强的盈利能力后，其他的软件公司就随之效仿。然而许多公司在实际运用这种模式的过程中，用户数量与价值仍然没有能够很好地结合在一起，造成对许多客户而言定价偏低，同时又将一些认为价格过高的客户排除在市场之外的情况出现。这时候，他们中一些更有创造力的人就设计出了更好的计量单位：制造业软件行业领导者用"每生产单位的价格"来代替"每个用户的价格"；存储管理软件的供应商用"每单位被转移数据字节的价格"来代替"每台服务器的价格"。每当公司发现了一种比竞争对手更好的价格计量单位时，它就从现有客户或被以前的定价区隔在市场外的客户身上获得了利润。

□ 创造优良的价格计量单位

制定最具盈利性的价格计量单位需要遵循 5 条准则（见图 3-4）。首先，一个优秀的价格计量单位应紧扣各个细分市场的价值差异。尽管产品的不同设计会帮助我们根据客户的购买选择来设计不同的价格，而不拘泥于购买数量的价格计量单位也能帮助实现对相同产品的不同定价。例如，将药品按每天治疗的费用来定价往往优于按药品用量来定价——这正是礼来公司推出抗抑郁药"百忧解"时采取的策略。每天需要 10 毫克剂量的病人从治疗中获得的价值实际上并不亚于需要 30 毫克剂量的病人。因此，无论药片含有多少药物活性成分，公司对每一片药索取相同的价格。第二，一个优良的价格计量单位应紧扣为各个细分市场提供服务的成本差异。当客户行为能显著影响边际服务成本的时候（即提供服务的成本超过了对客户进行评估、监测、定价的成本），一个实现利润最大化的价格计量单位应该反映出这些成本。可是，即使当成本显著的时候，市场营销者通常也不愿意对服务收费，因为他们担心收费会降低自身的竞争能力，从而在与那些不对这些服务收费的同行们竞争的时候落于下风。实际上，情况恰好相反。

图 3-4　制定价格计量单位需遵循的准则

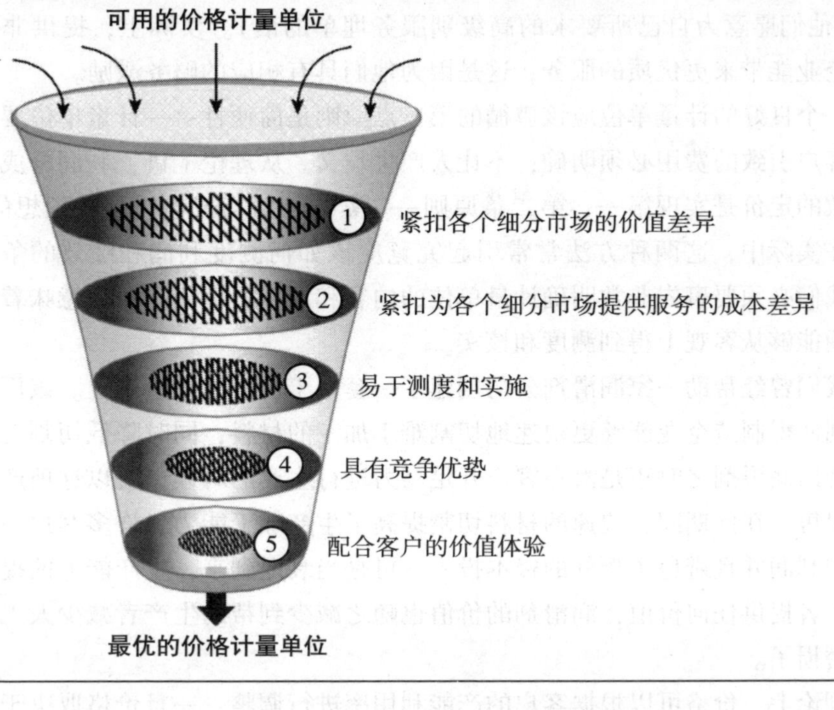

可用的价格计量单位

1. 紧扣各个细分市场的价值差异
2. 紧扣为各个细分市场提供服务的成本差异
3. 易于测度和实施
4. 具有竞争优势
5. 配合客户的价值体验

最优的价格计量单位

"免费"的服务最容易吸引使用该项服务频率相对较高的客户。试图最小化库存量的客户倾向找那些提供免费"急单"服务的卖家。对于那些由于高离职率而导致生产设备维护状况不理想的企业客户会倾向找提供"无限制的"、快捷的现场服务的设备制造商客户。同样的道理,对服务要求很少的客户会转向那些提供很少服务(或不提供服务),但价格却相对较低的供应商。最终,由于缺少合适的计量单位去捕捉客户价值或防止客户过度使用服务,市场营销者经常会发现在他们努力改善服务的同时,自己已经把企业变成低利润率的企业了。

通过对服务收取费用,或者至少对那些服务成本过高的客户收取费用,公司就能在保持其核心产品价格竞争力的同时,避免吸引太多服务成本过高的客户。由于市场竞争加剧,软件供应商已经开始对曾经"免费"的在线电话服务收取费用;银行开始对在柜台办理业务的小额存款储户或使用取款机次数超过授权次数的行为进行收费;UPS对送往居民区的快递加收1.75美元,对那些没有将自己的账户号写在快递单上的顾客加收5美元,对写错地址的客户加收10美元——这些收费体现了服务这类包裹的附加成本。从另外一个角度看来,这也反映出当顾客无需为这类服务埋单时,他们有可能造成的附加成本。无需考虑此类附加成本的供应商,能够针对核心业务(软件、支票账户、包裹投递)进行更具竞争力的定价,以赢得低成本的那部分客户,同时仍然能够吸引高成本客户(如果他们愿意为自己所要求的高级别服务埋单的话)。实际上,提供非捆绑业务的企业能带来更优质的服务,这是因为他们具有相应的财务激励。

一个良好的计量单位应该遵循的第三点原则是简便性——计量单位要易于实施,客户引致的费用必须明确,不让人产生歧义。从理论上讲,利润分成或者基于绩效的定价是实现第一、第二条原则——紧扣价值与成本,是最理想的方法。但是在实际中,这两种方法常常引起究竟应该如何测度利润和绩效的争论。至少,我们必须要事先非常明确计量单位的内容和谁将负责测量,这意味着计量单位必须能够从客观上得到测度和核实。

我们曾经帮助一家润滑剂公司创建了一套基于价值的计量单位。该厂生产的润滑剂使得制造企业能够更快速地切割难于加工的材料,同时降低切割工具的磨损。推出润滑剂之时正是潜在客户开足马力进行生产的时候,所以这项产品非常容易出售。在此期间,快速的材料切割提高了生产加工能力,许多客户因此获得丰厚的利润并且避免了额外的资本投入。可是当衰退到来,生产能力的提高无法为生产者提供任何价值,润滑剂的价值也随之减少到帮助生产者减少人工支出和设备磨损了。

理论上,价格可以根据客户的产能利用率进行调整。一旦价格取决于客户提供的产能利用率数字时,可想而知,潜在的矛盾冲突和伪造信息行为在所难免。幸运的是,我们发现了一个公开的、能够较好反映该客户产能利用率的工业销售指数。润滑剂公司继续按产品重量单位进行收费,但是客户为了在衰退期获得更低的价格,它们也接受了每月按工业销售指数水平进行价格自动调整的系统。

第四点原则是考虑使用你的计量单位的定价与其他竞争对手的定价相比看起来如何,以及这对产品的市场吸引力的影响如何。一个新型的语音识别软件可以使呼叫中心在不用增加现场话务员的情况下,服务更多的呼叫者。商家承诺这套软件将会为购买者创造巨大的差异化价值。不幸的是,呼叫中心软件在定价和评估传统上用的计量单位是按分钟计价。由于语音识别软件能够更快地处理呼叫者,传统呼叫中心软件使用的分钟数和新的语音识别软件的使用分钟数并不具备可比性。如果仍然使用原来的按分钟计价方式,根据基于价值定价的原则,新的语音识别软件的收费应是传统软件的三倍。这当然会招致购买者的抵制。

为了解决这个问题,软件公司采用了一种全新的计量单位:按"处理的呼叫数量"计价。这个计量单位很自然地把竞争对手按分钟成本的计量单位转换成了呼叫数量成本的计量单位。虽然新软件更贵,但当我们用每个呼叫的成本代替每分钟的成本时,按呼叫计价的溢价百分比要远低于按分钟计价(见图3-5)。此外,就免去话务员操作而带来的差异化价值而言,按每次呼叫来计算也要比按每分钟计算大得多。总体来说,在使用新软件时,尽管按分钟计价的总成本较高,但是按每次呼叫计价的总成本却较低。在两种计量单位下,新软件的经济效益是一样的,而以每次呼叫为基准的计价方式则可以令这种收益的吸引力得到更加充分的体现,从而使得该软件的销售更加容易。

图3-5 托管型呼叫中心软件

	传统的呼叫者应答软件	自然人声识别软件	百分比差异
呼叫时长	7.2分钟	4.4分钟	-39%
软件每分钟的"价格"	$0.90	$1.55	+72%
软件每次呼叫的"价格"	$6.48	$6.82	+5%
需要人工操作的呼叫的百分比	47%	12%	
接线员操作的成本	$3.50	$3.50	
每分钟的总成本	$1.13	$1.65	+46%
每次呼叫的总成本	$8.14	$7.26	-11%

衡量价格计量单位原则的第五点也是最后一点,就是要让计量单位同购买者

在使用产品和服务时体验到价值相一致。这种一致性越好，也就是说价格计量单位能迎合顾客的消费时间和程度，产品的吸引力就越大。电影录像带租客从也许是只有一次的观看 DVD 过程中体验到价值，而不是从 DVD 放在家里多长时间体验到价值。随着光碟的制作成本降低，美国的网飞公司[1]意识到它不再需要激励或者强迫租客尽快返还影碟，于是它改变了影片租金的计量单位：把按租赁时间计价（每日 3.95 美元）替换为按"一次租赁（out‐at‐a‐time）"的影片数目计价。如果一次只租赁一部影片，无论这一步影片你想保留多久，每月只收取 8.99 美元；如果每次需要租赁两部影片，价格是 13.99 美元，依此类推。通过改变计量单位，网飞公司为顾客提供了极大的方便。在这之前，顾客必须要尽量在想看 DVD 的时候赶快租到 DVD，而在观看后又需要尽快退还。这使得网飞公司的计量单位相比其他录像商店更受到顾客的推崇，网飞公司接下来以惊人的速度占据了大量市场份额。

有时候，单一的计量单位无法同时满足所有准则，但是一个多维的计量单位却能办到。移动电话运营商按月收取固定费用，以此获取了部分客户的价值。而同时运营商还根据客户使用各项服务（如通话、短信、互联网等）的数量来额外逐项收费。游乐园往往先收取一个入园费，再对每一项游乐设施单独售票。银行向储蓄账户收取月费并对客户额外的业务事项收费。这里的每一种价格结构规划都是为了实现以下三个要素的平衡：（1）服务成本回收；（2）通过与价值一致的定价来刺激客户使用产品和服务，从而提高销量；（3）从获得更高价值的客户身上获取更多利润。

□ 基于绩效的计量单位

理想的价格计量单位，会将客户的支付价格与客户获得的经济价值以及企业为客户提供服务而增加的成本直接挂钩。在一些被称为"基于绩效的定价"实例中，价格结构就可以如此。[2] 律师打官司的报酬常常等于实际花费加上诉讼所获赔偿的提成，而非按工作小时计算。互联网广告通常按点击率来计费，而非采用传统的"每千人次宣传"的计量单位。厂商可以免费为写字楼安装控制灯光、供热和制冷控制系统，只要业主同意允许厂商分享部分由于能源节约而带来的成本节约。在上面的每个例子中，价格计量单位都很自然地根据客户获得的价值对同种产品或服务收取了不同的价格。

---

[1] Netflix，美国最大的光碟租赁服务商之一。——译者注
[2] 基于绩效定价策略的完整研究，请参见 Benson P. Shapiro, "Performance‐Based Pricing is More Than Pricing," Harvard Business School Note 9‐999‐007, February 25, 2002.

基于绩效的定价方式能产生另外一个极其重要的效应，那就是它把绩效风险从买家转移给了卖家。通用电气在推出一个全新的高效能飞机引擎系列的时候就利用了捆绑销售来降低客户的风险。这些引擎保证了更高的燃油利用率和飞行动力，使航空公司的飞机运营可以获得更好的利润。但是维修成本的高度不确定性阻碍了引擎销售。航空公司担心这些高性能引擎可能需要更频繁的检修，进而轻而易举地抵消掉使用它们的好处。这种担心损害了通用电气通过节油和动力提高赢取溢价的能力，虽然这个溢价本来是十分合理的。

通用电气没有因为客户对风险的担忧而接受一个较低的价格，而是通过改变计量单位把风险转移到自己身上。通用电气在这时并没有单独出售或者出租引擎，而是有效地把计量单位改为按飞行小时来租借飞机引擎——租金涵盖了所有计划内和计划外的维修成本。尽管通用电气收取了溢价，但是由于消除了航空公司维修成本的不确定性，GE90系列迅速流行起来。当然，在很多情况下，"基于绩效的定价"可能完全不切实际，它需要太多的信息和信任——卖家需要相信客户会如实、准确地报告自己的信息。同时，这种方式也给客户评估购买成本带来一定的不确定性，因为他们只有在使用产品之后才能知道这项成本到底如何。因此在实际操作中，市场营销人员必须设计一套由利润驱动的价格结构，找到能大致预测客户所获价值和卖家服务成本的度量方法。通常，一个过得去的定价战略与一个了不起的定价战略的差别就在于能否找到或创造出这样的度量方法。

□ 搭售的计量单位

销售固定资本类产品的企业常常面临这样的挑战：对于不同的细分市场，产品使用强度不同，拥有产品的价值可能差异巨大。比如说，阿拉斯加的鱼罐头商在一年中只有几个月会密集地进行生产，而加利福尼亚的罐头商在整整一年里都会高强度地使用罐装机制造水果蔬菜罐头。高效率罐装机的制造公司可能想同时把罐装机卖给这两个地方的罐头商。一个方法是罐装机制造公司可以在罐装机上安装一个计量器，以记录机器每一次的使用。这其实正是施乐推出复印机时采用的定价战略：施乐拒绝将复印机一次性出售给使用者，而是根据复印机的使用情况收取租金。

对于那些无法定期向客户现场派驻服务人员的罐装机制造商来说，根据使用情况出租罐装机的想法是不切实际的。一个可操作的方案是罐装机公司在合同中规定购买者使用这些机器只能用于封装灌装机公司生产的罐头盒，而这些罐头盒将由罐装机公司按溢价销售。所以，购买罐装机的真实费用将不仅仅是罐装机较低的表面价格，还需要加上搭售罐头盒原料的溢价净现值。由于使用该机器更频繁的买家必须购买更多地被搭售的罐头盒原料，他们实际上也为该资产付了更多的钱。

在1949年以前，类似于这种从合同上规定把罐头盒附加在罐装机出售的销售行为是很常见的。由于这种销售行为从某一方面影响了被搭售商品的市场自由竞争，美国联邦法院于1949年在反托拉斯法的框架下裁决禁止了此类销售合同。① 但是尽管合同型搭售不再可行，许多公司就通过技术设计仍将消耗品与资产进行技术匹配。惠普在喷墨打印机的开发与生产上一直处于行业领先地位。惠普战略性地把打印机（即资产）价格定得比其他低质打印机更低，但是需要更换的墨盒（消耗品）则是专利技术设计出来与打印机唯一匹配的，而墨盒的毛利率高达60%。惠普定价战略成功的关键在于，惠普既可以通过打印机以及高价墨盒的销售从使用打印机较少的用户身上赚取一定的利润，同时又可以从高强度使用打印机的用户身上获取更加丰厚的利润，因为高强度用户必须更频繁地更换墨盒。这个技术性搭售战略使得惠普的喷墨打印机部门保持了50%的市场占有率，并且使该部门的销售利润率是惠普整体水平的两倍。

在服务型公司里，搭售合同常常被用来为新客户试用服务降低成本。移动电话运营商的新客户只要同意签约12或24个月的长期服务合同，移动公司就向客户提供最优惠（甚至免费的）的手机。有线电视公司的家庭客户如果订购12或24个月的高价娱乐频道套餐组合，公司就以极低的费用为家庭客户安装线路和接收装置。这种套餐组合对于不大了解产品的购买者（这些人觉得投资于知之甚少的新科技有很大风险）来说往往特别奏效。那么接下来，这些公司就可以把他们发展成习惯于该公司技术或节目的忠实客户。

□ 基于价值的定价策略在哈姆雷特城堡建设中的融资作用

对基于价值的价格计量单位而言，其有史可查的第一次使用是在几个世纪以前，它为后来的以价值为基础的定价播下了种子。故事发生在15世纪，在斯堪的那维亚联合王国国王波美拉尼亚的埃里克的召集之下，大批当时在北欧贸易中占统治地位的德国汉萨同盟会（14世纪至17世纪德意志北部沿海一些城市为保护其贸易利益而结成的商业同盟）的商人聚集到了哥本哈根。国王向这些商人宣布了一条新的税收条例：任何想要经过埃尔西诺的船只，无论是进入还是离开波罗的海，都必须降旗，收上桅帆，并且抛锚停泊，以便船长上岸向海关官员支付1金币的通关费。

---

① United States v. American Can Company（Northern District court of California, 1949）.

没人对国王收取通关费的权力提出挑战，毕竟在莱茵河、多瑙河和其他欧洲主要河道边上，那些拥有城堡的男爵们已经强制征收类似的通关费长达几个世纪之久。尽管如此，由于航运的通关税费已经较重，现在又要在埃尔西诺抛锚上岸交税，这条规定变得很不受欢迎。埃里克认为，如果他在埃尔西诺新建一座繁华的城镇，那些付完税后等待合适风向的船长们将会乐意在城镇里补充淡水、酒、肉、蔬菜和其他所需物品。换句话说，即使通关费对于船长们来说是不得已而为之，埃尔西诺本身还是具有吸引力的。而埃里克需要做的就只是提供以上物品罢了。

埃尔西诺的命运随着25岁的弗雷德里克二世在1559年的即位发生改变。他朝气蓬勃，富有野心，企图实现重新征服瑞典并恢复北欧联盟的帝国梦想。为此他发动了长达7年的战争。像所有战争一样，这场战争耗尽了丹麦的国库。到1556年，情况恶化到几乎不可收拾，弗雷德里克二世和议员们只好决定向天才的彼得·奥克斯求助。奥克斯是个公认的财务奇才，这是弗雷德里克所急需的。

长期以来，船长和船主都认为埃里克对每艘船征收1金币的通关费制度很不公正。毕竟船只大小不同，装载的货物也不同，而且不同国家的船只受到的对待也不一样。另一方面，该系统在丹麦国王看来也存在诸多缺陷。埃里克之后的四五位国王都尝试对该制度进行修正，可是这些修正往往需要对很多情况做出各种让步：有些国家的船被免税，有些国家的船在某些方面得到优惠待遇等。

到弗雷德里克二世的时候，每艘货船应当缴纳的通关费已经从1金币涨到了3金币，但这仍然不是一个令人满意的收费系统。彼得·奥克斯意识到，对收费计量方法进行彻底改革才是唯一的解决方案。于是他建议，通关费缴纳放弃原有的按船计费方式，改为按装载货物量计费。开始是每拉斯特（重量单位，每拉斯特大约是两吨）2个利克斯银元，不久又演变为一种更加巧妙灵活的计量体系：根据每拉斯特货物的价值，按照一定百分比收费。

国王拥有优先购买权（即在国王愿意的前提下，优先购买任何通关申报货物的选择权）。这种皇室特权迫使那些船长在申报货物时必须三思。很自然的，如果他认为国王可能会对他的货物感兴趣，他就会声称这些货物价值很高。但是这么做也冒了很大的风险，因为国王可能对这些货物根本不感兴趣，这样他就必须按照申报的高价格来缴纳关税。相反，如果船长力求稳健，为了缴纳低关税而申报了一个较低的价格，国王又可能会选择购买这些货物，从而使船长得不偿失。

彼得·奥克斯对"按声课税"系统（即埃里克国王创立的通关费制度，以声音为名，暗示发出声音的过往货物都会被课税）进行了调整，这被证明是一步好棋：短短几年之内，国王的通关费收入就增加到原来的三倍。弗雷德里克二世

38岁那年迎娶了15岁的表妹——梅克伦堡的苏菲公主,并从1574年开始在埃尔西诺建造一座新城堡——这座城堡后来成为他一生中最重要的建筑项目。①

■ 价格区隔

有时候,即使产品的所有特性或者可衡量的收益都完全一样,对于不同的细分市场,价值仍然是有差异的。这仅仅是由于不同细分市场中的客户会使用不同的"公式"将产品的特性或收益转化为经济价值。价值差异可能与收入水平、可获得的替代品或一些难以客观衡量的心理收益的差别相关。除非拥有一种良好的"代表性"的价格计量单位能恰好与这些价值差异一一对应,否则卖家有必要寻找一个价格区隔:它是一种针对同样的产品或服务运用相同计量单位对不同客户制定不同价格水平的战略方法。

价格区隔就是客户要想获得更低价格所必须满足的固定标准。在剧院、博物馆以及其他类似的场所,价格区隔通常以年龄为标准(对未满12周岁的儿童以及老年人打折),但有时也以教育状况为依据(全日制在校生可以获得优惠),或者以是否持有当地报纸上的优惠券为准(让知道更多替代品的"当地人"收益)。尽管这三类客户的需求和服务成本相同,但是他们从购买中感受到的价值是不尽相同的。价格区隔是收取不同费用以反映不同价值水平的最简便的方式。不幸的是,价格区隔虽然执行起来很简单,但是这些显而易见的价格区隔要么使人产生不满情绪,要么很容易被客户想办法突破,只要他们认为在经济上有足够的激励去这样做。于是乎,找到适用于你的目标市场的价格区隔是需要一定创造性的。

□ 客户身份区隔

有时对不同的细分市场进行区别定价是件容易的事,因为这些不同细分市场上的购买者具有明显不同的特点,卖家恰好可以利用这些特点来鉴别不同类型的购买者。理发师对短发和长发收取不同的价格,因为修剪长头发所花的时间比短发更长。然而在非高峰营业段,理发师会以相当优惠的价格为儿童理发,尽管事实上给儿童理发更具挑战性也更耗费时间。这个例子背后的原理就是:通过为更具价格敏感性的客户提供折扣来推动业务。因为在许多家长看来,比起去昂贵的理发店理发,自己在家给小孩理发是可以接受的替代选择——虽然他们从来不会让自己的配偶来给自己理发。对于理发师来说,细分定价的关键是他能够轻易地

---

① 该城堡是莎士比亚名剧《哈姆雷特》的故事发生地。——译者注

鉴别细分市场的儿童客户。

信用卡发行公司采用极其复杂的专用模型来预测不同类型客户的价格敏感性和服务他们的成本。一些客户对年费很敏感，另外一些客户对利率很敏感，还有一些客户对他们可以获得的飞行里程积分非常在意。从成本角度而言，有些客户更有可能拖欠借款或者只是偶尔使用信用卡，这使得信用卡公司能从零售商那里收取到的手续费变少。信用卡公司可以从客户的信用报告中得知客户持有哪些公司的信用卡，并分析这些信用卡的年费、利率，从而决定"下一个最具竞争性替代品"的参考价值。基于这些分析结果，信用卡公司非常精细地细分潜在客户群，通过向不同的细分群体提供不同的产品和服务实现每个细分群体上的利润最大化。在这里，虽然这些价格计量单位是一样的，但是细分市场的精细程度将由信用卡发行公司使用的具体的价格计量单位决定。信用卡公司总是希望选择一种能以最小成本实现最高价值的计量单位。

只有在很特殊的情况下不同细分市场客户的身份才是显而易见的。但是，管理者有时可以通过调整折扣结构来诱导价格敏感型客户主动暴露身份以便识别他们。只要老年人能够出示"资格"证件（如美国退休者协会卡、政府医疗保险卡等），许许多多的服务商（从酒店、租车公司到剧场、饭店）都为老年人提供特别的"老年"折扣。大学生同样能享受各种各样的娱乐活动优惠，因为他们较低的收入和作为替代的丰富的校园活动让他们成为了价格敏感的消费者。老年人和学生总是主动出示身份证件以表明他们属于价格敏感型客户，而对价格不是那么敏感的群体成员由于不能出示这样的证明，从而也把自己区分了出来。

甚至中小学校和大专院校也会以他们对学生价格敏感性的估计为根据，对同样的教育服务收取不同的学费。在一些私立学校中，尽管对外公布的学校收费单只会列出一种学费价格，但多数学生实际支付的并不是这个价格。许多学生可以填写困难资助申请表，披露个人财务状况，进而获得相当数量的被称为"学费减免奖学金"的优惠。通过评估学生家庭收入和资产状况，学校可以对每个学生收取不同的实际学费，这不但能吸引优秀的学生申请学校，还能最大化学校的收入。

追求优惠是另外一种诱导客户表明自己身份的方式，特别是使用优惠券和促销这类消费品市场的常用工具。销售方提供的优惠券使追求优惠的购买者主动把自己与其他人区分出来。[①] 超市和药店将优惠券附在广告传单上，因为有些看广

---

① 参见 Narasimhan Chakravarthi, "Coupons as Price Discrimination Devices – A Theoretical Perspective and Empirical Analysis," *Marketing Science* 3 (Spring 1984): 128 – 147; Naufel J. Vilcassim and Dick R. Wittink, "Supporting a Higher Shelf Price Through Coupon Distributions," *Journal of Consumer Marketing* 4, no. 2 (Spring 1987): 29 – 39.

告的人是属于先比较各家价格再决定到哪里购买的细分客户。包装商品和小家电生产商直接将优惠券和返利说明印在包装盒上，预计只有价格敏感型购物者才会费力收集它们以备将来购物之用。①

通常来讲，购买者的相对价格敏感性并不取决于任何显而易见的表征或客户乐意主动透露的信息，而是取决于客户对替代选择的了解，以及客户个人对于卖家产品差异化特性的价值评估。在这种情况下，对购买者进行细分分类就需要经过专业培训的销售人员来进行，他们应知道如何收集和评估细分定价所必需的信息。

在汽车销售中，价格的制定者通常是销售人员，他们一般会在评估购买者支付意愿后确定零售价格。我们会注意到销售人员经常对客户的一些个人情况感兴趣：做什么工作（支付能力）、在本地居住了多长时间（对市场的了解）、以前购买过什么汽车（对某一品牌的忠诚度）、在哪里住（经销商地点是否有优势）以及是否已经看过或正准备去看其他汽车（对替代品的了解程度）。到交易完成时，有经验的销售人员早已对购买者的价格敏感度了如指掌（注意，如果你想获得最佳的价格，那么请事先在网上调查清楚汽车的批发价和特点，将调查结果打印出来并展示给销售人员，再在批发价的基础上加价 200 美元。这将省去你和销售人员的大量时间）。

☐ 购买地点区隔

如果价值认知不同的客户会在不同的地点进行购买，那么可以按购买地点把他们细分开。许多产品都采用了这一做法。牙医、眼镜商以及其他行业通常会在一个城市的不同地方开分店，每个分店都有不同的价目表，价目表反映出目标客户在价格敏感性上的区别。许多连锁超市根据市场竞争的激烈程度来给其连锁店分类，竞争最激烈的地区，商品的标价就会低一些。美国科罗拉多州的滑雪场按购买地点对缆车车票进行细分。雪道旁购买的票价最高，因为这些票都是被住在雪道旁的旅馆和公寓中最富有的滑雪者所购买的。而如果在附近的迪伦镇购买，票价就要便宜一些（约低 10%），因为这里住宿的大部分是不那么宽裕的滑雪者。而在丹佛市，缆车车票还可以在日用百货店和加油站以更优惠的价格买到（约低 20%），这些优惠吸引的是当地人。当地人对滑雪市场更加了解，而且相比外地人到科罗拉多来滑雪，缆车车票占到当地人滑雪费用的更大部分，因此他

---

① 参见第 5 章对制约效果的分析，可以加深理解为什么因为有的消费者最后放弃退款，因此退款可以影响销售。

们对价格也更敏感。

一种在大宗工业品（如钢铁和煤炭）定价中很常见的精明的细分定价手法是运费分担。运费分担是指协议达成后，卖方同意承担一定的商品装运成本，而承担的具体数额取决于买家的位置。这样做的目的是根据替代品的吸引力，对买家进行细分。比如，匹兹堡的钢铁厂可能会同意按一定比例向购买者收取从匹兹堡或者印第安纳盖瑞市（匹兹堡钢铁厂的主要竞争对手所在地）出发到目的地的装运费用。匹兹堡的钢铁厂收到的净支付等于购买者支付的价格减去钢铁厂免收的那部分从匹兹堡出发的货物额外的装运费。这使得匹兹堡的供应商能够削减对距离竞争对手更近的客户的价格。而对于芝加哥的竞争对手不具有地域优势的客户，匹兹堡钢铁厂用不着削减他们的价格。同样，芝加哥的竞争对手也可能会采用相同的办法来吸引距离匹兹堡更近的购买者。

在过去，由于国家之间的贸易壁垒，购买地细分定价策略即使对于运费不高的产品也能生效。随着贸易壁垒在全球范围（尤其是在欧盟内部）慢慢消退，这个策略也日渐失效。从前，汽车在欧洲不同国家的销售价格往往差别很大。例如在英国出售的德国豪华轿车通常比在海峡对岸的比利时要贵20%。而如今，英国的汽车经纪人会在整个欧洲大陆询价，人们可以坐飞机去提车，并自行将汽车开回家，抑或让经纪人帮忙运送回来。为与之对抗，那些在德国本土售价较低而在其他国家又受推崇的德国豪华汽车正在使用保修来维持购买地点区隔：购于德国然后出口到英国的汽车无法在英国国内得到保修服务，除非购买者为保修转移支付额外费用。

☐ 购买时间区隔

如果不同细分市场的客户在不同时间进行购买，那么企业在定价时可以依据购买时间把他们细分开来。影剧院通过提供票价低廉的午间场来细分市场以吸引对价格较为敏感的观众，这些观众在这个时间段内一般不需要工作，而且影剧院也有足够的空位接纳他们。对价格不那么敏感的晚场观众是无法轻易更改日程安排或工作计划去享受便宜的午间场的。餐馆通常对晚餐客人收取更高的价格，即使高峰时段主要还是出现在中午。因为午餐需求的价格敏感程度高于晚餐（尤其是在美国，而非欧洲）。为什么这样说呢？这是因为午餐比晚餐有更多廉价的替代品。麦当劳的巨无霸或自己准备的便当作为午饭是可以接受的，但要用这些来替代一顿正式的晚餐（往往是作为晚间娱乐生活的一部分）则普遍被认为是很差劲的。

优先级定价就是一种以购买时间来细分市场的例子。新上市的产品在零售店里按全价出售，如果需求过于旺盛还会在全价上增收附加费。过一段时间后，随着产品的吸引力相比更新的竞争替代品逐渐消失时，购买者对该产品的评价就会大打折扣，最后他们只愿意按原价的一部分购买这些"剩余型号"。这在时尚零售业和汽车行业里是惯常做法：收入高而且对价格不是很敏感的客户为最新的款式型号支付溢价，并且可以在齐全的尺码和颜色中自由选择。一段时间后，当产品的款式逐渐落伍，尺码和配色也不齐全了，卖家就展开一轮又一轮的降价促销活动以吸引对价格更敏感的客户。这些客户愿意耐心等待，直到有机会买到高质量，尽管有点过时的商品，而且此时他们不确定能否买到自己偏好的尺码或颜色。

优先级定价也适用于 B2B 市场采购。英特尔公司最喜欢采用的定价策略之一就是以溢价推出一款最先进的半导体，然后将其原有的半导体产品降价出售。技术先进的电脑生产商为了在第一时间向追求创新且对价格不敏感的专业人士提供最新型计算机产品，将为这些最新的芯片支付溢价。而那些对价格敏感且愿意接受稍过时的技术的客户，就能以较低的价格购买到配有英特尔老款芯片的电脑。

可预计的定期减价促销也能够细分市场。当市场中既有对于市场情况不熟悉的非经常性买家又有熟知减价时间并能相应做出购买计划的经常性买家，这种策略最为有效。大部分人不会考虑在 2 月和 8 月购买家具，而家具生产商往往在这两个月开展减价促销活动。然而，那些经常购买家具并且因参考价格和总支出效应①而对价格更敏感的客户，会对购买方案加以规划，以赶上大减价。

当需求随着购买时间发生显著变化，而产品或服务又不可储藏的时候，时间细分策略也非常有用。产品或服务无法储藏的问题困扰着航空公司、酒店、餐馆、电力公司、剧院、分时计算机②服务公司、美容院、收费公路和停车场。由于不能将产品从一个时间段转移到另一个时间段，企业唯一的选择就是对需求加以管理和影响。其中一种办法就是执行"高峰负荷定价"策略，我们将在第 8 章讨论其具体的实施方法，届时我们将阐释根据生产能力变化来调整定价策略的方法和时机。③

对与具有固定生产能力的产品进行细分定价的一个有趣应用案例是英法之间

---

① 支出效应指当某种商品的费用支出较大或占家庭收入的比例较大时，消费者价格敏感较高。——译者注

② Computer time-sharing，使中央计算机供多个用户同时使用的技术。——译者注

③ 作为本书第 8 章的补充，参见 Romarao Desiraju and Steven Shugan, "Strategic Service Pricing and Yield Management," *Journal of Marketing* 63, no. 11 (January 1999): 44–56.

的欧洲海底隧道过路费定价。海底隧道对往来于英国福克斯通和法国加莱之间的车辆进行统一定价，允许白天任何时间通行的过路费是晚上及深夜非高峰时段过路费的两倍。这反映了海底隧道有限接纳能力下的机会成本。更有趣的是，过路费会随着往返时间间隔的增长而上涨：两天一夜英国至法国的往返过路费为44英镑，而相同时间往返的三到七天的过路费为78英镑。很显然，这与成本或者隧道的接纳能力无关，那又是什么造成价格的差异呢？答案就是你开着自己的车去旅行获得的价值（与乘坐飞机、火车抵达目的地后又不得不租辆车相比）随着你逗留时间的增加而增加。[①]

□ 购买数量区隔

当不同细分市场的客户购买的数量不同时，有时可以用数量折扣对他们进行细分定价。数量折扣分为四类：销量折扣，订单折扣，梯级折扣和两部收费。当需要应对不同的买家价格敏感度、卖家成本和竞争激烈程度时，这四类方法都很常用。[②] 进行大规模购买的客户通常对价格较为敏感，经济上他们有更大的动机去了解所有替代选择，并争取最理想的价格。此外，向他们进行批量销售的吸引力会加大厂商之间的竞争。为这些大宗买家服务的成本也较低，因为销售成本和账目处理成本并不会随着销售量的增加而成比例地增加。在这种情况下，销量折扣就非常有效。

在以B2B形式出售产品时，销量折扣最为常见。钢铁生产商给汽车公司的价格比给其他工业买主的价低很多，这是因为汽车公司耗用大量的钢材以至于他们几乎可以不费劲地建立自己的钢铁厂，或派遣谈判人员到全世界寻求更好的价格。销量折扣以客户在一个月或一年中的总购买量（而非某一次的购买量）为基础。某些公司按照总购买量计算折扣，其他公司则是根据产品或产品类别计算折扣。也有许多公司对大量购买同一型号的顾客给予折扣，除此之外还会按照购买者在公司所有产品上的总支出额给予折扣。

一些消费品也采用销量折扣，尽管这相对比较少见。大部分食品、保健品和清洁用品在大包装出售时单位重量的价格更低，12听装的罐装饮料每瓶的价格也比6听装更便宜。这种价格差异既反映了供应商出于成本节约的考虑，也反映了成员较多的家庭对这类产品的价格更为敏感。在沃尔玛、好士多、山姆大叔俱乐部和BJ's这类仓储式大卖场，消费者必须购买大包装才能享受到折扣价格。

[①] www.eurotunnel.com

[②] 关于数量折扣更深入的研究，可以参考Robert J. Dolan, "Pricing Structures with Quantity Discounts: Managerial Issues and Research Opportunities," Harvard Business School working paper, 1985.

很多时候卖方会根据订单大小而非客户的总购买量来改变价格。订单折扣是数量折扣中最常用的一种。几乎所有的办公用品都是以订单折扣进行销售的。比如，10令[①]装复印纸的售价大约是20美元，而1令复印纸单买的价格也需要几美元。这里的逻辑在于，处理一个订单的成本与订单大小几乎没有关系，所以订单处理和运输的平均成本随着订单增大而下降。由于这个原因，卖方通常希望购买者间断性地发大单，而不是经常性地小单购买。为了鼓励买家这样做，卖方会根据订单大小给予折扣。买家可能在销量折扣的基础上再增加订单折扣，这时因为这两种折扣的目的不同，销量折扣是为了保持大客户的生意，而订单折扣是为了鼓励客户下大单。

梯级折扣与销量折扣和订单折扣的不同之处在于，它并不基于总购买数量，而是应用于超过一个指定标准的购买量。这种折扣的基本原理是，在激励个人买家购买更多产品的同时，又能保证低购买量下的高价格。与其他市场细分战术不同，梯级折扣不仅可以把不同的客户细分开来，还能细分出同一客户的不同购买量。在公用事业中，客户购买水和电有多种用途，并且他们对每种用途的价值评估也各有不同，所以梯级折扣在公用事业中很常见。

想一想地方电力公司在对他们的产品进行定价时所面临的困境。大多数人都很重视日常基本用电（如照明和电器的使用），其替代品（煤气灯和油灯）是不太能让人接受的。但是对于供暖而言，美国大多数人都使用替代燃料（比如天然气、汽油、煤炭和煤油），因为这些燃料成本很低。在保证定价高于发电成本的条件下，电力公司希望消费者购买更多用于供暖的用电。但是电力公司并不想全面削减电价，因为全面地减价会同时降低更高价值客户的那部分日常基本用电的价格，而为那部分用电提供折扣是不划算的。

解决这一难题的方法之一就是使用梯级价目表。假定针对一个具有一定代表性的消费者，基本用电电价为0.06美元/度，但是想要使供暖用电具有竞争力，电价必须削减至0.04美元/度。如果电力公司为鼓励购买供暖用电而收取较低的单一电价，它就要放弃基本用电收入的三分之一，即0.02美元。但在用梯级价目表代替单一价格后，前100度用电为0.06美元/度，后100度为0.04美元/度，这样电力公司就既可以鼓励人们安装电力供暖设施，又不会损失更高的基本用电收入。为鼓励人们购电以做更多用途（例如在非用电高峰期为汽车电池充电），电力公司通常在基本用电和供暖用电量后面再加设一个梯级折扣。图3-6展示了一家电力公司的梯级价目表。

[①] 纸张的计数单位，旧为480张，现为500张或516张。——译者注

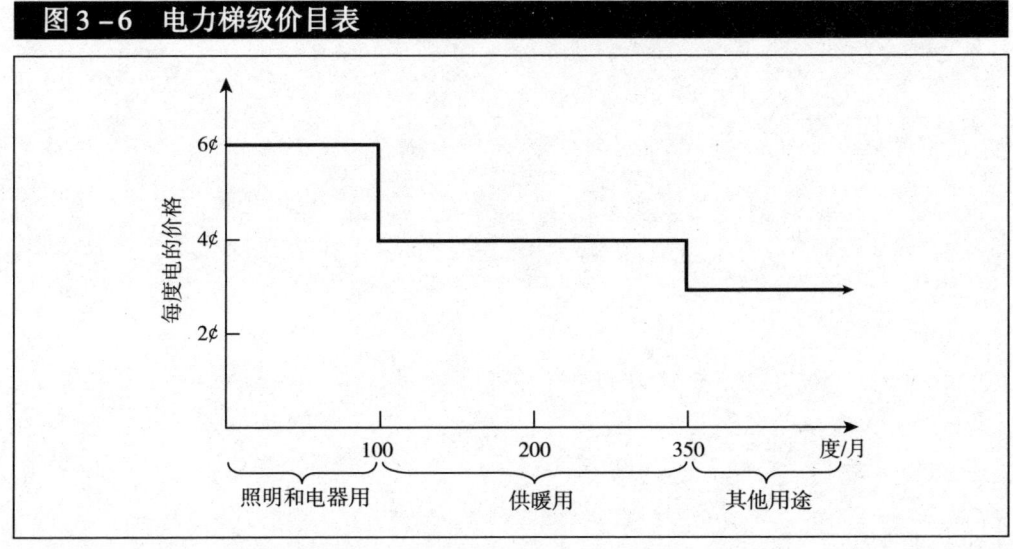

图 3-6 电力梯级价目表

梯级折扣实际上是沿着单个消费者的需求曲线进行分级，它带来的利润是显而易见的，但是为什么大多数企业仍然按单一价格来对单个消费者的总消费数量收费呢？答案就是，只有在某些特殊的条件满足时，企业才能够细分出单个消费者的不同购买量。仅当使用者的需求数量对于价格非常敏感时，梯级折扣才是有效的。

小结

设计一个能够有效细分市场并且能够充分利用盈利性销售机会的最优价格结构，显然是定价战略最具回报潜力也是最困难的方面之一。对于那些正在推广差异化新产品或者应用不同成本结构的新商业模式的公司来说，创建一个与这些差异化保持一致的价格结构将是他们获取潜在利润的必经之路。即使公司不改变现有的产品和商业模式，渐进地提高价格结构也能帮助他们渐进地获得更多利润丰厚的销量。在这一章中，我们讨论了价格结构的基本原则和相应的案例，我们希望这些内容能指导企业运用更有效的方法从各个细分市场中获利。应注意到并不存在"放之四海而皆准"的简单"公式"。当你面对现实环境时，你需要一定的创造力才能找到最优的价格结构，但这正是你作为一个市场营销者最重要的任务之一：这项任务的投资成本会低于其他营销投资，可是你的回报将非常丰厚。

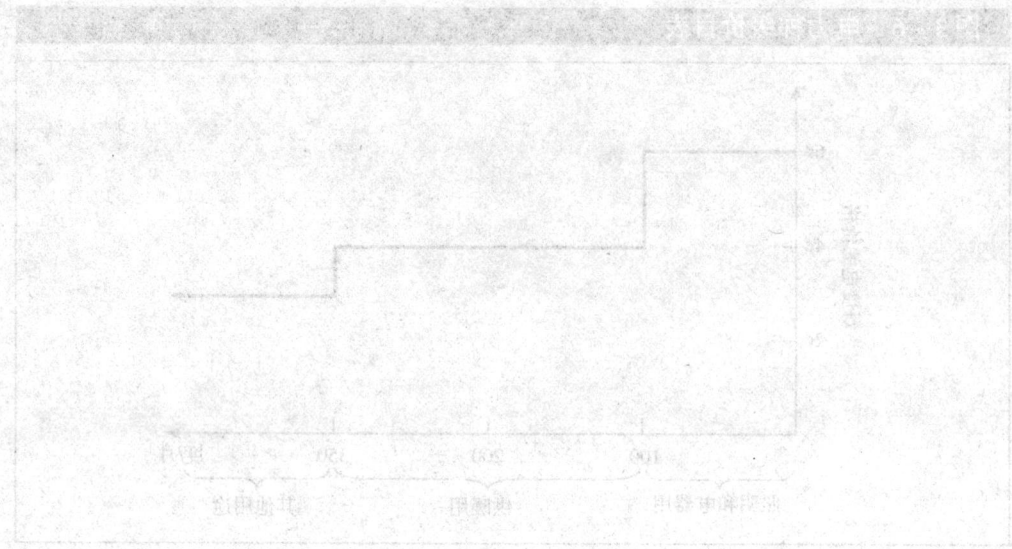

第4章

价格和价值的沟通：影响支付意愿的战略

在第2章，我们讨论过，一个有效的定价战略需要理解并量化所提供产品和服务的价值，以便制定能够帮助在不同的细分市场实现利润最大化的价格。但是如果潜在客户不能真正了解所提供产品的价值及其与竞争者产品的差异，那么即使是最精心设计的基于价值的定价战略最终也注定是要失败的。如果客户没能认识到你产品的差异性价值，他们就会更倾向以较低的价格去购买那些低品质的产品。因此，价格和价值沟通的作用，便是保护你的产品价值主张不受竞争的干扰，提高客户的支付意愿，并在客户的购买流程中增加购买的可能性。

我们的研究发现，业务经理们会把"沟通价值与价格"视为他们执行定价战略过程中最重要的能力。具有讽刺意味的是，这些研究也发现价值沟通的能力也是在大多数销售和营销部门中最薄弱的一个环节。回想我们前面几章讨论的内容，这些结果大概就并不那么令人吃惊了，因为有效的价格和价值沟通首先需要对客户价值以及客户如何购买和为什么购买建立深入的理解，进而设计并传递影响客户购买行为的信息，而这两项能力往往是大部分公司所缺乏的。

当亚马逊公司在2007年10月推出它们的Kindle电子书阅读器后，即使没有通过传统广告活动进行发布宣传，销量仍然上升得很快。亚马逊的管理层知道像电子书阅读器这样的创新型产品的问世，会在市场上激起波澜从而引起人们的关注。但是，尽管通过电视和平面媒体的宣传可以进一步加强这种关注，但是也不会对那些即使知道了产品但仍然不愿从根本上改变传统书籍阅读方式的客户起作用。亚马逊管理层所面临的挑战便是帮助客户克服这种他们认为可能会有的购买风险——电子化的订购和阅读也许并不值400美元。

所以，亚马逊公司必须为这一新产品与客户进行价值沟通，去应对客户对这种潜在风险的顾虑——而这是单纯通过广告所不能达到的。他们的解决方案就像他们的新产品一样具有新意。亚马逊拿出一小部分的传统广告活动经费，在美国主要大城市创立了"与 Kindle 用户交流"的活动项目。通过这个项目，客户可以和现有的 Kindle 用户交流并且可以亲身体验产品。从 Kindle 迷口中正面地评价以及自身的一手体验已经足够消除客户对于 Kindle 价值的疑问。自此以后，Kindle 销售强劲增长，超过了很多分析师的预期。这个例子很清楚地展现了有效的价值沟通力量。

就像 Kindle 这个例子所说明的，有效的价格和价值沟通可以对客户的购买意向和支付意愿产生很大的影响。营销和销售经理们面临的挑战便是如何对不同类型的产品，以及不同的客户购买流程设计并传递有效的价值信息。如果对于早餐麦片和计算机数据服务器采用相同的价值沟通方式，这种做法无疑是荒谬的。同样的，沟通方式也会随着客户特点的不同而改变，比如客户是第一次够买此类产品或是有经验的用户，客户是个人、家庭或是大企业等，麦当劳很好地了解了客户的购买流程，将信息传递的目标集中于孩子身上，因为他们注意到孩子们是家庭用餐选择的关键影响者。顶尖的销售人员同时也需要知道他们应该将信息传递给客户组织机构中哪些人，因为这些人在客户的购买过程中扮演着不同的角色。

本章的目标在于阐释如何设计基于价值的信息去反映产品的核心特性，比如客户收益的本质（心理上的或是经济上的）以及商品的类型（搜索品或是体验品）。我们也会探讨如何调整价值信息以适应那些重要的购买特征，比如在购买流程中所处的阶段和购买决策者的情况等。最后，我们会讨论如何通过更好地沟通价格来对客户的支付意愿产生正面的影响。

■ 价值沟通

当你的产品或服务创造的价值对于潜在客户来说并不十分明显的时候，价值沟通会对销售和价格实现起到重要作用。客户在一个市场上的经验越少，或者产品收益的创新性越强，客户就越有可能无法认识或者无法完全领会商品或服务的价值。例如，在没有从销售者那里得到明确信息的情况下，购买者也许不会认识到较近的批发中心由于提供了较短的运输时间而能够大幅减少甚至消除库存成本。一个没有经验的客户也许也不会意识到存货的折旧速度会有多快。如果能够得到较好的价值沟通，客户将会明白这种更快的运输能够替自己节省多少成本，从而理解销售者收取溢价的合理性。

□ 价值信息要适应产品特性

设计价值信息的第一步就是要确定准备用这些信息去影响客户的哪些看法。我们就从理解客户最看重的价值驱动因素开始,目标是帮助客户认识到产品最重要的差异化特征和相应的价值驱动因素之间的联系。两种产品特性决定了你应当如何影响客户在关键价值驱动因素上的看法:目标客户搜寻商品相关差异性特征信息时所付出的相对搜寻成本以及被搜寻的经济效益或者心理效益的类型。

相对搜寻成本是指相对于产品的总开支而言,客户为确定其相对于其他替代品在特征和性能上的差异而付出的财务及非财务成本。搜寻的总开支的大小很重要,因为如果为了要买一个 10 块钱的东西,投入哪怕五分钟去与替代产品比较其价值差异,可能也会显得太多;而对于一笔 50 000 块钱的交易,即使花上一个小时也不为过。其他如被搜寻产品的特性以及客户的专业知识等因素都会影响相对搜寻成本。如果客户可以在购买前轻易地识别出产品差异,相对搜寻成本就会较低。这种被称作搜索品的产品在买家购买之前就能找到相关产品信息,并在各种产品间进行比较选择。这样的例子包括大宗化学品、台式计算机、房屋贷款、化妆品和数码相机等。搜索品的客观性质意味着价值信息在表达产品特性和价值驱动因素的联系上可以十分明确。这种直接联系产品特性和效益的概念在通用公司节能荧光灯泡的销售中就有很充分的体现。这种灯泡的包装上都会注明通过使用这种灯泡可节约多少电量,进而帮助客户计算将为他们节省的开支,如图 4-1 显示的节约 44 美元电费开支的标签和其他技术信息。

图 4-1 搜索品的经济价值信息

以此相对应的是，体验品的差异化特性就很难在不同品牌之间进行评估，客户在购买之前需要花费大量的时间和精力去评估相关产品。这样的例子包括很多服务类商品，例如管理咨询、汽车修理、投资建议等。也包括一些产品，例如药品、家用音响系统等。体验品的性质决定了市场营销者在建立产品特征和客户预期效益的联系时会遇到更多困难。所以，体验品的市场营销人员会更加注重对价值的保证，以减少客户的购买风险和引起客户对潜在效益的关注，而不是直接建立产品特征和客户价值驱动因素的联系。

对于那些熟知产品特性的专家型客户来说，相对搜寻成本会大幅降低。一个技术爱好者能够读懂个人电脑的功能说明书，并能很快推断出产品在完成各种任务时的性能表现。然而，一个普通购买者只能通过亲手试用不同品牌的个人电脑来做出同样的推断。因此，经验较少的购买者往往通过购买名牌产品，或是依靠专家建议来降低搜寻成本。即使在B2B市场上，专家的认可也是非常强大的武器。比如，美国西部的医疗机构Kaiser Permanente以购买最具成本效益的医疗产品著称。它经常会亲自对药品和器械进行测试，并且从不购买那些没有充分经济价值支持的溢价产品。所以，当其他医院或是医疗组织发现Kaiser Permanente采购了一种更贵的产品或服务时，它们会认为这种溢价是经过成本考量值得相信的。

相对搜寻成本也会随着客户产品总购买成本的上升而减少。对于购买一辆汽车的个人来说，相对搜寻成本是很高的，因为汽车的性能如此之多，不可能在购买之前全部确定。然而，对于计划购买2000辆汽车的大买家而言，广泛地对各种品牌进行评估的相对搜寻成本，包括可能每种品牌的汽车都购买一辆并对它们进行三个月的测试，并非高得令人难以承受。

高搜寻成本的产品价值信息内容（如图4-2右边部分）与低搜寻成本的产品（如图4-2左边部分）是有区别的。高搜寻成本的产品一般会更复杂，同时其价值在购买前不确定性更高。个人服务便是一个很好的例子。理发店如何与一个新顾客沟通他们提供服务的价值？不像杂货店可以经常将包装食品打开一盒为客户提供免费品尝，理发店可能没办法使用这个办法，顾客们可能并不想把自己的头发做试验品。尽管广告可以帮助新客户了解并注意到发廊和它所处的地点，但是要想制作一个清晰表明其与其他理发店差异化价值的广告，可能还是很困难的，因为理发的质量好坏只有在事后才能评价。所以，体验品的销售者需设计价值信息去减少他们的产品带来的收益不确定性，而不是直接将功能和效益联系起来进行宣传。这可以通过多种渠道来实现，比如可以依靠专家的认可推荐，通过高价格来体现高品质，提供退款保证，或是利用知名品牌的形象去表明客户购买的产品的高价值。而对低搜寻成本的产品，采用直接的功能-效益联系的信息，即可取得较好效果。区域性地方银行长期以来就使用这种方式来体现与国有银行的差异，例如个人服务以及对本地顾客需求的深刻理解。广告信息包括像展现一个幸福的家庭野餐场景，并将其与住房抵押贷款联系起来，或者展现父母站在刚刚获得学位的孩子身边的场景，并将其与助学贷款联系起来，再或者是把一对夫妻享受旅行与退休账户联系起来等。

图4-2　不同产品需要不同的沟通策略

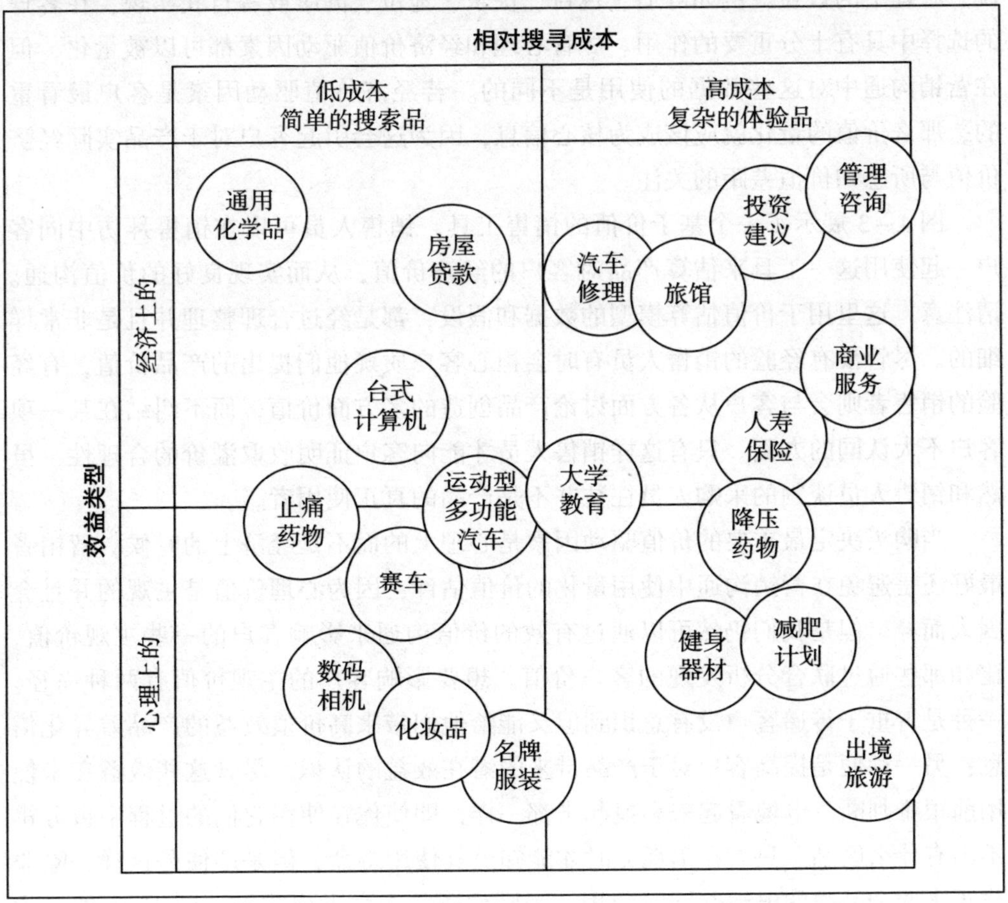

	相对搜寻成本	
	低成本 简单的搜索品	高成本 复杂的体验品
效益类型（经济上的）	通用化学品、房屋贷款	投资建议、管理咨询、汽车修理、旅馆
效益类型（心理上的）	台式计算机、止痛药物、运动型多功能汽车、大学教育、赛车、数码相机、化妆品、名牌服装	商业服务、人寿保险、降压药物、健身器材、减肥计划、出境旅游

对于体验品，最有效地影响客户价值体会的办法是提供试用体验。健康俱乐部有免费试用会员。婴儿用品提供商付钱给医院让其将婴儿奶粉的样品免费提供给新生儿的父母试用。新的食品品牌往往在广告之外通过优惠券、免费品尝、免费样品等手段来宣传。这些方式都是想努力让客户相信，当他们试过产品后会有足够的心理价值来证明其选择的正确性。市场营销人员面临的挑战便是

保证提供的试用品的折扣或优惠不会破坏对现有客户的定价。这就是为什么像Verizon、Comcast之类的公司新产品的促销广告中，在展示了其有线电视、宽带网络和电话服务等产品的功能与价值之后，会在小字部分加上那么多的客户限制条件。

被搜寻效益的类型同样也会影响到沟通战略。可度量的经济效益，如利润、成本节省或者生产力提升等，都会刺激购买，并能够在不同竞争品牌中直接转化成可量化的价值差别。但是，对于其他一些购买现象——尤其是消费品购买来说，心理上的效益，例如舒适、悦目、快乐、地位、健康或者自我实现，在客户的选择中具有十分重要的作用。尽管心理和经济价值驱动因素都可以被量化，但在营销沟通中对这些数据的使用是不同的。若经济价值驱动因素是客户最看重的，那么价值的量化就应该成为核心信息，因为这会引起客户对于产品实际经济价值与所感知价值差距的关注。

图4-3展示了一个基于价值的销售工具。销售人员可以在销售拜访中同客户一起使用这一工具来估算产品对客户的经济价值，从而实现良好的价值沟通。请注意，这里用于价值估算模型的数据和假设，都是经过合理整理并且是非常详细的。尽管没有经验的销售人员有时会担心客户质疑他们提出的产品价值，有经验的销售者则会与客户从各方面讨论产品创造的多方面价值，而不纠结在某一项客户不大认同的方面。只有这样销售人员才能向客户证明收取溢价的合理性，虽然和销售人员谈判的采购人员往往并不是产品的真正使用者。

当购买决定最重要的价值驱动因素是心理上的而不是经济上的时候，营销者最好还是避免在营销沟通中使用量化的价值估计，因为心理价值是主观的并且会因人而异。但是我们仍然可以通过有效的价值沟通来影响客户的一些主观价值，比如那些通过联合分析发现的客户价值。想要影响客户的主观价值有两种途径。一种是着重于传递客户没有意识到但又能给他们带来高价值效益的产品差异化信息；另一种便是提高客户对于产品带来的潜在效益的认识，尽管这些效益在未使用前很难判断。电池看起来和摸起来都一样，即使你在使用它们的过程中也分辨不出有什么区别。只有在消耗完时才能知道其使用寿命，但是即使是这样，除非你买来两个品牌的电池并同时使用，否则你还是无法做出比较。图4-4展示了金霸王的广告故事情节。该广告巧妙地将金霸王电池更长使用寿命的特性与给客户带来的好处有效地联系在了一起，注意广告中并没有提及价格和经济价值估计方面的问题。

在很多情况下，你需要将同一种产品的经济效益和心理效益都传达给客户。混合动力汽车的购买者也许会因为开这样的汽车保护了环境而感觉良好，于是汽

图4-3 价值沟通工具——电子表格

变量	在此输入数据
录入如下信息：	
咨询台和/或客户服务	
在受影响的服务领域内的总客户数量	4000
每天故障电话的平均数量——正常情况下	150
每天故障电话的平均数量——断网情况下	200
断网或网络拥塞的持续时间——以日计算	60
以分钟计算的平均电话持续时间	3.8
客户服务人员的工资和福利成本——每小时	$11.50
管理时间	
解决事故所需经理数目	1
所需管理时间比例	15%
与管理相关的工资和福利成本	$75 000
其他成本	
未解决的电话或取款凭单比例	50%
平均记账信用费（1个月）	$17.95
受影响的长途电话比例	100%
打到客户服务端的 800 个电话的每分钟平均成本	$0.07
概要	
每个端口的使用者数量	10
计算：	
客户服务所需的总额外工时	190
客户服务所需额外劳动力的总成本	$2 185
管理时间的总成本	$1 875
记账总费用	$26 925
800 个电话的总成本	$798
每个电话的平均成本（减去管理开支后）	$9.97
客户的总成本节约（每个断网事故）	$31 783
受影响服务区域中的 PRI 故障发生数	17
每次 PRI 故障的成本节约	$1 870

图 4-4　Duracell 金霸王电池广告

DURACELL®

"赢 WINNING"

广告：30 秒　　　　　　　　　　　　　　　　　　　　　　　　KVDB-2923

旁述：在 Gameboy 游戏机内……　　在那电子板旁……　　有个非常熟悉的东西：　　电池。

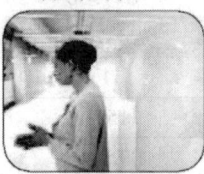   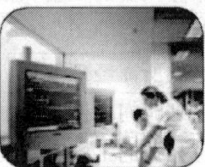

虽然用什么电池不会是您一天里最大的决定，　　但想象一：　　当在监控　　一个病人

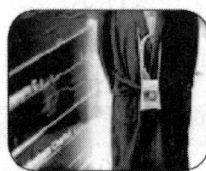   

从心脏手术后复原的仪器里，　　医院最信赖的电池品牌　　是金霸王 DURACELL!　　那么，无论是监控心跳

或者在电子游戏里让你打赢怪兽……　　那块电池都不可少。　　金霸王 DURACELL,　　到处受到信赖。

车制造商可以通过在广告中展示汽车驶过而风景丝毫未遭破坏的山谷这一幕来传达该汽车的较低污染评级，从而进一步强调客户的这种心理效益。然而，购买者愿意为一辆混合动力汽车支付的溢价也取决于改进后汽车燃油利用率的提高可以为他们节省的油费，因此汽车制造商可以通过与非混合动力汽车的比较来传达这种经济效益。

另一个相似的例子便是强生公司生产的一种新型药物涂层式冠状动脉支架，这种支架被用来保持堵塞动脉的畅通，而强生必须要证明它所收取的高额溢价是合理的。强生将其定价为 3 500 美元——这比传统的未涂层支架高出 250%，并且也大大超过了用于涂层的药物成本。这样激进的定价引起了医疗专业人士和新闻出版界的批评，他们指责强生漫天要价，并强烈要求强生说明为什么这个产品能够值这样的价格。而通过向医疗专业人士解释该支架的经济效益，强生证明了新产品的价格与价值是一致的。支架植入手术的花费（包括支架费用）超过 30 000 美元。但是，在 20% 的病例中，未涂层支架会在一年内重新堵塞动脉，于是又需要另外一笔 30 000 美元的花费来重复手术。由于强生在支架上的药物涂层能够大大降低重新堵塞的可能性后，手术重复率可以降到 5% 左右。因此，较低的重新堵塞率带来的客观差异性价值是 4 500 美元，其计算为 15% 的差异比率乘以第二次手术过程的花费 30 000 美元。除此之外，强生也向公众强调了患者因避免了重复手术的危险和不适而获得的大量心理价值，这也是一种重要的心理效益，尽管这一项很难用经济价值来衡量。通过证明产品在经济价值和心理价值的合理性，强生不仅能够从医疗保险机构那里取得大比例的医保报销资格，而且也减少了外界对其价格最初的敌意和抵制。

▢ 价值信息要适应客户购买情境

基于价值的沟通决不能仅仅依赖于产品的特征（比如搜寻成本和效益类型等），同时也必须要考虑客户的购买情境。我们来看在上网本领域的领先制造商联想所面临的挑战。上网本是一种提供快捷便宜上网功能的小型个人电脑，它同时具有基本的家庭办公功能，比如文字处理功能，但其计算能力有限。它的价值驱动因素是很清晰的。它轻便小巧，非常便于旅游者和学生随身携带。同时，它简单的设计以及在像微软 Windows XP 这样的成熟系统上运行，保证了它的高度的可靠性。

因为产品特性和客户价值驱动因素的联系已经相当清楚，设计价值信息看起来应该是一个很直截了当的工作。但我们必须考虑这些信息也需要根据具体购买情境的不同而进行调整。设想你的目标客户是一位长期使用笔记本电脑的美国顾客，他正想更换他已经使用了 5 年之久的戴尔老电脑。由于这位客户已经很久没有卖过新电脑了，因此他已经好久没有关注过这个市场，对于上网本这样的新东西他可能根本不知道是什么，甚至可能都不知道联想现在在电脑行业的地位。所以在他的这个搜寻阶段，沟通的主要目标不是展示联想产品卓越的价值，而是仅仅让他注意到上网本或许是他可取的选择。这可以通过购买 Google 大量的搜索词条,比如"新型笔记本电脑"、"笔记本电脑比较"或者"笔记本电脑性能"等,让联想上网本的广告出现在这些搜索结果的显著位置,并提供一个链接到一个有详细描述上网本这一在个人电脑领域最新发明的网站。

在了解了上网本或许可以成为替换原先戴尔电脑的潜在选择后,客户才会着手收集一些可选择产品的基本信息,并缩小选择范围到一个可以把握的程度。在购买流程这个阶段,联想的目标应该是让客户放心,联想的产品与其他产品是有区别的,并且是值得客户进一步去了解的。这可以通过宣传产品大量获奖的介绍或是像 CNET 这样的第三方评价网站的高评价的信息来实现。

只有经历了以上从引起注意到考虑产品这两个阶段,客户才真正开始准备接受和处理详细的与产品特性相关的价值信息。这时联想的营销经理要准备好的价值信息就必须适应客户这一阶段的特点,需要开始展示产品优越性能,并同其他品牌的上网本以及笔记本电脑进行比较。这可以通过多种方式实现,比如在联想网站上设置比较工具,或是同渠道合作伙伴一起推广产品的差异特性。最终,经过购买活动的这几个阶段,客户可能会开始权衡价值和价格,进而产生购买行为。

□ 购买流程

联想的例子形象地说明了企业需要根据客户所处购买流程的不同阶段去传递适应客户需求及特点的价值信息。在一些情况下,像日用品这种经常购买的物品,购买流程相对较短,而且价值沟通的唯一机会便是在货架前通过标签比较和商品摆放等来进行。对于更复杂的购买,比如电脑、旅游或是汽车一类的商品,购买流程相对较长并且需要广泛搜寻和比较信息。在这两种情况中,挑战是相同的:那就是如何使我们的价值信息去适应客户的需求和特定,并进一步在不同的购买阶段影响客户对于商品的认知。

图 4-5 展示了客户购买流程的 4 个基本阶段:购买动因、信息收集、产品选择和进行购买,并描述了客户在每个阶段的主要活动。在购买动因这一阶段,客户注意到自身的一种需求并且开始寻找合适的产品来满足这一需求。购买流程中的动因可以由多种因素引起。以购买一辆新车为例。一个客户启动购买流程有可能是因为:

- 已经使用了 10 年的老汽车在一个月内第二次坏了
- 一位邻居刚刚买了一辆新的敞篷车,勾起了车主也想换辆新车的想法
- 家庭正在等待他们第一个孩子的降生,需要一辆更大、更安全的新车
- 车主刚刚失业了,无力支付现有汽车的月供

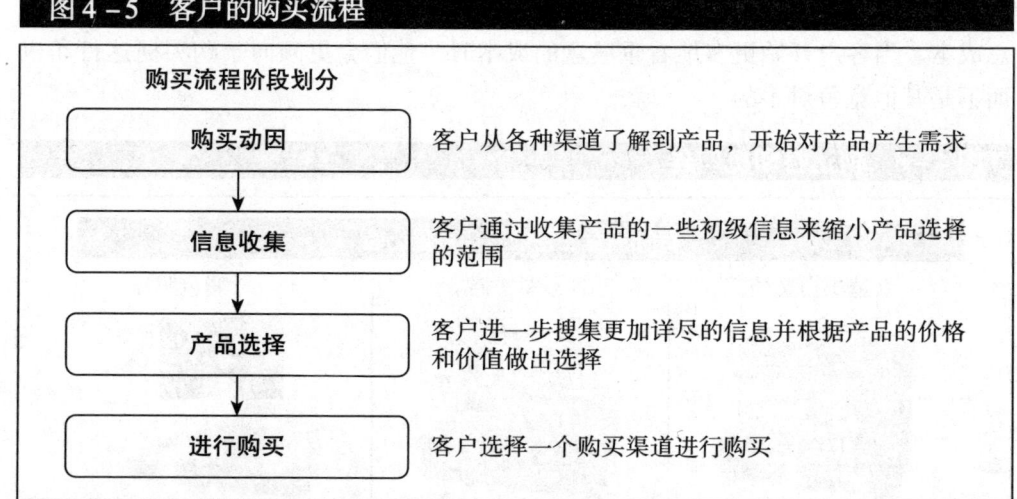

图 4-5 客户的购买流程

在购买动因阶段进行价值沟通的目标是以价值为杠杆去引起客户对购买这类产品的考虑。现代汽车在 2008~2009 年经济衰退时在这方面就做得很好。那个时候北美的新车销量下降了 50%，现代汽车却通过一项促销活动使销售额上涨了 38%。这项名为"现代保证"的活动允许客户购买新车后，如果在一年内失业的话可以全款退还车辆。这引起了数以万计的客户购买的动因，因为这种方式购买新车要比为现有的汽车一直支付月供的风险大大降低。在这个例子中，现代抓住了一个新的价值驱动因素（即对未来收入的不确定性），并设计相应的促销活动来满足客户的需求，还投入重金来传递价值信息。

在购买流程的下一个阶段便是信息收集。这个阶段对于需要较高搜寻成本的复杂产品来说是非常重要的。过去，分销渠道是搜寻信息的核心部分，因为销售人员可以通过产品讲解和比较来帮助客户了解产品。销售人员的显著作用赋予卖家强大的力量去沟通价值和影响客户购买决定。但是近年来，这种力量的平衡逐渐向客户方面倾斜，信息爆炸使他们可以轻而易举地从互联网和其他社交渠道上收集信息。现在，他们可以毫不费力地从第三方和现有用户身上获得信息，而不是仅仅依靠从销售人员那里获得或许带有些偏向性的信息。

信息可得性提高的结果是大大降低了搜寻成本，同时也给销售者身上加了担子，因为这要求他们必须为客户提供更准确和有用的信息。这个购买阶段的沟通目标是在产品有显著优势的地方进一步强调其所对应的价值驱动因素。柯达的广告宣传就着重强调了其打印机优势特性的关键价值驱动因素，收到了很好的效果（如图 4-6）。大多数客户都很了解打印机的传统定价模型，知道打印机价格一般很低（接近成本），厂商是依靠墨盒来获得溢价以及大部分利润的。通过强调其墨盒的高质量和低价格，柯达鼓励客户考虑购买打印机和未来购买墨盒费用的总成本。当客户开始更多地看重墨盒的成本时，他们会更倾向于购买柯达打印机而不是其他竞争对手的。

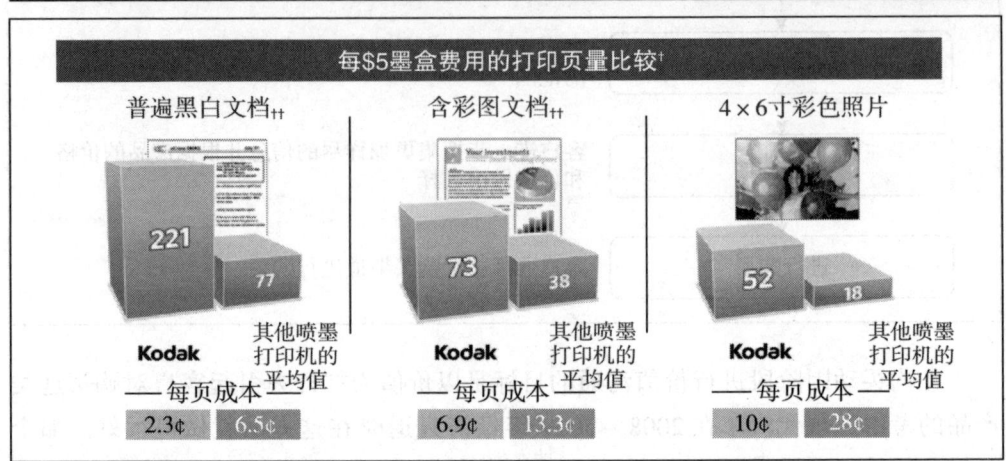

图4-6 柯达打印机广告

购买流程第三个阶段便是产品选择。这时，消费者经常需要把备选产品的数量降低到可应付的数目，从而可以进行更细致的比对，以便做出最终的购买决定。这一阶段，价值沟通的目标便是引起客户对我们的品牌以及我们的产品价值驱动因素显著优越性的关注。当丰田发布 Scion 的时候，它就很好地通过这个阶段促进了客户对汽车各项优势的关注。Scion 是一种小型的、正正方方的汽车，目标是 20 岁左右的第一次买车的客户。丰田了解这个细分市场客户群更强调个性，所以从设计上就强调了 Scion 的可变性，通过选择不同的保险杠、车灯以及其他配置，Scion 可以配置成上万种不同的组合样式。同时丰田也没有停留在仅仅通过提供差异化的产品来满足客户的需求上，它们还通过一个互动型的网站去沟通产品带来的价值。客户可以利用网站提供的各种工具并根据自己的个性喜好设计组合自己喜欢的汽车，并通过网站的视像化功能准确看到设计后汽车的效果图。不同于其他系列，Scion 系列实行固定价格政策，这样就能让客户在他们的固定预算内把车任意组合成自己喜欢的样式。

在购买流程的最后一个阶段便是选择购买渠道然后进行购买。这一阶段价值沟通的目标即是通过创造一个合理的价格框架，从而进一步去合理化我们提出的价格。对于经济价值作为主要驱动因素的产品而言，营销人员可以通过对价值的量化估算来设立这样一个价格框架，并将其描述为实际价值的折扣，而不是相对竞争对手产品的溢价。这种价格框架将重点放在客户从购买所获得的基于价值折扣的好处上，而不是他们失去的利益上（比竞争对手高的溢价），所以这会对购买决定产生更强的心理影响。

对于心理价值作为主要驱动因素的产品而言，价值沟通的目标便是传递产品能带来比当前价格高得多的价值信息。这也可以通过多种方法来实现，比如同一些具有已经被广泛认可价值的产品对比。例如产品 Glucofast 的广告展示就使用了这种方式。Glucofast 是一种可以稳定糖尿病患者血糖的营养补充产品。尽管这种产品带来的价值可能非常高，但由于其价值驱动因素的无形性使得其价值与价格的比较变得很困难。公司巧妙地将其与一杯咖啡的成本进行比较，暗示任何一个理性的人都会愿意花低于一杯热饮的价格来获得更健康这一更高的价值。

□ 购买流程中的参与者

产品的购买流程往往不只涉及客户一个人，因为还有很多其他人参与在这个流程中，他们的角色包括提供信息，帮助搜寻和影响购买决定等。事实上有多个参与者是不可避免的，尤其是在涉及购买复杂和较贵的产品时。而企业采购也经常会有多个参与者。企业的采购一般都由专业的采购经理负责，他们往往使用复杂的信息系统和分厘必争的谈判策略。在购买流程中增加的参与者使得价值沟通工作变得更加复杂，这要求营销人员为不同参与者在购买流程的不同时点去寻找和传递不同的信息。

为了说明在多个参与者的购买流程中如何进行价值沟通，我们这里举一个化工公司营销的例子。这个化工公司试图向一个小型钢厂就其生产的化学添加剂进行价值销售。假设这个添加剂可以给钢厂带来每吨 18 美元的增量收益。但是，这 18 美元只是一个总和，对于公司各层面上不同的利益相关者，这 18 美元的意义可能很不相同（如图 4-7）。比如，营销经理可能会感谢这一收益的增加，但是他更在乎的实际上是使用这种添加剂生产出的产品能够帮助他打开另一个新市场。负责生产的工厂厂长可能会看重添加剂能减少的废料率可达每吨 2 美元，但他对因为使用这种添加剂而增加的处理步骤带来的 5 美元成本可能就不会那么高兴了。所以，工厂的厂长或许会抵制这种产品，因为使用这种产品会降低工厂这一部分的财务表现，尽管对公司整体的影响是正面的。最后，产品的价值影响对于采购经理而言可能是中性的，因为他的工作领域里不涉及添加剂的具体使用，他只负责价格谈判和采购。

由于需要同时在产品和客户购买情境两个层面进行价值沟通，这就使得有效的价值沟通变得比以往任何时候都更具有挑战性，仅仅关注价值信息的内容以满足客户在购买流程各个阶段的认知需要是远远不够的，销售人员还要保证信息在

图4-7 产品价值在组织中的分布

	营销经理	研发经理	熔体厂厂长	成品监控经理	专业采购经理
减少废料成本		+	+		
减少劳动力成本				−	
额外的处理步骤			+		
进入新市场	+				

资料来源：Leveragepoint Innovations, Inc. website：http：//www.leveragepoint.com/lpi/index.html

正确的时间传递到了正确的人身上。完成这样的工作需要真正了解产品到底能创造怎样的价值，产品价值是如何在客户的组织结构中产生的，以及购买流程的参与者在什么时候可以开始接受价值的信息。我们的研究表明，成功的价值沟通需要营销和销售两个部门的紧密合作——而这在我们的调查中往往是很多组织机构所缺乏的。而那些肯投资于战略性价值沟通的公司将能在战略定价中获得巨大的回报。

■ 价格沟通

尽管我们知道价值——尤其是心理效益的认知价值——很容易受到影响，但是价格看起来似乎是更容易进行比较和交流的硬数据。然而多年的研究不断表明，人们并不一定总是理性的评估价格。由于价格沟通方式的不同，为相同价值而支付的相同价格在客户看来也可能会有很大不同。让我们考察四个与价格感知相关的因素，以及它们对于价格沟通的意义：价格比例评估、参考价格、对公平的认知和收益损失框架。

□ 价格比例评估

购买者倾向于按比例而不是按绝对量来评估价格的差别。例如，一项调查研究问客户，是否愿意为了节省 5 美元而离开一家商店去附近的另外一家商店买东西。当受访者被告知第一家商店的商品价格为 15 美元时，大约有 68% 的人表示会去另一家商店以 10 美元的价格购买同样的商品。而当受访者被告知第一家店商品的价格是 125 美元时，只有 29% 的人会换商店去以 120 美元的价格购买同样的产品。类似研究（包括对商业采购经理的研究）都显示了这种倾向。当 5 美元的差异在总体价格中占较大比例时，如上面例子中较低价格中的 33%，它的激励作用要比当它只占较小比例，如上面较高价格的 4% 时要大得多。

心理学家将这种按比例评估价格差异的倾向称作韦伯·费希纳效应。它对价格沟通具有明确的指导意义。例如，当汽车公司提供零利息贷款购车选择而不是固定美元数额的现金返还时,其激励效果大大增强。尽管利息节省的现值并不比固定数额美元返还的价值更多,甚至往往更少,但是零利息贷款选择被证明更加有效。为什么呢?因为对于一辆价值20 000美元的汽车而言,免除100%的利息成本要比提供5%的折扣更加激励客户。同样,连锁酒店也发现,提供客房的同时,如果提供"免费早餐"或者"免费宽带上网服务"要比直接提供一个略低的客房价格更加有效。

韦伯·费希纳效应的一个重要意义在于,对价格变化的感受取决于比例而非绝对量的差异,并且在产品价格方面存在一个临界值——超过临界值的价格变化会被注意到,而临界值之下的价格变化会被忽视。[①] 接近临界值上限的一系列小幅度价格上升要比一次大幅度涨价更成功。与此相反,在降价情况下,相对于一系列小幅度的连续打折,客户更容易对一次超过临界值的大幅度削价产生反应。例如,一家期货经纪商在过去的3年中每6个月提高一次收费,客户对此几乎没有什么抵制。看到该公司的成功后,它的竞争对手试图通过一次性大幅涨价来跟上它的收费水平,却受到了客户的严厉批评。

□ 参考价格

参考价格是购买者心理上认为的一个产品合理和公平的价格。参考价格在产品的定价流程中起着非常关键的作用。图4-8显示的对比实验要求被试者在不同的微波炉型号中进行选择。研究人员要求一半被试者在两种型号——爱默生和松下——中进行选择,另一半被试者则需要在三种型号——爱默生、松下I型和

图4-8 高端产品的参考价格效应

	选择率	
微波炉型号	第1组(数量=60)	第2组(数量=60)
松下II(1.1立方英尺;正常价$199.99;销售价为9折)	—	13
松下I(0.8立方英尺;正常价$179.99;销售价为6.5折)	43	60
爱默生(0.5立方英尺;正常价$109.99;销售价为6.5折)	57	27

来源:Itamar Simonson 和 Amos Tversky. "Choice in Context: Tradeoff Contrast and Extremeness Aversion," *Journal of Marketing Research*, 29 (August 1992), 281-295.

---

① Kent B. Monroe and Susan M. Petroshius, "Buyers' Perceptions of Price: An Update of the Evidence," in Perspectives in Consumer Behavior, 3rd ed., H. Kassarjian and T. S. Robertson, (Glenview, IL: Scott Foresman, 1981, 43-55).

松下 Ⅱ 型——中进行选择。对比后面的这组试验，虽然 13% 的被试者选择了这个新添加的型号，即松下 Ⅱ 型，但是在增加第三个型号后受益最大的是松下 Ⅰ 型：变成中间价位后，它多获得了 17 个百分点的份额。由此可见，系列产品定价的作用不言而喻。将高价产品加入产品系列不一定导致高价产品本身销售的增加；然而，这确实改善了客户对产品系列中较低价格产品的看法，并且会鼓励低端产品购买者去购买较高价格的型号。

市场营销者影响参考价格的另一种方法是指出潜在的参考点。可以通过一些方式提高购买者的参考价格，比如指出制造商从前较高的建议价格（"原来 999 美元，现在仅仅 799 美元！"），或竞争对手的较高价格（"他们收 999 美元，我们只要 799 美元！"）。研究表明，指出参考价格的广告在影响客户购买耐用消费品（如摄像机）方面要比没有指出参考价格的广告有效，尤其是对产品知识了解较少的购买者，因为他们经常会根据价格来判断产品的质量从而做出购买决定。[1] 另外一些研究发现，即使广告中的参考点被夸大了，向客户提供建议性参考价格的做法也会加强他们对产品所带来的价值或是成本节约的认可。[2] 虽然购买者也许会怀疑参考价格说法的可信度，但这种做法仍然有助于影响客户的看法和行为。[3]

---

[1] Gerald E. Smith and Lawrence H. Wortzel, "Prior Knowledge and Effectiveness Suggested Frames of Reference in Advertising," Psychology and Marketing 14 (2) (March 1997) 121 – 43.

[2] Joel E. Urbany, William O Bearden, and Dan C. Wilbaker, "The Effect of Plausible and Exaggerated Reference Price on Consumer Perceptions and Price Search," Journey of Consumer Research, 15 (June 1988): 95 – 110.

[3] 参见 Eric N. Berkowitz and John R. Walton," "Contextual Influences on Consumer Price Response: An Experimental Analysis," Journey of Marketing Reseach 17 (August 1980): 349 – 358; Albert J. Della Betta, Kent B. Monroe, and john M. McGinnis, "Consumer Perceptions of Comparative Price Advertisement," Journal of Marketing Research 18 (November 1981): 415 – 427; Cynthia Fraser, Robert E. Hite, and Paul L. Sauer, "Increasing Contributions in Solicitatoin Campaigns: The Use of Large and Same Anchorpoints," Journal of Consumer Research 15 (September 1988): 284 – 287; Mary F Mobley, William O. Bearden, and Jesse E. Teel, "An Investigation of Individual Responses to Tensile Price Claims," Journal of Consumer Research 15 (September 1988): 273 – 279; James G. Barnes, "Factors Influencing Consumer Reaction to Retail Newspaper Sale Advertising," Proceedings, Fall Educators'Conference (Chicago: American Marketing Association, 1975): 471 – 477; Edward A. Blair and E. Laird Landon, Jr., "The Effects of Reference Prices in Retail Advertisements," Journal of Marketing, 45, no.2 (Spring 1981): 61 – 69; John Liefeld and Louise A. Heslop, "Reference Price and Deception in Newspaper Advertising," Journal of Consumer Research 11 (March 1985): 868 – 876. 也可以参见 Robert E. Wilkes, "Consumer Usage of Base Price Information Journal of Retailing 48 (Winter 1972): 72 – 85; Sadrudin A. Ahmed and Gary M. Gulas," Consumers 'Perception of Manufacturers' Suggested List Price, "Psychological Reports 50 (1982): 507 – 518; Murphy A. Sewall and Michael H. Goldstein," The Comparative Advertising Controversy: Consumer Perception of Catalog Showroom Reference Price, "Journal of Marketing 43 (Summer 1979): 85 – 92.

卖家如何呈现价格信息也是非常重要的。客户看到的价格顺序也会显著影响客户的参考价格。关于参考价格有一个很有创意的研究：研究中的产品总共分为8类，每一类当中有数目不同的产品。研究者为两组被试者出示了这些产品的价格。区别仅仅是一组被试者按照降序（从最高到最低）观看价格；另一组被试者则按升序（从最低到最高）观看。然后研究者要求被试者回答每一类产品中的同一件产品的定价相对于其价值是"高了"还是"低了"。从这些判断中，研究者就可以为每一个产品计算出其平均参考价格。结果是：尽管两组被试者观看了同样的产品价格，但是，按照降序观看价格的被试者所得的参考价格高于按照升序观看价格的被试者。[1] 由此可见，当形成参考价格时，购买者显然会将更大的权重放在他们最先看到的价格上。

很明显，这样的结果对价格沟通具有重要的意义。在面对面推销中，这种参考价格效应表明，尽管客户最终会从较便宜的产品中进行选择，但是，销售者还是应当首先给客户展示他所能接受的价格范围之上的产品。这种战术被称作"由上而下的销售"，它广泛应用于从汽车、行李箱到房地产等各种不同类型产品的销售中。直邮产品目录通过按照从最贵到最便宜的顺序来展示同类产品的方法也是利用了这种效应。在零售商店里，这种顺序效应同样对产品展示有着指导意义。例如，杂货店通常避免把自有品牌产品放在会首先引起客户注意的视线范围内，而是让客户首先看到较贵品牌的产品，然后再让他们搜寻到自有品牌产品。通过这种方法能卖出更多低价格（但是高利润）的自有品牌产品。

最后，例如优惠券、返利和特别装这类促销手段也可以战略性地影响参考价格。某些市场营销人员认为，新产品应当定较低的价格来吸引客户试用，并建立起重复购买者的市场，之后再提高价格。但是如果初始的低价降低了购买者的参考价格，那么这种做法实际上可能会对重复购买产生负面影响。有一些研究恰恰反映了这一问题。在一个对照研究中，[2] 5个新品牌在两组商店里被推广。在推广阶段，一组商店低价销售这些新品牌的产品，但并没有表明这是临时性的促销价格；控制组的商店则按常规价格销售新品牌的产品。正如研究者所料，在推广阶段，定价较低的商店产品销售状况更好。然而在推广期之后的几个星期里，两组商店都收取常规价格。这时在所有5个品牌中，和控制组商店相比，初始价格

---

[1] Albert J. Della Betta and Kent Monroe, "The Influence of Adaptation Levels on Subjective Price Perceptions," in Advances in Consumer Research, 1973, Proceedings of the Association for Consumer Research, vol. 1, ed. Peter Wright and Scott Ward (Urbana, IL: ACR, 1974, 359–369).

[2] A. Door et al., "Effect of Initial Selling Price on Subsequent Sales," Journal of Personality and Social Psychology 11 (1969): 345–350.

较低的商店里的销售额更少。而且，即使是将推广期和后一阶段的销售量加总，控制组商店的总销售额也要多一些。这个研究和其他一些相似结果的研究都证明了打折战术的重要性。销售者应当明确建立一个产品的常规价格，然后使打折成为一种临时性的削价促销；否则，一开始为促进试用而设计的低促销价格会造成很低的参考价格，从而损害产品在之后常规价格上的认知价值。

☐ 对公平的认知

所谓"公平价格"的概念已经困扰市场营销者好几个世纪了。在中世纪，商人会因为其商品超过公众标准所认为的"公平价格"被处死。即便是在现代市场经济中，公认的"价格欺诈者"也会经常面对媒体批评、监管麻烦和公众抵制。因此，市场营销者应当理解并尝试管理公众对公平的认知。可到底什么是公平？公平的概念看起来好像与供需问题完全没有关系。[①] 很自然的，公众对销售者利润率的估计可能会影响公平的认知，但这并不是全部。即便汽油公司的利润在市场平均水平以下，它们还是会经常被指责价格欺诈。当飓风卡特里娜中断了美国南部的汽油供应时，提价的加油站就被公众严厉指责为"价格欺诈者"，即使这些加油站的储量将只能够满足那些愿意支付这种更高价格的客户需求。与汽油公司形成鲜明对照的是，流行的娱乐产品（例如迪斯尼世界，或者彩票抽奖）虽然价格昂贵而利润率极高，它们的定价却没有遭到广泛批评。

最近的研究表明，公平感比人们想象的主观性更强，因而也更加可控。[②] 购买者的公平认知显然开始于心目中销售者的当前利润率与销售者过去利润率的对比，或者与其他销售者在相似环境中的利润率的对比。在一个著名的实验中，人们想象他们正躺在海滩上，口渴难耐中渴望喝到自己喜爱品牌的啤酒。这时一个朋友正要去附近，如果价格不是很高，他将会替他们买回啤酒。研究者要求他们明确说出自己愿意支付的最大数额。被试者不知道的是，他们当中有一半已经被告知那位朋友将会去一家"奢侈的旅游酒店"购买啤酒，而另一半却被告知那位朋友将会从"一个小杂货店"里购买啤酒。虽然这些实验对象们自己不会去

[①] Daniel Kahneman, Jack L. Knetsch, and Richard H. Thaler, "Fairness As a Constraint on Profit Seeking: Entitlements In the Market," American Economic Review 76, no. 4 (September 1986): 728 – 741.

[②] Joel Urbany, Thomas Madden, and Peter Deckson, "All's Not Fair in Pricing: An Initial Look at the Dual Entitlement Principle," Marketing Letters 1, no. 1 (1990): 17 – 25; Marielza Matins and Kent Monroe, "Perceived Price Fairness: A New look at an Old Construct," Advances in Consumer Research, vol. 21 (Provo, UT: Association for Consumer Research 1994, 75 – 78).

参观或享受购买地点的设施，但是那些认为啤酒来自酒店的被试者们的可接受价格（2.65美元）要远远高于那些认为啤酒来自杂货店的被试者们所给出的可接受价格（1.50美元）。[1]

消费者对销售者动机的假设也会影响他们对公平的判断。就证明高价的合理性而言，"好"动机（例如为雇员的健康保险积累资金，提高服务水平）比"坏"动机（比如利用市场短缺增加利润）更容易让消费者接受价格。研究表明，像迪斯尼这样拥有良好声誉的公司更有可能从对他们动机的关注中获利。而声誉较差的机构（如涨价快降价慢的汽油公司）则更有可能发现，他们的动机往往受到公众的质疑。[2]

最后，公平感似乎与所付价格是用于维持生活标准还是用于提高生活标准有关。人们将维持生活标准所需的产品视为"必需品"，虽然在人类大部分的历史时期中，大家没有它们也照样生存了下来。对必需品收取较高价格一般被认为是不公平的。例如，人们对救生类药品的价格不满，因为大家认为不应该为健康付费；毕竟他们去年在没有购买处方药和医疗建议的情况下仍然是健康的。人们对房租涨价也会作出相似的反应。然而，同样的这些人也许会去购买一辆新车、一件珠宝或者一次高档度假，却完全顾不上反对同样的高价或涨价。[3]

幸运的是，公平认知是可以被管理的。如果一家公司需要经常调整价格来反映供求状况，或需要调整价格以对价格敏感度不同的购买者进行细分，它会将"常规"价格精心设定在可能的最高水平上（而非平均或最一般的水平上）。当市场不景气、需要打折扣走量（"好"动机）的时候，当初的高定价增强了他们的"打折"能力；同时，较高的"常规"定价也避免了公司在需求强劲的时候不得不提高价格（"坏"动机）而遭到消费者的抵制。[4] 相似地，因为消费者也同意公司不能光做赔本买卖，所以，将价格上涨归咎于成本提高经常也是最好的策略。购买者相信那是公平的，正如石油价格上涨。房东提高租金时应当指出房屋内部设施已经改进。创新型公司发布新产品时，如果表示他们还在回收研发成本，这家公司就能更加成功地提高价格。

---

[1] Richard Thaler, "Mental Accounting and Consumer Choice," Marketing Science 4 (Summer 1985): 206.

[2] Margaret C. Campbell, "Perceptions of Price Unfairness: Antecedents and Consequences," Journal of Marketing Research 36 (May 1999): 187-199.

[3] Daniel Kahenman, Jack L. Knetsch, and Richard H. Thaler, "The Endowment Effect, Kiss Aversion, and Status Quo Bias," Journal of Economic Perspectives 5, no. 1 (Winter 1991): 203-204.

[4] Campbell, op, cit.

□ 收益损失框架

价格沟通的最后一个考虑因素是如何向客户展示价格。客户倾向于按某个预期价格点为标准来计算自己的收益或损失，并以此为基础来评估价格。[①] 他们如何形成这些判断会影响购买的吸引力。为解释这种建立在前景理论基础之上的效应，假设你认为以下两个加油站提供的汽油同样好，并且你总是用信用卡进行支付，问一下你自己，在这两个加油站中你更愿意光顾哪一个：

- 加油站 A 每升汽油卖 8 块 2 毛钱人民币，但是如果购买者用现金进行支付，那么，加油站会给他们每升 2 毛钱人民币的折扣。
- 加油站 B 每升汽油卖 8 块钱人民币，但是如果购买者用信用卡进行支付，那么，加油站会每升多收他 2 毛钱人民币的附加费。

当然，从任何一家加油站购买汽油的经济成本是相同的。然而，大多数人认为加油站 A 的报价要比加油站 B 的报价更有吸引力。原因是比起获得同样规模的"收益"而言，人们在心理上更重视避免损失。而且正如我们在前面讨论过的韦伯·费希纳效应中，一项交易的收益和损失也会受到收益递减规律的影响：即在一个基数上加上或减去一个给定的变化，基数越大，给定的变化所产生的心理影响就越小。

在加油站的例子中，进行现金支付的购买者偏好于加油站 A，因为在那里他们享受了得到折扣的心理好处，这种折扣对他们来说是一种"收益"。使用信用卡的购买者也喜欢加油站 A，因为加油站 B 对信用卡收取的"额外"费用被认为是一个"损失"，这是一个本来应避免的负面的心理收益。对他们来说，在加油站 A 为每升汽油支付同样 8 块 2 毛钱人民币的净价格，但由于不会被收取"额外"的费用，因此就不会提供任何正的或是负的心理收益。

对于那些用现金支付或信用卡支付没有特别偏好的客户而言，尽管卖家得到的经济价值相同，他们的偏好也会是加油站 A 而非加油站 B；这样的购买者总是

[①] Daniel Kahneman and Amos Tversky, "Prospect Theory: An Analysis of Decision Under Risk," Econometrica 47 (March 1979): 263 – 291; Daniel Kahneman and Amos Tversky, "The Psychology of Preferences," Scientific American 246 (January 1982): 162 – 170; Daniel Kahneman and Amos Tversky, "Choice, Values, and Frames," American Psychologist 39, no. 4 (April 1984): 341 – 350; Amos Tversky and Daniel Kahneman, The Framing of Decisions and Psychology of Choice, "in New Directions for Methodology of Social and Behavioral Science: Question Framing and Response Consistency, no. 11 (San Francisco: Jossey – Bass, March 1982); Amos Tversky and Daniel Kahneman," Advances in Prospect Theory: Cumulative Representation of Uncertainty, Journal of Risk and Uncertainty 5, no. 4 (1992).

会用现金进行支付以求得到最低价格,这时他们就更可能选择加油站 A,因为这样可以获取在加油站 B 所不能得到的心理满足。

前景理论对于价格沟通具有许多指导意义:

- 为了使价格不容易受到抵触,要使价格成为机会成本(即可自愿放弃的收益)而不是实际的开支成本。银行经常免除某些贵宾服务账户的月费作为对该客户在账户内维持最低存款额度的回报。甚至当账户上的资金所损失的利息超过了对额度不足的扣费时,大部分人还是会选择维持最低存款额度来保持该贵宾等级的服务。同样,人们发现通过工资扣除而非直接购买来支付诸如保险或共同基金时,痛苦程度会轻一些。

- 如果同一产品需要在不同时间为不同客户制定不同的价格,应该将标价一开始就设定在最高水平上,然后给大部分人折扣。这种定价战术非常普遍,以至于我们认为这是理所当然的。例如,美国大学仅仅向一小部分学生收取明文规定的全额学费,而绝大多数的学生都得到一定的学费资助折扣。对于那些支付全额或接近全额学费的学生而言,得不到更多学费折扣这点尚能接受。但如果入学学生仅仅因为不是成绩最好的奖学金得主,或不能成为代表大学的体育健将等情况就得支付全额或接近全额的学费的话,那么这些学生必然会对大学的学费政策产生强烈的反感。

- 定价者应该把产品服务提供的收益分开列举并同时合并相关损失。很多公司销售的产品中捆绑了许多单个产品和服务。例如,打印公司不仅提供打印服务,而且还可以协助设计样本,匹配颜色及灵活安排工作表来满足客户的特殊要求等。为实现客户认知价值最大化,销售者应当将这其中的每样东西都确认为一件单独的产品或服务,并且向客户清楚地宣传每一种东西的价值。例如,销售者可以如此宣传,"看一看你从我们的豪华套餐中得到了这么多产品和服务!"然后一一介绍其中的内容。这就是销售者将产品服务给客户的收益有效地分开展示的体现。然而,销售者不应该要购买者作出许多个购买决定,相反,应当在确认购买者的多种需要后,提供一个打包价格来满足所有这些需要。例如,"只要一个价格,全部这些都提供给你。"这样,销售者就能为购买者将不买某个单一产品的损失进行了合并。如果购买者反对这个捆绑价格,那么,销售者可以拿走一种服务,这将使该服务看上去是一种独立的"损失",而这种"损失"又会使客户很难放弃不购买全部。

那些只从客观经济价值方面进行思考的战略家也许会认为这些原则是很牵强的。也许会有人争辩说,在这些情况下,购买者可以很容易地将同样的选择视作完全不同的"收益"和"损失"的组合。这正是前景理论家所强调的关键：购买者可以用许多种不同的方式来解读同样的交易，而每一种方式都将导向一种不同的行为。研究已经证明，改变人们在相同交易中对收益和损失的思考将不断影响并改变他们的购买行为。

■ 小结

客户将对你的定价作出何种反应不仅取决于产品所带来的价值和你所收取的价格，它还取决于客户如何评估你的产品和价格。如果你任由客户随意评估你的产品和价格，那么你将实现的价格与销量都很有可能大大低于原本可以实现的目标。大多数客户在购买前没有时间也缺乏动力去充分了解各种替代选择，或者评估他们手头已有的信息。如果你想让客户认识到你的产品价值，你需要为他们把这个认知过程变得轻松，这需要你主动和有效地向他们提供各种相关的产品服务信息，并同时让他们了解到这些产品和服务将给他们带来怎样的价值。

你同样需要积极地管理价格沟通的方式，从而将客户因为支付该价格而可能产生的价格抵触降至最低。通过控制价格差异的明显程度、参考价格的形成以及客户对公平的认知，你可以在不降低总体利润的情况下减少客户对定价的负面反应。

价格政策：管理客户预期以提高价格实现

当某个关键客户突然宣布他们的下一个合同将由"反向拍卖"产生的时候，企业应当如何应对？当一部分客户正经历着经济衰退并向企业寻求帮助时，企业又该如何应对？当客户抵制由于供货商普遍的生产成本上涨所带来的价格提高的时候，企业又应该如何处理？应对这些挑战如果只是随意地运用价格例外来对少数客户降价只会使那些气势汹汹的讨价还价者受益，最终却伤害了企业真正的优质客户。那群咄咄逼人的客户会有越来越多要求这种"例外"，这样无疑会减缓企业的销售效益。同时，因为企业诸多价格例外导致实现的价格既不一致也不可预测，企业的竞争者也很难有所依据来调整对应的价格策略，以致最终使企业白白丧失引领市场价格的能力和机会。

解决这些挑战的一个更好的方式是，把每个对于例外价格的要求看做是一次制定价格政策的机会，并以此来避免客户未来再提出这样的要求。价格政策是一系列的规则或者习惯，它可以是明明白白写在纸面上的也可以是蕴涵在企业文化之中。它规范了企业应该如何变化产品价格来面对可能影响企业实现自身目标的一些除价值和成本之外的因素。一些企业规定了谁在企业组织里拥有怎样的折扣权利，比如说：一个销售代表可以最多提供5%的折扣，一个地区销售经理可以授权提供15%以内的折扣，一个销售副总裁可以授权提供25%以内的折扣。尽管这类折扣规则经常被称为价格政策，但它们事实上不是。它们仅仅是为了减小由于定义不清的价格政策所带来的不利影响而制定的人事政策。与之相比，价格政策应当明确指出一个地区销售经理在哪些情况下才应该使用公司给予他的10%的折扣权。这种更具指导意义的价格政策应该可以帮助所有销售代表和经理处理价格例外。

我们应该了解，客户的购买行为不仅仅是受价格，或者是提供的产品和服务所影响。客户的购买行为同时也受卖方所营造的预期所影响。客户过去自身的购买经验以及他所了解的其他人的购买经验，都使得客户形成了在何种情况下可以得到一个好价格的预期。这样的预期将影响客户未来的购买行为。

举例来说，一个零售店的顾客也许相信九月份推出的一款秋季新款要价是合理的，但是他还是不会购买。因为根据这间零售店过去的折扣规律，他会预期这间商店一个月后就会降价20%来进行促销。所以，可预期折扣的价格政策使得消费者会选择等待打折价格。为了改变这样的预期，一些零售商采取天天低价的政策。其他一部分零售商依然采取常规折扣政策，但是提供30天的价格保证。即消费者按正常价格购买商品后，如果30天内碰到新的促销活动，零售商保证会按促销价格将差价返还给消费者。通过消除消费者等待折扣的预期，越来越多的消费者就愿意以现在看到的价格及时购买，这样一来，后续的打折也显得没那么必要了。在企业对企业的商务市场上也存在同样的情况，而相比个人客户，企业客户拥有更多可以通过他们的购买行为来影响购买价格的途径。

销售者的行为也同样受过去经验形成的预期的影响。上述例子中，销售者以往的经验表明，销售额在打折期间会大幅上升，而在打折真正到来之前，销售额不会好。如果销售者仅依据这样的经验形成他们的预期，那么他们有可能在打折上变得更加激进，比如把这个季度的打折提前一周以利用消费者不断上升的价格敏感性。为了让销售者看到30天价格保证这类活动的价值，他们需要从全局的角度看问题，如图5-1所示。相对于简单地根据以往经验来断定顾客的购买行为，销售者需要以前瞻性的眼光来看问题，要懂得他们的一个系统性的变化（比如一个新的政策）会如何影响客户的预期，并进一步影响客户未来的行为。

图5-1 预期与行为的相互影响

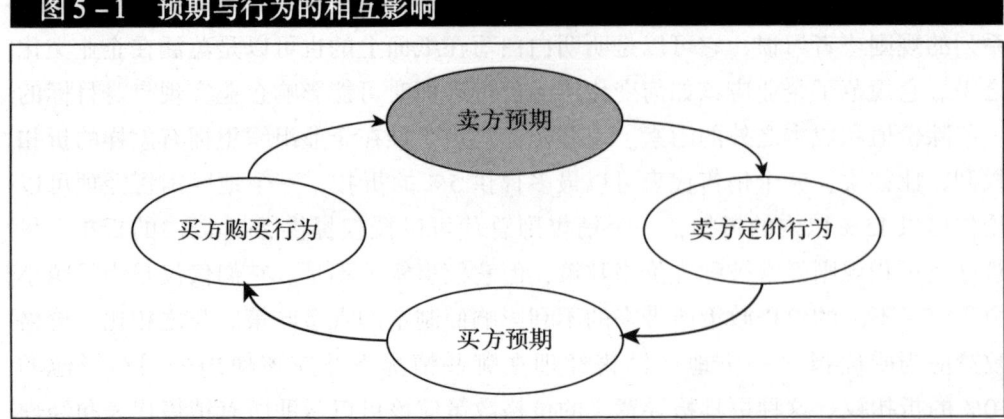

战术定价与战略定价的差异就在于一个是对顾客过去行为被动地作出反应，而另一个则是采取积极主动的行动来影响顾客未来的行为。如果销售者或者顾客只明白他们自身的行为或者预期，那么他们也就只明白了整个过程的一半，以至他们不可能采取战略行动。事实上，在许多大批量采购者会讨价还价的 B2B 市场中，采购者在战略思考方面远远走在销售者前面（图 5-2）。在"战略采购"的指导方针下，采购者制定了系统的、复杂的采购政策来管理卖方的期望。而销售者对于买方期望是如何形成的却知之甚少。买方的目标和长期战略是降低采购成本，然而卖方却很少有与此相应的提升利润或至少保持利润的长期战略。

图 5-2 采购与销售的战略能力对比

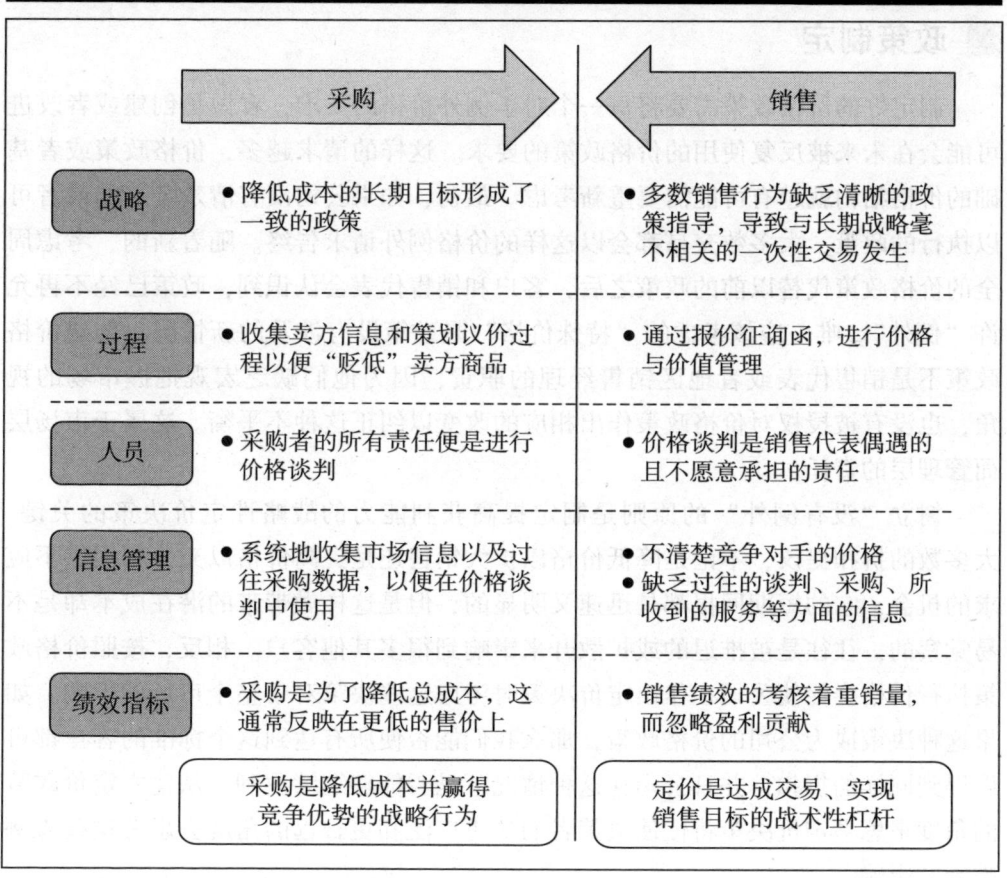

举例来说，买方经常能够熟练地在招标要求中将对条款与服务要求的讨论与价格的讨论区分开来，使得所有卖家更加具有可比性。在卖家提供应标书后，买家从中选择一个最能满足高标准服务要求的卖家，并在竞价结束后才明确提出更具体的服务要求。另一方面，卖方往往无法将各种服务分开，来做到刚好满足招标书要求的水平。如果他们能做到这样的话，他们就可以对高出规定的条款和服务要求更好的价格了。

买方通常由全职专业采购人员去进行价格谈判，这些采购人员往往不是产品招标要求的制定者和产品使用者。然而卖方对口的是专职于客户服务的销售代表。专业采购人员会因为降低采购成本或者提高未来的议价能力而获得奖励，而销售代表的成败标准常常只是能否完成交易。专业采购人员通常能搜集到供应商过去的报价和还价资料，以及其他供应商交易的价格和条款资料。而一个新的卖方销售代表往往只知道上一个交易合同和发票上面的内容。

政策制定

制定好的价格政策需要将每一个对于例外价格的要求，看做是创建或者改进可能会在未来被反复使用的价格政策的要求。这样的请求越多，价格政策或者基础的价格结构就越有可能需要重新考虑。最初，如果公司没有清楚定义的或者可以执行的政策，大多数交易都会以这样的价格例外请求告终。随着新的、考虑周全的价格政策代替以前的政策之后，客户和销售代表会认识到，政策已经不再允许"例外"。唯一应该考虑的"特殊价格"是政策没有涉及的新情况。创建价格政策不是销售代表或者地区销售经理的职责，因为他们缺乏宏观把握市场的视角，也没有被授权对价格政策作出相应的改变以纠正这种不平衡。这属于市场层面管理层的责任。

树立"没有例外"的原则是制定提高获利能力的战略性定价决策的关键。大多数的折扣提议，不论是降低价格以扩大销售还是提高价格以充分利用供不应求的机会，它的短期回报都是迅速又明显的，但是这样做带来的潜在成本却是不易觉察，往往是被推迟的或扩散开来影响到很多其他客户。相反，按照价格政策执行价格会促使公司在作出定价决策时考虑这些决策对于整个市场的影响。如果这种决策成为公司的价格政策，那么我们能否使所有达到这个标准的客户都可以得到同样的折扣，并且公司在这种情况下是否能够继续盈利。从建立定价政策的角度来思考定价决策将促使决策者们从更广泛和更长远的角度去思考这些先例带来的影响。

价格政策远不止是折扣政策，它还包括公司如何传导原材料成本上升所引起的成本上升（比如要求所有的长期合同允许调整，相比于只允许合同到期后进行调整），以及引导产品使用的方式。价格政策也包括当竞争对手给予客户一个更低的价格时，公司应如何处理。处理的方式将会为客户建立公司未来处理类似问题的态度和方式的预期，因此会改变客户未来的购买行为。价格政策同时会影响公司销售代表如何销售以及他们中的哪些人会取得成功。哪个销售人员应该得到最大的奖励：是充分理解客户的需求并有效进行价值沟通从而取得高利润的销售代表呢，还是深谙自己公司的内部管理模式，并通过帮助少数几个客户取得价格例外从而取得高销量大单的销售代表？

理想的价格政策应是透明、一致，并能使公司积极主动地应对价格挑战的。如果政策是透明的，客户就不用通过威胁或小道消息来试探你是否愿意做出让步。航空公司的透明价格规则，比如只有提前预订才能购得低价票，改签需要付费，不能倒卖给其他乘客等，都不是我们所喜欢的。但是我们都接受这些规则，因为我们事先就很清楚地知道它们是什么。价格政策的一致性好处是可以杜绝那些想通过接触公司不同人员来找到最好的交易价格的行为。而积极主动的价格政策沟通要比被动地拒绝客户的价格提议来得更容易让人接受。

分析定价面对的挑战以及制定相应的价格政策去应对这些挑战是一个持续的过程。它应当有专门的定价人员负责，而这个人则应该在一群以保持或者提升公司盈利能力为职责的经理的监督下工作的。随着时间的推移，一个公司的价格政策可以成为公司的竞争优势——它通过为客户、竞争者和销售代表建立价格预期，促使他们采取公司更愿意看到的行为，同时它也会激发销售代表更快地提出并实施创造性的解决方案，而不需要在公司内部推销自己观点的时候浪费太多精力。诚然，建立这样的一整套价格政策需要时间，并且如果最初执行时效果不好，它也有可能将会失去组织成员的支持。为了避免这样的问题发生，本章剩下的部分将列举通常会遇到的需要依靠价格政策去解决的挑战，同时会描述成功处理这些挑战的价格政策。

■ 应对价格异议的政策

价格政策最常见的也是最重要的领域是如何应对那些需要进行价格谈判的客户提出的价格异议。缺乏处理价格异议的政策不仅仅是进行直销的企业所面对的问题，消费品生产商也面临来自诸如沃尔玛、家乐福、大润发等大型零售商的价格压力，因为他们也如同消费者一样会因为价格原因转向其他同类的生产厂商。

□ 临时性价格谈判带来的问题

为了阐明由于没有价格政策或者执行不利的价格政策会给价格谈判带来的问题，请考虑以下的过程中卖方是如何一败涂地的。假设为了弥补由于原材料上涨带来的成本上升，你的公司宣布产品价格上涨5%。当销售代表试图以新的价格销售产品时，购买方提出他们不能接受价格上涨。每个销售代表对此如何反应是决定本次以及未来价格上涨能否成功的关键。不幸的是，大多数公司缺乏一致的价格政策，因此即使少部分人的失误也会导致公司情况变糟，甚至不如宣布涨价之前。原因在于，销售代表的反应会让客户形成他们如何可以拿到更好的价格预期。

让我们首先来看看当公司缺乏明确的价格政策，或者价格政策没有得到很好执行时会发生什么情况。想象一下，面对购买方的采购经理时，销售代表显得紧张不安并且告知购买方没有经理的批准，他不能改变价格。这样简单地陈述会让未来所有的谈判更加艰难。销售代表传递出了两个信息：（1）他们公司是可以对某些客户做出价格让步的；（2）为了得到价格让步，客户必须坚持抵制现有价格直到销售经理介入。简而言之，通过告知客户公司是有余地做出让步的，公司和销售代表因此失去了他们的价格可信性。由于缺乏价格可信性，购买方会认为他需要好好利用这一点坚持下去，不然就会支付高于其他购买者的价格。而购买方最害怕的就是有人会发现他们从同一家供货方购买同样的商品却支付了比竞争对手更高的价格。

购买方会通过采取防御性的谈判策略来利用公司缺乏价格可信性这一点。这其中包括将谈判从卖方管理买方的期望转向由买方管理卖方的期望。购买方的采购经理想要为销售者建立的期望是他们只是把销售者的产品看成是一种大宗商品，市场上还有很多更便宜的替代品。要制造这样的期望需要避免销售代表与那些看重产品差异的使用者直接接触，同时也需要让销售方感觉到自己的产品市场竞争相当激烈。

我们看到过许多公司，由于在价格折扣的谈判中变得越来越松动而失去了市场份额。一旦客户知道供应商的价格依赖于有多少替代品的出现时，他们就会寻找第二个、第三个供应商，并用更高的采购份额来诱导他们提供更低的报价。当然，他们会给看中的供货方最后一次提供低价的机会以赢得更高的供货份额。每次，被选中的供货方都以价格妥协告终，而这一举动将不断激励采购方始终保持多个相互竞争的供货方来压低价格，从而最小化了供货方实现本身产品差异化经济价值的预期。

看着公司市场份额不断被侵蚀，销售者会认为他们的产品以及服务已经变得越来越大宗商品化了。由于担心更多的销售损失，他们会提供更高的折扣，减少用在那些客户看上去不怎么看重的产品差异上的花费。如果缺乏价格可信性的是行业的领导者，那么它带来的损失将会是多重的。由于缺乏一致性，竞争者永远都不知道同他们竞争的真实价格到底是多少。他们对于你所提供的某笔订单价格的信息来自于购买方,然而购买方有充分的动机告诉他们一个更低的价格而不提及相应的限制条款。这样的结果是,竞争者会认为市场领导者所定价格比其真实价格低,因此他们只会把自己的价格定到更低的水平以赢得更多的销售。

□ 价格政策给价格谈判带来的好处

在和上面描述的相同情况下,如果我们有一个强有力的价格政策来保证价格可信性,那么这对客户预期会产生怎样的影响。同样的,为了弥补由于原材料价格上涨所带来的成本上升,你的公司宣布产品价格上涨5%。面对购买方的采购经理时,销售代表知道在坚持价格上涨方面,公司一定会支持他,甚至不惜以失去本次交易为代价。他会自信地向采购经理解释为什么所有的供货方都面临相同的成本上升,因此不可能在维持产品质量与服务水平的同时保持价格不变。除非公司一贯的价格可信性长期以来一直很好,否则许多采购者在这个时候仍然很难接受这个结果。一些人可能会虚张声势,吓唬销售代表。另外一些谨慎的采购者可能会打算先四处询价,如果情况确实如此,再决定是否接受价格上涨。当然,也会有一部分采购者可能因为他们企业要求的必须保持总成本不变而放弃从你方购买。

尽管你的价格上涨为这些买方带来了困扰,它同时也为通过改变他们的预期从而改变他们的行为埋下了种子。价格政策不仅赋予了销售代表以自信,使他不再害怕交易失败,同时它也赋予了销售代表做出价值权衡并考量合适折扣的权利,而同样的权利在没有一个清晰价格政策的公司往往需要得到上级的层层审批。通过提供双赢或者一方赢另一方至少不输的交易方案,销售代表能够与客户建立起重要的互信关系。销售代表会建议,如果采购部门能够将每个月多个使用者的小额订单整合成一个统一的大订单,他们公司会降低买方的运输费用。如果购买方愿意一下签订几年的购买合同并购进更多种类的产品,那么他们有可能会达到获得高于5%的折扣。如果采购者允许供货方的技术人员与采购方真正的产品使用者交流,这些技术人员可能会提供一些建议给采购方以减少使用过程中不必要的浪费,而这项节省往往足以补偿这部分价格上涨。

为了充分利用这些提议的好处,采购经理们需要改变他们的购买行为。他需要将真正的使用者拉进来共同参与对产品的价值评估。如果销售者的价格政策制定合理,采购方会了解到通过与供货方合作所获取的利益要比威胁供货方来得更高;或者他会认识到他已经为公司拿到了最好的交易。一旦他认识到降低成本的最好方法是跟销售代表合作,而欺骗销售代表也许没有什么好处,这种预期就会促使采购经理们愿意提供更多的信息，从而帮助销售方找出更多的可以双赢的提议。随着购买方开始信任这种销售过程，采购方就没有必要仅仅为了在价格谈判中占得上风而保持多个供应商了。但这也并不意味着这个过程就会没有冲突、愤怒或者偶尔的威胁。但是它会促使双方的互动朝着以价值为重点的方向前进。

为了重新拥有在价格谈判中获取价值的能力，销售团队需要的不仅仅是像"SPIN 销售法"或者其他一些销售方法的培训。以价值为基础的销售技巧需要由科学的定价流程来支持，而这种定价流程的根本原则与以上提到的各种销售方法的原则基本上是完全一致的。除非销售者为每个客户都提供不同的产品，否则定价过程不应当受各种各样的单个不同的价格申请所左右。那样的话，销售队伍就变成了客户施展购买技巧的傀儡。驱动价格变化的应该是具有高度一致性和为实现销售者市场商业目标的定价政策。当定价政策与这些市场商业目标一致并且清晰地传达给销售团队后，销售代表们（也包括分销商与渠道销售伙伴）将有权利也有动力按照产品价值而不是价格来销售产品。

□ 应对不同购买者类型的定价政策

考虑到部分购买方的价格谈判能力越来越强，并且价格对于所有购买方而言越来越透明，任何盈利性的以及可持续的解决价格异议的方法都应以定价政策来固化。但是具体应该包括哪些政策？这个问题的答案取决于提出价格异议的购买者的类型。图 5-3 阐释了 4 类购买者。他们的区别在于对产品差异性的重视程度（比如在采购办公室家具时，耐用性或者及时供货两者到底有多重要）以及与可能节省的成本相比搜寻了解供货方产品的成本是如何的。你需要有良好的定价政策来合理指导公司应对来自不同类型购买者的价格异议。

图 5-3 买家类型

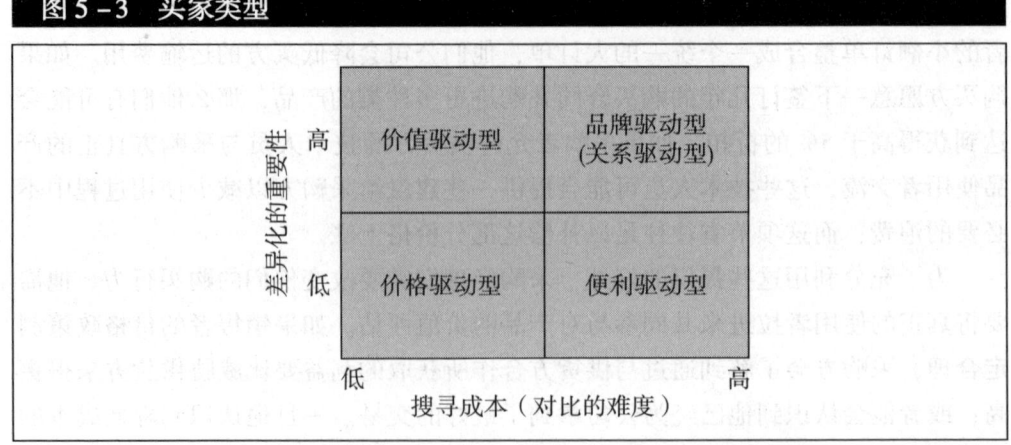

价值买家的购买量在大多数 B2B 市场中都占有较大份额。他们拥有复杂的采购部门统一进行大单采购。他们能够负担相应的产品搜寻成本，在决定购买前会评估很多备选对象。他们一方面想尽办法去获得所有他们看重的产品特性与服务，同时又会尽量压低产品价格。应对这样的购买者，销售代表需要的定价政策是能够授权他们让客户选择价值与价格的权衡得失，同时又能让他们顶住来自单方面价格压力的政策。

制定以价值为基础的价格政策的关键在于理解相对于竞争者而言，你的产品或者服务在哪些方面给客户带来更多的价值，以及客户行为的改变会在哪些方面给你带来更多的价值。然后制定出一系列的预先批准的权衡得失选择。例如，如果你的价值的主要来源是竞争对手不能提供的高质量的服务，这时你需要找到可以将你的服务同产品分开的方法，即使这不是你愿意提供产品的方式。有可能只提供产品而不提供此项服务并不会给你节约多少钱，但是比起因为高服务成本而直接放弃这笔交易，或者让买方只付出相应产品价格就免费获得此项服务，至少销售代表现在多了一个低成本的选择。销售代表由此可以让那些实际上很看重卖家提供的产品服务差异的采购经理不再虚张声势。但如果许多购买者都接受这个低价格和低服务水平的选择，那么管理层需要重新考虑他们提供的这项服务差异化是否像他们想的那么有价值。

另外一个思考方向是想想客户能为你做什么以换取折扣价格。举例来说，如果客户更广泛地采购你产品线上的产品，提高 20% 的订货量，发货前 7 天不再改变订单，那么你能否给他们一个年末折扣？以上这些都阐释了一个我们叫做权衡得失谈判的原则。应对价值购买者时，价格政策应要求除非也能从购买方获得一些利益否则绝不做出价格让步。价格让步不需要是节约下来的销售方成本可以全部弥补的，但它必须去除掉购买者声称自己不看重的产品和服务的差异特性。如果销售代表被预先授权一系列权衡得失的价格政策选择，那么在他面对购买方提出价格异议的时候，应该能够坚持有得有失的价格谈判原则，从而让购买方了解到要得到价格让步总是有代价的。这样的政策限制了购买方无止境地追求价格让步的想法。一旦购买方真正了解了游戏的新规则，他们就会有动力提出自己想要的选择提案（比如说，共同开发一个为其定制的新产品），这时卖方的管理层就可将其作为新的政策予以考虑，从而建立更良好更紧密的合作关系。

许多公司都担心如果他们采取有权衡得失的策略，而不是对于价格异议简单地让步，他们会丢失大量的价值驱动型客户。这种想法的问题在于如果你不试一试，你就永远不会知道造成这些价格异议的真正原因，是因为你的产品价值不足，还是你为客户建立了提出价格异议就一定可以得到好处的预期。而且，因为价值购买者清楚他们的市场，他们有时甚至连反对的机会也不会给你。你将直接失去他们的订单，因为你的产品或服务质量已经高出了他们所需要的。

通过提供不同的权衡得失选择，你可以了解价值购买者在想什么。通过倾听他们对于提议的权衡得失选择的反馈，你可以知道问题到底出在什么地方，是你所提供的太多，还是你与竞争者相同的产品和服务缺乏竞争力。如果你提议的权衡得失选择被否决了，你因此失去了这笔生意，那可能意味着你的价格不够有竞争力。这种情况下，你可能应该通过定价政策主动调低价格而不是等着每个客户都拒绝接受你的定价。相比于暂时从那些不怎么看重你的产品价值的客户那里获得订单而赚取少量利润，长期来看，保持价格的可信性将更有价值。

品牌买家，也叫关系购买者，指的是一群特别看重产品差异化的客户（尤其是那些在购买前体验不到差异化价值的），而他们搜索评估所有的供货方产品信息的成本又较高。也许这些购买者刚刚进入市场，缺乏做出正确判断的经验。这些购买者通常会选择比较有名的产品服务，而不会去考虑更加便宜但是风险更高的其他选择。另一可能是某些购买者与目前的供货方合作比较愉快，并且相比于可能的成本节约，去重新搜索和评估另一些供货商的成本更高。结果是，这些品牌或关系购买者就成了这家卖方的"忠实"客户。

对于关系购买者，有两种情况需要我们认真对待：一种是价格异议，另一种是他们在客户满意度调查中显示出的对产品物有所值的信任程度的降低。这些情况反映出的问题大概也有两种：相比于他们的预期，供货方让他们有些失望；或者是他们了解到的市场价格使他们觉得他们为了这种"品牌保险"付出的价格过高了。第一种情况下价格让步绝不是一个好的选择，第二种情况也可能不是。

如果是因为对供货方失望，那么最重要的是要弄清楚失望的根本原因，并采取相应的对策来弥补，而不是简单地给予价格让步。这样的让步传递给客户的信号是同样的失望在以后可能还会出现，而这种价格的让步是应该的补偿。我们一个印刷行业的客户由于没能按照约定时限打印并送出其目录营销公司客户准备用来做季度促销的商品目录单，因而严重违背了客户的信任。于是，客户开始把下一年度目录单的印刷订单面向其他印刷商公开招标。被客户斥责过的销售代表觉得保留住客户的唯一方法就是降价。但当了解到客户很看重质量以及常年来与印刷商技术人员建立起的关系后，我们建议印刷商采取其他的解决方法。

印刷公司的总裁亲自登门拜访了这家中等规模的目录营销公司的总裁，并向他表示，所发生的一切显示出自己的公司完全没有意识到按照约定日交货对客户的重要性，这种误解确实是不可接受的。他还解释到，因为该客户不是他们印刷工厂最大的客户，因此当问题出现的时候，他们的业务也没有被那么优先考虑。

另外，他还表示，如果再给他们一次机会，他们会设计一个客户可以购买的加急服务方案，以保证即使在印刷任务繁重的时候，目录公司的印刷任务仍然拥有优先权，并且印刷公司会给予一个较大数额的服务保证金。通过道歉以及给予客户承诺的方式，印刷商让客户相信印刷商提供的加急服务成本完全可以弥补重新去找新的印刷商签三年合同中第一年的所有成本。

几天后，印刷商的销售代理和销售副总裁带着新提案拜访目录公司。提案包括在以前的价格基础上增加24%，目录营销公司就能够任意在他们希望的时间进行打印。提案中还提到给予客户约定的商业信用保证金以弥补去年的失误。在要求轻微提升信用保证金数额后，客户同意继续合作，并表示他们终于感受到了作为多年的老客户应有的尊重。考虑到由于过去的失误使得服务价值下降，客户提出提升信用保证金的要求是可接受的。通过这种方式，印刷商成功保持了"客户所付价格要反映产品服务价值"的价格政策。

当然，如果购买者的反对不是因为对于服务的失望，而是认为他们被销售者利用了，此时需要完全不同的解决办法。避免此种问题发生的一种方法是了解产品给予客户的价值，并且制定相关的价格政策来保证产品的溢价不能超过客户的价值。同样重要的当然是需要保证客户意识到产品带给他们的附加价值。这样做的关键在于追踪客户获得的所有增值服务，并量化它们的经济价值。比如说，公司能在他们的发货单上详细列举每个产品的差异特征以及服务的价格。然后在底部显示相对这些产品和服务的总体价值，以及目前提供的这一打包报价所给予客户的优惠。

价格买家是品牌买家对立的极端。价格买家通常不会寻找超过他们预先设定标准的产品或者服务。价格买家最明显的特征就是利用密封投标，或者反向拍卖。这些购买者会以书面形式写下对于可接受产品的要求，并且他们不愿意花时间听供货方解释超出他们要求的产品价值。他们只需要知道你能够符合他们招标说明书中的要求和你的报价。如果处理得当，销售给价格买家可以帮助解决过多库存，利用过剩生产力，以及增加额外盈利。但前提是需要清楚地意识到会遇到风险并合理地处理它们。

唯一能够成功应对价格买家的政策如下：剥除所有跟满足购买者最低要求不相关的不必要的成本，需要的话，人为建立一个区隔以保证该产品不会与你通过其他盈利更佳的途径销售的产品相互竞争，并且不再做额外的长期投资。知名的全球性医药公司以前并不大看重药价较低和以普药为主的发展中国家，诸如中国和印度。但这些市场的高速发展使得他们必须重新思考如何通过专利药品在这些市场增加收入。他们的其中一个策略是授权当地声誉较好的医药公司生产当地的版本。授权生产商不能使用他们的品牌或他们独特的产品外形，而为了和高价销售的西方国家区隔开，当地的授权生产商通常会使用一些尚未得到西方国家药监局审批的当地原料成分。利用最少的投入，这些全球性医药公司从价格买家市场那里赚取了额外的利润。另外，因在这些低价市场的实际投资较小，全球性医药公司可以在他们的产品专利不被市场保护的时候迅速抽身而退。

有时候，价值买家和关系买家会假装成价格买家以试图从他们首选的供货商那里获得价格让步。他们也举办反向拍卖，例如，他们通过大范围的公开招标，并在招标者中公布价格，以期让他们现有的供货商降低价格。要辨别这是否是作秀是有一定方法的。首先购买方在竞拍前仍然花费大量时间评估供货方之间的差异。其次，购买方的招标书对于产品和服务要求的描述比较模糊。第三，购买方没有承诺一定会在满足要求的供货商中选择价格最低的那个。如果以上任何一种情况发生，则说明购买方实际上并不是一个纯粹的价格买家，也没有真正准备好仅按价格作出最后选择。

有两种较为普遍的价格政策能够揭穿假装成价格买家的价值买家与关系买家。其中一种是公开宣布除非竞标明确定义了产品与服务的最低标准要求，否则不参与竞标。这样你才能判断出哪些低质商品的供货商会被排除在外，同时也了解到买方为获得低价到底愿意放弃什么。另一种方法只有在交易额非常巨大时才建议使用。在招标标准定义不清时，给予一个可盈利的报价，并同时明确地阐释为了获得一个更低的价格买家必须接受的较低的产品与服务水平。如果购买方仍然希望可以获得与以前相同的待遇，比如允许下急单、不满整车也给予发货，以及要求高质量服务等，这时卖方就需要严格按照公司的政策对于以上要求收取附加费。卖方采取以上任何一种政策通常会使得双方再次回到之前的权衡得失选择谈判中来。

我们经常看到的一种错误是通过提供价格买家一个促销价格而企图将其变为价值买家。这样做的原意是想通过给予价格买家高于他们所付价格的高质量的产品及服务，尤其在购买者未来能够真正从中受益的，这类客户可能会了解到低价格可能会使他们错过了很多东西，于是他们会愿意在未来支付更高的价格以获取这样的高质量商品和服务。事实上，结果恰恰相反。当价格买家知道他们不需要额外付费就能得到优先服务或者更高质量的产品时，他们就更没有动机去改变他们的购买政策。一个更好的策略是让价格买家知道你有能力提供更高水平的产品与服务。当价格买家由于低价供货商的劣质产品或者交货不及时而向你下急单或者需要你的技术支持时，一个应用战略定价的卖家应该有相应的指导价格政策来完成这笔订单，但前提是必须按照最高的目录价格收费，而且要另外加收额外的服务费来弥补由于紧急订单或其他非常规服务的相关服务成本。当购买方意识到由于没有选择高质量的供货方而付出额外成本后想回头与原供货方合作时，原供货方可以给购买方提供一份捆绑了这些非常规服务的合同，但价格要提高到与其他购买者相同。如果价格买家拒绝了这个提议，至少作为它的一个备用紧急供货商你还是能够好好赚上了一笔额外服务费的。

便利买家不会比较价格，他们只选择最方便的方式购买。当他们愿意花更多的钱或更加频繁地购买时，便利买家就可能转成价值买家、忠实客户，或者价格买家。但当他们只是零星购买或者只花很少的钱时，他们往往愿意付比市场价格高得多的价格。便利买家愿意为方便额外付费，因此来自他们的价格异议是很少见的。

□ 应对强势买家的政策

价值买家中的部分人我们称之为强势买家。他们控制了很大的采购量，因此可以有力地影响销售者的市场份额。因为拥有这么强势的力量，他们会预期比其他买家得到更好的价格。正如一个供货商从一个大型商店采购员那里听到："你们给我们的报价能收回你们的成本就够了，从别人那里去挣你们的利润。"这其中最厉害的当属通用汽车公司，在它破产之前，它先让它的大多数供货商都破产了。相比之下，零售业的强势买家，诸如沃尔玛、家乐福以及大润发，在过去的10年间在获利的情况下市场份额不断扩大，并不断得以扩展延伸到新的产品线。在医疗用品市场的强势买家当数大型的医院网络，以及由多家独立医院组成的团购集团。团购集团并不是真正意义上的买家，他们只是一些购买者的联合体，通过这种联合体来增加他们与供应商谈判时的话语权，并拒绝从非合同供货商处购买。与强势买家打交道充满风险。供货方几乎无可避免地会遭受到一些利润上的损失。

那么应该如何积极主动地应对强势买家呢？首先，要实事求是。强势买家的影响在于会降低供货方的品牌价值。许多被强势买主的大宗购买量所迷惑的公司最后都让自己的盈利空间给侵蚀了。这些公司的错误在于把强势买家的购买量完全当做是业务支柱量，促使他们忽视了一些临时的客户或订单，而没有考虑不同客户对于整个市场和盈利的影响。如果一个品牌在消费者眼中是有足够的价值的，那么他们就会去有售卖该品牌产品的商店去购买，而不会随便到其他商店购买另一个品牌的产品。这说明供货商产品品牌对属于强势买家的大卖场而言拥有高于产品本身利润的价值。供货商的产品品牌能够为商店聚集人气。因为品牌会吸引顾客光顾，因此小型零售店比强势买家的大卖场愿意付出更高的价格给知名供货商。例如，苹果手机拥有很高的品牌认知和价值，所以无论是苏宁还是国美都会卖苹果手机，一来产品货如轮转，非常畅销，二来还可把消费者吸引进场买其他配件和数码产品。

然而在很多市场上，强势买家已经控制太多的销售量以至于一个生产商如果没了这些强势买家就无法发展。对于那些还没有建立起顾客认知度以及喜爱度的品牌商而言，强势买家所提供的广泛销售渠道和庞大购买群体可能会成为盈利性增长的关键所在。甚至像宝洁这样的大品牌也会发现跟强势买家打交道虽然还有一点利润，但往往低于他们希望得到的。下面将讨论一些企业如何面对这种艰难处境并仍然保持盈利性的方法。

□ 让强势买家相互竞争

许多拥有强大品牌优势的产品公司由于对战略问题理解的偏差而错失了巨大的机遇。他们只是考虑是否应该坚持使用传统的零售渠道，将目标锁定在对价格不那么敏感的客户身上，还是以低利润率把产品卖给销售量巨大的属强势买家的大卖场？但这种想法就错过了第三个选择：即把产品只提供给某一个强势的大卖场，使该强势买家比其他没有该产品售卖的强势买家拥有了专供产品的消费者品牌拉动优势。苹果公司就凭借其排他性苹果手机合同从 AT&T 那里获得了巨大的手机补贴和专门营销活动承诺；这一做法使苹果公司实现了远高于向所有大型北美电信运营商同时出售其供不应求的 iPhone 产品所获得的价格和品牌宣传。

□ 量化给强势买家的价值

一个知名的大型品牌（如可口可乐、康师傅）能以多种方式为大卖场带来差异化的价值。即使大卖场本身已经有了很多的固定消费者，这些知名品牌的各类产品也能增加更多消费者光顾卖场购买的频率。一次性尿布产品在北美对沃尔玛就非常有价值，因为它可以吸引那些高消费人群经常光顾。一个能跟随强势大卖场的地域分布在多个城市提供产品的供应商（如可口可乐可在全国各地有众多的饮料装罐厂和供货点），也可以有效地降低强势买家对供应商在不同地域市场去评估及采购当地产品的运营成本，因此能为大卖场买家创造额外价值。

□ 消除不必要的成本

管理最大的挑战是既要为那些不愿意为你的拉动型营销活动付费的高销量强势买家服务，又要为那些因为你支持其营销才选择你品牌的非强势买家服务。一种解决方法是只为强势买家服务，从而消除营销和分销的成本。北美最大的地毯供应商邵氏工业公司通过仅仅在家得宝、劳氏以及其他大型家饰品零售商销售实现了巨大销售量,从而在织物制造、地毯生产以及产品分销方面都压缩了成本。

☐ 进行产品渠道细分

没有必要向强势买家和传统渠道提供完全相同的产品以至造成销售渠道冲突。比如,约翰迪尔通过家得宝销售的产品和通过分销商卖的产品就不一样。又如消费者只能在沃尔玛、家乐福和其他大卖场那里买到某些消费品的大包装规格产品,而到零售便利店就会有小包装产品售卖。这些步骤很明显不能完全预防潜在的销售渠道冲突和竞争,但是可以使之有所减少。

☐ 预防"分而治之"的战术

强势买家之所以强势,是因为他们有能力拒绝一个品牌或者产品线的任何产品进入他们的卖场或者团购集团。他们成功的关键是分而治之,就供货商的每一种产品的定价都进行单独协商谈判。其结果是,他们使每种产品的竞争激化,同时让供货商无法通过完整的产品组合而在谈判中获益。所以一个医药团购集团会告诉医药产品生产商,对于9条产品线将会有9个分离的购买决策,而每条产品线决策时间不同。这给卖家的暗示是,如果不能对每个产品都实现最优价格,那么有些产品最后将被团购集团从其分销渠道中排除出去。

如果你的产品线拥有几个较强的品牌,你就不必被动地应付对那些低估你优势的采购政策,而是主动地制定你自己的政策。当一家大型的医药产品公司遇到这些分而治之的战术时,它可以对每种产品提供多种报价,每种报价旁都注明在何种情况下适用。只有在供货商的所有产品都被团购集团批准的情况下,最低报价才适用。而如果只有一部分产品被批准,那么只适用较高报价。尽管团购集团痛恨这些战术,但是供货商还是要坚持其价格政策,向他们解释在产品组合没有被完全接受时,其销售渠道价值将会大大降低。由于供货商的某些产品在团购集团的某些成员中占有很大的市场份额,所以考虑到失去供货商产品的巨大成本,团购集团还是会批准采购供货商的所有产品。

在应对强势买家时我们需要牢牢记住最重要的是做好面对他们的心理准备。这部分人往往是过去已使用过威胁手段来谈判并经常如愿以偿的人。如果你对自己公司产品的价值足够自信,并且愿意将客户看重的产品差异特性松绑开来分别定价,那么准备好可能遇到客户购买过程中的某个高层决策者突然变得狂暴不堪。他可能会要求见你公司的董事长,威胁你要承担与他们公司关系破裂的潜在后果。如果以上情况发生了,请务必记住真正不需要你的购买者本来也不会因为这个失去理智，因为他们可以轻易地找到其他的供货商。他们之所以抓狂是因为他们没有获得他们预期的一边倒交易。

■ 管理价格上涨的政策

与客户进行的最困难的对话往往包括告诉他们你要涨价。我们在纽约城区的一位客户有一名喜欢扔东西的客户，确切地说是有个习惯喜欢冲着那些提出他不喜欢的价格的销售代表扔鞋子。而其他一些客户可能会在下订单时悄悄地忽略掉价格上涨，而在支付货款时按照以前的价格支付，并将支票连同发票一起送回，并标明已经全额付款。被这些滑稽的客户行为威胁的结果是，平均而言，公司仅仅实现了期望上涨部分不到一半的实际增长，并且那些已经支付最低价格的客户最会抵制价格上涨。以下是两种需要涨价的情况，而制定良好的价格政策将可以帮助公司在这些涨价的情形中取得成功。

□ 引领整个行业范围价格上涨的政策

由于可变生产成本上涨或者产业产能供应不足而不得不涨价是最常见的。因为所有的供货方都面临同样的问题，这应该是最容易实现的价格上涨。即使客户觉得因此涨价很难接受，他们实际上也没有其他现实的选择。但是如果现有价格政策没能管理好客户的预期，那么一系列的问题将随之而来。而好的价格政策是能够通过管理客户预期从而获得对涨价更好的反应。

即使购买方意识到价格上涨不可避免，也不会有人愿意第一个接受它。他们不愿意第一个告诉他们自己的客户他们的价格也要上涨，也不愿意第一个告诉他们的投资者他们的利润率会因为供货方价格的上涨而下降。这都意味着要让他们接受涨价，他们需要相信所有竞争者也受到相同的冲击。让最大的那些客户接受价格上涨的唯一方法是证明这样做不会将他们置于不利的竞争地位。为此，你必须对在同一行业中的每一个客户采取一视同仁的涨价政策。

你可以做一些事情让客户相信接受价格上涨不会将他们置于不利的竞争地位。首先，在宣布价格上涨之前，你需要公开解释这种价格上涨实际上是整个行业所面对的成本上升或者产能供不应求导致的。在进一步行动之前，要确定你所有的主要竞争对手都认同价格上涨的观点。然后，宣布价格上涨的范围及开始执行的日期，并详细描述哪条生产线会上涨多少。解释影响和结果的关系（比如，能源上涨间接或者直接推动总成本上涨 X%，从而导致了价格上升 Y%）。这些声明表明了这是一次行业性的全面价格上涨，而不是某个销售代表的责任。第三，如果你的客户担心他们的竞争对手不会或者不会那么快受到涨价影响，那就向你最重要的客户做出过渡期保证。即如果你同时也是客户竞争对手的供货商，你可以向客户保证，对于相同的产品与服务，如果你给他们主要的竞争对手的涨价较少或者延迟的话，那么他们也将自动获得同样的让步。如果他们担心你的竞争对手并不会给他们的竞争对手提高同样的涨价幅度，那么你或许应该同意在你的竞争对手价格上涨生效之日后才提高他们的价格。所有这些都是为了让购买方觉得对于这种成本上升带来的涨价，你是希望在考虑到双方合理的商业需要下跟他们共同解决。只有经过这样的沟通和努力，客户才有可能接受这种产业范围内的一致涨价行为。

无论如何，你都绝不能对那些较顽固的客户让步，而置忠实客户于不顾。尽管那种没有一致性的有涨有不涨的价格政策可能会让这个季度的利润有所上涨，但也会强化顽固客户的涨价抵制行为，并在优质客户得知自己被利用时而激怒和丢失这些宝贵的优质客户。另一方面，如果你的一个主要竞争对手没有实施价格上涨，那么你必须要进行普遍地回降。如果是这样，你应该主动联系客户，告知他们出于对保护他们竞争力的考虑你将推迟价格上涨。而当价格上涨不会将客户置于不利的竞争地位之时，涨价将会自动恢复。这样不仅维持了价格上涨的约定，也与客户建立起了信任关系。同时让你的竞争者意识到推迟上涨无利可图。

最后，有一些情况下你可以安全地为优质客户做出价格让步。但仅仅涉及上涨的时机而不是上涨的事实。比如说，因为还有一部分固定价格的合同没有履行完毕，所以价格上涨需要推迟，通过这种方式可以提高顾客忠诚度。对于没有完成的合同，你应该表示愿意承担合理的损失。这样客户通过答应未来的价格上涨得到了短期的让步。

□ 从一次性的低定价转型的政策

在购买量大多数依靠重复购买的市场，价格政策是很难说改就改的。客户已经预期他们的某些购买行为会对他们有益。他们会将这种购买行为持续下去，直到他们的预期发生变化。而改变价格政策在销售者的企业内部同样需要时间。营销管理者需要时间制定更好的价格政策和执行计划来改进以往的政策。如果没有制定政策转型计划就匆忙采取不再提供折扣的固定价格政策，这样做通常要以失败告终。

为了把价格政策转型的风险降到最小以及预留时间来检验新政策能否一致地管理价格变动，首先需要的是制定定价管理转型期的政策。第 8 章关于定价战略执行中描述了一种被称为价格带的技术。销售经理们可以运用此种方法判断多大程度的价格差异是客户可以接受的，不管是总体价格还是单独某个客户的价格。首要的政策应该集中在管理有异常值的客户上，具体包括那些享受同样水平的产品、服务以及承诺，却支付更低价格的占便宜型的客户以及那些相对于平均水平支付过多的可能保不住的客户。

第一步要做的是区分出哪些属于占便宜的客户，以及搞清楚这种情况是怎样产生的。从他们入手的原因在于，他们是最不具有盈利性的客户，因此他们转向其他供货方给我们带来的损失也比较有限。这群客户最终会逐渐拖低其他客户，有可能是因为他们的价格信息泄露到市场上，或者是他们依靠在采购方面的竞争优势从那些支付高价的客户手里取得购买份额。如果这种占了便宜的客户处在一个独特的行业或者与其他客户所在的市场非常不同，并且低价格反映了低价值和低服务成本，那么这个时候你需要修改你的价格结构，清楚地描述满足低价的客观条件，同时定义必要的价格区隔以防止它会拉低你的平均价格水平。如果没有任何逻辑理论可以解释他们支付的低价格，那么这样做就相当于将这些低价政策合规化。要改变这种情况就首先需要找出这些占便宜的客户最初是如何获得低价的，然后再制定政策改正这个错误。如果最早支持这些客户拿到低价的理由已经不复存在（比如，过去服务上的失误使得管理层决定为其提供折扣以补偿其损失，或者低价是基于巨大购买量的承诺但承诺的购买量没有完全兑现），那么销售者需要和客户讨论这些现实情况。销售代表的上级领导（具体哪位由客户的大小和重要性决定）需要亲自跟客户进行沟通，告知在过去他们得到了相比其他人好很多的低价格，但将来公司不能再提供这种不但对于其他客户不公平，而且也对供货商企业自身发展不健康的价格政策了。

如果销售高层清楚地表达了这样的意思，销售代理这时就可以和客户展开权衡得失选择的谈判，以期留住这些客户。他可以跟客户联系，询问他们是否愿意考虑一些价格上权衡得失的选择以减轻强制价格上涨带来的影响。客户可能会做出一定让步来降低成本，而这些让步应该是同其他客户的让步相一致的。这时候，买方已经不会需要第二个或第三个供应商来作为价格谈判的筹码，因此买方甚至会愿意签署排他性的供应合同以获得折扣来降低即将到来的价格上涨幅度。

最后，公司应该建立一个逐步向合理定价水平转型的政策。一个原来占便宜型的买家在同意排他合同或者长期合同（比如 18 个月）的最低购买量之后，将会被允许分步骤接受价格上涨：三分之一的价格上涨立刻生效，三分之一在 6 个月后生效，最后三分之一在 12 个月后生效。以上方法能生效是因为采购经理们此时能够向他们的公司解释他已经通过拒绝在所有合同期内接受价格上升，从而为他们的公司节省了近两倍的上涨成本，并成功将价格上涨推后。对于卖方来说，重要的是该合同结束时，买方将支付与其他客户类似的价格。

当然，这些客户中有一部分是真正的价格买家，他们不会接受任何价格上涨。离开这样的客户，并且公开承认这是正确的商业决定，对内对外都将显示你公司的决心。你传递的信息将是你承诺只与优质商业伙伴合作，并且让伪装成价格买家的购买者意识到这样做存在潜在的成本。这样做同时也将让你的竞争对手为这些流失到他们那里的低利润交易业务而影响他们的整体业绩，除非你所处的产业存在产能过剩。而且，这也让你的竞争对手更难服务好他们手中的高利润客户，说不定这将成为你赢得更高收益订单的机会。

■ 应对经济下滑的政策

当经济处于萧条期，销售量下滑时，价格政策最可能被抛弃掉。相比于保持未来的盈利能力，此时的销售收入显得更为重要。然而在萧条期不加管理的降价不仅会降低你在未来经济复苏时想保持的价格水平，它甚至能引起价格战，使得所有的竞争者雪上加霜。幸运的是，如果在整个经济下滑期，公司能够通过价格政策认真地管理价格，它能将短期与长期的损失都降到最低。

首先在经济下滑期，应严格执行政策，不利用价格从相近的竞争者那里抢夺市场份额，因为他们也能轻易地以降价作为回应（但是，如同第11章对于如何处理价格竞争中解释的那样，对于竞争对手的降价竞争行动你也应该选择性地反击）。美国的西夫韦在2009年挑起了一场百货超市间的价格战。这一举动虽然使得他们的销售收入有所提高，但却使得它的利润受到很大损害。而像温迪克西百货这种聪明的竞争者则通过对他们高利润率的自家品牌进行促销，为价格敏感顾客降低成本，大大减少了经济衰退对于自身以及他们所在市场的伤害，从而安全度过了经济衰退期[①]。

在商业市场，部分产品能实现的价值与客户市场的健康程度紧密相关。比如说，一本杂志中的一页广告或者展销会的一个位置的价值就与这项产品本身的市场大小相关。在2009年美国房地产广告的收入模式就不同于它们在2008年的情况。在这些市场里，尤其是可变成本非常低的时候，卖方有时会将他们的价格与参考指数挂钩以获取长期合同，这种指数化的做法并不是按照自身成本进行，而是按客户所在市场的状况进行。当市场不景气的时候，这样的政策为客户提供了

---

① "Winn – Dixie CEO: Supermarket Pricing Rational, No price War", Dow Jones News Wire 5.12.2009.

支持，同时保证了销售量；同时也通过价格上涨自动调节机制，让客户在经济形势好转、有更好承受能力的时候接受涨价。另一种解决办法是将客户负担不起的产品或者服务（比如新产品研发以及技术支持）分离出来，即使买方很看重它们。以上案例的要点在于，这些价格折扣选择能在不需要的时候失效，而且不会直接威胁到竞争对手。

但是在经济下滑时期，当来自现有客户的需求不断收缩，而争夺市场份额只会引起一场价格战并使得市场进一步萎缩的时候，企业应该做些什么来获得销售量呢？如同在第3章价格结构中讨论的一样，有许多方法可以吸引到新的、对于价格较敏感的客户群，而又不需要对现有的客户降价。另外，当你存在过剩的产能时，新客户群递增服务成本实际上是很小的。尽管你想保持你的价格政策，因为它保护了你在长期成长性市场里的利润率，但是在你只希望短期内增加业务量的市场上进行价格战也不会给你带来任何损失。在这些短期市场内，如果你能将这些业务与其他业务有效地区隔开来，使用一次性降价政策来满足过剩的产能的做法也是可取的。

例如，欧洲一家高端连锁酒店，在经济景气时从来不会考虑接待旅行团，但在经济衰退期，他们也开始联系旅游公司按照非常优惠的价格为由高收入者构成的小规模旅行团提供酒店服务。这样做使酒店不仅增加了收入，同时也让他们的潜在长期客户体验了酒店服务。而在经济转好的时候，酒店可以随时退出接待旅行团的生意。同样在经济衰退时，我们从事商业印刷的客户主动联系邮件广告商，虽然这些邮件广告商早已经习惯于低端印刷商使用劣质印刷机提供的劣质印刷产品。这些高端印刷商仅对邮件广告商提供更高质量的邮件传单和报纸插页服务，因为低端的竞争对手无法提供这样的服务，所以公司一方面增加了收入，另一方面让它的印刷机能在经济最困难的时候仍保持运转。

■ 促销价格政策

利用折扣吸引客户试用产品是赢得销售额的合理途径。但是处理不当可能会损害利润率。对于搜索品来说，折扣是客户研究供货方产品的动力。对于体验品而言，折扣让客户愿意承担产品可能会让他们失望的风险。合适的促销价格政策可用来控制为吸引客户试用所使用的折扣规模。一个客户不满意就无条件退货的促销政策就可以消除客户以全价试用产品的疑虑。博飞健身器材制造公司没有对它独一无二的高端健身设备打折。但是它选择了直接与消费者进行价值交流，并提供送货后6周内不满意无条件退款的承诺。如果产品性能是能够客观测量的，一个依据性能的退款政策可以达到同样的目的。制药商以及医疗设备公司已经普遍采用这种政策来使高价但是产品差异性好处没被证实的产品得到市场认可。当硼替佐米这种癌症药物被认为性价比糟糕而不被英国国民健康服务处的医保报销所接纳时，相关医药公司并没有同意降低产品价格。相反，在不进行降价的前提下，医药公司提出对产品疗效给予保证的新提案。对于任何病人在接受了一段时期的治疗后，如果没有获得适当的症状改善，公司愿意全额退款。此项政策对于净平均价格的影响还有待观察，但是它却赢得了英国国民健康服务处的认可，并且一旦其疗效被证实后公司将更有潜力获得更高的利润。[1] 通过这种退款保证的方式，医药公司让英国国民健康服务处、其他付款人以及医生们预期药品应该会产生如公司所称的良好疗效，因而进一步提高了它的市场份额。

对于消费品，促销定价是企业最重要的议题之一，企业需要良好的价格政策以及完善的流程来检验其有效性。即使一个企业拥有成熟品牌和巨大的市场份额，它也同样面临流失消费者的挑战。比如在食品行业，消费者可能因为厌倦而转买其他产品来尝新鲜。因此生产商必须要不断地赢得新的消费者以维持其市场份额。促销折扣是一种非常划算又能让消费者了解产品的方式，尤其是对于快速消费品，通常情况下它们也是体验品。

吸引消费者试用的最简单的同时管理成本也很低的方法是选在某一个时间，比如每一个季度中的一周，按照很低的价格出售商品。对于通过零售商进行销售的快速消费品，由这种刺激性促销带来的显著销售额提升可以使促销看起来很值得做。但是有很多理由可以让企业禁止将这样的促销作为一种价格政策。首先，有证据显示，产品以促销价格销售会降低消费者在未来对它的支付意愿。其次，消费者与零售商会在促销时囤积商品，造成销售额大幅度上升的假象，这只会抑制后期的销售。对一些商品来说，如食品类产品，囤货实际上是一件好事。例如，人们囤积越多的可乐和零食，他们也会消费越多。然而，对于大多数商品而言，在促销期囤货，一方面降低了消费者平均支付的价格，同时也让他们学会了等待下一个折扣价。

因此，利用促销折扣来赢得潜在新顾客群的政策是可取的。提供优惠券就是其中的一种方式。优惠券可以限制忠实客户囤积商品。利用新的扫描技术，零售商允许生产商将优惠券打印在两类客户的收银条上。一类是购买了竞争者产品的顾客，一类是他所购买的产品组合显示他可能是生产商的潜在新客户。这时生产商就可以为每个锁定的新客户提供购买回扣来吸引新买家。

---

[1] "NICE Responds to Velcade NHS Reimbursement Scheme", PMLive.com 06.07.2007.

许多服务业公司需要更加缜密的价格政策来吸引客户试用。跟报纸杂志以及移动公司一样，有线电视公司为签订一年期合同的新顾客提供优厚的折扣。但在折扣期结束后，他们还是需要重新找消费者向他们推销以更高价格来继续使用服务。结果，大部分的消费者都知道他们可以利用其他供应商的试用折扣来继续享受折扣服务，或者再等上一两周由同一家供应商处再提供一份续签优惠的服务合同，也可以继续享受折扣。

根据实验经济学的研究经验，以上这些都不足为奇。[1] 一旦某人按照一个价格享受某种服务6个月或者12个月后，提出一个更高的价格会让消费者觉得是种损失而拒绝接受。因此，任何服务业公司都不应该使用折扣作为其吸引消费者试用的方法。相反，服务业公司应该使用既能保持价格一致性又能培养消费者付费习惯的促销策略。例如，一个更好的促销方法是签约就有免费礼物赠送，或者订阅杂志就可选择畅销书排行榜上的图书作为礼物，或者签约一整年有线电视服务就可获得$300的付费电视积分等。在优惠到期后，奖励没有了，但消费者仍按照每月服务价格付费。结果是，订购者最后没有因为感觉损失而选择离开。

■ 小结

好的价格政策不能奇迹般地让你的产品或者服务盈利，但是差的价格政策肯定会破坏你获取与产品价值相匹配的价格能力。好的价格政策让你的顾客认为购买你的产品是价格与价值平衡的交易，而不是一场必须以你受损为代价才能获胜的博弈。因此，好的价格政策是为了实现价值以及维持良好客户关系所制定的定价战略不可或缺的部分。

---

[1] Daniel Kahneman, Jack L. Knetsch and Richard H. Thaler, "The Endowment Effect, Loss Aversion, and Status Quo Bias", *Journal of Economic Perspective* 5, no 1 (1991 Winter): 193–206.

第6章

价格水平：符合持续盈利要求的定价

价格的设定具有极大的挑战性，需要收集和分析大量信息，包括公司的商业目标、成本结构、客户的偏好和需求，以及竞争对手的定价和战略意图。即使是最优秀的营销人员也需要付出大量的精力才能整合和利用这些相关数据，以制定具有一致性且能达到利润最大化要求的最优价格。价格设定的挑战性源于其对企业运营的至关重要性，因为极少其他决策能够对公司的财务绩效产生更直接及更深刻的影响。一个良好的定价决策能够卓有成效地改善盈利状况，然而，一个糟糕的定价决策可能引起对手竞争性反应，并迅速演化为摧毁各方利润的价格战。

考虑到定价决策的重要性和复杂性，我们通常以为企业一定会在定价行动上投入重金以保证管理者能够掌握正确的数据和有效的决策支持工具。然而我们的研究表明实际情况往往并不是如此。在一项对标调查中，74%的管理者表示他们在制定定价决策时缺少足够的数据支持，有65%的人指出他们缺乏决策支持工具。由于这些定价相关数据和工具的缺乏，许多管理者会选择一些定价的"捷径"，但这些"捷径"往往会损害自己的利润并增加客户的议价能力。

例如，某生物医学设备生产商在设定价格时主要关注成本，而对其价值关注较少。公司虽然知道自己的许多产品是与众不同的，但没有投入足够的时间和精力进行价值评估，确定这些差异化产品对客户的具体价值。因而，相对于竞争对手和客户的支付意愿来说，其设定的价格就显得偏高。表面上看，这种做法比较谨慎，它确保公司在与客户商讨最终价格时，能够获取他们应得的利益。然而，长期来看，随着竞争对手推出了新的更高性能的产品，公司产品的差异化价值会逐渐消失。最终价格压力迫使公司不得不经常临时打折，这就大大削弱了公司价格可信性的声誉。客户慢慢意识到产品的标价只是议价的起点，而要获得更低价格就必须要更加强势地进行价格谈判。在经历了多年价格实现不断下降以及随之而来的利润水平持续下降后，公司终于意识到他们必须要在定价过程中引入一定的准则，并设定真正能够抵御客户质疑的价格。

本章中，我们将介绍一个分三阶段的价格设定流程，这一流程将整合客户、竞争对手以及成本的相关数据，帮助营销人员设定更具有盈利性的价格水平。这种流程设计的原则就是要提高价格制定效率，并能够适用于大多数产品、服务和不同的市场环境。它以取得公司上下支持，也能够为客户所理解的方式，整合了价值评估和市场细分、非价值的价格敏感性驱动因素、成本、战略目标，以及市场反应分析的数据来进行分析。

价格设定流程

价格设定流程（图6-1）的目标是设定利润最大化的价格，以便在各个细分市场充分实现产品和服务的差异化价值。我们建议管理者在实施这套定价过程的时候对每一阶段他们投入时间的回报进行评估，保证每一阶段的分析能够提供足够多可操作性强的信息来支持对最终定价的决策。例如，在建立价格窗口时，公司需要确定将多少资源用于评估产品或服务的价值。对于客户非常熟悉、差异化较小的成熟产品，营销人员从分析中可获得的可操作信息很有可能是一些早就知道的东西，那么就不值得花费大量时间和精力来做像第2章介绍的货币价值估算或联合分析法那样复杂的分析了。更理想的方式可能是结合过去的经验和现有的数据，对客户价值进行粗略估计，以此作为价格上限。然而，为更具差异性的产品定价时，通过周密的价值评估获得的深刻见解能够从根本上改善价格制定决策。

这套价格设定流程的前提是：正如第3章所述，价格设定应在细分市场层面反映价值差异，并实现利润最大化。对于那些一直使用"一刀切"统一定价的公司来说，基于细分市场的定价对他们可能是一个巨大的改变。它需要管理者不要过多关注总体销量，而专注于运用价格去实现价值。价格设定过程的第一阶段是建立初步的价格窗口，即各个细分市场的价格上限和下限。这一步骤为公司提供了一个"防护栏"，确保了无论管理者面对任何价格压力，最终价格都不会无故触发竞争者和消费者意想不到的反应。

价格设定流程的第二阶段是决定将从价格中实现多少差异化价值。战略定价的新手在这里常犯的错误是他们总是试图获取尽可能大的差异化价值。这些管理者只是将战略定价作为提高价格的手段，而很少考虑其他。但是真正意义上的战略定价则更多基于管理者对市场的洞察力，他们了解如何让客户保留更多的价值以激励客户进一步购买产品并带来更多利润。例如，小企业需要扩大销量以分摊固定成本从而实现成本降低，他们会通过适当地降低价格来提高市场份额。同样，首次购买的顾客会比长期客户更容易感受到购买的风险，因此他们的价格敏感度也更高，更希望得到一个较低的价格。图6-1叙述的价格设定流程充分考虑了以上各种因素，以确保以此制定的价格能够最大化企业利润。

图6-1 价格设定流程概览

限定价格窗口	确定初始价格水平	将价格信息传递给市场
根据差异化价值和相关成本，制定最初的价格范围	决定从价格中实现多少差异化价值	制定价格沟通计划，让客户相信价格是合理的
主要问题	主要问题	主要问题
·该产品的价格窗顶应为多少？ ·如何将参考价格引入价格窗口？ ·成本对价格窗口有何影响？	·价格点是否与全局的商业目标一致？ ·哪些是与价值无关的价格敏感性决定因素？ ·什么是价格—销量权衡？对利润有何影响？	·传达价格变化信息的最优方法是什么？ ·在执行大幅价格提高的时候，我们的主要考虑因素有哪些？

通过第一、二阶段的分析，我们已经得到了一个初步的价格水平。最后一步就是将新价格信息传递给市场。在这一阶段，企业需要认真地考虑如何让客户接受价格的合理性，尤其在新的价格高于过去的价格或者高于那些更少差异性的竞争者的价格时。

☐ 限定价格窗口

各个细分市场的价格窗口不同。价格窗口的范围被限定在窗顶（最高价格水平）和窗底（最低价格水平）之间。价格设定过程的第一阶段是为各个细分市场建立价格窗口。在第二阶段，我们将根据细分市场的战略目标和潜在客户对价格的反应进一步调整并缩小窗口的范围。窗顶和窗底对应的价格取决于产品的正负差异化价值（图6-2）。

图 6-2 限定价格窗口

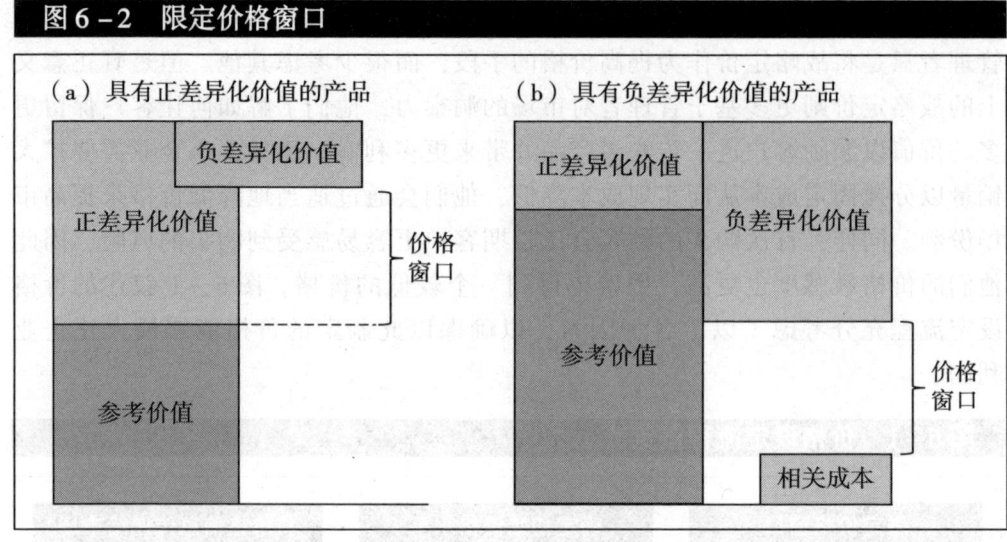

图 6-2 中，窗顶的价格取决于产品为客户创造的经济价值。如果价格水平高于这一经济价值，尽管客户需要产品的那些差异化价值，但是购买竞争者的产品对他们来说可能是更好的选择。如下所示，假设为一个总经济价值为 140 元（100 元的参考价格加上 40 元的净差异化价值）的产品定价，以 150 元购买产品的消费者会发现自己将遭受 10 元的净损失。这个消费者如果购买竞争者的产品，尽管他放弃了你的产品提供的一部分差异化价值，他仍然可以获得 10 元的净收益。

	你的产品	竞争者产品
参考价格	100	150
正差异化价值	60	20
负差异化价值	(20)	(60)
总经济价值	140	110
价格	150	100
净收益	－$10	$10

对于具有正差异化价值的产品，其窗底价格是由竞争者的参考价格决定的，因为参考价格代表了竞争性反应的重要临界点。假设我们将上述产品的价格定于 90 元（比参考价格低 10 元）。如下所示，通过计算竞争者的产品的经济价值，我们可以看到这种举动带来的后果。如果我们的价格低于竞争性参考价格，我们将把竞争者置于不利之地，此时竞争者的产品为客户创造的经济价值为负。而竞争者要想在短期内改变这个局面，唯有降低自身产品的价格。如果竞争者的价格窗顶等于其总经济价值，那么可以预料，他们可能需要降价 50% 来挽回重大的

销量损失。

	竞争者产品
参考价格	90
正差异化价值	20
负差异化价值	(60)
总经济价值	50
价格	100
净收益	-50

正如此例所示，具有负差异化价值的产品的窗底价格不能等于竞争者的参考价格，否则将导致窗底高于窗顶（即经济价值）（见图 6-2 右图）。负差异化价值产品的价格下限决定于相应的成本，而成本可以决定价格对利润的影响。我们将在第 9 章定义成本并深入讨论成本在定价中的作用，在此不再赘述。这里，我们可以看到，负差异化价值产品的价格窗口低于正差异化价值产品，这时候很重要的是我们应该允许这些产品维持低价以保持稳定的市场价格。

☐ 确定初始价格点

在限定了不同细分市场的价格窗口后，我们将进一步决定我们将在价格窗口什么地方建立初始的价格水平。这个决策不是由利他主义推动的，而是基于一些对于什么样的决策能够产生长期、可持续地盈利判断。在其他条件相同时，给客户提供更多的消费者剩余价值可以促使客户更快地将注意力转移到全新的产品或服务上。如果客户知道新产品或服务的价值更高，而相应的价格增加有限，那么他们可能不需要全面了解产品的确切价值就愿意进行购买。除此之外，卖家节省了与客户进行价值沟通的成本，新产品快速被市场吸收也相应地阻止了竞争者进入。另一方面，如果产品的差异性可以长期保持，那么为了提升销量而把价格远远定于价值之下，则可能会使企业丧失大量潜在的长期利润。除非产品的真正价值在早期就被采用者建立并认可，否则，企业要想在未来把价格提高到价值水平上将是非常困难的。

在价格窗口内什么地方设定初始价格，我们应考虑以下三点：

1. 与企业全局的业务战略保持一致：定价只是企业营销和销售战略的元素之一，价格水平应该强化企业全局的业务战略。当杰夫·贝索斯在 1995 年成立亚马逊的时候，他的目标是在任何竞争者进入或复制亚马逊的商业模式之前，迅速提升其在零售市场的份额。他的定价策略是要使网购的商品价格大大低于传统零售商价格而刺激消费者将购买力转移到全新的互联网平台。尽管亚马逊用更快的搜索、更丰富的选择以及独创的客户评价体系创造了巨大的差异化价值，但是如果他们使用的是基于价值差异化的溢价定价战略，那就无法推进公司的战略目标了。

2. 价格—销量的权衡：很多情况下，由于卖家无法在不同细分市场间建立价格区隔，他被迫在价格与销量之间做出权衡。企业的成本结构是决定价格与销量取舍产生的财务后果的关键因素。如果企业成本主要是由可变成本构成（如食品杂货零售和私人服务行业），那么产品的利润贡献率（每一单位销售分摊的固定成本和增加的利润）不会很高，所以价格的小幅下调带来的利润损失必须依靠销量的大幅度提升来弥补。相反，如果企业成本主要由固定成本构成（如软件、医药、出版行业），则产品的利润贡献率将会高很多。由于每一单位销售对利润的贡献非常显著，所以当价格小幅下调的时候，企业需要少得多的销量增长就可以弥补利润损失。我们将在第9、第10章深入介绍相关概念和具体的计算方法，但在价格制定流程的这一阶段，我们就需要认识到价格销量权衡背后隐含的经济意义。

3. 客户反应：在价格制定过程中最富挑战性的问题可能是："客户对新价格的反应如何？"价格变化无疑会影响客户的购买选择，而这种影响的程度又被许多非价值因素所影响。如果细分客户的支出较小，或者价格由他人代付，那么卖家甚至可能在实现较高经济价值的同时赢得销量。这就是为什么小规模的冲动购买（如在沃尔玛超市结账柜台旁的糖果和口香糖）从来不会有折扣的原因。另一方面，如果客户在了解了产品价值后仍然认为价格不公平，那么客户对价格变化将非常敏感，此时，购买的可能性也会降低。因此，市场营销人员能否成功地辨别并把握影响价格敏感性的非价值因素，往往决定着他们可以从差异化价值中实现多少利润。

透彻把握上述三个因素可以帮助管理者更好地确定价格会在多大程度上帮助实现价值，提高销量。下面我们将详细说明每一点。

☐ 定价目标

在营销人员制定的可影响客户行为的决策中，定价可能是最直接明显的。正因如此，制定适宜的价格水平以支持和推动企业的总体营销目标是极为关键的。微软公司在2009年把Windows操作系统售价下调了40%，此举与公司维持和提高市场份额的长期目标是一致的。对于微软的管理层来说，最重要的问题是此次价格下调能否为公司带来更可观的长期利润。很容易想到的一种可能是微软的竞争者会采取一系列措施来限制微软降价带来的销量增长，从而降低微软的长期盈利性。如果微软的首要目标是提高盈利能力和销售额计算的市场份额，那么它或许应该继续采用溢价定价战略，哪怕以牺牲一定销量为代价。

定价目标必须根据某些参考点来制定。考虑到客户价值对于总体定价战略的重要性，我们将定价目标定义为通过价格可以实现的经济价值的比例。这项决策必须充分考虑长期的及可持续的盈利能力。如前所述，在其他条件不变的情况下，较低的价格将迅速把客户引向全新的产品和服务。然而，如果产品的差异化能够维持，那么企业若为了促进销量而降低价格就意味着自动放弃可观的长期利润，因为降价容易，将来提升价格就非常困难了。企业在设定价格时有三种方式：撇脂定价，渗透定价，和中性市场定价。我们可以看看每一种方式的适用条件。

方式1：撇脂定价[①] 撇脂定价是以销售量为代价获取高额利润。从定义看，撇脂价格比细分市场中大多数购买者的支付意愿要高。因而，只有当从非价格敏感型客户获得的收益超过从更广大的低价市场里获得的收益时，这种策略才能优化短期利润。在某些条件下，尽管很高的初始价格在短期内降低了总体盈利，企业仍然能够以制定较高初始价格，而后再逐渐降低价格的方式获取更多的利润（即下面讨论的"顺序撇脂定价"）。

对于许多极其重视产品差异化特征的细分市场而言，购买者往往对价格并不敏感。例如，在很多运动产品领域，那些狂热爱好者细分市场的用户经常会为自己中意的摩托车、高尔夫球杆或者壁球球拍支付天文价格，因为他们相信这些器材会帮助提高他们在这些运动中的成绩。你可以用35美元购买一支普通的铝制划艇桨，也可以花149美元买一支Bending Branches Double Bent桨（木质层压板，44盎司），还可以用249美元购买Werner Camano船桨（石墨，26盎司）。Werner Camano船桨不仅使长距离划行更加容易，同时表明使用者属于对该运动非常认真的那一团体。

当然，简单地定位于那些价格不敏感的客户并不意味着这些客户会傻到愿意在任何价格上购买。这只是表明他们可以并且愿意为他们所认知到的高价值产品支付相应的高价。因此，撇脂定价一般要求卖家做出较大努力以证明这些产品所对应的高价是物有所值的。如果有效的价值沟通无法实施或者成本高昂，公司就必须对定价加以限制，使价格能够反映出它能够传达的价值或反映出潜在客户通

[①] 撇脂定价是指在新产品上市时，尽可能地定高价，以希望在短期内获得丰厚的利润，迅速收回投资。一旦有竞争者进入，企业就会逐步降低价格，一方面是为了对抗竞争者的挑战，另一方面是为了吸引新的消费群体，扩大目标市场。——译者注

过观察可以相信的价值。

公司必须确定撇脂定价是否适用于当前市场的竞争环境。公司必须有相应的竞争性保护来阻止竞争对手提供低价替代品，从而保护自己的长期利润。专利或版权就属于此类保护自身免受竞争对手威胁的措施。在药物专利保护到期前，制药公司用医药研发的巨大开支来证明撇脂价格的合理性；甚至在专利保护到期后，由于客户对品牌的认同，在某种程度上这些公司仍然可以对产品收取相对高价。其他的保护措施包括品牌声誉、获得稀缺资源的机会，以及独享最佳分销渠道的权利等。

哪怕在公司很难阻止竞争对手的进攻时，撇脂定价也不见得就一定是个糟糕的战略。如果新产品的价格大大高于制造成本，即使该产品的价格仍远不及其实际的经济价值，竞争对手还是会被它的高利润吸引过来。除非低价可以阻吓竞争者进入或可以帮助建立竞争优势，否则为应对竞争对手而降价是没有意义的。如果低价不能做到上面这两点，那么最好的定价规则就是"把能赚的钱先赚到手"。一旦竞争对手通过复制产品的差异化特性而进入市场，并因此损坏了我们的竞争优势时，公司就需要随之重新评估其定价战略。

顺序撇脂定价战略更适合于重复购买率较低的产品和服务。对于客户不经常购买的长寿命耐用品，或者大多数购买者只会购买一次的产品（如话剧票），其撇脂价格只能在有限时期内实施。在这种情况下，撇脂定价不能无限期地维持下去。但是，它的动态变体——顺序撇脂定价，也许能在一段时间内保持可观的利润。

像撇脂定价那些更具持续性的变体一样，顺序撇脂定价首先要制定一个能够吸引具有最低价格敏感度购买者的价格。然而，在公司将这部分市场潜力充分挖掘后，该市场就不复存在了。因此，为维持销售水平，公司需要对产品降价，以便吸引下一个最具盈利性的细分市场的客户。这种过程可以一直持续，直到公司用尽了所有细分市场的潜在销售机会为止。在理论上，公司可以通过数百次小幅降价来对耐用品或一次性商品进行顺序撇脂。在此过程中，向每一个细分市场收取它愿意为产品支付的最高价格。然而在实践中，潜在购买者能够很快洞察公司的定价策略，预见到进一步的降价可能并且已经开始延缓购买。为应对这个问题，公司可以降低削价的频率，迫使潜在购买者承受巨大的等待成本。同时也可以在削价的同时推出吸引力较低的型号。这也正是苹果公司推出 iPod 音乐播放器时采取的策略。第一代 iPod 售价为 399 美元。苹果公司并没有采用传统的顺序撇脂战略（即在推出新产品后的一段时间内降价），而是相继发布功能较少价格更低的迷你 iPod 和 iPod shuffle。在接下来的几年里，苹果公司逐渐改进产品的功能，提高产品的价值，并以此保持稳定的价格水平。这种顺序撇脂的定价方式经常用于其他科技市场，例如半导体和移动电话。

方式2：渗透定价 渗透定价指公司制定一个足够低的价格，以吸引和保证一个较大规模的客户基础。渗透价格不一定很便宜，但是在目标细分市场上相对于被认知价值而言它们是较低的。例如，现代汽车采用持续渗透定价战略进入美国市场，它在可靠性方面向用户提供更高的价值，如10年质量保障，设备齐全的内部装饰等，但其价格却远低于同类的日本汽车（如丰田和本田）。类似的，Target[①]和Trader Joe's[②]都将自己定位为"在更低价格上提供和竞争对手一样或者更好的价值"。

只有相当数量的客户愿意为了较低价格更换品牌或供应商时，渗透定价才会起作用。一个常见的误解是每个市场都会对较低价格做出反应，这导致了大量失败的渗透定价策略的产生。在一些情况下，渗透定价可能破坏品牌的长期吸引力。当鳄鱼品牌允许中低档的服装店对其"鳄鱼"衬衫进行打折时，定位高端群体的零售商就拒绝出售该产品，而且，传统的鳄鱼牌客户也转向了其他更具有区别性的品牌。

当然，为了使渗透定价能够取得成功，我们并不要求所有的购买者都是价格敏感型的，但是我们也必须要有足够大的价格敏感市场来合理化较低的价格。仓储商店（例如山姆俱乐部、好市多及B. J.'s）的渗透定价只针对愿意进行大量购买的客户。特价旅游线路所针对的人群都不会介意那些不灵活的日程安排带来的不便。打折商店，如T. J. Maxx及Marshall's以及Trader Joe's，他们关注的价格敏感的客户都愿意为划算的价钱而不辞辛苦地货比三家。钢板批发商运用渗透定价来吸引大批量采购者，这些买家对销售服务及售后服务都没有要求，并且往往是整车整车地大量购买。

为了确定增加多少销售额才能保证渗透定价能够带来合理的利润，管理者还必须考虑成本。当增量成本（可变成本和增量固定成本）占价格的比例越小，成本情况对渗透定价就越有利，因为每次增加的销售对利润做出了更大的贡献。因为每一次销售带来的利润贡献已经很高，那么较低的价格并不代表利润的大量损失。例如，即使公司不得不降价10%来吸引一个很大的细分市场，如果产品的利润贡献率很高，渗透定价仍然有利可图；比如对于具有90%边际收益的产品，只要销售增长12.5%，就可以保证这项战略的回报不低于从前。单位销售的

---

① 美国一家著名的高档品折扣连锁商店。——译者注
② 总部位于加利福尼亚的一家连锁超市。——译者注

利润贡献率越低，实现渗透定价盈利所需的销售量增长就越大。

如果渗透定价战略能够有效降低可变成本，使销售者能够不用大幅降低利润率的同时提供渗透价格，那么即使产品边际利润贡献率并不很高，这一战略仍旧可以成功。当实施渗透定价的零售商熟悉了目标客户的价格敏感度后，他们可以按客户需求调整出售的品牌，具体品牌则取决于哪个供货商能够提供最实惠的价格，并进一步加强他们对供货商的影响力。Save – A – Lot 食品连锁（Supervalu Inc. 的一部分）的渗透价格使他们的营业额、每平方米的销售量和每个员工的销售量都维持在一个相当高的水平，以至于他们可以在提供最低价格的同时仍能赚取高于传统杂货商的利润。① 再看一个制造业的例子。当个人电脑用户对产品的了解更为全面时，戴尔和捷威便设计出邮购直销的方式进行销售，运用渗透定价向熟悉电脑的用户出售高质量产品，从而实现成本节约。而那些依旧依靠传统渠道进行销售的竞争对手（零售分销商）则无法赶上它们的价格。

为使渗透定价取得成功，我们需要确保竞争对手不会阻止公司制定出一个针对大范围市场的有吸引力的价格。竞争对手总是可以选择通过降价来削弱渗透战略，使渗透价格制定者无法提供更有吸引力的价值；只有竞争对手缺乏这样的能力或动机时，渗透定价才能有效赢得并维持市场份额。就此而言，以下是三种常见的情形。

1. 公司有着巨大的成本优势和（或）资源优势，以至于竞争对手相信，如果发动价格战，自己不会占到任何便宜。

2. 公司拥有一系列互补产品，这使它能够使用一种产品作为渗透定价的"领亏产品"，同时以此促进其他产品的销售。

3. 公司销量规模还很小，以至于公司能够显著增加销量的同时不引起竞争对手的强烈反应。

随着大多数发达国家对外开放电信市场，新的服务提供商通过使用渗透定价成功地获取了市场份额。电话或短信的可变成本都很低，这使得渗透定价有了用武之地。对已经拥有大量客户的现有提供商而言，由于制度的约束以及不愿意主动匹配新进入者的较低价格，这让渗透定价在许多市场都收到了良好的效果。不过许多电信公司的管理者现在对渗透定价战略产生了怀疑，他们认为过度依赖该战略从长期来看可能并不是明智的决定，因为它会培养消费者搜寻低价格的习惯，并加快市场整体价格的下降速度。

---

① "To Find Growth, No – Frills Grocer Goes Where Other Chains Won't," Wall Street Journal, vol. CCXLVI, no. 42, August 30, 2005, 1.

方式 3：中性市场定价　在中性定价中，企业的战略目标不是利用价格来追求市场份额，但也尽力避免因为价格而失去市场份额。中性定价将价格的作用限定为一种辅助其他重要策略的营销工具，而这些策略则被管理层认为更具效力也更具成本效率。这并不意味着中性定价更容易；相反，比起使用中性定价寻找一个接近完美平衡的价格而言，选择一个足够高的价格来进行撇脂或选择一个足够低的价格来进行渗透反而容易得多。

如果市场条件还不足以支持撇脂定价或渗透定价战略，公司往往会自动采用中性定价。例如，当某个市场的购买者认为产品的可替代性非常强，以至于没有任何细分市场愿意支付溢价时，营销人员就不能使用撇脂定价。同样，一个公司，尤其当它是新市场进入者时，也可能无法采用渗透定价。要么由于客户在购买产品之前无法判断产品质量，从而将低价与低质量联系起来（价格—质量效应），或者由于竞争对手会对任何冲击已有价格结构的价格作出强烈反应。而对于中性价格而言，在客户对价值很敏感（排除撇脂定价可能），同时竞争对手对销量也十分敏感（排除成功渗透定价可能）的行业中，这种定价方式会十分常见。

虽然中性定价似乎不如撇脂定价和渗透定价积极主动，但恰当地运用中性定价也同样并不容易，而且它对利润率的重要性也不亚于其他两种策略。中性价格不一定等于竞争对手的价格或接近价格范围的中间值。理论上，这个价格可以是市场的最高价格或最低价格，却仍然可以称之为中性价格。例如，索尼电视清晰的屏幕和可靠的质量让用户体验到高价值，所以即使索尼电视的价格始终高于竞争对手，它仍然能占据相当大的市场份额。像撇脂或渗透价格一样，中性价格也是根据可被客户认知到的价值来定义的。

■ 价格—销量权衡

在决定价格水平的时候需要理解的第二个因素是价格变化与销量变化的关系。经济学理论指出，利润最大化价格是需求曲线上边际收益等于边际成本那一点所对应的价格。尽管这条定价理论简单明了，但在实际操作当中，确定价格水平往往要比这困难得多。要确定边际收益是非常困难的，因为影响收益的因素实在太多，比如价格的相对涨幅（即涨幅占消费者总支出的比例）、价格增长在市场上的明显程度，以及竞争对手的应对策略等。虽然市场营销人员拥有许多预测消费者反应的技术手段（我们在本章的后面会做进一步的讨论），但是所有的技术手段在做估计的时候都存在一定的不确定性。

正如评估客户反应的挑战性一样，确定某种定价决策下的相关成本对于许多营销人员来说也是相当困难的。可能有人认为，既然高效的商业软件和数据库已经相当普及，那么相关成本一定唾手可得。正如我们将在第9章详细介绍的，相关成本是增量的（不是平均的）、可避免的（非沉没的）成本。实际上，确定相关成本可能是非常困难的，因为市场营销人员手中的大部分数据是平均数据（如平均工资）或者是同不可避免的成本一同记录的。

本书作者之一的经历印证了上一段的观点。他的第一份工作是某跨国制造企业的定价分析师，在他的第一例重大定价项目里，他向公司定价主管询问哪里可以找到生产成本数据。这个主管把他带到数据管理处，然后告诉他："……你应该知道我们的系统可以告诉你任何你感兴趣的成本数据……但是那些数字只不过是从会计的角度进行的统计，与产品的相关成本几乎没有任何关系，因为它们将各种间接费用全部计入到了制造成本当中。"显而易见，对于一个精通理论但是缺少实际工作经验的理想主义的价格分析师来说，这是多么残酷的现实。

我们并不主张营销人员首先尝试确定边际收益和边际成本来确定价格水平，我们更希望营销人员首先能够按照一系列步骤把握价格和销量之间的财务取舍关系，然后对市场进行分析，评估消费者的反应。我们不建议管理者去回答"这样的价格变化会导致销量怎样变化"这类很难得到正确答案的问题，而希望管理者更关注以下两个更加实用的问题，以引导自己的定价：

- 对于一定的价格上涨，我需要承受多少销量损失才能使利润不受损失？
- 对于一定的价格下调，必须增加多少销量我才能提高盈利状况？

这两个问题更加实用的原因在于：价格调整时，在企业缺少可靠的销量估计的情况下，它们为企业指出了一个更加清晰的、通向利润最大化价格的方向。相比于在错觉中寄望准确预测未来的销量和利润，营销人员更应该运用一种简单有效的盈亏平衡分析（见下），来确定和把握价格与销量之间的取舍关系。

增量盈亏平衡分析可以在一张电子表格中进行，并且可以很容易地与各项数据和管理判断结合起来，从而达到调整价格、提高利润的目的。虽然增量盈亏平衡分析在形式上和通常用于评估投资的盈亏平衡分析相似，但是实践中用于定价的增量盈亏平衡分析是十分不同的。增量盈亏平衡分析并不是用于估算为获得一定的总体利润而需要的价格和销量，它着重于分析为了**提高**利润率，一定价格变化下所要求的销量**变化**。增量盈亏平衡分析仅仅使用价格变化大小和产品边际收益作为自变量，而计算结果的盈亏平衡销量变化百分比则表示销量必须变化多少才能使这种价格变化提高企业的利润。图6-3展示了对于一个给定的价格变化，按照价格变化前的产品边际收益，销量必须变化多少才能产生与原来一致的利润（我们将在第10章详细介绍增量盈亏平衡分析）。

图6-3　实现盈亏平衡的销量变化

		边际收益								
		5%	10%	20%	30%	40%	50%	60%	70%	80%	90%
价格变化百分比	35%	−88%	−78%	−64%	−54%	−47%	−41%	−37%	−33%	−30%	−28%
	25%	−83%	−71%	−56%	−45%	−38%	−33%	−29%	−26%	−24%	−22%
	15%	−75%	−60%	−43%	−33%	−27%	−23%	−20%	−18%	−16%	−14%
	5%	−50%	−33%	−20%	−14%	−11%	−9%	−8%	−7%	−6%	−5%
	0%	0%	0%	0%	0%	0%	0%	0%	0%	0%	0%
	−5%	NA	100%	33%	20%	14%	11%	9%	8%	7%	6%
	−15%	NA	NA	300%	100%	60%	43%	33%	27%	23%	20%
	−25%	NA	NA	NA	NA	167%	100%	71%	56%	45%	38%
	−35%	NA	NA	NA	NA	700%	233%	140%	100%	78%	64%

NA代表"无法做到的"

盈亏平衡销量变化分析方法的一个优点是实用性。几乎没有哪个定价经理在作出决策前能准确了解竞争对手和客户的反应。即使是最精确的统计研究技术（我们将在12章进行讨论）也只能依靠过去的数据或客户购买动机调查结果来做推断，而这两种信息源都不是高度可靠的。大多数管理者在做决策时，其手边的定量数据质量甚至还不如以上两种信息源。增量盈亏平衡分析使管理者在面对不确定因素时仍然可以做出某些必要的判断。根据我们的经验，那些本来对客户需求曲线毫不了解，甚至不清楚降价10%会增加多少销量的管理者，通过增量盈亏平衡分析可以很容易地估计出销售量有多大就可以实现利润提升。幸运的是，这一信息已经足以帮助他们判断定价决策的方向性正确与否。

评估客户反应

在理解了价格与销量的关系后，下一步我们需要估计客户会对价格变化做出何种反应，以平衡潜在的利润和背后的风险的关系。估计客户对新价格的反应如何的一个重要考虑是要看价格的变化对客户支付意愿的影响程度如何。虽然人们通常把这种影响称为"价格"敏感性，但它实际上是一种"价格–价值权衡"

的敏感性。如果客户支出总额较少或者费用由他人承担（如商务旅客的费用），那么新进入的或者地位已经稳固的竞争者都可以甚至在获取较高价值和实现较好利润的同时，实现较好的销量。相反，即使在客户充分了解了产品价值之后，仍然认为价格并不公平，那么客户对"价格-价值权衡"的敏感性就会变得很高。我们在图6-4中总结了一些影响价格-价值敏感性的主要因素。

图6-4 价格敏感性驱动因素

支出规模：当支出较高（低）时，购买者的价格敏感性较高（低）。
- 购买产品的货币支出（对于B2B客户）或相对个人收入的比例（对于B2C客户）对客户的重要程度如何？

分摊成本：当部分或所有购买费用由他人承担时，购买者的价格敏感性较低。
- 客户是否承担全部费用？如果不是，那他支付的是支出中的哪一部分？

转换成本：当购买者转换供应商时，其转换成本（货币成本或非货币成本）越高，购买者的价格敏感性越低。
- 如果购买者转换供应商，那么前期为与当前供应商合作所进行的投资（货币或心理上的）有多少是需要重复进行的？
- 转换成本能锁定买家多长时间？
- 如果转换供应商，那么客户针对当前供应商的产品所进行的培训投入是否大到影响其转换供应商的决策？

风险认知：当买家很难对比供应商，或者放弃购买的机会成本较高时，买家的价格敏感性较低。
- 对于购买者来说，对比不同供应商的产品是否困难？
- 购买者能否直接观察到产品特性（搜寻商品）？还是只有在购买、使用后才能了解这些特性（经验商品）？
- 对于某个细分市场而言，该产品是否是极具创新的，并且需要消费者对自己以往的使用习惯做出较大转变？
- 该产品是否高度复杂，以至于需要客户具有特殊的技能才能评价产品的差异化特征？
- 不同供应商的报价是否具有可比性，或者供应商的报价方式是否会阻碍买家进行报价对比？

最终收益的重要性：当产品只是潜在最终经济或心理收益的一小部分的时候，客户的价格敏感性较低。
- 经济或心理的最终收益（end-benefit）对于买家而言有多重要？
- 买家对最终收益的成本支出敏感性如何？
- 产品价格与最终收益的比例为多少？

价格—质量认知：当产品价格象征质量时，购买者的价格敏感性较低。
- 品牌声誉形象是否是产品的一个重要元素？
- 使用高价排除部分客户的做法能否提高产品价值？
- 除了价格之外，是否就没有其他可用于证明质量的方法了？

> **价格合理性的认知**：当产品价格超出购买者认为的"公正或合理"范围时，购买者的价格敏感性较高。
> - 与人们过去购买的类似产品相比，当前产品的价格如何？
> - 所有的价格差异是否都意味着潜在的成本差异？
>
> **价格包装**：当买家视购买为"支出"而非"收获"时，他们的价格敏感性较高。当产品是分开计价而不是捆绑计价时，购买者的价格敏感性也较高。
> - 客户购买产品是为了避免损失（如保险）还是为了获取收益？
> - 价格是被计入更高的捆绑价格中，还是被单独列出？
> - 价格被视为显性成本（如现金付款）还是隐性成本（如工资抵扣）？

营销人员必须清楚，图6-4中的哪些价格敏感性驱动因素与他们销售的产品相关，从而在接下来的价格和价值沟通去影响这些驱动因素。战术定价和战略定价的主要区别之一就在于，战术定价假设价格敏感性是固定而无法变化的。这条隐含的假设将价格制定简化为一项简单的度量任务。但是有经验的营销人员明白，这种简化将给企业带来不必要的成本，因为经过深思熟虑的价格与价值沟通既可以减少价格敏感性，同时也可以支持较高价格的同时减少对销量的负面影响。

在一些情况下，通过系统研究去估计特定产品或特定购买环境的价格敏感性驱动因素，将使企业获益匪浅。而另一些情况下，管理者只需要从总体水平上估计客户的反应，并且根据经验找出可以通过沟通去影响价格敏感性的驱动因素就足够了。在总体层次上估计客户反应的各种方法，从严谨但成本昂贵的方法到可靠性有限但易于实施的方法，排序如下：可控价格试验、购买意图调查、结构化推断和增量实施分析。在选择具体方法时，我们需要在实施成本和得到的数据质量之间做出取舍。

价格试验是指，在向整个市场推出全新的价格之前，先对一个可控的客户样本进行新价格测试。例如，在我们帮助一个大型B2B分销商把价格重新构建为三种不同的服务选项后，它必须为产品系列中的多种商品重新设定价格点。为此，该分销商在其一千多个增值经销商（value-added resellers，简称VARs）中选取了大约180个开始试验新价格，其余增值经销商则作为一个控制组。三周后，根据每种产品类别销售额是否超过或少于盈亏平衡所需，对价格作出第二轮调整（或涨价或降价）。几星期后，经过最后一轮调整后，新的价格结构和价格水平所带来的利润改善就明朗化了，此时新的定价已经可以推向整个市场。

当实施价格改变的成本较低，而且我们能够得到实验组与控制组有效对比结果的时候，价格试验最为有效。在线交易是进行价格试验的理想环境，因为此时实施新价格的成本很低，并且客户很难意识到他们看到的价格不同于其他人。为个别客户量身定制价格水平的能力对于提高价格试验的效果至关重要。但同时，一旦客户发现自己受到了不同的待遇，公司会面临客户强烈反弹的风险。亚马逊就遭遇了此类事件。亚马逊的用户曾发现，根据电脑 cookies 中储存数据不同，用户购买 DVD 的价格也不同。尽管亚马逊只是试图为不同类型的 DVD 制定利润最大化价格，但是用户却将该行为视为一种价格剥削行为，并最终迫使亚马逊终止了此项试验。

■ 亚马逊在线试验"零"价格点

2009 年 8 月，亚马逊针对 Kindle 电子阅读器用户进行了一项在线价格试验：亚马逊对选定的电子书为这些用户提供免费下载服务。值得一提的是，除了继续提供免费的经典名著如《傲慢与偏见》、《福尔摩斯探案集》等，在此次试验中，亚马逊还加入了许多畅销书作者如詹姆斯·帕特森[①]、约瑟夫·范德尔[②]和葛雷克·凯斯[③]的作品。

对这个方法持怀疑态度的人认为，亚马逊的"零价格"降低了用户的参考价格，会影响用户对其他没有包含在试验中的书籍的支付意愿。然而，亚马逊是在检验一个非常特别的假设：这种不同寻常的价格点会如何影响消费者的购买行为。例如，《天使实验》是詹姆斯·帕特森的《极速飞行》系列的第一部小说，这一系列定位于青年读者，亚马逊正在测试用户免费获得这部小说后，是否愿意购买该系列的后续小说。除了后续购买外，亚马逊还在测试进行免费下载的客户是否会购买其他商品。

一些行业观察者，如《自由》一书的作者克里斯·安德森指出，亚马逊的试验标志着所有的数字化内容势不可挡的"免费化"趋势，而营销人员从附加产品或服务中获取利润。我们没有可以预言价格设定趋势的水晶球。但是，我们清楚地看到，越来越多的营销人员正在试验新的定价模型，以应对不断变化的市场环境。[④]

[①] James Patterson，在 2010 年被《福布斯》杂志评为全球收入最高的作家，在其 33 年的创作生涯里，他写下了 65 部小说。代表作有《四盲鼠》（Four Blind Mice）、《大坏狼》（The Big Bad Wolf）等。——译者注

[②] Joseph Finder，《纽约时报》最佳畅销作者之一，著有《零点时刻》（The Zero Hour）、《巨额成交》（The Enormous Deal）等。——译者注

[③] Greg Keyes，著有《非理性时代四部曲》（The Age of Unreason）等。——译者注

[④] "Amazon Experiments with Free EBook Offerings," RedOrbit.com, August 7, 2009. http://www.redorbit.com/news/technology/1734074/amazon_experiments_with_free_ebook_offerings/

购买意图调查可以在价格试验难以实施的时候采用。诸如汽车和企业软件等很多大规模、非经常性购买的产品实际上很难进行价格试验。在这种情况下，不同类型、不同复杂性的调查问卷可以揭示不同价格水平上的客户偏好。研究者通过比较不同价格水平上的客户反应，并根据以往调查结果对偏差进行调整，可以推断出客户在实际购买中面对类似价格差异时的反应。我们将在第12章详细介绍不同调查技术的优势和成本。

结构化推断充分发挥了管理者对市场的理解和认识，并辅以其他的分析，帮助他们推断出合理的价格点。结构化推断既可以是极其正式、充满统计学的味道，也可以是完全的主观判断。无论哪种情形，其基本思路都是根据过去观察到的结果，评估新的条件下能否达到盈亏平衡所需的销量。例如，我们曾经为某报纸发行商建立了一个推断销量与价格变化关系的数学模型。这个客户过去在不同的地方进行过多次价格调整。通过对各地区在不同时段内人口的统计信息及市场的差异情况进行数据汇总和统计分析，我们可以建立一个粗略的模型，该模型足以预测出未来价格变化造成的影响，从而为进一步的盈利性价格变动提供支持。在调整价格前，客户会将新得到的数据添加到模型中，管理层就可以使用不断更新的数据库对未来价格变动的影响作出预判。

当公司缺少自己产品的历史数据时（这种情况对于新产品推广来说很普遍），他们通常会在其他市场或者在同一市场相似产品的身上寻求价格信息。例如，当制药公司推广新药品时，他们往往倾向于寻找"相似物"，以帮助他们判断新药物能实现多少价值。他们会观察较早进入市场并收取（反映价值的）溢价的同类或相似药物的历程，并把观察结果与价格相近的药物所获得的市场渗透情况进行对比。分析表明，随着药物所针对的疾病类型及差异化价值的不同，不同药物实现其价值的能力也有很大差异。

增量实施分析用于当以上评估客户反应的方法都不可行或不可靠，以至于无法帮助我们作出令人信服的推断的情形。对于价格调整和价格还原产生的成本不是很高的产品而言，这种方法通常相当有效。在增量实施分析中，管理者通常对价格进行一系列微调来测试客户的反应。其目的就是价格逐渐达到利润最大化水平，同时最小化定价失误带来的风险——定价失误有时会产生长期的负面效应。例如，某家活动板房生产商就慢慢地对其品牌进行重新定位：从"比较便宜的替代品"向"设计和耐用性方面都具有特殊价值的高端产品"转变。在这个转型期，它每年比类似的传统活动板房生产商在价格上多提高几个百分点，并追踪与整个行业相比，其价格变动对销售的影响。当这种价格变动无法进一步提升利润时，该生产商就停止了价格调整。

建模分析提供了一条有效途径来帮助我们系统地研究价格变动时客户的反应以及竞争对手的应对策略。将建模分析与适当的决策框架相结合可以帮助我们更深入理解价格调整的获利空间及潜在风险。同时也为我们提供了强有力的工具，帮助我们对不同定价战略进行比较，并制定相应的行动计划以控制可识别的风险。通过数以千次地运行定价战略模拟程序，我们能够估计出每项战略潜在结果的概率分布。图 6-5 展示了某撇脂定价战略的模拟结果。运用这种分析，管理者可以对不同战略的风险和潜在收益加以权衡，做出信息充分且深思熟虑的决定。这种分析方法并未排除不确定因素带来的影响，相反，它将不确定性考虑在内，帮助营销人员更有效地制定决策。

图 6-5 来自利润分析的风险分析结果

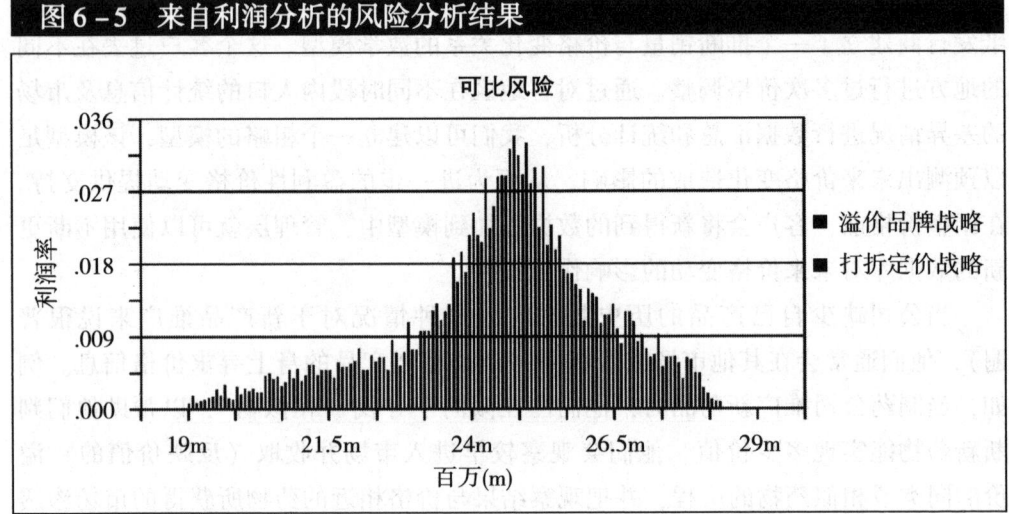

动态定价模型

在最近几年里，结合企业资源规划（enterprise resource planning，简称 ERP）系统或网络交易数据，运用复杂的动态定价模型来设定价格已经成为一种新的趋势。① 根据不断变化的供给或需求特征对价格进行频繁更新的动态定价模型并不是一个新事物。电力公司和其他生产能力受限的服务提供商很早就使用跨期定价模型，通过鼓励客户购买非高峰时期的电力或服务来平衡它们的生产能力。航空公司使用"收益管理"系统已长达数十年之久，该系统帮助航空公司为座位定

---

① W. J. Reinartz, "Customizing Prices in an Online Market," *European Business Form* 6 (2001): 35-41.

价，实现单次飞行的利润最大化。动态定价模型的主要优点在于，它能够帮助企业在极其微观的水平上（通常是单个客户）实施价格区分，而且，能够比全人工系统更加有效地管理非耐久性库存。

有三个因素推动了动态定价模型的发展。首先是不断提高的数据可获得性。SAP和甲骨文等公司开发的数据管理系统已经得到广泛采用，这些系统给管理者提供了海量数据，这里很多数据可用于识别客户的购买习惯和估计客户的价格弹性。起初，企业为了充分利用全新的数据，向软件公司定制了定价分析应用程序（以航空公司的收益管理系统为代表）。这些系统因帮助企业获取无数的收益而声名远扬，但是其昂贵的开发和维护成本使得它们无法广泛普及。

令人望而却步的系统开发成本是推动动态定价模型的第二个驱动因素：市场上涌现出适用于不同环境特征和数据来源的定制化的价格分析软件。如Zilliant和Vistaar这样的大型公司和许多规模较小的公司都在研发这类应用软件。这些软件可以被整合到公司现有的ERP平台，运用精密的算法来估计客户的价格敏感性。对于营销人员，动态定价模型可以说是无价之宝。尤其对于那些销量较大，交易频率较高的企业来说，动态定价模型能估计出可靠的价格弹性。

动态定价模型的第三个驱动因素是不断发展的互联网分销渠道。网上购物所创造的交易环境为价格试验和价格弹性估算提供了良好的条件。除此之外，它也使得卖家能够使用其他类型的动态定价模型（如拍卖）发掘新的盈利途径。拍卖网站（如eBay和Onsale.com）已经成功地运用拍卖理论长达数十年，拍卖品从汽车到电子商品，无所不有。近来，知名的计算机制造商（如太阳微系统公司Sun Microsystems和IBM）也运用拍卖提高服务器的销量并取得巨大成功。[1]

在定价领域，动态定价模型的应用是一项鼓舞人心的发展，它们使得公司始终能够根据客户支付意愿的估计进行价格细分。然而，我们也必须清楚地认识到这种模型的局限性。无论数据包含的期限有多长，这些模型都是基于历史交易数据，而这些数据并不一定能够反映消费者未来的行为。在一些变化较快的市场中，这种数据的跨期性问题尤为明显——过去的行为可能不是预测未来行为的好的指标。在2008年至2009年的经济衰退期，许多公司发现定价系统提供的建议与迅速变化的市场环境并不一致。这也是为什么我们需要确保让经验丰富的管理者来制定最终的定价决策，因为他们了解市场，善于分析和利用定价系统的优点，而不是简单地照搬结果。

---

[1] Y. Narahari, C. V. Raju, K Ravikumar, and Sourabh Shah, "Dynamic Pricing Models for Electronic Business," *Sadhana* 30（April/June 2005）.

■ 与市场进行新价格的沟通

　　价格制定的最后一项任务是确保新价格有效地传递给市场。在与客户沟通价格调整的时候，最关键的问题在于让客户了解到价格调整的原因，并让他们相信价格调整是合理的。客户对价格合理性的认知是最重要的价格敏感性驱动因素之一。如果运用得当，价格沟通能够收到非常不错的效果。例如，通过谨慎地向客户传达价格大幅增长背后的合理原因，一家著名医疗设备制造商成功地对其某种关键产品实施了 40% 的提价。在此之前，该公司并没有按行业惯例每年都提高价格。认识到这一战术错误后，该公司便在涨价前 3 个月提前通知客户，让这些客户为新价格制订计划。不出所料，一些客户果然按照较低价格进行了"提前购买"，在价格上涨前储备了大量产品。然而，由于客户拥有了应对价格变动的选择，这让公司的决策看上去是公正合理的。

　　为了进一步沟通其合理性，公司在给客户的信件中指出，公司在过去的 8 年里从未涨价，即使执行了公司新的价格，其价格水平仍远低于依据医疗设备价格指数调整所对应的价格。最后，销售人员向每个大型客户解释，在价格上涨之前，产品带来的收益不足以支持持续的新产品研发。这对于医院和医生非常重要，因为两者都依托于作为技术领导者的该公司提供创新性解决方案。该公司进一步解释，新增利润的很大部分将被投入研发，并且以新产品的形式回馈给客户，而非落入高管和股东的口袋里，此举更加有效地传达了价格改变的内在合理性。

　　就像价格变动有不同的原因一样，有效地沟通价格变化的合理性也有不同的方法。有时候，价格提高是由原材料成本上升引起的。在这种情况下，客户关注的是卖家会不会投机取巧地趁机过度抬高价格，以及卖家是否平等地对待所有客户。这时，为了沟通价格变化的合理性，卖家首先要同时向所有客户发出信件、电子邮件或通告，解释为什么价格提高是必需的。卖家要把价格提高与成本上升清晰地联系在一起（例如，"能源价格已经上涨了 24%，能源成本在你所支付的价格中占到 10%，所以价格不得不上涨 2.4%"），并且随时准备提供证明材料。在可能的情况下，公司应尽量将价格与某些原材料成本的客观度量标准（例如，公开的大宗商品价格指数）挂钩。如果客户或竞争对手知道当成本降低时价格会回落，那么他们更有可能接受当前的价格上调。上述指数化定价方法在价格大幅变化的情况下尤其适用，因为根据原材料价格变化的频率，价格指数也通常按月或周进行调整。

第二，卖家应避免在价格提升上妥协以获取市场份额的机会主义行为。如果放弃5%的价格可以增加20%的销量，那么这种放弃是很有吸引力的，对产能过剩的行业尤其如此。但是这样的行为是短视的，因为实际上你的竞争对手承担涨价造成的销量损失的能力应该不会比你更强。虽然机会主义也许会使得短期销售量增加，但是一定会引发竞争性回应，并且会向客户传达一个明显的信息：提升价格的理由是站不住脚的。

最后，准备坚定地应对在价格提升上投机取巧，并像上文描述的那样为争取交易量而降低提价幅度的竞争对手。哪怕只有一个有力的竞争对手不赞成涨价，你以成本上涨为由而进行提价的能力也将受到削弱。协调一致，这些策略就会向客户发出一个明确的讯息，即价格增长是合理的，并且会被一视同仁地实施下去。

当公司希望对其价格相对价值被低估的产品进行提价时，它同样需要就价格的合理性与客户进行沟通。这通常发生在公司第一次进行产品的经济价值估算时，他们发现如果能更有效地沟通价值，他们将有机会提高价格。这时的价格合理性问题源于这样的问题：既然公司在一开始没有根据价值收费，为什么现在又要根据价值收费呢？面对这个合情合理的问题，我们应当这样回答：随着时间的推移，所有的价格都会进行调整并与价值保持一致。某些时候这意味着降价，某些时候这又意味着涨价。

为确保客户不会认为价格提高是强加给他们的，我们可以为他们提供应对价格上涨的不同选择。例如，当大型客户抵制价格变动时，我们可以向他们提供通过增加产品采购量进而提高我们产品的钱包份额而"挣得"更低价格的选择。或者我们要准备好将核心产品与服务或其他增值产品松绑销售，以便在原有的价格上提供一个低价值产品选择。不论公司采用哪种方法，关键都在于客户要为所获价值进行支付。在这个支付过程中，通过为客户提供不同选择，我们不但增加了客户对价格的认可程度，也提高了成功改变价格的可能性。

■ 小结

尽管营销人员可以使用复杂的工具和分析方法来定价，价格设定最终还是要回归到运用有根有据的判断，并找出能够平衡成本、客户价值和竞争者反应的价格。对于既了解市场状况又具备基本定价知识的管理者而言，本章介绍的价格设定过程将引导他们制定出符合持续盈利要求的价格。

第7章

产品生命周期的定价战略：
在演变的市场中调整战略

产品的生命周期也像人一样，通常也会经历可预知的几个阶段。从孕育到"出生"，随着购买者的接受而逐渐"成长"，之后赢得购买者的全面接受而"成熟"，再因有更好的产品而被逐渐抛弃，最终直至"死亡"。当然，这个过程也并非"放之四海而皆准"。有时产品会提前"死亡"，甚至尚未真正生产就已夭折；还有一些时候产品的"青春期"会比预期的长，让人误以为它会"永葆青春"。尽管有这些例外，通过研究产品的生命周期，管理者们还是有可能了解大多数产品的现状，并预期其未来。这种了解、预测及相应的准备工作就构成了一个公司的长期战略规划，而依此制定的定价战略能否为企业带来利润则是衡量该战略成功与否的底线标准。

以某种产品的推出而定义的市场通常会经历4个阶段：开发、成长、成熟和衰退，如图7-1所示。[①] 在每个阶段，市场都有其阶段特性。与此相应，定价战略和技巧也应适时而变。

---

① 参见 Theodore Levitt, "Exploit the Product Life Cycle," *Harvard Business Review*, 43 (November–December 1965), pp. 81–94; John E. Smallwood, "The Product Life Cycle: A key to Strategic Market Planning," *MSU Business Topics* (Winter 1973), pp. 29–35; and George Day, "The Product Life Cycle: Analysis and Applications," *Journal of marketing*, 45 (4) (Fall 1981), pp. 60–67. 有关生命周期概念的批评意见，尤其当设计到具体品牌时，参见 Nariman K. Dhalla and Sonia Yosper, "Forget the Produce Life Cycle Concept," *Harvard Business Review*, 54 (January–February 1976), pp. 102–112.

图 7-1　战略定价金字塔

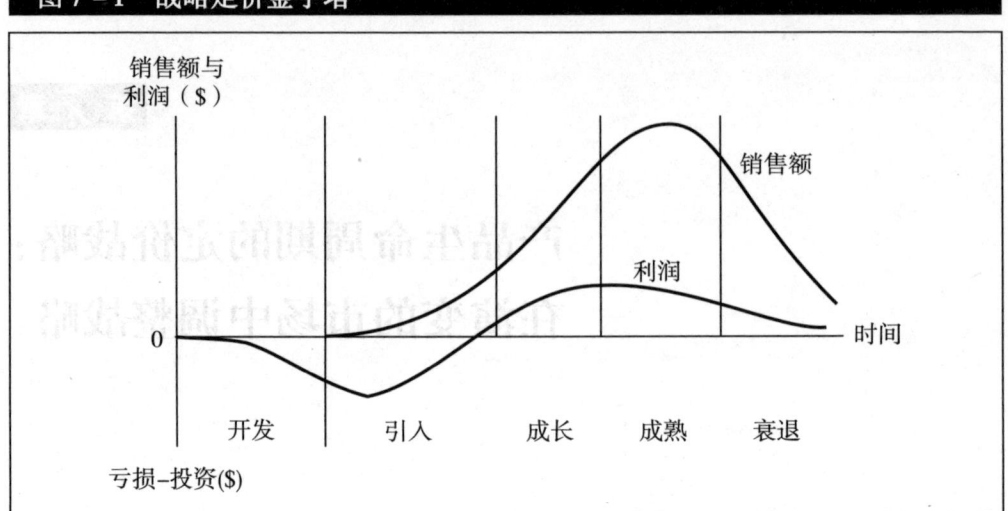

新产品和产品生命周期

新产品往往在产品生命周期中扮演着一个不可或缺但经常被误解的角色。每一个产品生命周期都始于一个创新性新产品的上市。当苹果 iPod 在 2002 年首次摆上商店货架，它的出现改变了消费者购买、存储及消费音乐的方式。今天，具有电子存储能力的便携式音乐播放器因具更多功能的智能手机的替代已经过了成熟期，开始步入衰退期。尽管所有产品的生命周期都由新产品的上市开始，但反过来说则不一定正确，即并不是所有的新产品都会开创一个新的产品生命周期。一些公司经常在产品成熟阶段就推出新产品，以不断强化其在竞争中的差异性。而且，即便某种新产品确实带来了一种全新的益处，但从购买者的角度来看，也可能并不会被认为真的是一项创新。例如，在美国，人们通常认为药品是治病的首选，一旦新药上市，不论医生还是病人都会毫不犹豫地采用。同样，大多数新的快速消费品和工业品都是对成熟产品不断进行改良。正确判断一种新产品究竟是生命周期早期的创新性新产品还是现有成熟产品的改进是非常重要的，因为定价战略要根据产品在其生命周期所处阶段的不同而不断调整。

无论产品处于生命周期的哪个阶段，了解新产品定价的独特性是尤为重要的。首先，新产品是自然销量增长和利润增长的主要来源，避免定价失误可以对公司的短期及长期财务业绩产生重要影响。如果上市时定价过高，新产品可能无法达到保证短期盈利目标的销量。相反，如果定价太低，新产品也许可以达到销量目标，但却又可能无法获取足够的利润。而后一种情况是上市时定价过低，可能会对未来的盈利性增长带来长期影响，因为现有产品价格是未来产品价格的主要参考。如第6章所述，如果购买者将参考价格设得较低，那么他们会将未来在较高价格上的购买视作一种损失，从而导致更高的价格敏感度和更低的购买意愿。

新产品定价尤为重要的第二个原因是，它提供了一个绝好的机会帮助我们去重新塑造客户购买的流程和考虑因素，并进而影响客户购买的产品和购买方式。客户对新产品往往缺乏了解，因此需要让其了解产品可以提供哪些新功能、好处以及其蕴含的价值。这对于市场营销人员来说既是机遇也是挑战。机遇是因为面对新产品时客户更易接受新的价值沟通、计价单位、价格政策和价格点。结果是，新产品的推广是向市场进行价值定价的最好时机，因为客户对市场变化已产生心理预期，甚至会期待改变。而挑战则来自于购买新产品必然会带来较高的风险，即使向其保证新产品会有更高的价值，客户可能也不愿意购买。

在市场引入阶段为创新产品定价

创新产品是指具有非常高的创新性和独特性、消费者对其概念感到颇为陌生的产品。不论在消费者的生活中还是在市场上，这些产品从未出现过。如第一辆汽车、第一台吸尘器，以及第一批包装方便食品，它们开始时都不得不面对并克服消费者的漠视，因为他们还无法理解这些产品能给他们带来的好处。第一台商业计算机就必须克服管理者近乎敌意的怀疑，他们觉得使用键盘会有损身份。今天，各种创新从电动汽车到在线汽车租赁 Zipcars，都曾遭遇过消费者类似的怀疑，尽管它们都保证为消费者提供很高的价值。接受创新产品需要消费者转变他们评估产品的方式。因此，新产品的成功必将经历艰苦的消费者培育过程。

理论上，大多数消费者对创新产品及其如何以新的方式满足自己的需求所知甚少。因此，创新性产品的成功推广同消费者培育过程及有效性密切相关。这种培育过程的一个很重要方面即为信息传播。大多数的个人对创新产品的了解都来源于看到的或听到的他人的经验。[1] 个人经历的人际传播在创新产品的销售中被证明十分有效，尤其是对大额商品（如耐用消费品）的购买更是如此，因为这时候消费者承担着首次购买创新产品的巨大风险。例如，此前对创新产品推广的研究发现，影响一家人购买窗式空调的最主要因素既不是收入等经济因素，也不

---

[1] Everett M, Rogers and F. Floyd Shoemaker, *Communication of Innovations*, 2nd ed. (New York: The Free Press, 1971); Frank M. Bass, "A New Product Growth Model for Consumer Durables," *Management Science*, 15 (January 1969), pp. 215–227.

是卧室阳光照射面积等需求方面的因素。最主要的因素实际上是与其他已有窗式空调家庭的社交互动。① 从家用电器到商业计算机等多个市场的类似研究都得出了同样的结果。

　　对信息传播过程的了解对于制定定价战略是极为重要的，原因有两个：第一，当信息必须在一群潜在的买家中进行传播时，在未来任何一个时间点对创新产品的长期需求取决于首批买家的人数。实证研究表明，只有2%~5%潜在买家首先接受新产品后，产品需求才会开始加速增长。② 获取这些首批销售通常是创新产品营销过程中最为艰难的阶段。显而易见，卖家越早完成这些首批销售，就能越早地确保长期销量及获取利润的可能性。第二，"早期采用者"通常并非是随机的购买人群。他们是最适宜于对产品进行售前评估的人群。在很多情况下，他们还是随后购买人群，即"模仿者"寻求指导和建议的对象。但是，即便是"早期采用者"，他们对如何评价产品特性或主要特性组合也知之甚少。因此，价值沟通和有效的促销方案能够较为有效地影响购买者，让他们了解哪些产品特性驱动最终的购买决定，以及这些特性应如何被评估。识别"早期采用者"、努力确保他们得到良好的产品体验是营销创新产品最为重要的部分。③

　　创新产品定价的合理战略是什么？要回答这个问题，很重要的一点是我们需要认识到，消费者在首次见到创新产品时，他们对于新产品的价格敏感度与他们的长期价格敏感度几乎或根本是没有任何关系的。无论是早期采用者还是之后购买的消费者，实际上对于价格都并不那么敏感，因为他们缺乏参考价格来确定产品价格是合理还是优惠。一小部分早期采用者将基于产品的价值承诺去尝试一次新产品，而并不太在意其价格。而后购买的消费者多数在没有了解他人经验之前，无论什么价格也不会去选择尝试新产品。

　　考虑到购买者对于产品缺乏了解，公司在市场开发阶段的首要目标，如第4章所述，就是要通过有效的价格-价值沟通确立产品的价值。因此，我们需要认真研究各种定价策略传递给市场的价值信息。如果卖家计划采用撇脂定价战略，标价就应该接近于早期购买者能体验到的相对价值。如果卖家计划采用中性定价

---

① William H. Whyte, "The Web of Word of Mouth," *Fortune*, 50 (November 1954), pp. 140–143, 204–212.

② 前面所引用的 Rogers 和 Shoemaker 的文章，第 180–182 页。

③ 参见 Everett M. Rogers, Diffusion of Innovations (New York: The Free Press, 1962), Chapters 7 and 8；前面所引用的 Rogers 和 Shoemaker, Chapter 6；见 Gregory S. Carpenter and Kent Nakamoto, "Consumer Preference Formation and Pioneering Advantage," *Journal of Marketing Research* 26 (August 1989), pp. 285–298.

战略,标价就应该接近于更广泛的潜在使用者的相对价值。然而,创新产品的卖家不应采用渗透定价,因为缺乏信息而且价格敏感度偏低的购买者会使定价战略失效,也许还会由于价格-质量效应(price-quality effect)而破坏产品的声誉。除使用标价,市场营销人员还需要考虑使用其他的价值沟通方法。

□ 通过试用促销进行价值沟通

决定标价应该是多少和决定第一次购买者实际支付的价格是两个完全独立的问题。早期采用者实际支付的价格主要取决于消费者培育的成本,而由于培育的方式不尽相同,其相对成本也各有不同。如果产品购买频率高,增量生产成本较低,且各种优势仅需使用一次就能够凸显出来,那么最经济有效的消费者培育方式也许是让他们试用产品。例如,卫星音乐广播运营商 Sirius 以及 XM 通过在租赁汽车中提供超低价试用或者免费试用等激进的打折方式来引起消费者的兴趣(租车费中通常会包括卫星电台使用费用)。

但是并不是所有创新产品都可以通过诱导试用而实现低成本推广。许多创新产品都属于耐用品,采用低价诱导试用几乎没有成本效益。没有卖家可以承受将产品免费提供给消费者,接着等上好几年直到买家再次购买。此外,许多创新产品,无论是耐用品还是非耐用品,其价值都不会在使用一次之后马上显现出来。例如,很少有人会去试用了烟雾警报器,感觉非常满意后,希望进一步购买,并推荐他们的朋友购买。同时,对于许多创新产品(例如:可以拨打网路电话的手机),买家必须掌握一些技巧后才能看到产品带来的益处。如果没有一个完善的营销活动来说服消费者他们学习这些新技能是物有所值的,也没有强大的技术支持确保消费者能够正确掌握这些技能,那么无论价格高低,极少有消费者会愿意试用产品,而且在试用时感觉产品物有所值的消费者就会更少。如果这样,价格诱导的试用这时没有办法有效地树立产品在消费者心目中的价值。实际上进行市场拓展需要在买家首次购买前就对其进行更多的直接培育。

□ 通过直接销售进行价值沟通

对于单笔购买就需要大笔开支的创新产品,培育购买者通常需要训练有素的销售人员直接参与,他们需要善于估测买家需求并向买家说明产品为何物有所值。例如,第一批冰箱就是通过上门推销给那些心存顾虑的买家,他们那时还不太了解自己为何需要这种昂贵的家电。销售人员的工作是帮助消费者了解并想象冰箱能给他们的益处,而这些益处绝不是普通的冰盒可以提供的。只有那样,早期采用者才会放弃传统的冰盒,而投入大笔资金用于购买这项有风险性的新科技产品。商业买家在最初也同样对创新产品的价值持怀疑态度。在20世纪50年代，多数空运服务的潜在消费者认为他们不需要如此快捷地递送。美国航空通过提供免费物流咨询，为这个创新服务打开了市场。美国航空销售顾问向潜在消费者展示，这个高价的运输创新能够替代本地仓库因而实际上更合算。[①] 他们教托运人如何从另一个角度看待货物配送问题，从而让他们意识到航空快递早前不为人知的价值。

当创新产品比冰箱和空运更为复杂时，即使对消费者需求的估测令人心悦诚服，他们也许还是会很怀疑产品能带来的益处而不予接受。例如，在20世纪90年代初期，企业软件被认为是相当冒险的采购，因为企业认为这种软件在是否能够整合到企业已有的信息技术构架中，并完成订单、薪资计算以及生产安排等功能方面仍存在着高度的不确定性，尽管销售人员宣称这些完全没有问题。企业软件行业中的市场领导者SAP通过消除这种不确定性的根源，从而提高了企业软件的商业采用率。SAP的做法是给新客户提供进入成功安装系统的权限，并同系统集成公司建立了伙伴关系，以保证软件成功整合。这样做的结果是在90年代中期，SAP的企业软件销售增长了9倍。

尽管两者都渴望销售快速增长，但无论是美国航空还是SAP都没有采取低价策略。相反，他们培育市场，展示了他们的产品物有所值的原因，并向客户提供使用指导以帮助他们打消面临高风险的疑虑。客户对产品产生了认知，愿意支付高价，而这两家公司正是用这部分收益来资助深度市场培育以及服务的成本。杜邦在推广一些合成纤维和专用塑料产品时也采用了同样的高价格、高培育的战略。苹果公司采用同样的战略来拓展个人计算机和iPhone市场。在替代能源市场中，成功的创新者也正在使用同样的战略。

□ 通过分销渠道进行营销创新

并非所有产品的单个客户销售额都大到足以支撑直接销售，尤其是那些通过分销渠道进行非直接销售的创新产品。但是，培育客户、最小化客户风险的问题不会因为产品转手给了分销商而消失。我们希望依靠分销网络进行销售，但上述问题使这种愿望更加难以实现。创新产品生产者必须设法说服分销商积极地推销产品。给分销商优惠的批发价格是一种方式。优惠批发价格的目的并不是希望分销商将这个低价转移给客户来提高销量，它的目的是给分销商和零售商较高的利润空间，鼓励他们通过客户培育以及提供相应服务来在较高价格上推销产品。如

---

① Theodore Levitt, *The Marketing Mode* (New York: McGraw-Hill, 1969), pp. 7–8.

果分销网络是相对唯一的，这种方式一般来说比较有效。但是，当市场上分销网络较多，竞争会迫使分销商将多余的利润空间以折价的形式传递给客户，导致其利润空间被压缩，也因此失去了推广产品的动力。要保持分销网络较高利润的一条途径是，公司可以拒绝与在创新产品市场引入阶段和进行折价销售的分销商或零售商合作。在美国，根据近期一系列诉讼的判决结果来看，这种"固定转售价格"战略的可实施性越来越高。不过，这当中仍然存在不确定性。截至本书出版前，这方面的相关法律将在第 13 章中讨论。在此，我们建议公司在采取此类战略时，首先向法律顾问进行咨询。或者，公司也可以允许分销商进行折价销售，但会对以下行为支付激励酬劳：增加新产品库存、广告合作、店内陈列、优先货架资源、现场服务和演示等。如果中间商的销售人员投入时间熟悉、推销产品，也可以直接向其提供奖励。

■ 产品成长阶段的新产品定价

一旦某种产品在市场中取得了立足之地，定价问题也就随之开始变化。重复购买者不再对产品价值犹豫不定，他们可以依据以前的经验做出判断。由于信息传播过程已经启动，初次购买者可以依据公司的相关评估报告进行判断。因此，在成长阶段，对产品功能的考虑会被一种更加精明的考虑所代替，即对替代品牌支出收益比的计算。除非成功创新产品能有效防止模仿，否则随着市场的成熟，竞争将不断加剧。随着创新行业中竞争倍增，无论是原始创新者还是市场后入者都会占据各自的竞争地位，并为捍卫市场地位而做好准备。此时，每个竞争者都必须在单纯的差异性产品战略和单纯的成本领先战略之间选择一个以确定自己的市场营销战略。[①]

如果定位于差异性产品战略，公司营销要集中精力发展产品的独特特性（或形象）。在产品成长阶段，公司必须在研发、生产及客户认知方面迅速地奠定他们作为这些特性的主导供应商的地位。随着竞争愈演愈烈，产品的独特性会树立起一个价值效应，降低买家的价格敏感度，即便竞争对手数目不断增加，公司依然可以进行盈利性定价。在计算机市场的成长阶段，苹果公司就通过用户友好型的操作界面、专有的操作系统和独特的产品设计建立了这样的声誉。因此，苹果的定价总能高于具有类似功能的基于 Windows 系统的电脑。英特尔从芯片下手，让顾客认为"内置英特尔（Intel Inside）"的计算机将更加可

---

① 参见 Porter, Competitive Strategy, pp. 34–41.

靠。帕卡的重型卡车之所以能够卖出高价，源于公司打造的"优秀的可靠性和设计"的理念。

如果定位于成本领先战略，公司营销应把精力投放于成为一个低成本制造商。在成长阶段，公司必须关注于开发能够以最低成本生产的产品，通常，当然也不绝对，这样的产品差异性不大。因为产品成本较低，公司将希望遭遇价格竞争时仍然保持盈利。例如，在用于电动汽车和风力发电电力存储的高效电池市场中，占有最大份额的厂家总是能够比竞争者更快地降低制造成本。

☐ 差异化战略中的定价

差异化产品战略一般关注于特别的买家细分市场或同时针对多个细分市场。无论哪种情况，定价的目标都是要从那些差异化的，对客户具有特别价值的产品中获取收益。如果将差异化产品战略用于特定人群，公司就需要针对产品估值最高的细分市场进行撇脂定价。例如，高迪瓦巧克力①、宝马汽车和古驰成衣都运用撇脂定价，突出差异化产品战略。相反，当差异化产品更广泛地针对多个细分市场时，公司应设定中性价格或渗透价格，从产品可吸引的销量上获取收益。宝洁、丰田汽车和卡特彼勒都运用中性定价出售他们的产品，以此占领了大量的市场份额。

渗透定价对差异化产品同样可行。当公司开发了顶级的设备、计算机软件或服务时，他们可以选择将其价位设定在同类竞争产品之下，这在工业产品中较为普遍。采用渗透价格是为了在竞争对手进行模仿、产品的差异性优势消除前锁定较大的市场份额。尽管 Windows 操作系统是具有明显独特性的产品，微软却使用了渗透定价，保证了其产品成为应用软件的主导架构和默认标准。渗透定价用于差异化消费品一般不常成功，因为有能力为符合其需要的差异性产品特性买单的消费者通常也有能力在没有折扣的情况下购买。

☐ 成本领先战略中的定价

如同差异化产品战略一样，成本领先战略同样既可以针对特定人群，也可以面向更广泛的人群。如果公司寻求在整个行业中成本领先，渗透定价常常在战略实施中起到积极的作用。例如，当公司的预期成本优势取决于海量销售时，公司

---

① 高迪瓦巧克力公司约 80 年前成立于比利时布鲁塞尔，1966 年成为美国坎贝尔汤科公司（Campbell Soup Company）的子公司。公司产品主要为高档巧克力和相关产品，如巧克力和可可等。公司在美国、欧洲和亚洲有 270 多家零售店和超过 2000 个批发商。2007 年公司的销售额约为 7 亿美元。——译者注

会在成长阶段设定优惠的渗透价格,赢取主导市场份额。随后,公司将保持渗透价格以作为对竞争对手的制约,同时凭借其优越的成本地位继续赚取利润。沃尔玛成功运用这个战略实现了可观的成本经济和每平方尺的高销售额。即使成本优势的来源并非海量销售,而是更具成本效益的产品设计,公司仍可以设定渗透价格来发挥其优势。日本制造商通过自动设备、模块组装和标准化设计,对生产制造流程进行了大规模地重新设计来降低生产成本,并以此为支撑使用渗透定价,充分发挥其成本优势,从而主宰了全球电视机市场。

这里,大家必须注意到,很多商业书籍都提出,渗透定价是建立在整个行业中成本领先优势的唯一途径。这种误导可能导致严重后果。如果一个市场的价格敏感度并不太高,渗透定价将不能使公司占有足够的份额进而实现成本优势。这种情况下,中性定价是最适宜的定价战略,同时也能与成本领先战略保持相当程度的一致性。许多成本领先者市场营销的历史(如发电机行业中的本田和烟草行业中的雷诺烟草)都证实,即使不用渗透价格,它们也能获得整个行业的成本领先地位。在这些市场以及其他许多市场中,为主导市场份额和成本领先地位而开展的竞争,最终获胜者使用的武器包括了成本效益科技领先、广告以及大规模的分销。许多情况下,低价生产商甚至是竞争中的失败者。

当成本领先地位是建立在小范围客户基础上时,渗透定价并不总是适当的。如果公司的成本优势是直接依赖于一个或几个大买家,渗透定价也许对保持客户是必要的。例如,只向沃尔玛或汽车行业供货的供应商能够享受较低的销售和分销成本,不过,他们往往也只能通过收取渗透价格来保持这种业务。但是当公司的成本优势直接建立在"小而活"的基础上,中性定价则更适用。例如,专业的零件组装通常是由小型合同制造商来完成的,他们是成本的领先者,因为他们的小规模令他们能够保持非工会的劳动力、降低管理费用以及灵活地承接和安排订单生产的能力。这样的成本优势并不依靠保持大量的订单,这些公司服务的客户更关心的是质量和可靠性,而不是价格,因此,他们的定价战略通常是中性的。当某个订单需要特别快的交货时间而且买家没有时间再寻找替代方案时,这些公司偶尔甚至会对其服务进行撇脂定价。

□ 在成长阶段降低价格

无论产品战略如何,在成长阶段产品的最佳价格一般要低于在市场导入阶段设定的价格。多数情况下,在成长阶段,新的竞争者提供给客户更多的其他选择,而且客户对产品也越来越熟悉,这使得他们可以更好地衡量这些竞争产品的价值。这两个因素都会提高客户在产品成长阶段的价格敏感度。另外,即使公司享有专利垄断,在创新阶段之后降低价格也会加速客户对产品的接受过程,使公司从更快的市场增长中盈利。① 生产规模的增长和经验的积累产生了成本经济效应,使得价格削减不必以牺牲利润为代价。

成长阶段的定价竞争通常不会十分残酷。成长阶段的特点是市场基数迅速扩大。新公司不断进入,而现有公司的扩张不会迫使竞争对手的销量萎缩。例如,在智能手机市场上,虽然由于新进入的竞争者而损失了一些市场份额,苹果iPhone的销量还是持续增长。因为新进入者可以在不影响市场已有对手销售的情况下成长,因此成长阶段一般不会产生激烈的价格竞争。在下列情况下,会有例外发生:

1. 提高产量可大幅降低生产成本,而且市场对价格敏感,这导致每个公司都将销量竞争视作长期生存的竞争(经常出现在电子产品行业)。

2. 销售量决定了哪一个会在相互竞争的技术中成为行业标准(比如在数字音乐播放器的市场上)。

3. 产能的增加快于销量的增长(比如手机市场),导致产能过剩。

上述情况下,竞争可能非常严峻,因为公司会为了确保在成熟阶段的生存而牺牲成长阶段的短期利润。

无论定价竞争激烈与否,在成长阶段最能盈利的定价战略通常是针对细分市场的战略。其中的逻辑很明显:在产品引入阶段,市场上都是新客户,而且技术较为简单;在成长阶段,客户被自然地区分为新客户与熟知产品、经验老到的老客户。对于购买笔记本电脑,经验更为丰富的顾客会选择网购,相比需要实体店销售人员帮助才能选择与配置电脑的客户,他们能获得更好的价格。

另外,对于在成长阶段出现的不同的消费者群体,产品对他们可能意味着有不同的价值,也可能意味着为他们提供服务的成本也不尽相同。新研发的药品就是一个很好的例子。医药公司针对那些有着最大未被满足的需求,以及价值最高的病症来研发和发布新产品,这使得它们能够很快获得管理当局批准,并以最高价成功销售。然而,它们往往紧接着通过扩展药物的用途来推动市场增长,这就会同低价药品产生竞争。这些措施的关键在于向不同的付款方(如保险公司或政府)提供不同的折扣选择。对于那些将药物限制使用在最高价值病症上的付款方必须支付最高的价格。对于那些能够将药品不受限制地运用于许多病症的付款方则有资格获得较低的价格。那些规定必须使用这种药而不允许选择其他竞争性替

---

① Abel P. Jeuland, "Parsimonious Models of Diffusion of Innovation, Part B: Incorporating the Variable of Price," *University of Chicago working paper* (July 1981).

代品的付款方可以得到最优惠的价格。尽管给予最后一类消费者的价格很低从而导致利润率不高，但是由于不必费力说服每位医生采用这种药，公司也可以大幅度地降低销售费用。①

■ 成熟阶段的产品定价

多数产品存在的绝大部分时间都处于成熟阶段。在这个阶段中，有效的定价是生存的基础，虽然可以作决定的范围是非常有限的。不同于成长阶段的快速销售增长和日益提高的成本经济，在成熟期获取利润取决于如何充分利用当前产品尚存的定价范围。许多产品由于无法通过在成长阶段建立差异化优势或成本优势来树立强有力的竞争地位，最终失去了迈入市场成熟的机会。② 那些成功实施了成长阶段战略的公司通常能够在成熟阶段仍然取得盈利，虽然其盈利很少能够同行业成长阶段相媲美。

在成长阶段，利润来源于销售不断扩张的市场。在成熟阶段，这种来源几乎枯竭。在成熟阶段希望持续扩大客户基础的战略很容易被竞争对手保卫市场份额的决心所击溃。在成长阶段，如果竞争者在扩张的市场中失去一些份额，只会导致其销售增长放缓，而在成熟阶段，失去市场份额意味着绝对销售量的下滑。由于已经投入了产能以达到一定水平的产出，所以公司一般会捍卫自己的市场份额，避免被沉没成本拖垮。③ 当市场从成长走向成熟时，价格竞争日趋加剧，定价的范围将由于以下因素进一步受到限制：

1. 多次购买者积累的购买经验提高了他们评估、比较竞争品牌的能力，降低了品牌忠诚度和品牌声誉的价值。

2. 对最成功产品的设计、技术和市场战略的模仿，减弱了产品的差异性，使不同公司各种品牌相互间的竞争更加直接。当产品标准是由政府机构或像美国保险商实验室（Underwriters Laboratories，美国最权威的从事安全试验和鉴定的民间机构）这样受人尊重的独立测试机构制定时，这个同质化的过程有时会进一步加快。

3. 买家增长的价格敏感度和生产已定型产品相对的低风险会吸引新的竞争

---

① 类似的合同，参见 Thomas Nagle, "Money – back guarantee and other ways you never thought to sell your drugs" *Pharmaceutical Executive*, April 2008.

② 如果行业没有预测到销售增长的平稳化，从而在产生过剩的产能情况下进入成熟阶段，这样的问题甚至会导致成熟阶段中一段时期的激烈竞争以及无盈利的低定价。

③ Hall, "Survival Strategies," pp. 75 – 85.

对手，其优势往往在于高效率生产和大宗商品的分销。这些公司通常是国外竞争对手，但也可能是拥有多年生产和营销相似产品经验的国内大公司。

20 世纪 80 年代早期的复印机和 90 年代的计算机与计算机周边产品都是在市场分别步入成熟阶段后，以上三个因素共同作用，大大降低了产品的价格和利润率。

除非企业发明了一种可以延长行业增长的营销策略，或者发明了某一技术突破可以使其能够推出更具差异化的产品，否则公司唯一的选择就是学习与新的竞争对手在压力下共存。[①] 正如我们将在第 11 章中讨论的竞争一样，在成熟阶段有效定价的重点不是勇敢地抢夺市场份额，而是最大限度地利用公司的比较优势来保障利润。即便在行业增长枯竭、成熟阶段到来之际，面对日益增长的竞争以及日益精明的买家，公司也需要寻找机会提高定价的有效性，以确保在成熟阶段的利润。这种机会往往包含在以下几个方面：

□ "松绑" 相关产品和服务

市场成长阶段的目标是让潜在买家轻松地尝试产品并体验产品带来的益处。因此，将完成功能所需的全部部件打包，并以一个整体价格销售是适当的。在办公自动化的早期，IBM 将完整的办公室解决方案（包括硬件、软件、培训和长期的维护合同）进行捆绑销售。在成长阶段，行业领先公司继续捆绑产品组合也有其合理性，但这样做的原因却有所不同：捆绑销售使竞争对手更难以进入市场。当实现客户可体会的益处所需的所有产品被打包并整体定价时，竞争对手很难通过仅仅改进打包产品中的一部分功能而闯入市场。

当市场走向成熟，捆绑销售往往不再是一种积极防御的手段，反而为竞争对手创造了机会。随着竞争对手越来越多，他们越来越逼真地模仿行业领先公司产品包中的各种差异性产品。所以，一家公司可以很容易地只生产某些有优势的部件，而让买家从行业领先公司的其他竞争对手处购买产品包中的其余部件。如果客户从行业领先公司只能购买到打包产品，那么经验更加老道的客户甚至可以彻底放弃打包产品，而从不同的创新竞争对手处购买各种零件，达到相同效果。除非领先公司能够维持所有产品的全面领先地位，否则在成熟阶段，通常更好的做法是适应竞争对手。领先公司可以通过向更多客户出售多种产品，而不是坚持向越来越少的客户销售整个产品组合。我们可以从台式计算机行业来看到这项策

---

① 参见前面所引用的 Porter 的文章，第 247－249 页，没有认识到过渡到成熟阶段的公司所面临的问题的讨论。

略。有经验的客户不断寻求高性能和个性化配置,他们选择从专业供应商处购买多种产品来满足他们各自对性能的需要。为避免失去市场份额,主导供应商被迫将在成长阶段取得过成功的产品组合进行松绑。

□ 改进价格敏感度估算

由于产品在成长阶段的不稳定性,当新的买家和卖家不断地进入市场时,对买家的价格敏感度的过分正式的估算常常没有效果。估算成长期价格-销量的权衡关系往往依赖于一些定性判断以及反复在市场上试验价格所得出的经验。在成熟阶段,需求来自于重复买家,并且竞争更为稳定,人们可以更有效地估计出价格变化带来的收入增长,并经常发现,往往一个成功的微小调整就能够显著地提高利润。第12章将详细讨论对价格敏感度进行估算的技术。

□ 改善成本控制和利用

在成长阶段,随着客户数目和产品种类的不断增加,公司在各产品间较为主观地分配成本可能仍然是有效的。新客户和新产品最初所需的技术、销售和管理支持在成长阶段被合理地归入管理费用,因为它们既可以作为未来销售成本也可以作为最初销售成本。在向成熟阶段的过渡中,对销售增量成本的更准确划分可能创造出显著的利润提高机会。例如,人们可能会发现在一年,一周,甚至是一天中的某些时段需要使用在其他时间没有被充分利用的产能。在这些时段内销售的产品应该制定较高价格,以反映出实际产能的成本。

更重要的是,通过仔细的成本分析可以发现那些未承担应有成本的客户及产品。如果一些产品需要投入更多的销售努力,那么就需要在其增量的销售成本,进而在销售价格里得以体现。如果需求不足以支持更高的价格,这样的产品就是从产品线上撤下的首选。[1] 客户也是一样,如果一些客户要求的技术支持与他们的利润贡献度不成比例,那么不妨采用对服务单独收费的策略。成长阶段为产品多样化及开发新客户而进行的长期投资提供了肥沃的土壤,在成熟阶段则需要剔除那些目前还没有令公司获益,并且预计将来也无法带来利润的产品以及客户。[2]

---

[1] Philip Kotler, "Phasing Out Weak Products," *Harvard Business Review*, 43 (March – April 1965), pp. 107 – 118.

[2] Theodore Levitt, "Marketing When Things Change," *Harvard Business Review*, 55 (November – December 1977), pp. 107 – 113; Poter, op. cit., pp. 159, 241 – 249.

□ 产品线扩展

虽然在成熟阶段，不断增长的竞争和越来越精明的客户使公司对主要产品的定价自由度逐渐缩小，但公司仍可以通过调整自身的定位（作为差异产品或低成本产品的生产者）来销售定价较高、盈利较多的附加产品和服务。由于易于比较，汽车租赁行业的利润率很低，而租赁公司通过销售诸如保险、GPS 系统、儿童安全座椅以及汽油购买期权等相关产品获取了高额利润。尽管信用卡公司在信用卡年费及促使消费者使用信用卡的利息支出上是入不敷出的，信用卡公司通过向超额支付、超期还款收费、外汇收费，以及向零售商收取费用获取了巨大利润。

□ 分销渠道再评估

最后，在向成熟阶段的过渡中，大多数生产厂商开始重新评估他们的批发价格来减少经销商的利润。在成熟阶段，无需向经销商支付产品推广的费用。重复买家明白自己需要什么，他们考虑更多的是价格，而不是将分销商或零售商的建议作为购买的主要指导。同样，公司也不必再限制其零售商的类型。苹果、惠普甚至 IBM 的独家分销网络开始让位于服务少、利润低的分销商，如折扣计算机连锁店、优价办公用品商店及仓储超市，甚至直销网站。这些打折销售的商家在早期可能会破坏公司拓展市场的努力，但在成熟阶段却能够确保厂家在价格敏感的买家中的竞争力。

■ 市场衰退阶段的产品定价

当客户采用替代解决方案，产品需求开始呈下滑趋势时，这就意味着该产品的市场开始进入衰退期。这种趋势对价格的影响取决于行业摒除过剩产能的困难程度。当生产成本主要是可变成本时，行业的产能通常需要快速调整来应对下滑的需求，因而这对价格影响很少或没有影响。当生产成本以固定成本为主但却可以轻易地移作他用时，这些固定资本在其他市场的价值将为该产品设置一个价格底限。当一个行业的资产专用于相应的特定市场时，它的生产成本会主要由固定成本和沉没成本构成，此时，市场衰退对于价格的影响较为严峻。处于此类行业的公司如果不能确保一定的产能利用率，则会面临致命的巨额现金短缺。这时，每个公司都会通过价格战来从竞争对手手里夺取市场。不幸的是，在这一阶段，由于杀价很少能刺激市场产生额外需求来逆转颓势，这将无可避免地导致行业范围内的利润率降低。在衰退阶段的策略不是要赢得任何东西，对一些公司来说，往往是如何以最少的损失退出。而对另外一些公司来说，目标则是度过衰退期，保存自身竞争地位的完好，并在可能的情况下强化自身的竞争地位。

☐ 衰退阶段可供选择的策略

衰退阶段可以采用三种策略：精减、收割、巩固。在大多数衰退市场中，不同的竞争对手采用不同的策略。在20世纪90年代后期和本世纪初进入衰退期的传统相机市场是一个很好的例子。精减策略意味着部分或者全部放弃某一市场，而把资源重新集中在公司拥有较稳固地位的另外一些市场。公司有意地放弃市场份额，但留有份额的那部分盈利会更多。惠普采用了精减的策略，有目的地淘汰低端打印机市场，在不亏本的条件下，保留了在传统强势的镭射和喷墨打印机市场中的地位。

并不是所有公司在衰退阶段放弃市场份额都是有意为之，一些公司也会因为应付债权人或者其他原因而黯然退出。与此相反，"精减"是通过精心策划而实施的策略，目的是使公司占据更有利的竞争地位，而不是为避免崩溃不得已而为之的权宜之计。精减策略的核心是从公司竞争地位中的最薄弱环节中退出，并清算相关资产，使公司更加精干，同时使得防御能力更强。在惠普的例子中，它利用自身品牌声誉销售打印机墨盒养活了低价打印机产品。因为制造这些产品的产能已经是沉没成本，因此它们的增量收益就有可能较高。

同精减策略相比，收割策略是从一个行业中有步骤地撤退。同精减一样，收割始于放弃最薄弱环节。但是，收割的目的不是使公司退居更小和更易防御的竞争地位，而是从行业中完全退出。采用收割策略的公司，其定价不是为了捍卫剩余的市场份额，而是为了收入最大化。采用收割策略的公司也许会在行业内进行短期投资，避免自身地位急速地恶化，但是公司会避免基础性的长期投资，宁愿把在下滑市场中的竞争地位当做"现金牛"，为在其他市场前景光明的投资积累资金。宝丽莱由于没能及时对数码科技的兴起做出反应，被迫采用了快速收割策略，最终导致公司在2002年解体。

与精减和收割策略不同，巩固策略则是希望在衰退行业中为取得更加稳固的地位而做出的努力。这样的策略只适用于在衰退开始时财务状况良好的公司，这使得公司能够度过危机，同时逼迫竞争对手撤离。成功的巩固策略能为公司在衰退过去后做好盈利准备，并在重组后竞争相对减少的行业中拥有更大的市场份额。尼康和佳能由于认识到高端艺术摄影市场在多年后仍有盈利的可能，而采用了巩固策略。虽然他们大多数的产品开发投资都集中在增长的数码市场，但他们意识到了艺术摄影市场长期的盈利空间，因此重组了相关业务，使他们得以继续服务于这个市场并保持盈利。

相机行业的经验告诉我们，我们即使是在生命周期最糟糕的阶段也可能通过优秀的战略选择渡过难关，但是这种选择不是随意的，它取决于公司成功执行某一策略的能力，也需要预见性和计划性。时机、远见和创造性对成功实施衰退阶段的任何策略都是相当关键的。其中，至关重要的是公司在衰退阶段行动要果断。管理者们越早地面对市场现实，就能越早地为公司制定适宜的应对策略。

■ 小结

影响定价策略的因素在产品生命周期中不断变化。产品生命周期有4个阶段：引入、成长、成熟和衰退。简而言之，上述阶段中战略环境的变化如下：

□ 市场引入期

买家因为缺乏对产品优势的了解，其价格敏感性相对较低。生产和推广成本都很高。竞争对手或者根本就不存在，或者很少，并且他们的存在不会带来太多威胁，因为从市场开发中获得的收益要远大于竞争对手给我们造成的麻烦。定价策略应突出向潜在买家传递产品价值的信号，但客户培育仍是销售增长的关键。

□ 市场成长期

买家从个人经验或者从与创新者的交流中增加了对产品特性的了解。因此，他们对较低价格越来越敏感。如果信息传播对此后的销售会产生较大影响，降价会在很大程度上刺激市场成长的速度及产品的长期盈利。此外，伴随销量增长而提高的成本经济性，能够保证公司在降价销售时的利润率。尽管在这个阶段竞争持续增长，但高速的市场成长推动了整个行业的扩张，这通常限制了价格竞争。然而，如果市场份额的增长有望决定何种竞争性技术会成为行业标准，或者产能超过了销量增长，那么，以杀价来驱除竞争对手也有可能出现。

□ 市场成熟期

大多数买家是对产品熟悉的重复买家。日益加剧的同质性使得他们可以更好地比较相互竞争的各种品牌。因此，价格敏感度在这个阶段达到最高。由于每个公司只能从竞争对手处抢夺份额以获取增长，竞争迫使价格下降。在此背景下，公司的盈利能力取决于通过成本领先或产品差异化而取得的可防御的竞争地位，以及有效地利用该地位的能力。通过增强定价有效性而保持利润率的一般做法包括：松绑相关产品、提高需求估计能力、提高控制和利用成本的能力、扩展产品线和重新评估分销渠道。

□ 市场衰退期

购买需求降低及产能过剩成为这个阶段的特点。如果成本主要是可变的成本，或者资产可以简单地重新分配给前景更加光明的市场，那么价格只需小幅下调就会促使一些公司削减产能。如果成本大多是固定和沉没成本，平均成本由于产能利用率的下降而大幅飙升。同时，由于厂家试图通过攫取市场中更大的市场份额来提高产能利用率，这样会使价格竞争加剧。我们有三个选择："精减"至只保有自身最强的产品线以保卫在这些市场的份额；实现整个业务的"收割"以实现现金流最大化；或者，"巩固"自身的地位，通过杀价挤垮弱小的竞争对手，夺取他们的市场。

第8章

定价战略实施：将战略性定价融入组织

很少有什么挑战能比定价战略的实施更让公司高管担忧不已。尽管公司已经投入了大量的时间和精力开发出一套关于价格结构、市场细分、价值沟通、定价政策和价格水平的全面计划，然而企业领导常常发现在企业组织内改变固有行为方式的阻力很大。我们熟知的一位高管曾经这样感叹道："我们在产品定价上花费了大量的精力，但为什么实际的产品价格却像在'随机游走'？"这种情形并不罕见。我们的研究显示，超过60%的销售经理和营销经理对其组织逐步提升定价绩效的能力感到沮丧；更有超过75%的人表示，他们不确定应该怎样做才能更有效地执行公司的定价战略。

既然定价战略看上去直截了当，为什么如此多的组织在执行并维持定价战略时觉得很艰难？对于这个问题的答案尽管有很多，但归纳起来主要有三方面的因素。首先，定价内生的"跨职能特性"可能导致战略在实施过程中"脱轨"，因为通常在定价战略的执行结果上没有明确的权责划分。即使公司有一个正式负责制定和管理价格的定价部门，最终的决定通常还是掌握在产品经理、销售人员，或者是一些高层管理人员手中，而他们通常都要在同咄咄逼人的分销商或强势客户协商洽谈之后才确定最终的销售价格。在面临专业采购组织或在价格战时，这些拥有多年销售经验的管理者也常常对如何捍卫预先制定的价格感到头痛异常。

定价战略失败的第二个原因是，由于决策者们的动机相互冲突，导致定价战略执行过程的不一致性。仅仅根据销售收入来奖励销售人员实际上是在鼓励临时折扣和被动定价。如果为了争取价格多提高一个百分点而增大失去订单及相应奖励的可能性，那么即使是愿望良好的销售代表也不会选择去争取高价。我们通常激励营销人员保持或增加市场份额，而要达到这两个目标，最迅捷的办法就是价格促销。对于财务主管而言，虽然薄利多销的销售模式可能带来更高的投资回报，但这种方式降低了销售利润率。而由于对财务主管的绩效评估往往是依据是否达到了目标利润率，这导致他们反对这种有利的销售模式。运营主管通常专注于保持产能利用率，即使这样做需要保持较高的销量，从而压低市场价格并降低总体利润。根据我们的经验，定价策略不能贯彻执行的最普遍的原因之一就是让有利益冲突的管理者来决定价格。

另一个导致定价战略无法连贯执行的原因是，管理者们通常缺乏制定盈利性定价决策的必要信息和工具。随着企业数据共享系统的引入，管理者被淹没在剧烈增加的各种定价数据中。这时，问题通常不是能不能拿到正确的数据，而是如何运用合适的分析方法将这些数据转换成可操作信息和决策。用于制定定价战略的分析方法的可供选择数目远多于解决特定问题实际需要的分析方法的数目。真正的挑战在于了解哪些方法最有用，以及如何将它们"送"到最合适的决策者手中。Vendavo 和 Zilliant 的价格管理系统之所以能脱颖而出，以很快的速度被越来越多的公司采用，根本原因就是它们能很好地应对庞大数据带来的挑战。它们的系统能有效地分析定价数据，为大型组织提供管理性的真知灼见。当然，并非每家公司都需要这样一个计算机化的价格管理系统来支持定价策略。然而，必不可少的是管理者拥有合适的数据和工具来制定更连贯和更具盈利性的定价决策。

这些常见的与激励机制和信息数据处理相关的问题，为理解如何才能成功实施定价战略提供了非常好的出发点。实施定价战略必须适当地解决两方面的问题：在组织方面必须明确决策是如何产生和执行的；在激励方面必须制定相应的措施来鼓励管理者采取更具盈利性的行为（见图 8-1）。

图 8-1 定价战略实施的基础

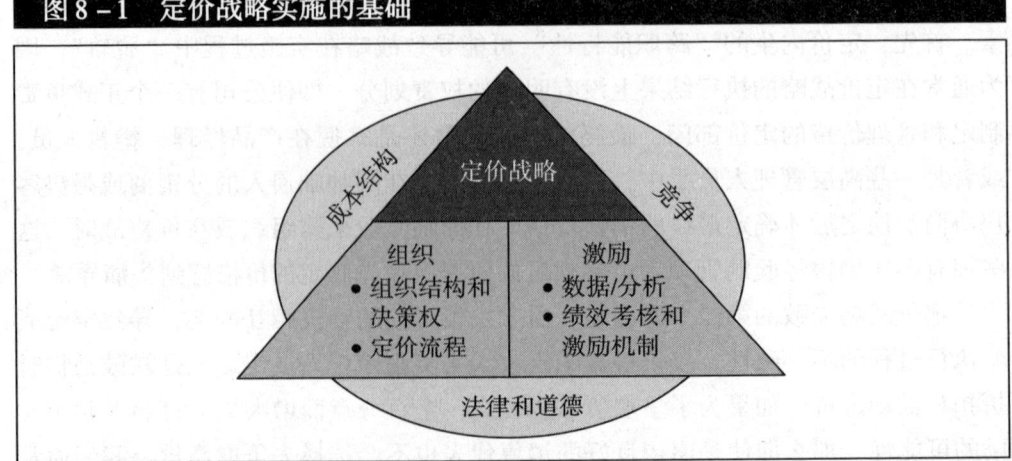

图示的组织涵括了定价功能的整个结构。它包括了决策的所有权和决策制定、实施的过程。激励是指使用理论、数据、分析方法和绩效计量，以及激励机制来鼓励组织和个人的正确行为。除非管理者受到激励而将原有的行为转变成更具盈利性的方式，否则即便是最好的组织结构也无法产生更高的利润。战略定价要求营销从推销产品特性转变为理解产品价值，构建价格和产品结构。这就要求销售人员从与客户协商价格转为向他们销售价值，同时还要求运营部门从提高当前服务运营的效率转为建立一个服务性组织，从而能为客户提供差异化价值。可以理解，以上这些对长期以来熟悉和适应的工作方式的重大转变可能会令人感到不舒服。因此，提供合理的解释和激励机制使管理者主动投入到新的定价战略实施过程中来就显得尤为重要。

有效地强调定价战略实施中如图 8-1 中三角形的下半部分所代表的关键要素，对于将战略定价融入组织至关重要。而图 8-1 中三角形的上半部分代表前面章节讲解过的定价战略。运用本章讨论的管理方法，结合公司的成本结构、市场竞争，以及法律道德环境的相关情况，我们就可以制定出能够保证实施连贯性和盈利性的定价战略及各种支持性活动。

组织

定价职能的组织对定价决策质量的好坏有着关键的影响。我们熟知的一家化工公司就是一个很典型的例子。这家公司长年为保持价格水平而挣扎，即使是在供不应求的时候也是如此。过去，这家公司的管理团队运用价格来最大化产能利用率，导致他们不断推出新产品，过度扩展产品线来不断填充越来越小的小众市场。在多年不尽如人意的表现后，该公司放弃了"销量驱动"战略，转而实施"基于价值"的营销策略，目的在于提高利润，同时力争保持足够销量来控制好成本。管理团队明智地认识到，公司现行的组织结构在面临这项重大的战略转型时可能会很难适应，因为新战略涉及很多新的选择会使企业管理者及员工难以抉择。所以他们决定重新设计定价职能的组织结构，使之更好地支持新战略。

该公司采取的第一步是在每个事业部中都组建小型的定价委员会，负责管理定价政策及其执行。过去，重大的定价决策都是交由公司总部集中管理。现在公司的管理团队意识到每个业务单位都在一个独特的市场环境中运营，因此它们需要不同的、有针对性的定价政策和分散化的决策制定方式。管理层将决定权赋予各事业部的定价委员会并让它们为企业的利润负责。这项组织变革大大提高了定价政策和策略的市场针对性，使得公司的利润大幅提高。第二步则是组建一个公司层面的定价理事会,由每个事业部定价委员会的代表组成。该理事会每季度举行一次会议,它在定价决策中没有扮演任何正式的角色,其功能是提供一个有效的平台来分享成功经验,并且随着其影响力和公信度的建立与提升,定价理事会也为各事业部的定价委员会的决策提供建议和支持。实施新的定价战略及相应组织结构调整的结果是令人瞠目的、超出项目预期底线2.5亿美元的利润增加额。

□ 组织结构

定价部门的组织结构设计是为负责管理定价流程的管理者建立正式的报告关系。这里很重要的一点是,我们要认识到没有任何一个组织设计能够对所有公司和所有市场状况都有效,关键是要确保组织结构的选择与公司的战略目标及商业行为保持一致。定价部门的正确角色是什么呢?当然,根据不同的市场环境,具体的答案可能有很多种。这里,我们根据定价部门在定价决策权和定价流程中的参与程度不同,将其分为4种角色(图8-2)。

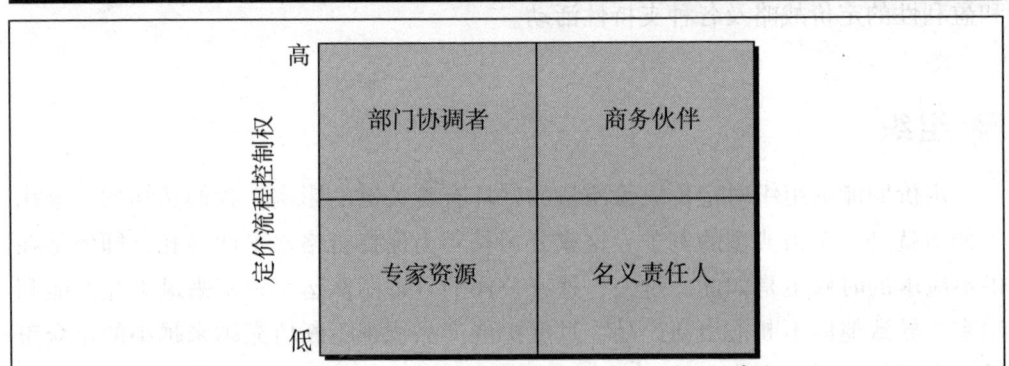

图8-2 定价部门的典型角色

当企业存在一个中央定价部门来为在不同市场上运营的各业务部门提供定价支持时,定价部门采用"专家资源"的角色往往非常有效。当各业务单位需要处理的数据类型相似,但面对的市场环境不同的时候,比如不同的竞争对手,不同的成本结构,或不同的法律制约条件等,这种专家资源的角色作用尤为明显。在快速消费品市场中,这种方式常常被采用。这种市场通常需要面对海量的交易数据,因此需要专业严谨的分析处理。专家资源的角色在B2B市场中也非常普遍。从化工到工业设备制造,如何正确估算客户价值的能力都是很重要的。在这些情况下,定价部门通常只作为内部顾问,为不同部门提供专业化的技术指导,如数据分析、项目管理以及为进一步调整设计一套商业方案。

当定价部门需要在一定程度上控制定价过程时，它所扮演的角色便转变为"部门协调者"。这种条件下定价部门的作用更多的是在战术层面上，它的角色在很大程度上更加强调的是如何做出决策，而不是应该做出什么样的决策。我们发现销量驱动型的组织结构中（如在科技和医疗设备领域），通常要求定价部门承担这类部门协调的作用，而最终的决定权将留给高级营销和销售主管。

当定价部门在定价决策和定价流程中都拥有较大权力时，它扮演的角色则成为"商务伙伴"。在价格水平高度透明且价值定位多样化的工业设备市场，以及规范严格的医药市场中，这种模式的定价部门非常普遍。但即使是在这些市场中，定价部门也很少会拥有所有的定价决策权，而多数还要通过与其他商业领导者合作以确定并执行价格。

定价部门的最后一种角色是"名义责任人"。此时，它拥有核心决策的制定权，但没有权利在市场中去推行这些决策。很少有公司会特意以这种方式设计定价部门，因为这样实际造成了定价政策几乎没有什么效力，而且执行起来也会是大问题。然而，扮演这类角色的定价部门实际上随处可见，因为它能使其他的职能部门在缺少正式定价决策权时仍能控制定价。通常，这样做会增加定价决策在公司中的政治化，因此并不是我们提倡的结构。

在设计定价部门时，另外一个需要考虑的重要因素是集中的程度。当公司在一个单独的市场中运营，或其不同业务单元在相似的市场环境中运营时，更集中的定价体系是有效的。在这些情况下，中央定价体系可以让公司集中精力发展一个核心能力，并在公司运营的各个市场上发挥作用。然而，当业务单位在非常不同的市场环境中运营时，这一模式的优越性就渐渐消失了。这种情况下，只保持集中协调和支持机制，而将决策权下放到各个业务单元可能会更有效。

根据定价职能的角色和权力的集中程度这两个维度上的不同，我们可以将定价部门的组织结构划分为三种类型（图8-3）。实际的组织设计选择可能是三种基本结构类型的组合，因为每一种潜在的选择在保障定价战略的执行能力上都各有优缺点。无论如何，我们发现当前市场中最为盛行的基本上是这些结构或其变体。

第一种结构类型是"权力中心"。这种结构下，定价决策在公司层面上统一制定和管理。在这些组织中，业务单元的职能是收集数据，并执行由公司总部做出的定价决策。权力中心类型的定价部门往往扮演商务伙伴或专家资源的角色，并且在成熟消费品市场（如汽车市场和包装商品市场）中最为普遍，因为在这类市场上维持相对稳定的价格非常重要。一种产品或一位销售经理的冒险就可以

图8-3 定价部门的典型角色

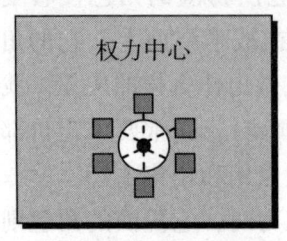

- 定价决策由公司总部统一制定和管理

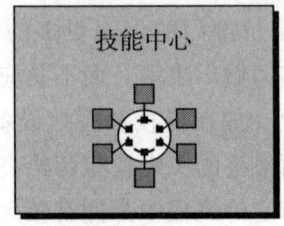

- 公司总部为定价决策和战略提供支持

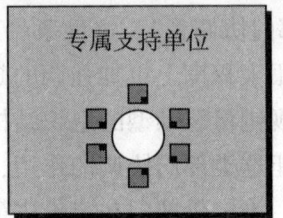

- 独立定价组织存在于单个业务单位中

引发一场价格战！避免这种不幸事件发生的一种方法就是保持定价决策的集中。

第二种结构类型是"技能中心"。它的特点是各业务单元各自控制定价决策权和定价流程。在这种结构中，定价部门的作用是提供一个优良的平台来帮助各部门分享最佳实践，并为更有效定价战略的制定提供支持。技能中心的团队通常具备各种专业技能，例如进行更先进地分析的能力，或更加有效地管理项目成本的能力。通常这个团队扮演着部门协调者的角色。如前文提到的，这支团队一般是作为公司的内部咨询部门，其工作重心是通过知识传递来增强定价决策的效果。地区条件各不相同的市场（如零售业和电信业）往往选择部门协调者来协助区域管理者进行定价决策。

最后一种结构类型是"专属支持单位"。其中，每一个业务单位都有其自身专属的定价团队，他们与公司层面的定价部门（如果确实存在）的联系则较为松散。其典型的角色要么是部门协调者，要么是商务伙伴。这种结构适合市场类型关联不强的多元化经营，它广泛存在于一系列的行业中，包括基础原材料行业和信息技术行业。

除了集中程度和角色之外，还有一些其他的因素影响公司选择定价部门的组织结构。例如，文化通常是一个很重要的考虑，这在曾经同我们合作过的一家南美洲大型银行中得到充分的表现。像许多南美洲的公司一样，这家银行遵循一种关系导向型的公司文化，将协商共识作为制定决策的核心价值。该银行在南美大陆许多相似的市场运营。依照通常经验，这种情况下定价部门应采取更集中的组织结构。但是这种集中定价的组织结构对该银行可能不会有效，因为这将妨碍在业务单元和分公司层面协商建立自己的共识。相反，像微软这类公司的决策制定文化非常具有数据驱动性，凭借其高素质的人员和严谨精密的分析技能，中央定价部门为微软的战略定价提供关键的决策支持。因此，定价部门的组织设计关键是了解各种选择潜在的优劣得失，以便深思熟虑地选择适当的组织结构。

□ 决定权

在设计定价部门的组织结构时，一个正式的结构并不是唯一的考虑因素。将决定权合理分配给参与定价流程的管理者（同时包括定价部门之内和之外的相关人员）也是必不可少的。决定权的分配使每一位参与人明确自己在定价过程中的作用以及在定价过程中什么是自己能做的，什么是自己不能做的。未能正式分配定价决定权会导致定价更加不一致以及管理者之间更激烈的冲突，因为每个管理者都试图影响最终的定价决定。某家商业服务公司就在无意中陷入了这种困境。起因在于他们创建了一支大客户团队，并赋予他们直接为公司最大的客户制定"战略性"折扣决策的权力。不幸的是，那些传统的销售团队从来没有在价格下调上得到这样的决定权，他们继续向这些相同的客户提供自己的报价。大客户收到不同的购买价格，开始主动寻求更多的报价，以期获取更多实惠。尽管在大客户计划下，大客户增长可观，但平均销售价格迅速下降，利润也随之减少。

决定权，如同它的名字所示，明确了在决策过程中，每个人参与的范围和职责，如图8-4。有4种类型的决定权。因为定价决策需要大量的数据，许多管理者被赋予定价决策数据"输入"的权力。如其名字所示，输入权允许个人在决定做出之前提供信息。输入权一般会赋予财务部门、预测部门和调研部门的相关人员，这些部门负责提供关键数据，但对公司的商业表现不承担责任。与能分配给许多个人的输入权相比，"决定"决策的权力应当仅仅赋予一个人或委员会。这保证了定价决策责任明确，并且提供了追踪定价选择的关键激励，以保障这些决策可以被正确地执行。

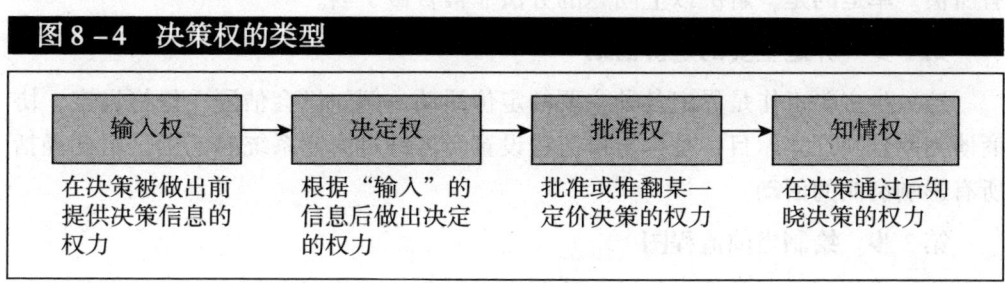

图 8-4　决策权的类型

当定价决策与组织优先级更高的利益发生冲突时，批准权为高级管理者提供了否决的机制。将批准权和决定权相互分离是非常必要的，这确保高层管理者能为定价流程做出富有成效的贡献。将批准权赋予高级管理者，不但能满足把这些管理者的观点载入决策流程的需要，同时也可以保护他们的时间免于陷入日复一日细节的定价操作之中。最后是"知情"权，它应该分配给将要实施新的定价政策或在其他决策过程中会被其影响的人员。比如，将定价决策的知情权赋予产品开发团队的成员，使他们能开发出更有市场竞争力的新产品或服务。

□ 定价流程

一旦建立起定价职能的组织结构并且已经明确了各种权力的划分，组建定价部门的最后一步便是确立一套清晰界定的定价流程。在许多组织中，定价流程被界定得很窄，只包括价格设定和折扣批准。但战略定价涵括了能为公司创造更多商业利润的所有活动。例如，谈判过程也许不会被认为是定价职能的一部分，但它却是实现交易利润最重要的决定因素之一。将谈判排除在定价流程之外会造成管理上的漏洞或利润流失。因此，在确立定价流程的时候，我们需要进行全方位考量，这一点非常重要。

如果当前的定价流程没有有效地运行，我们怎样才能知道呢？定价过程失效时有以下几方面的特征：

- 价格频繁地偏离议定的目标价格以及定价权力和责任划分不清晰
- 频繁的非标准化的客户要求
- 大量未收款项和不断增长的坏账冲销
- 过多的不当折扣和费用免除
- 不断增加的定价失误
- 不断增加的订单处理和完成失误

修正以上问题能极大地提高公司利润，使公司在确立新定价流程上的投入物有所值。幸运的是，解决以上问题的方法非常直截了当。

第1步 界定主要的定价活动

这一步主要工作是界定各种主要的定价活动，例如机会估测、价格设定、协商谈判和合同订立。目标是为定价流程设置所需针对商业系统的范围，由此涵括所有影响利润的活动。

第2步 绘制当前流程图

这一步是要为当前的定价过程绘制出视觉化的图像（如图8-5）。即使在公司还没有一个正式的定价流程时，这仍然是找出定价失误根源的关键步骤。

第3步 找出利润渗漏

这一步我们运用各种定价分析方法（下一小节具体介绍）找出利润流失出现在当前定价流程中的哪一个环节。

第 8 章　定价战略实施：将战略性定价融入组织　167

图 8-5　一家制造企业的决策流程图

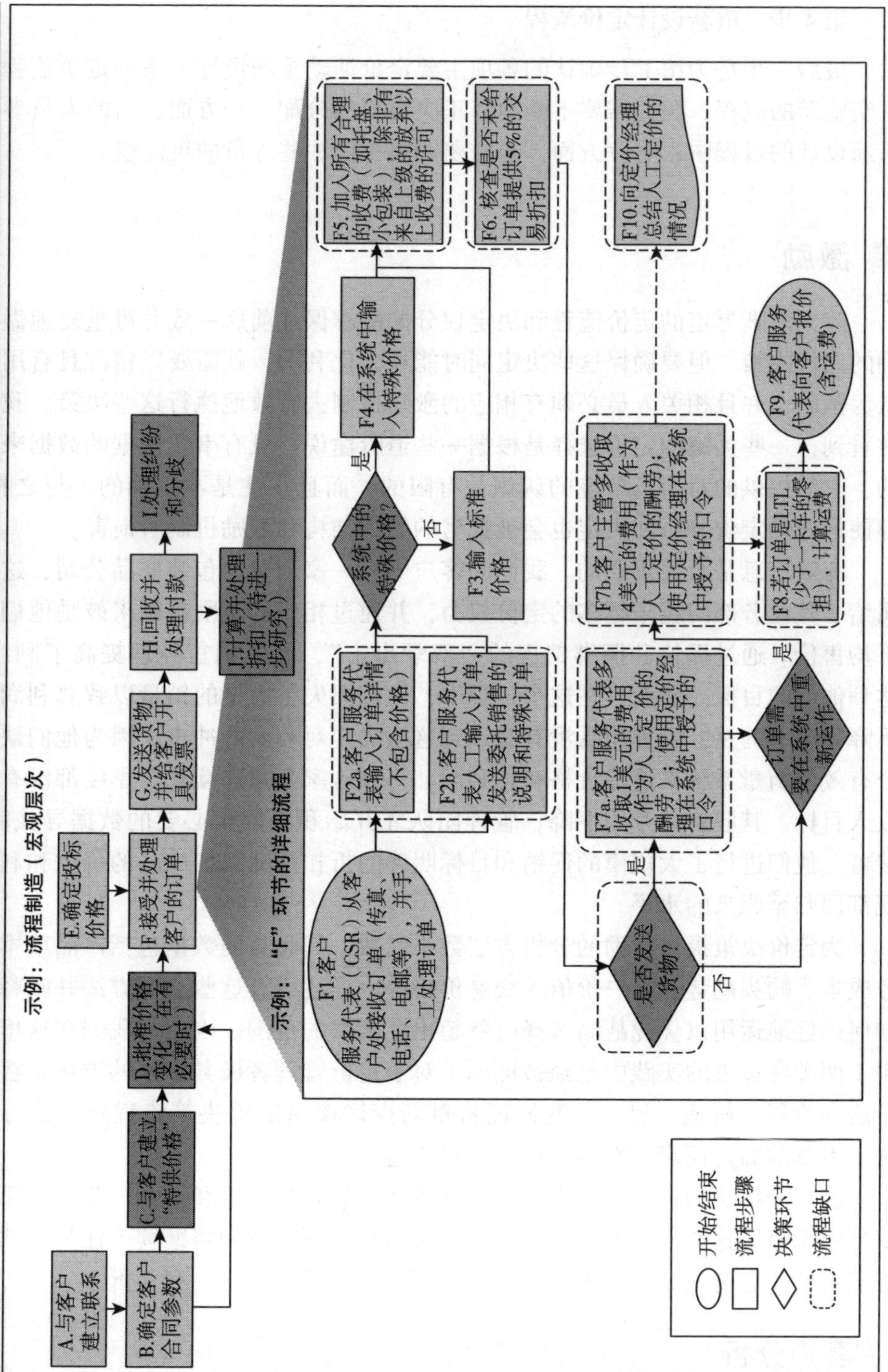

示例：流程制造（宏观层次）

A. 与客户建立联系 → B. 确定客户合同参数 → C. 与客户建立"特保价格" → D. 批准价格变化（在有必要时）→ E. 确定投标价格 → F. 接受并处理客户的订单 → G. 发送货物并给客户开具发票 → H. 回收并处理付款 → I. 处理纠纷和扣款 → J. 计算审查处理折扣（待进一步研究）

示例："F"环节的详细流程

F1. 客户服务代表（CSR）从客户处接收订单（传真、电话、电邮等），并着手处理订单

→ F2a. 客户服务代表输入订单详情（不包含价格）
→ F2b. 客户服务代表人工输入订单，发送委托销售说明和特殊订单

→ 系统中的特殊价格？
　是 → F4. 在系统中输入特殊价格
　否 → F3. 输入标准价格

F4 → F5. 加入所有合理的收费（如包装小包费），除非给来自上级的放弃收费的许可
F5 → F6. 核查是否未给订单提供 5% 的交易折扣

→ F7a. 客户服务代表多收取 1 美元的费用（作为额外的酬劳）使用定价经理在系统中授予的口令
→ F7b. 客户主管多收取的费用 4 美元人工定价的酬劳；使用定价经理在系统中授予的口令

→ 订单在系统中重新运作

→ 要在系统中重新运作？
　是 → F8. 若非订单是 LTL（少于一卡车的负担），计算零星运费
　否 → 是否发送货物？
　　是 → F9. 客户服务代表向客户报价（含运费）
　　否 → F10. 向定价经理总结人工定价情况

图例：
○ 开始/结束
□ 流程步骤
◇ 决策环节
▭ 流程缺口（虚线）

第 4 步　重新设计定价流程

最后一步是为第 1 步确认的各项主要定价活动重新设计一系列定价流程。为了实施新的流程，我们需要不断地修正决定权的分配：一方面，新的人员参与到重新设计的过程中；另一方面，也需要调整当前一些人员的决定权。

■ 激励

建立清晰界定的定价流程和决定权分配能够保证前后一致并可重复地做出正确的定价决策。但要确保这些决定同时能最大化利润，就需要以精准且有用的信息为基础，并且相关人员必须有相应的激励机制去有效地执行这些决策。我们经常看到，一些关键的定价选择是根据一些道听途说、没有事实依据的数据来做出的，它们提供的对市场环境的认识是有限的，而且往往是不正确的。与之相反，即使最好的定价分析和决定也会被拙劣的组织结构和激励机制所损害。

有效信息是至关重要的。我们的客户中有一家消费性包装商品公司，这家公司给予其业务部门越来越多的定价权力，并通过相应的激励机制来鼓励他们提高平均售价。通过提价和捆绑销售的"双拳出击"，地区销售经理提高了利润率，达到他们的目标。然而，在这个过程中，他们损失了大量的销量以致总利润开始下降。不幸的是，管理团队没有意识到这项决定对利润的冲击，因为他们缺乏一个有效的衡量系统来追踪价格和总利润。直到这家公司连续几个季度都没有达到收入目标，其股价也开始下降，管理团队才开始积极收集必要的数据寻找问题。接着，他们进行了大规模的促销和目标明确的折扣活动，使产品的价格和利润表现都回归至原来的水平。

为定价决策提供帮助的分析方法数不胜数，其涵盖的数据包括产品成本、服务成本、购买趋势、客户价值、交易价格等。详述所有这些分析方法并阐释它们如何最好地运用以优化战略选择已然超出了本书的范围。因此，我们在这里只集中于两类在过去的实践中已经被证明了对于定价管理者极其有用的方法：客户分析法和流程分析法。另外，我们还将重新探讨衡量定价决策流程效力的分析方法，本章前面讨论定价部门时曾进行过描述。

客户分析法的核心是研究与定价选择相关的客户动机和行为。我们在第 2 章中已经考察了这类分析方法之一——价值估算。现在我们将继续关注另外两种被证明有助于定价战略的分析方法——购买趋势分析和客户利润分析。

□ 客户分析

定价管理者面临的最大挑战之一就是及时发现客户和竞争对手行为的变化并

做出有效回应。比如,当某个竞争对手为了获取市场份额采取了降价行动,发现这一举动可能颇为不易,因为削价并非总会公开发布或用另外的方法被轻易地观察到。大多数情况下,关于竞争对手价格变动的信息会通过客户、销售人员和分销伙伴渐渐汇入公司内部,往往耗时数月之久。等到公司最终剔除众多噪音数据而发现竞争对手这一举动时,可能公司已经蒙受了损失,而我们的竞争对手已经占据了先机。

□ 绩效趋势分析

通过数据分析来追踪市场趋势,进而发现潜在利润威胁和优化定价的机会是非常重要的。但是,应该收集哪些数据呢?竞争对手的定价数据可能很难获得,并且也不一定能够最全面反映市场动态。另一个方法是随时追踪客户达成交易的价格和购买量,如图8-6所示。这个简单的客户绩效趋势分析是在客户层面完成的,既能针对特定的产品,也能针对全部的产品组合。这个分析的优势在于通过对购买趋势的分析揭示潜在的机会和存在的问题,并提供具体的建议。例如,我们看到左上象限的客户价格下降缓慢或甚至有价格上升的势头,但其购买量下降。因此,购买量下降最多的客户表明他们对价格很敏感,他们可能更倾向以折扣购买。

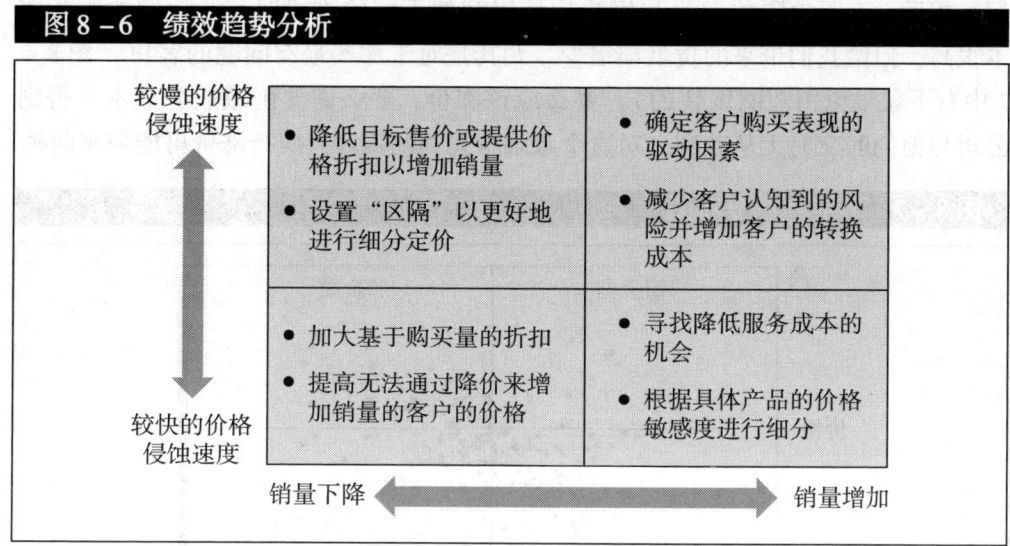

图 8-6 绩效趋势分析

相比之下,左下象限的客户在产品降价时依然在减少购买量。对于这种购买模式可能有一系列的原因,如市场中可能新进了一位提供低价的竞争对手,客户本身的市场发生了变化,或者这些客户有特别专业的采购团队,能成功地将价格砍至其他客户达不到的水平。抛开诸多根本原因,购买趋势分析能帮助我们准确定位问题客户,这样一来,我们便能发现具体问题并对症下药了。

☐ 客户利润分析

长久以来,营销人员都将产品利润作为管理产品组合、分配营销资源的核心衡量标准。然而,在近些年,对于想要提高利润的营销人员来说,客户利润已经渐渐成为另外一项关键的衡量标准。它通过评估特定客户的平均购买价格,结合公司对其付出的服务成本来衡量。创建客户利润衡量通常需要花费一些努力,因为大部分的会计系统都不会在客户层面分摊成本。但这种努力是物有所值的,因为它能为公司提供操作性很强的指导来提高客户组合的利润。

图8-7是基于某家金融服务公司的数据绘制而成,它展示了一种客户利润分析的方法。图中每个点代表了相应客户的服务成本和平均销售价格。在每个象限中都有提高利润的机会,而单独标出的客户群体需要采取更有针对性的措施。分布在左上象限的"铂金"客户应该被保护起来,因为他们支付高价而且服务成本较低,这种分法有时被看成是理所当然的。然而,搞清楚为什么这群客户会付出溢价是非常关键的,而且我们要确保在这个价格水平下,他们能得到好的价值。否则,当竞争对手发现这群客户并为其提供更好的选择,我们可能会失去他们。相反,右下象限的"铅"客户应该以截然不同的方式对待。他们的服务成本很高,但给我们带来的贡献却很少。尤其是对于那些最有问题的客户(图8-7中右下象限里用圆圈围住的),要么应该涨价,要么需要削减服务成本,否则公司与他们的交易无从获利。对这个象限中无利润的客户实行涨价可能带来两种

图8-7 客户利润分布图

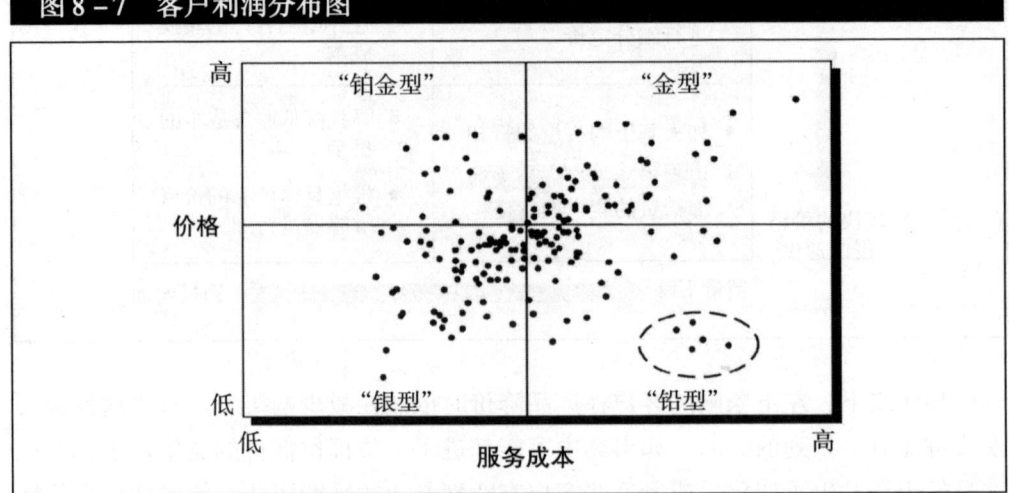

结果：客户为了享受到的产品价值付出更高的价格，或者转投其他竞争对手。这对于公司来说是一个低风险的举措，无论结果如何，它都能增加平均利润，并且通常还能增加总利润。

估算客户利润能为决策者在定价或成本削减，从而提高公司利润上提供高水准的指导。针对单个客户更详尽的利润估算能挖掘出额外的利润增加机会，如图8-8所示。这一分析能够详细列出收入和成本的特定来源，通过对比单个客户和细分市场平均水平，可以确认那些消耗过多资源或没有产生足够收入的问题客户。对于上文提到的金融服务公司，这种对单个客户的利润分析还帮助管理层采取了正确的行动，例如增加自动化和索赔整合，使其减少了直接劳动力成本和处理成本，推动利润增加37%。

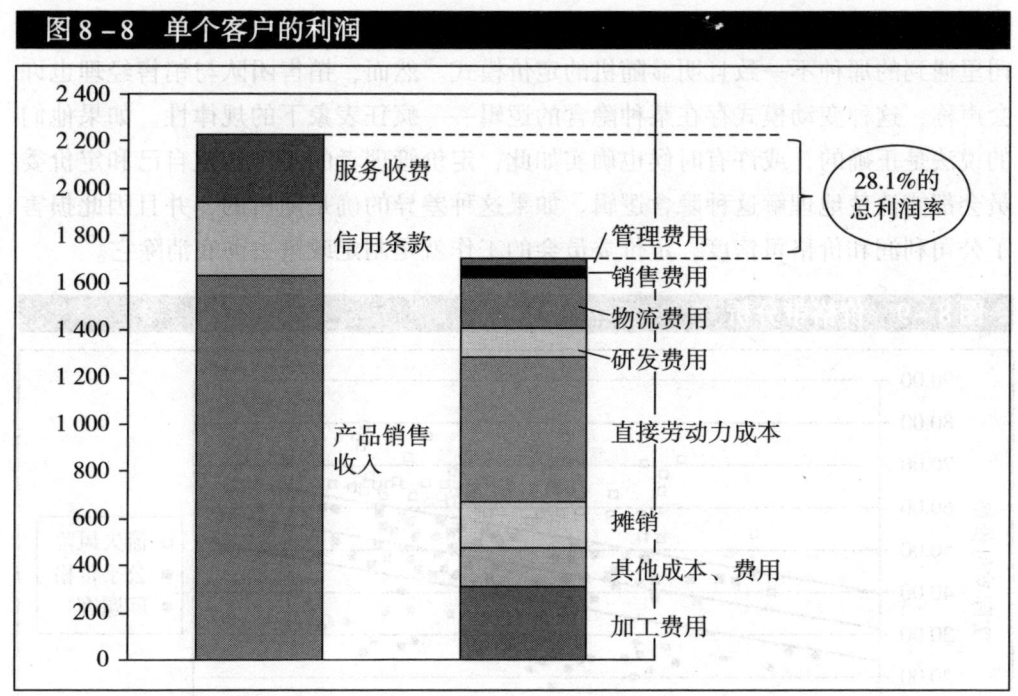

图8-8 单个客户的利润

流程管理分析

著名的物理学家罗德·凯文曾说过："如果你无法度量它，你就无法改进它。"这句名言抓住了流程管理分析背后的本质：要对不好的定价结果（例如利润渗漏）进行度量，然后回溯到定价过程中，并"堵住"漏洞。尽管客户分析将重心放在制定战略上，但流程有效性的分析能够找出定价过程中由于折扣未经授权或管理不善导致的"利润渗漏"。流程分析通常建立在一系列的交易数据上，包括每笔交易的产品、数量、价格和折扣等。其目标是找出经常获得过度折扣的客户和交易类型，随后回溯到定价流程中找到这些折扣的根源，堵住利润渗漏。可行的办法包括调整决策权的分配，采用新的政策，或简单地确保管理者掌握做出有效决定的正确数据。问题的根源可能从销售人员随意地给客户提供折扣，到定价政策不适用于当前的市场环境。下面我们将讨论的分析方法——价格带和价格瀑布，它们不一定会直接告诉我们怎么做，但它们能帮助我们确定问题出在什么地方，这是迈向纠正错误的第一步。

价格带 价格带是一种统计方法，用以确认在特定类型的交易中，哪些客户支付了相比"代表性"价格带高得多或低得多的价格。这种方法可以找出哪些客户以强势战术获取了本不应该得到的折扣，以及哪些客户因为没有努力争取合理折扣而以高于平均价格成交。图8-9展示了我们常常在定价政策有问题的公司里遇到的那种不一致且明显随机的定价模式。然而，销售团队与销售经理也许会声称，这种变动模式存在某种隐含的逻辑——疯狂表象下的规律性。如果他们的说法是正确的，或许有时候也确实如此，定价管理者的工作是使自己和定价委员会都能清楚地理解这种隐含逻辑。如果这种差异的确是随机的，并且因此损害了公司利润和价格可信度，定价委员会的工作就是制定政策去彻底消除它。

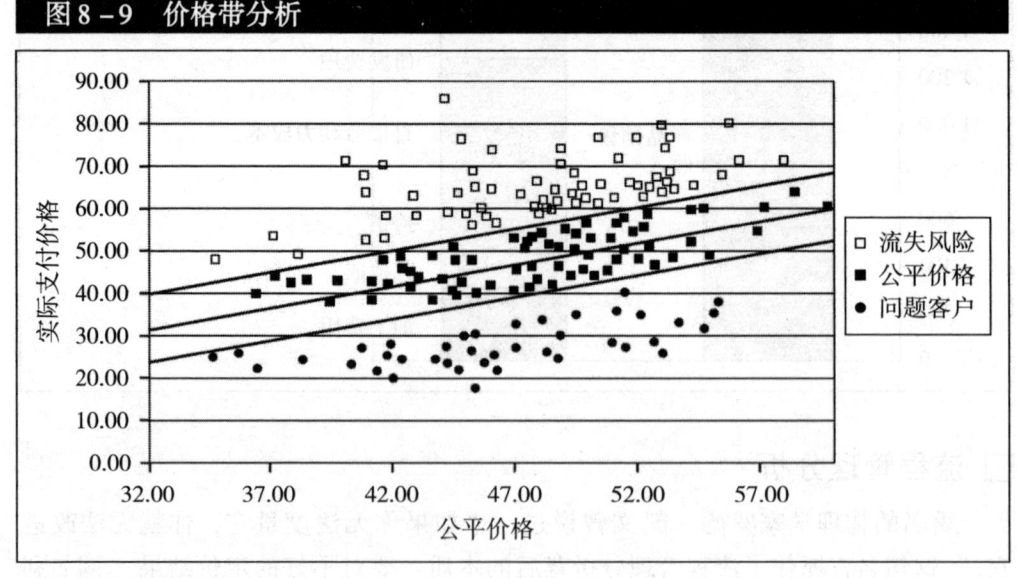

图8-9 价格带分析

价格带分析有4个步骤：

1. 以价值为基础，找出造成客户之间价格差异的相关因素（服务水平、订单大小、地理区域、客户业务类型等）。

2. 用价格水平或折扣百分比对上述各项因素作回归分析：

$$\text{折扣百分比} = f(\text{数量、服务、地域等}) + \varepsilon$$

3. 对于每一个观测（一个实际的客户或订单），使用回归方程去估计价格或折扣水平：这代表着如果将上述各种因素的平均水平值应用到该客户身上，那么这个客户将得到怎样的价格或折扣。这就是回归的"拟合值"，我们称其为"代表性价格"，它定义为具有同样特征的交易或消费者应达成的平均价格。

4. 标出客户所付的真实价格，并沿回归线将它们和代表性价格做出比较；检查差值的正负情况，如图8-9所示。标出比代表性价格线高出一个标准差的直线和低于一个标准差的直线，在这个范围以外的点就是异常值。如果在很大程度上价格变动是由于合理因素产生的，那么回归中的自变量将能很好地"解释"实际价格的分布，R^2（称为确定性系数）将会很高（介于0.8至1.0），并且这条价格带会很窄。如果在很大程度上折扣是随机的，或者是由其他一些非理性的因素导致的，R^2值将会较低（低于0.4），并且公平价格线附近的价格带将会很宽。

一旦这个分析完成，下一步就是组织头脑风暴讨论造成随机变动的可能原因并检验其相关性来验证这些假设。例如，是否是小部分销售代表造成了大部分的负向变动，而另一类销售代表群体则创造了大部分的正向变动？是否造成负向变动的少数人主要是由新手组成，而造成正向变动的群体经验更加丰富？如果是这样，解决问题的办法可能是将经验丰富的销售人员关于价值销售的方法加以总结，并把这些好的经验同绩效欠佳的群体分享。随机变动的其他解释可能与客户购买流程有关（如是否是集中采购？），这可能需要我们有不同的价格政策。在某个案例中，我们运用这种分析深入挖掘，最终追踪到一位销售代表在一个腐败盛行的市场中收受贿赂来给客户提供大幅折扣。

价格瀑布 在一些公司，导致收入和利润损失的可能来源有很多种，但这些公司往往没有认真追踪这些根源。在一篇经常被引用的经典文章中，两位麦肯锡的咨询顾问向人们展示如何仅仅运用瀑布分析法来管理过多折扣就能大幅提高公司的盈利水平。[1] 图8-10展示了他们的价格瀑布分析法。尽管公司可以根据发票价格来估计客户的利润贡献，在销售过程中仍然有许多其他原因造成了利润渗漏。落袋价格（pocket price）即除去所有的折扣之后真正赚到的收入，常常要少得多。更重要的是，利润渗漏的规模可以从"很小"到"大得无法想象"。在一

---

[1] Michael Marn and Robert Rosiello, "*Managing Price, Gaining Profit*," *Harvard Business Review* 70 (September - October 1992): P84 - 93.

个案例中，一个公司在分析落袋价格后发现，与某些客户进行交易产生的利润流失比价目表价格下的总利润还要多！除了销售人员的佣金激励之外，还包括对零售商的订单规模激励、对零售商所属的采购团体的奖励、联合广告激励、对分销商持有存货的折扣激励、对分销商提前付款的折扣激励，给终端客户的优惠券，以及优惠券处理带来的各种费用等。

图 8-10　价格瀑布分析

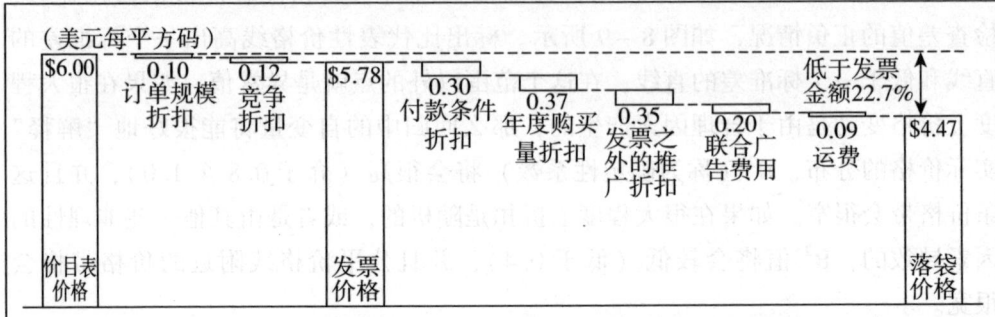

该图表经Harvard Business Review的允许转载，摘自"Managing Price, Gaining Profit"一文，由Michael Marn和Robert Rosiello合著，于1992年发表于9-10月刊，发行权归哈佛商学院出版公司所有。

允许客户延迟支付，让客户下小订单，免费给予客户额外服务等，诸如此类的服务都最终影响实收价格。结果可能是实收价格比发票价格有更宽的差异。因为公司对这类让步的监控常常不如对那些明显价格折扣那样严格，因而这类利润渗漏有上升的趋势。这并不意味着这样的折扣应该停止；它们经常能够提供有价值的激励，而且可以有效地隐藏实际折扣以保持重要的价格统一形象。这里的危险主要在于不去进行积极管理，没有执行严格的折扣政策。比如说，当发现销售人员为客户免除运费的频率远远超过必要水平时，一个大型分销商实施了一项政策，要求销售人员在处理此类订单前提供更多的凭证。这种简单的政策改变给企业带来上千万美元的利润。

□ 绩效考核和激励机制

将绩效考核与员工报酬和激励机制挂钩是激发和调节员工行为的极重要手段。可是，很多公司还挣扎于如何运用合适的激励机制来达到理想的结果。在我们的一项调查中，超过58%的管理者表示，他们公司的激励机制实际上是在引导员工做出降低公司利润的选择。这个数据引出了这样一个问题：为什么设计有效的激励机制如此困难？第一个也通常是最具有挑战性的障碍是确保绩效考核要能激励正确的行为。员工每天参与各种各样的活动，而公司通常会掉入一个陷阱，就是试图设计能在所有活动中引导员工的考核标准和激励机制。但使用太多的考核标准会使员工感到混乱不清，失去重点。即使是非常好的员工也难以分清什么才是正确的行为，这会使所有员工都倍感沮丧。

因此，公司不应试图创造出一套过于复杂的绩效衡量标准，而应选定有限的考核标准，并将这些标准与利润紧密挂钩，并让员工在这些方面为他们的表现负责。我们来看看按销售收入的百分比进行奖励时，销售代表、独立经销商以及制造商代表所面临的困境。假设公司在大宗交易中的利润率是 10%。如果销售代表投入双倍的时间用于与客户沟通，进行价值销售并且/或者使客户改变了那些增加服务成本的行为，也许他最多可以将利润率再提高 10%——使利润率翻番（20%）。然而，即使所有利润增加都来自价格，该销售代表以销售收入为基础的奖金最多也只会增加 10%。对比而言，他的一个同事并未尝试价值销售，而是把同样多的时间用于另一单只有 10% 利率润的同样规模的生意上。结果，这位同事给公司带来同样多的利润贡献，但是他的销售收入却翻了一倍，因此得到了两倍的销售奖金。即使这位同事必须降价 5% 以赢得这单生意，从而减少了一半的利润，但他仍然得到了更多的奖金。而花时间进行价值型销售而不是出售数量的销售代表却只能面对"未赶上销售进度"的指责。

除非你改变这些错误的、以收入为基准的、鼓励以利润为代价换取销量的绩效考核和激励机制，否则销售人员将很难采取正确的行为。使销售激励与公司激励相一致的关键在于，将报酬与利润率联系在一起。图 8-11 解释了如何使用以边际贡献为基础的公式来做到这一点。按利润率付酬不仅仅是一种理论主张，它提供的销售激励可以使公司和销售人员得到双赢。而且它也鼓励销售人员给予诸如创新产品特征、质量改进和供货速度等价值驱动因素更多的关注。一旦公司激励同销售激励取得一致，销售人员就会开始自动调节自己的行为，去向公司需要的方向努力。例如一家公司的销售代表卖掉公司轿车而购入货车，因为这样他就可以向有紧急需求的新客户快速送货，这将促成后续销售和更高的报酬。

设计有效的激励机制的另一个挑战是公司在整体上缺乏绩效考核的统一标准。如果拥有定价决定权的其他人是以市场份额来衡量绩效，那么按利润率来考核销售人员对公司利润提高的贡献将微乎其微。例如，曾与我们合作过的一家高科技制造商将定价的批准权授予财务部门，以保证价格具有充分的财务审慎性。而在这个公司中，一项严格遵循的财务准则是所有的产品都应保持至少 64% 的毛利率，否则就应当从产品组合中去除。财务人员的考核基于其维持毛利率的能力，所以他们不管市场状况或销量状况如何，总是会将所有低于 64% 门槛的价格请求例行公事地否决掉。毫不意外，由于销售部门得到的报酬是建立在销售收入的基础上的，他们对于财务部员的商业意识嗤之以鼻："他们什么都不懂！"此外，销售人员可能会每周花去大量时间想方设法绕过财务人员，使大销量但低利润率的订单获得批准。

图8-11　创造实现利润的销售奖励机制

要使销售人员进行基于价值的销售，其关键是不仅按销量，更要按利润贡献来衡量他们的绩效并给予相应的奖励。尽管有些公司通过加入像鲁布·戈德堡一样复杂的薪酬激励体系实现了这一点，但是有一种非常简单、直接的方法同样也能达到这个目的，即给销售人员设定和以前一样的销售目标，但是要告诉他们，该销售量需要按照目标价格完成。如果以低于或高于这个"目标"的价格出售，他们所得到的"销售积分"将会随利润率进行调整。

在确定销售人员所得的销售积分时，关键是计算每一类产品的利润率系数。为鼓励销售人员尽最大努力为公司作出贡献，应该用利润率系数对实际销售收入进行调整从而得到销售积分。下面是计算公式：

$$销售积分 = [目标价格 - k*(目标价格 - 成交价格)] \times 销售量$$

（在这里k是利润率系数）

为计算与产品利润率成比例变化的销售积分，利润率系数应该等于1除以目标价格上的产品边际收益率。例如边际收益率为20%时，利润率系数就等于5（1.0/0.20）。当一个销售人员给了15%的折扣，那么就用该折扣乘以利润率系数5，他的销售积分将减少75%，而不是像在原来没有利润率调节时的15%。因此，当价值1 000元的产品以850元售出时，销售积分只有250元。但是当价值500元的产品卖到550元（溢价10%），销售人员就获得了750元的销售积分（500+5×50）。

因为销售人员更容易关注短期利润率，并且总能够跳槽到另一家公司，所以对公司而言，激励作用最大的利润率系数通常要高于完全基于边际收益的最小利润率系数。很明显，这种调整的重要性将直接与可变边际收益相关。由此推断，边际收益率越大，产品对公司越重要，利润率系数就越能够将销售人员利益和公司利益联系起来。

这里讨论的绝不仅仅是理论。随着公司越来越多地采用协商定价策略，上述体系已经被广泛应用到诸如办公设备、市场研究服务和上门直销等诸多领域。尽管小部分销售人员无法向价值销售和基于利润的奖励机制过渡，但大多数销售人员非常欢迎这一做法。然而，因为销售人员对公司竞争力的抱怨一直不会停止，管理者应该为相应的一些反映做好准备：以前抱怨产品价格太高的销售人员现在开始抱怨送货速度太慢、质量缺陷、产品缺乏创新以及需要更好地销售支持来向客户展示产品价值等。总而言之，销售人员的关注点从被动地抱怨价格过高，转变为合理地关注公司是否能向客户提供更多的价值驱动因素了。这是一件好事。

让绩效考核标准和激励机制在公司整体层面协调一致的第一步，是将那些在定价过程中被赋予决定权的所有相关者的当前目标与动机记录下来。这份记录能显示出那些会降低定价决策效率的潜在冲突。理想情况下，下一步就是改变激励机制使决策者们在做出定价选择时目标一致。但是改变激励机制可能旷日持久并且可能为组织带来相当大的动荡，因此，它并不一定总是一个理想的选择。在这种情况下，就有必要制定价格政策，确定如何做出定价决定，并确保用不同的价格管理分析方法来追踪政策执行的情况。

■ 有效管理变革过程

组织结构、决策权、决策流程以及激励机制都是帮助管理者做出不同以往但更具盈利性定价选择的重要杠杆。要将组织转变成为一个围绕战略定价原则运作的组织，管理者处理问题的方法有时需要与过去的经验和训练背道而驰。一些人可能会反对变革，因为他们认为新的举措事倍功半，而另一些可能反对的人则可能是由于新的举措会对他们的报酬产生负面影响。无论反对的原因是什么，在让他们接受新的定价战略前，公司必须以适当的方式激励他们，以顺利度过可能令人不适的转型过程。

公司可以采用多种手段来帮助新举措的实施，包括明确变革将有高级管理层亲自领导，以及通过试验项目展示成功。成功的变革要求综合并协调运用这些改革举措，以克服组织惰性并完成改革。

□ 高级管理层的支持

领导鼓励企业采用战略定价的最重要举措之一就是真正"说到做到"。我们经常看到，高级管理者一方面表示对新的定价战略高度支持，但另一方面，一旦客户要求更低价格，他们往往一如既往地给予折扣。高级管理者不仅必须避免掉回老一套的定价陷阱，还必须努力寻找合适的机会立场鲜明地表达对新战略的支持。曾与我们合作过的某电信公司花大力气制定了一种针对消费者市场的更具战略性的定价方式。实施计划包括广泛的销售团队培训，以及用新方法与两三个关键客户进行谈判以展示其有效性。当公司似乎在其战略转型道路上走向成功时，尽管公司的COO（Chief Operational Officer，首席运营官）一直以来都在极力主张这一战略，但为了缓解来自于董事会的压力，达到销量目标，他向客户提供了"一次性"折扣优惠以赢得生意。一旦地区销售经理知道COO向客户提供了折扣，他们就立即要求公司给予他们在谈判中提供类似折扣的权力。不久，这些定价的"例外"就变成了公司上下的惯例，定价战略被彻底遗弃了。在这个例子中，COO不但错过了一个关键机会来清晰地传达公司对新战略的重视，而且进一步把公司困陷入旧有的定价习惯中。

高级管理者有许多机会传达他们对新定价战略的支持。他们可以考虑的特别措施包括：

1. 强制执行一项全面的培训项目，以便：a）介绍战略定价的概念；b）用公司最近运用新战略"获胜"的特别案例展示"什么是好的"。

2. 与各业务层面管理者定期召开进展总结会议，讨论面临的挑战，并要求这些人对定价战略实施的进展负责。

3. 抓住机会表达对新措施的支持，如公司内部的博客、简报或演讲。

4. 确保其他高级领导也积极地参与决策过程，使他们能理解当前面临的挑战并行为得体。

□ 示范项目

也许，示范项目是帮助管理者理解并接受战略定价最重要的方法，它能够检验新举措的效果并提供示例展示"什么是好的"。成功的示范项目是公司推广新战略的关键，应该给予尽可能多的曝光度。这些项目的设计应该体现新战略，并为大家提供从商务团队得到的真实反馈和成果。它们应该重点突出且有一定期限，否则它们可能面临失去组织的关注、减少吸引力的风险。这里有一个好的案例：某娱乐公司为了检测新的定价策略和价格点，选择了节假日之后一个很特别的时段和一个具体的衡量标准来追踪整体利润的增长情况。通过选取个别时段并清晰地界定成功的标准，公司不仅在员工中建立了对新战略的兴趣，同时也为未来迅速宣布该战略取得成功并开始全面展开建立了公信力。

设计示范项目时，一个必须克服的挑战是如何确定衡量的基准。公司内审慎的管理者也许会问："市场中存在这么多变动的部分，我们自己也采取了多种商业活动，我怎样才能确定结果是由新的定价策略产生的呢？"最好也是最快地打消他们顾虑的方法，就是选择两组类似的消费者进行价格试验（详见第6章）。对其中一组采用新的价格和策略，而对另一组保持原有的价格和策略。这样不仅为新举措的效果提供了客观的参照，还能在组织中建立公信力。娱乐公司经过深思熟虑，确认了相似产品的对照样本，用于建立检测新策略的基准。通过网络和销售会议，检测结果被告知给销售组织中的每一位成员。这个测试为公司接受新价格起到了非常关键的作用。

示范项目的一个重要好处是项目的领导通常会成为改革的内部拥护者。对于战略定价，没有人比这些体验了一手结果的内部人士更有发言权了。对于定价更是如此，一个小小的障碍就有可能使整个定价过程半途而废，无功而返。让更多的管理者表达出对新定价措施的信心是对之前努力的一种肯定，还能彰显管理者对新战略成功的信心。最高领导的支持对于成功当然是极为重要的，但初级管理者的支持也颇具价值，因为他们面临与他们的同事们相似的挑战，能够给予强大的信心。

小结

实施新的战略定价是当今商业领导者们面临的最富挑战性活动之一，因为这牵涉到方方面面的工作。在本章中，我们描述了构建定价部门所需的关键要素，以确保组织上下能够始终如一地做出定价决策。成功需要结构变革（如流程再造和决策权分配）与个人激励杠杆（如激励机制和绩效考核）的结合，使管理者能够做出更具盈利性的决定。改革的影响是深远的，但是，如果我们也必须认识到"罗马非一日建成"，这项改革往往会持续相当长的时间。然而，我们的研究清楚地表明，从财务成果来看，公司的努力是值得的——通过采用战略定价的原则，并在组织中贯彻实施这些原则，它实现的运营收入平均比同行业中的竞争对手多出了24%。[1]

---

[1] 摩立特2007年度定价对标调研。

第9章

成本：成本如何影响定价决策

在大多数的公司中，在负责管理成本的经理（财务和会计）和负责满足客户的经理（营销和销售）之间往往存在着矛盾。会计教科书告诫要警惕不足以收回全部成本的价格；而营销教科书则坚决主张客户的支付意愿才是价格的唯一驱动因素。这些观点之间的冲突浪费了公司的资源，并导致不完美的折中定价决策的产生。盈利性定价需要兼顾成本和客户价值。然而要两者兼顾，需要摒弃错误的观念，并就利润驱动因素达成一致。[①] 在这一章和有关财务分析的第10章中，我们将解释当成本和定价相关时，营销人员应当如何在定价决策中运用成本，以及当营销人员为评估定价决策而在价格和销量之间做权衡时，财务所扮演的角色。

▎成本在定价中的角色

成本从不应当决定价格，但是成本在定价战略制定中确实扮演了一个至关重要的角色。定价决策往往与销售目标的决策联系在一起，而销售则涉及生产、营销和管理等成本。购买者的支付意愿和卖家的成本确实没什么关系，但是卖家要生产什么产品以及生产多少却在很大程度上取决于生产成本。

成本加成定价者所犯的错误不是他们在定价中考虑了他们的成本，而是他们在没有确定可以收取的价格时就决定了将要销售的数量和将要服务的购买者。然

---

① Gerald Smith and Thomas Nagle, "Financial Analysis for Profit – Driven Pricing," *Slogan Management Review* 35, no. 3 (Spring 1994).

后，他们试图强行实施基于成本的价格，该价格也许比购买者的支付意愿更高或更低。相比之下，有效的价格制定者以正好相反的顺序做出他们的决定。他们首先评估购买者愿意支付的价格，完成这步后，他们才开始选择生产的数量和服务的市场。

采用有效定价战略的公司，通过比较他们可以收取的价格和他们必须承担的成本来决定生产的产品和销售的对象。因此，成本确实会影响他们收取的价格。低成本的生产者可以用更低的价格出售更多的产品，因为它可以运用这样的价格来吸引价格敏感度较高的购买者，并实现盈利目标。而成本较高的生产者无法通过与低成本生产者进行低价竞争来吸引价格敏感度较高的购买者，它必须瞄准那些愿意支付溢价的购买者。与此相似，成本的变化应当促使生产者改变价格，这不是因为成本变化改变了购买者愿意支付的价格，而是因为它改变了公司在实现盈利目标的大前提下可以供给的产品数量和可以服务的购买者。当喷气式飞机的燃料成本上升时，大多数航空公司不会天真到试图在维持以前飞行时刻的同时，通过成本加成定价来转移燃料成本。但是一些航空公司确实提高了每英里的平均收入，其方法是通过减少航班数量，使保留的航班上载有更多全价票乘客。为给这些乘客腾出空间，他们取消或减少打折机票。因此，飞机燃料成本上涨影响了航空公司所提供的价格组合，提高了平均价格；然而这是减少航班数量和改变乘客结构的战略决定所带来的结果，而不是试图通过向同样的人群提供相同的服务但却要索要更高价格带来的。

有关销售数量和服务对象的决定对所有公司来说都是战略定价的重要部分，并且对很多公司来说是最重要的部分。在这一章中，我们将探讨正确理解成本是如何帮助公司做出正确决策的。然而在此之前，我们需要讲点鼓励性的话：理解成本可能是定价中最具挑战性的一个方面。第一次阅读本章时你可能无法熟练掌握这些概念。你的目标应当是先对其中涉及的问题和处理的方法有所了解，而最终这方面的技术则要在实践中逐步掌握。

■ 确定相关成本

如果无法理解成本，就无法有效定价。理解成本不仅仅是知道其数量。即使最无效的价格制定者（那些机械地运用成本加成公式的价格制定者）也知道自己在劳动力、原材料和企业管理费用上花费了多少。真正理解成本的管理者知道比成本水平更多的东西，他们了解成本会如何随着销量的变化而变化，而销量的变化则同定价决策密切相关。

并不是所有的成本都与定价决策相关。定价的第一步是确定相关成本：那些从实质上影响了定价决策利润收益的成本。在这一部分中，我们的目的是明确那些可以用来确定相关成本的准则。在理论上，为定价决策确定相关成本其实是十分简单的。它们就是增量成本（而不是平均成本）和可避免成本（而不是沉没成本）。而在实践上，要确定满足这些标准的成本却可能很困难。因此，我们将会详细地解释这些不同成本的区别，并用一个实际例子加以说明。

为什么是增量成本

定价决策将影响到公司是会在较高价格上售出较少的产品，还是会在较低价格上售出较多的产品。在任一种情况下，某些成本（在总体上）始终保持不变，因此这类成本不会影响一个价格与另一价格的利润率差异。只有那些在总体上随着价格的变化而上升或下降的成本才会影响不同定价战略下的相对利润。我们把这些成本叫做增量成本，因为它们代表了由定价决策导致的成本变化（上升或下降）。

增量成本是那些与定价和销售变化联系在一起的成本。增量成本与非增量成本的区别类似于人们更为熟悉的可变成本与固定成本之间的区别，但不完全相同。可变成本（例如生产过程中原材料的成本）是进行交易的成本。因为定价决策影响公司的交易量，所以，对定价而言可变成本总是增量型的。与此相反，固定成本（例如产品设计、广告和企业管理费用）是交易前已经存在的成本。①当我们判断一项价格是否会带来足够多的收入，从而决定是否有必要继续出售某类产品或继续服务于某个客户群时，固定成本才是增量型的；但是，由于固定成本一般不会受到公司实际销量的影响，所以当管理层决定制定什么样的价格水平来获得最大化利润的时候，大多数固定成本不是增量型的。

然而，某些固定成本对定价决策来说确实是增量成本，我们必须把它们找出来。增量型固定成本是由于对同一个产品实施了一个新的价格，或在一个不同的价格水平上提供一个新的产品而直接形成的成本。例如，一家餐馆印制新价格菜单的固定成本，或一家公共事业公司为获取监管部门的涨价批准而投入的固定成本，当它们在决定是否要去做这样的改变时，这些投入的固定成本将会是增量成

---

① 谨防被归为"企业管理费用"（overhead）的成本。即使成本是明显可变的，它们最终也会经常被归为这类成本；这仅仅是因为人们很容易把那些与产品生产没有直接联系的成本划入"企业管理费用"。这样的错误归类存在的证据之一就是不恰当的术语"可变的企业管理费用"（variable overhead）。

本。航空公司为打折服务做广告的固定成本或为增加溢价服务而改善其飞机内部环境所投入的固定成本，在它要做出是否提供这些产品和服务的抉择时，这些投入的固定成本也将是增量成本。

令问题更复杂的是很多成本既不是完全固定的，也不是完全可变的。它们在一定的销售量范围内是固定的，但是当销售量超出这个范围的时候，它们又是可变的。为了正确地做出定价决策，我们需要判断这种半固定成本对于一个特定的定价决策而言是否是增量型的。例如，在决定是否扩大生产能力时，我们可以考察资本型设备的成本所扮演的角色。制造商也许无需购入任何新设备，而仅仅通过更好地利用现有设备就能够满足每个月多生产100个额外产品的订单。因此，当计算不超过100个额外产品的生产成本时，设备成本是非增量成本。但是，如果额外订单的数量变成每月150个，工厂就必须额外购买设备了。那么，购买新设备所增加的成本将会变成增量成本，此时公司必须要好好考虑，在这一增加的固定成本下，是否还可以以足够低的价格来吸引这部分额外的生意。

为了充分理解有效确认增量成本在定价决策时的重要性，我们来看一下下面这个交响乐团经理所面对的问题。在演出季节中，乐团通常每月有两场周六晚上的表演，每次表演都有一个新节目。每次演出会产生如下成本：

固定的管理费用成本	1 500 美元
彩排成本	4500 美元
演出成本	2000 美元
可变成本（例如节目和门票）	每位观众 1 美元

乐团经理因为微薄的利润率而忧心忡忡。她现在将票价定在 10 美元。如果能将音乐大厅中的 1 100 个座位全部卖完，那么总收入将会是 11 000 美元，总成本是 9 100 美元，每场演出将带来 1 900 美元的可观利润。① 不幸的是，通常观众只有 900 人，这导致售出的每张门票的平均成本是 9.89 美元——接近 10 美元的门票价格。每场演出的收入仅仅 9 000 美元，成本 8 900 美元，这样每场演出的总利润只有令人沮丧的 100 美元。

业务经理不相信简单的涨价就可以解决问题。更高的价格会进一步减少观众数量，使得每场演出的收入比现在还要少。因此，她正在考虑三个通过扩展新市场来增加利润的方案，其中两个方案涉及出售折扣门票。这三个备选方案是：

---

① 收入 = 1 100 × $10，成本 = $1 500 + $4 500 + $2 000 + ($1 × 1 100)。

1. "学生抢购"门票定价为 4 美元,并以"先到先得"为准则,在演出前的一个半小时向大学生出售。经理估计她可以向在其他情况下不会到场的人群出售 200 张这样的门票。然而,很明显,这些门票的价格甚至不及每张票平均成本的一半。

2. 星期六晚上的演出将在星期日白天重演,门票为 6 美元。经理预计她可以售出 700 张日场票,但其中 150 张门票将卖给本来会购买星期六高价票演出的人群。因此净人数将增加 550 人,但同样,这些门票的价格也将少于每张票的平均成本。

3. 一系列新的演出会在每隔一个星期六表演。票价将定在 10 美元,并且经理预计她将售出 800 张门票,但是其中 100 张将会卖给本会观看原有演出的人群。因此净人群将会增加 700 人。

乐团应当采用哪一种方案呢?各种选择的分析展示在图 9-1 中。演出收入所得在学生抢购(用于吸引边缘市场的最低定价方案)中明显是最少的,而在新系列方案中是最高的,因为新系列吸引了更多愿意买全价票的人群。不过,利润率不光取决于每个方案带来的收入,还取决于每个方案所带来的增量成本。对于学生抢购来说,排演成本和演出成本都不是增量成本。它们与该方案的利润率没有关系,因为不管这种方案是否被实施,它们都不会改变——这里只有可变的观众成本是增量型的,或者说是与利润率相关的。然而对于星期日日场演出来说,演出成本和观众成本都是增量型的并且会影响相应方案的利润率。对于新系列方案来说,除了管理费用之外的所有成本都是增量型的。

图 9-1 对交响乐团三种方案的分析

	I 学生抢购	II 星期日日场	III 新系列
价格	$4	$6	$10
×门票销量	$200	$700	$800
= 销售收入	$800	$4 200	$8 000
- 其他由此产生的放弃的销量	(0)	($1 500)	($1 000)
收入所得	$800	$2 700	$7 000
增量彩排成本	0	0	$4 500
增量演出成本	0	$2 000	$2 000
可变成本	$200	$550	$700
增量成本	$200	$2 550	$7 200
净利润贡献	$600	$150	($200)

为评价每种方案的收益率，我们从收入中只减去那些增量成本。对于学生抢购来说，这意味着从收入中只是减去 200 美元的观众成本，于是贡献了 600 美元的利润。对星期日日场演出来说，它意味着减去演出成本和原本不会观看任何演出的新增人群（550 人）的可变观众成本，这就贡献了 150 美元的利润。对于新系列演出来说，它意味着减去那些增量的排演、演出和观众成本，这就产生了 200 美元的净损失。因此，新增收入最少的最低定价方案事实上却是能带来最好利润贡献的方案。

在图 9−1 中，各种方案的对比数据让我们很容易看出哪一种方案是最优选择。但在实践中，机会却经常被错过，因为经理们并没有关注增量成本，却偏爱那些更容易从会计数据中获得的平均成本。请再次注意：音乐会当前的平均成本（总成本除以售出的门票数量）是每人 9.89 美元，如果学生抢购方案被采纳的话，平均成本将会降到每人 8.27 美元。定价每张 4 美元的学生抢购门票只收回了不到一半的平均门票成本。如果只关注平均成本，经理将会被错误观念误导，认为该价格不合适，进而拒绝接受一个本来会带来很好利润贡献的方案。平均成本包括非增量成本，因而它实际上对方案评估来说是不相关的。只有通过观察增量销售成本，同时忽略那些无论怎样都将产生的成本，我们才能确认某个价格的设定是否恰当。

尽管音乐会的例子是假设的，但是它所阐释的问题却是现实的。当平均成本中包括非真实销售成本的固定成本时，许多公司通过将产品定价在平均成本以下而获益。

- 包装商品制造商经常按低于平均成本的价格出售他们品牌产品的普通型号。这样做能带来额外的利润贡献是因为除了那些已经被投入的、生产品牌产品的资金、运输及销售成本之外，生产普通型号的产品所需的增量成本非常少，甚至几乎接近于无。
- 某家工业起重机市场的领先制造商愿意承担其他公司的铣削加工业务（milling work），只要公司的六角立式铣床（vertical turret lathes）有空闲的能力。这种工作的价格不会完全覆盖相应设备使用的分摊成本，然而它仍然会带来可观利润，因为这种设备本来就是被购买来用以生产公司的主要产品，设备成本对额外的铣削加工而言并不是增量型的。
- 航空公司的周末航班并不能收回飞机和地面设施的相应成本。而这类费用是提供平时服务所必需的，因此在判断周末航班的票价是否合理时它们是不相关的。事实上，周末票价经常会增加更多的利润，因为它们不需要额外的资金投入。

在上述每个案例中,赢得生意的关键都是低价格,所以我们不应当错误地将低价销售等同于低收益。在一些情况下,它们能对收益做出相当大的贡献,因为它们需要的增量成本非常小。

■ 为什么是可避免成本

很多商业决策者最难接受的一条原则是:只有可避免成本才是和定价决策相关的。可避免成本是尚未产生或者可以被取消的成本。销售产品的成本、运输产品的成本和替换存货中已售物品的成本都是可以避免的,就像房屋和设备的租赁成本不包含在长期租约中一样。可避免成本的对立面是沉没成本,也就是一家公司不可撤销、必须承担的成本。例如一家公司过去在研发方面的支出就是沉没成本,因为不论现在做出什么样的决定,这些支出都是无法改变的。在当前租约期内,除非公司可以通过转租的方式来避免支出,否则,房屋和设备的租金都是"沉没"的。[1]

一家公司所拥有的资产的成本也许是沉没的,也许不是沉没的。如果一项资产可以被出售,而出售的价格又等于其购买价格乘以其剩余使用寿命占全部使用寿命的百分比,那么它的成本就不是沉没的,因为成本可以通过转售被收回。流行的商用飞机经常用这种方式保持它们的价值,那么继续使用的所有折旧成本都是可避免成本。如果一项资产没有转售价值,那么尽管它也许拥有很长的剩余使用寿命,其成本仍然是完全沉没的。带有一家公司标志的霓虹灯广告也许拥有很长的剩余使用寿命,但是它的成本是完全沉没的,因为没有其他公司想要买它。通常,资产成本部分是可避免的,部分是沉没的。例如,一辆新的卡车可以按其购买价格的很大比例被转售,但是在购买之后它将会迅速损失一些市场价值。新价格中无法重新售出的部分是沉没的,在定价决定中不应被考虑;只有下降的卡车转售价格才是使用中的可避免成本。

从实践的角度来看,确定可避免成本的最简单的方法就是认识到销售成本一直都是由销售本身产生的当前成本,而不是历史成本。例如,石油公司在其加油

---

[1] 为了理论上的方便,大多数经济学和会计学教科书将可避免成本和可变成本等同,并且将沉没成本和固定成本也等同起来,不幸的是,这些教科书常常未能告诉学生,这只是一个假设,而不见得是事实。因此,修初相关课程的很多学生都有这样一种观念,即如果价格至少覆盖了可变成本,那么总是应该可以继续生产的。实际上,只有当可变成本完全是可避免成本并且固定成本完全是沉没成本时,那条规则才是正确的。在很多行业(例如航空业)固定成本经常是可以避免的,因为资产可以很容易被再次出售。如果一个定价决策不是用于生产产品,或不是用于大量生产产品,这时只要固定成本是可避免的,那么在判断价格是否能够服务市场时就应该将这类成本考虑在内。

站出售一加仑汽油的成本是多少呢？有人也许倾向于说那等于用来生产汽油的石油成本加上提炼和分销的成本。不幸的是，这种观点可能导致石油公司犯下一些代价高昂的定价失误。大多数石油公司的管理者已经意识到，汽油定价的相关成本并非购买石油和生产一加仑汽油的历史成本，而是汽油售出后补充库存的未来成本。对于需要补充大量存货的公司而言，即使后进先出这种记账方式都是误导性的。为准确地解释销售对利润率的影响，管理者需要在定价决策制定中采用次进先出的记账方式。①

当供应成本固定时，购买存货的历史成本和补充存货的未来成本之间的区别仅仅是一个学术问题。当成本上升或下降时，它就变得非常实际了。② 一旦原油价格上升，早在任何由更高价原油制成的汽油到达库房之前，公司已经迅速提高了价格。政治家和消费者代表把这种行为称作"价格欺诈"，因为拥有大量存货的公司以远高于其实际生产成本的价格出售汽油，从而使账面利润大为增加。然而对于公司而言，销售一加仑汽油的实际增量成本究竟是多少呢？

公司每售出一加仑汽油，就必须以更高的新价格购买原油以补充存货。如果由此产生的成本无法从汽油销售的收入中收回，那么每完成一次销售，公司就会遭受一次现金流减少。尽管销售从历史成本观点来看是有盈利的，但是公司必须（通过借款或保留大部分收益）增加营运资本以购买新的高价原油。因此，这种销售的实际"现金"成本会随着原油补充成本的上升而同步上升。

原油价格下降时又会发生什么呢？如果库存较大的公司非要等到售完现有库存才肯降价，那么任何库存较小的公司都可以利用低价原油的成本优势来抢占市场，而前者的销售量、利润和现金流都将因此减少。明智的公司应将价格建立在原油的替换成本而非历史成本上。从历史成本角度看，这会产生账面损失；然而该损失可以通过购买便宜的原油来抵消。由于公司只是减少了与账面损失等量的营运资本，它的现金流量不会因为这种"损失"而受到影响。

不幸的是，即使是头脑冷静的商业人士也经常让沉没成本影响自己的决策制定，进而做出错误的定价决策并导致利润损失。我们来看一个位于中西部的神秘类畅销书小型出版商的例子。出版商将每本书定价为 20 美元，这包括 4 美元的管理经费和利润。第一轮先印刷 2 000 本，正常情况下第一年出售不到一半，未

---

① 在任何会计期间，只要公司对存货有一次净增加，后进先出和次进先出的成本就是一样的。在公司降低存货的时期，如果公司用完以当前价格计算价值的存货并开始"挖掘"按不切实际的以过去价格计算价值的存货，这时后进先出将会低估成本。

② Neil Churchill, "Don't Let Inflation Get the Best of You," *Harvard Business Review* (March – April 1982).

售书籍计入库存。公司曾在相当长一段时间内保持中等盈利水平，直到因某一年的利率提高，每本书 4 美元的利润不再能够收回库存所占用营运资本的利息成本。

认识到这个问题后，管理人员向定价咨询顾问请教如何通过定价提高利润率来收回增加的成本。然而他们没有想到，定价顾问给了他们这样的一个建议——对所有滞销书作半价销售。业务经理指出，如果以半价出售，甚至连最起码的销售成本都无法收回。他向定价顾问解释说："现在的问题是价格不足以收回管理成本。而你们的方案竟然把价格定得比原来还低，这样利润会进一步减少，甚至连生产成本都无法收回。我实在看不出这对解决问题有什么帮助。"

业务经理的逻辑看似有力，但问题在于他错误地将生产的沉没成本而非维持库存的可避免成本当成了定价向导。毫无疑问，公司为印刷出太多书籍堆在库房里而后悔不已，但是，既然这些书籍的生产成本都已不可避免地变成了沉没成本，并且公司也无意替换它们，那么历史生产成本与任何定价决策都已经没有关系了，[1] 与定价决策相关的是维持书籍库存所需的可避免的营运资本成本。

如果可以通过降价将书尽快售出，出版商在利息上的节省将高于其降价造成的损失；那么即使收入少于销售成本，降价也将明显地增加利润。在这个案例中，如果时间足够长，出版商最终可以在 20 美元水平上售出所有书籍。然而如果按照 10 美元的水平迅速售出一些书，公司就无需在维持图书库存的过程中承担高昂的利息成本。图 9-2 展示了维持库存的累积利息成本，前提是一本书在决定降价到 10 美元的时候可以立即售出，且资本成本是 18%。因为库存超过 4 年的书籍所耗费的利息成本超过了按 10 美元出售而减少的收入，所以对于任何库存 4 年以上的书籍而言，现在半价出售比以后按全价出售更加有利可图。[2]

图 9-2 库存一本书的累积利息成本

存货年数	1	2	3	4	5	6	7	8
利息成本*	$1.80	$3.90	$6.43	$9.39	$12.88	$16.99	$21.85	$27.59

*第 n 年的利息成本 = $10 (1.18^n - 1)$

---

[1] 如果公司计划维持现有的存货水平，则替换存货书籍的可能生产成本将与定价决策相关。

[2] 我们在这里假设销售结束后半价销售将不会减少销售率。如果它确实会减少销售率，则必须将那些损失销量的折扣价值加到折扣价格中去，并把该数据和维持存货的利息成本进行比较。在其他行业（例如宾馆和剧院），产能成本是可变的（旅馆里可以设置任何数量的房间，剧院也可以安装任何数量的座位），但是一旦产能确立以后，这种成本就变成沉没的了。

上面那位业务经理所犯的错误是可以理解的。对按传统损益表考虑定价问题的人而言，这也是一个常见的错误。

■ 避免会计核算的误导

不幸的是，会计报表经常容易误导人。当制定定价决策时，我们必须要谨慎地处理。让我们进一步研究上述出版商所犯的错误，以便更好地理解会计数据可能带来的陷阱，并寻找应对方法。根据会计记账原则，损益表具有以下形式：

销售收入
－销售成本
＝毛利
－销售费用
－折旧
－管理费用
＝营运利润
－利息费用
＝税前利润
－税金
＝净利润

这会引导管理者按一定的顺序来考虑定价，正如一步一步解决问题一样。首先，管理者试图通过使销售收入最大化并使销售成本最小化来提高毛利。然后他们通过最小化销售费用、折旧和管理费用解决第二个问题，即营运利润的最大化。同理，他们通过最小化利息费用来解决税前利润问题，并且通过最小化税金来达到其最终目标——净利润最大化。他们认为通过在每一步上尽力实现收入最大化，就肯定可以实现净利润最大化的目标。

不幸的是，获取最终高额净利润的道路并不是如此笔直的。利润驱动的定价往往需要牺牲毛利以减少损益表中其他项目的开支。在出版商的例子中，公司如果拒绝以少于 20 美元的价格出售书籍，其账面毛利会很好看，但是它也会因此而承受超过毛利增加的利息开支，从而导致更低的税前利润。而且，利息不是唯一在这里受益的部分。通过直接进行的打折销售所节省的销售费用往往大大超过了销售收入的减少量。虽然打折压低了毛利，销售费用的更大节省却带来了营运利润的增加。在库存税缴纳日期之前的打折销售，其在税金支出上的节省也可能远超过收入损失。

在考虑定价的时候，不能像公式一样一步一步地考虑。它需要我们对问题进行全盘考虑，在更高价格和更高成本之间做出权衡，且无论何时，只要能节省更多开支，就应该坚决地牺牲部分毛利。避免被传统的损益表误导的最好方法就是建立一套独立于财务报表之外的管理成本体系，[①] 如下所示：

   销售收入
   <u>－增量的、可避免的可变成本</u>
   ＝总贡献额
   <u>－增量的、可避免的固定成本</u>
   ＝净贡献额
   <u>－其他固定或沉没成本</u>
   ＝税前利润
   <u>－所得税</u>
   ＝净利润

这种新体系的价值在于，定价决策首先关注增量成本和可避免成本，然后再考虑非增量成本和沉没成本。在这里，因为从利润贡献中扣除的固定或沉没成本不受定价决策影响，并且所得税是由税前利润而非销售量所决定，所以定价决策最大化利润贡献的目标与最终的净利润最大化目标是一致的。

此外，我们不能简单地将传统损益表中的数据重新组织起来进行上述成本分析。这是因为传统的损益表所给出的是季度或年度的总数；而对于定价来说，我们并不关心一个时期内所有产品的成本，我们只关心那些将被定价决策所影响的产品的成本。因此当衡量一个降价策略的时候，我们需要考虑的相关成本是那些由于降价而使得销量增加的商品的成本。同理，对涨价策略而言，我们需要考虑的相关成本是那些由于价格上涨而销量减少的产品的可避免成本。任何经营决策，包括定价决策，很重要的一点是要将那些只影响利润率的成本分离出来，并且在决策时，只考虑这些成本。

▍评估相关成本

增量成本的本质是去衡量由于产品售出而要发生的成本，或由于产品没有售出而未发生的成本。在这里我们不可能为大家描述建立这种管理成本体系的所有

---

① Robert S. Kaplan, "One Cost System Isn't Enough," *Harvard Business Review* 66 (January – February 1988): 61 – 66.

细节。对于本书来讲，我们这里希望给大家描述一下管理者在估计实际成本时常犯的4个错误。

1. 提防用平均可变成本来估计单位产品成本。 平均可变成本往往可以用来表示单位产品的增量成本；然而如果单位产品的增量成本并不是固定不变的，那么这样做就容易误导定价者。与定价决策相关的增量成本是受定价决策影响的那部分产品的增量成本，它不一定等于平均可变成本。我们来看下面的例子。

一家公司每天生产1 100件产品，总原料成本为每天4 400美元，总劳动力成本为每天9 200美元（8 000美元的基本工资和1 200美元的加班工资）。当公司的产出变动很小时，劳动力和原料是仅有的两种变动成本。那么和定价相关的成本是什么呢？有人会说相关成本是劳动力成本和原料成本之和（13 600美元）除以总产出（1 100件产品），即大约每单位产品12.36美元。然而当需求很强时，这种计算方法将会导致定价严重偏低，因为生产最后一批产品的实际增量成本比平均成本要高很多。例如，这时候的价格上涨有可能仅仅去除了那部分加班时间所生产产品的销量，而这部分产品的成本要远高于平均成本。

如果提价，最后一批生产出来的产品也许卖不出去，而生产这批产品的成本是多少呢？假设所有产品的原料成本大体相同是合理的，所以平均原料成本可以作为判断最后一批产品原料增量成本的一个不错的度量标准，那么我们可以估计出相关原料成本为每单位产品4美元（4 400美元/1 100件）。然而我们知道生产每件产品的劳动力成本是不同的。公司必须为加班时间支付原工资1.5倍的加班工资，而如果这时候我们采用一个较高的价格，虽然销售量会降低，但我们也可以因此避免这类额外的加班时间。假设工人在加班时间和正常工作时间的生产率是相等的，即在加班时间每天生产大约100件产品，那么劳动力成本是每件12美元（1 200美元/100件），这就使最后100件产品的劳动力和原料的成本合计为每件产品16美元，远高于12.36美元的平均成本。[①]

2. 注意折旧费用的计算方法。 在管理决策的制定中应被考虑的相关折旧费用应是当前资产价值的变动。根据数据的不同使用方式，资产折旧有多种不同的计算方法。如果是向美国国内税务局报告，加速折旧法能使得税收负担最小。如果是用于标准财务报告，折旧速度的估计则应该尽量准确，但是一般也

---

① 对加班时间产生的产量的计算（假设同样的生产效率）如下：加班工资1200美元与正常工资800美元（$1 200/1.5）所对应的工作时间相同，占总工作时间的9.1%（$800/［$800＋$800］）。用9.1%乘以1 000的总产出，如果生产效率不变，那么加班时间的产量为100件。

是根据资产的历史成本来进行的。① 然而，用于定价等经营决策时，折旧费用的估计应该要基于对资产当前市场价值下降情况（由于资产使用而引发的）的预测来进行。

不能精确地度量折旧费用会严重影响定价方案的分析。例如，一本营销教材的作者写道：航空公司可以将旧飞机的航线票价定得很低，因为旧飞机已经完全折旧；但是它必须对新飞机航线的机票收取高价，因为新飞机有巨大的折旧费用。这样的定价是很没有道理的。不管账面价值如何，旧飞机总具有一定的市场价值；这种市场价值的减少要么应当由乘坐飞机的乘客支付，要么应该在飞机售卖时体现出来。同样，如果新飞机的市场价值减少的速度并不像财务报表显示的那样，过高估计折旧费用会低估投资的实际盈利性。因此，与定价相关的折旧费用是资产在转售时实际减少的价值。

3. 不要将某个单项成本视作和定价完全相关或完全无关。账面上的单项成本也许包含两部分——增量成本和非增量成本，或者可避免成本和沉没成本——这两部分必须被区分开，即哪些与定价相关，哪些又与定价无关。甚至是属于增量成本的劳动力成本，它也不一定是完全不可避免的（参见高峰定价：增量成本法的应用）。

阅读材料 9-1

高峰定价：增量成本法的应用

对于某些公司（如服务提供公司，其产品具有不可储存性）而言，平均成本法的危害是最大的。这类公司的问题在于，他们必须建立足够的生产能力，以满足当前及未来可预见的需求"高峰"。这就产生了一种很有趣的情况：在某段时间内（一年、一个月、一周，甚至一天内），生产能力成本可以从增量成本变成沉没成本，然后又变回增量成本。航空公司在一周开始和结束时会面临客流高峰，但每周中间时段和周末又会出现能力过剩。电信公司在白天会面临需求高

---

① 然而，自 1979 年以来，美国财务会计准则委员会（Financial Accounting Standards Board, FASB）就要求公众持股的大公司也报告有关存货、财产、工厂、设备及净通货膨胀等当前成本升降的额外信息。见 FASB Statement of Financial Standards No. 33，"Financial Reporting and Changing Prices"（1979）。

峰，但在夜间和周末生产能力则会过剩。由于产品或者服务的不可储存性，餐馆、汽车租赁公司、广告租位、商业印刷商、健身俱乐部、旅游胜地、电力公司和景区维护公司，都面临需求上的大起大落。在这些情况下，价格都是有效控制生产能力并最大化利润的有力武器之一。

运用价格控制生产能力并获取盈利的关键，是理解如何根据时间的不同来分配生产能力成本。大多数公司都错误地将生产能力成本平摊到每一单位产品上。如果电力公司在高峰时段售出40%的电量，并在一天中其他21个小时售出60%的电量，那么生产能力成本（电力公司的折旧和维护成本）的40%被分配给高峰时段，结果是每千瓦电量所承担的生产能力成本完全相同。虽然这是通常做法（按照规定，许多公共事业公司甚至已被要求用这种方法来计算成本和定价），但是它从原则上来讲是没有任何意义的，并且实际上损害了利润率。为什么呢？因为对生产能力的需求完全是由高峰时段的需求所决定的。非高峰时段的需求不用额外的生产能力就可以满足，所以生产能力成本对非高峰时段销量的定价而言是非增量成本。因此，超过满足非高峰时段需求的生产能力成本应当完全被分摊到高峰时段销售的产品中。

将上述成本分摊给高峰时段的一个影响就是增加了判断高峰期投资合理性的难度。为确保收回生产能力成本，需要严格按照高峰期需求所带来的收入来决定是否进行投资。如果额外的生产能力确实是一天只需几个小时，一周只需两三天，或者一年只需几个月，那么在这些时期内的产品价格应当收回额外生产能力的全部成本，否则企业就没有必要扩大生产规模。将成本只分摊给高峰期销售产品的另一大影响，是揭示了为什么非高峰时段内的价格和较低销售量能带来那么高的利润率。因为非高峰时段销售的收益无需覆盖生产能力成本（不论产能是否被利用，成本已经发生），所以这时的收入贡献将直接增加净利润。如果公司认识不到这点，为高峰期需求进行了过度投资，最后只好要么被迫降价以保证非高峰时段生产能力的利用，要么会在非高峰时段内遭受更大的损失，其投资只会走向盈利的反面。

随着公司转向对高峰时段和低谷时段区别定价，产品的平均价格会下降，但是利润和资本投资回报将会增加。对于高峰期生产能力存在问题的公司而言，使其生产能力内的每单位产品获得高回报比每次销售获得高边际收益重要得多。很多年以来，旅馆都按照其掌控和提升"每日平均房价"的能力来错误地衡量业绩。诚然，增加每日平均房价的一种方法是在仅仅在高峰需求时间用更高的价格出租客房，而在其他时间宁肯让房间空着。然而这样做不太可能产生好的资产回报。当旅馆业的管理变得更加理性后，整个行业就采用了一种新的度量标准——

"每间客房的收入"。它改变了管理生产能力的动机，经营目标也因此变成了"尽可能在高峰时段获利更多，但是与此同时也要确保非高峰时段的入住率并获得盈利"。

在美国过去的几次经济危机中，一些钢铁制造企业发现，当它们考虑解雇高级职员时，全部劳动力成本中只有很小部分是可避免成本。工会合约规定，即使这些高级职员被解雇，公司仍然需要为这些职员支付大部分的工资。因此，公司发现他们能够收回的增量、可避免的成本实际上很小，因此他们应该继续经营某些工厂，即使当考虑各种成本之后这些工厂产生了巨大的损失。

4. 不要忽略机会成本。机会成本是当公司将资产用于一种目的而非其他目的时所放弃的收益。机会成本即使没有出现在财务报表中，它仍然是与定价相关的成本因素。任何管理会计体系都应该将机会成本计算出具体的数字，并且价格制定者应该像对待其他成本一样，将机会成本也包括到定价分析中去。在前面的出版商例子中，维持公司库存的资本成本是借入资金的成本（18%），体现在公司损益表上就是明显的利息支出。我们也可以换一种思路来考虑这个问题，如果假设存货成本完全由公司自有资金承担，那么这些自有资金在损益表上并不会产生利息支出，但它确实可以有其他用途。用于存货的自有资金可以被用来购买有息票据，或者被投资到一些有利可图的次要业务（如印刷信笺）中去。这些可能的方案所能带来的最大收益就是使用自有资金的增量型可避免成本，正如明确的利息支出是使用借入资金的增量型可避免成本一样。

同样的原理也适用于生产设备、铁路通行权或航空公司载客能力的成本。对于定价而言，这些资产的历史成本完全不相关，而且很可能极具误导性。然而使用这类资产确实经常会产生一些与定价决策很有关系的当前成本。只要上述生产能力可以被用来生产和销售其他产品，或者可以被出租或销售给其他公司，相关成本就会产生。即使历史成本是沉没的，只要存在其他盈利性用途，那些资产的相关成本就不等于零。换言之，机会成本是因为资产未被出售或未被用于生产替代性产品或服务而必须放弃的收益。它不仅常常超过历史成本，而且还可能会大于生产能力的重置成本。

某些情况下，公司即使可能暂时拥有过剩的生产能力，但未来公司因为产能不足而不得不放弃一些业务的可能性也是存在的。这时候的定价就应该考虑把机会成本分摊给这种过剩的生产能力。例如航空公司会在机票售完前很长时间内就停止出售打折机票。如果未售出的座位在不打折的情况下肯定是空的，那么出售打折机票的机会成本就接近于零。然而随着大部分机票的售出，提前出售打折机票却有可能使一些愿意在起飞当天购买全价票的乘客买不到票。用愿意全价购票乘客的出现概率乘以在全价水平上将会赢得的收益,便可以得到提前出售打折机票的机会成本。

机会成本:一个实例

航空公司定价时最重要的成本就是其载客能力的"机会成本"。与载客能力成本相比,其他增量成本(如食物、售票)几乎是微不足道的。如果只关注历史成本或者购买飞机的重置成本,航空公司将失去很多有利的定价机会,并且,在竞争激烈的市场上,可能会很快破产,因为航空公司的大多数收益都来自于以低于平均成本的价格售出的机票所带来的"增量"收入。理解这种战略的关键是要理解对于特定时间的特定航线而言,一张机票预期的机会成本是如何的。

一张机票的机会成本是什么呢?如果是星期六下午飞往非旅游胜地的航班,机票的机会成本很可能是零,因为可能没有办法使飞机坐满。然而在大多数时候,通过在起飞前的一个月就提供低价打折机票,航空公司很容易售出其全部座位。出售这样一张机票的机会成本等于从全价乘客(通常是商务旅行者)身上取得的利润乘以这个价格非敏感型乘客在起飞前购买机票的概率。例如,如果某次航班在出发之前一个月机票未完全售出,航空公司根据历史订票情况估计起飞前至少剩下一张机票的可能性为70%,这就意味着航空公司无法为在起飞前愿意支付全价的乘客提供机票的可能性有30%。假设全价票对该航班的利润贡献是每张500美元,那么提前销售打折机票的"机会成本"就是0.3×500美元=150美元,在此之上我们加入订票成本、食物成本和增量型燃料成本,从而估计出提供打折机票的总成本。上述成本核算体系解释了为什么即使未出售很多机票,同一航班的打折机票价格仍然会在航班起飞之前的数周里上下浮动。航空公司拥有复杂的"空座管理"系统,通过分析历史订票情况来估计在起飞时留有一个空座的可能性。如果飞机没有像历史数据所预期的那样迅速售出机票,起飞时有空座的可能性就会上升,出售更多打折机票的机会成本就会下降,因此航空公司的管理系统也许会提供超低价格的打折机票。然而如果突然出现一个7人商务团队订票,则机票全部售出的可能性大增,折扣票的机会成本随之上升,航空公司的空座管理系统会自动停止出售最便宜的打折票。

显然，在把握以上成本核算原则来评估销售的真实成本不是一件容易的工作。然而由于在日常管理中不断对实际成本进行正确估算是件非常复杂并且费时费力的工作，管理者经常会逃避这项任务。但是根据我们的经验，管理者其实只需要对成本驱动因素进行一个很简单的实时研究，就有可能得到较为接近真实成本的估计。例如，我们曾经为一家公司提供咨询，该公司让每一种产品分摊同样的油漆成本，尽管一些产品是大批量生产，而另一些产品是小批量生产。我们运用往年数据做一个简单的统计回归分析，将某种颜色的油漆购买量作为那种颜色的产品及平均生产规模的函数，很容易就发现小规模产品的成本过高，公司需要重新合理地分摊油漆成本。在其他情况下，我们甚至依赖于一些主观成本驱动因素，比如工厂领班对生产不同类型产品相对难度的判断。这样的判断很准确吗？答案也许是否定的。然而如果这是在有限的时间和财力条件下所能做出的最好判断，那它仍然是有价值的；将定价决策建立在对产品或服务实际成本的粗略估计上，好过将其建立在对不相关成本（最好情况下），或误导性成本（最坏情况下）的精确核算上。

作业成本法

作业成本法使我们能够更实际地估算销量变化是如何影响辅助成本的变化的。[①] 传统的成本核算体系运用诸如直接劳动力成本和机器使用时间等作为基础将辅助成本分摊到了产品中。相反，作业成本法按作业类型将辅助性成本进行了分离，然后根据这些作业的驱动因素及其与产品销量的联系方式对这类成本进行

---

① 参见 Robert S. Kaplan, "Introduction to Activity – Based Costing," *Harvard Business School Note* 9 – 197 – 076 (1997; revised July5, 2001); Robert S. Kaplan, "Using Activity – Based Costing with Budgeted Expenses and Practical Capacity," *Harvard Business School Note* 9 – 197 – 083 (1999); Robin Cooper and Robert S. Kaplan, "The Promise – And peril – of Integrated Cost Systems," *Harvard Business Review* (July – August 1998): 109 – 119; Robert Kaplan and Robin Cooper, *Cost and Effect* (Cambridge, MA: Harvard Business School Press, 1997); Robert S. Kaplan, "Cost System Analysis," *Harvard Business School Note* 9 – 195 – 181 (1994); Robin Cooper and Robert S. Kaplan, "Profit Priorities from Activity – Based Costing," *Harvard Business Review* (May – June 1991): 2 – 7; Robin Cooper and Robert S. Kaplan, "Activity – Based Systems: Measuring the Costs of Resources Usage," *Accounting Horizons* (September 1992): 1 – 13; James P. Borden, "Review of Literature on Activity – Based Costing," *Cost Management* 4 (Spring 1990): 5 – 12; Peter B. B. Turney, "Ten Myths About Implementing an Activity – Based Cost System," *Cost Management* 4 (Spring 1990): 24 – 32; George J. Beaujon and Vinod R. Singhal, "Understanding the Activity Costs in an Activity – Based Cost System," *Cost Management* 4 (Spring 1990): 51 – 72.

分摊。作业成本法不仅能够帮助公司对生产成本加以估计,也有助于评估客户的服务成本。作业成本法使管理者能确定哪些特征或驱动因素造成了客户服务成本的区别。罗伯特·卡普兰[①]就对服务成本高的客户和服务成本低的客户在特征方面的不同进行过区分:

高服务成本客户	低服务成本客户
订购定制化的产品	订购标准化的产品
较少的订购数量	较多的订购数量
不可预测的订单到达时间	可预测的订单到达时间
定制化的运输服务	标准化的运输服务
运输要求可能发生变化	运输要求可能发生变化
人工处理订单	电子处理订单
大量的售前支持(营销、技术及销售资源)	几乎不需要售前支持(标准化定价和订购)
大量的售后支持(安装、培训、保修及现场服务)	不需要售后支持
要求公司持有存货	随着生产补充存货
支付缓慢(应收账款数额很高)	按时支付

作业成本法使增量成本核算的范畴扩展到一些既非固定成本也非可变成本的半固定成本核算。比如,这些成本也许是与订单输入人员或者运输人员相关的成本,发生频率不高,并且数量也不大,然而同样会随着销量的大幅变化而改变。作业成本法将这些半固定成本分摊到一些作业驱动因素上,而这类作业驱动因素往往和具体部门的交易相关。例如订单输入部门收到的订单数量,或者运输部门运输的货物数量。在管理者对未来客户订单的实际服务成本进行估算时,作业成本法更具价值。

■ 边际收益率和定价战略

确定产品或服务的实际单位成本对定价有三点好处:第一,它是实现成本控制的基础。而控制可变成本最好的方法不一定适用于控制固定成本;第二,它能帮助管理者决定在保证利润率并且不影响目前在销产品定价的情况下,公司接受新订单的最低价格;第三,也是最重要的一条,它能使管理者计算出每件已售产

[①] Robert S. Kaplan, "Using ABC to Manage Customer Mix and Relationships," Harvard Business School Note 9 – 197 – 094 (1997).

品的边际收益（在第 10 章的财务分析中我们也将看到），而这一点对做出建立在充分信息基础上的盈利性定价决策而言至关重要。

边际收益率是价格中用于增加收益或减少损失的那部分所占的百分比。它不是销售回报率。财务分析人员用销售回报率来比较同一行业不同公司的表现，这里的销售回报率是考虑了去除成本的平均利润与价格的比值。然而我们所关心的不是平均利润，而是由新增销售带来的额外利润。甚至当可变成本为常量时，新增销售带来的利润也会超过平均利润，因为一些成本是固定成本或沉没成本。价格中贡献给利润的那部分边际收益，是价格中扣除增量可变成本后的余额。

当受定价决策影响的所有产品的可变成本都保持不变时，我们可以由总销售数据计算边际收益率。在计算出由销售变动带来的销售收入和总边际收益后，就可以按下列公式计算边际收益了：

$$边际收益率 = \frac{总边际收益}{销售收入} \times 100\%$$

如果并非所有产品的可变成本都保持不变（例如，由于价格变化导致的新增产品是在加班时间被生产出来的），那么对那些恰好受到价格变化影响的产品，计算出其单位边际收益是很重要的。每单位的边际收益即

$$单位边际收益 = 价格 - 可变成本$$

在这里，可变成本只是那些受到价格变化影响的产品的单位成本，并且也只包括可避免的成本。这时，利用单位边际收益，我们仍然可以计算出边际收益率而不会被误导。这种边际收益率的计算公式是

$$边际收益率 = \frac{单位边际收益}{价格}$$

这里以小数形式表示边际收益率。

按价格百分比表示的边际收益占价格的比例，其数值具有重要的战略意义。

第一，边际收益率反映了销售量与利润之间的杠杆关系，强调把销量作为一个重要的营销目标。图 9-3 展示了某公司两种产品的相关数据。产品 A 和产品 B 的销售净利润相同，但边际收益率却差别很大。因此，如果以总成本为基础，公司将会对它们采用相同的定价方式。然而实际上由于成本结构不同，价格改变对这两种产品的影响将是迥异的（见图 9-3）。

产品 A 的可变成本很高，等于其价格的 80%，因此边际收益率只有 20%。产品 B 的可变成本很低，等于其产品价格的 20%，因此边际收益率达 80%。虽然目前销量水平上每种产品的净利润相同，但销量的改变对每种产品的影响是极不相同的。对于产品 A，销售每变动 1 美元，只有 0.20 美元的利润增加或损失。而对于产品 B，这个数字则是 0.80 美元。

图 9-3　边际收益率对盈亏平衡销量变化的影响

	产品 A	产品 B
占销售价格的百分比：		
可变成本	80.0	20.0
固定或沉没成本	10.0	70.0
净利润	10.0	10.0
边际收益	20.0	80.0
所需盈亏平衡销量变化（%）		
价格降低 5%	+33.3	+6.7
价格降低 10%	+100.0	+14.3
价格降低 20%	∞	+33.3
价格提高 5%	-20.0	-5.9
价格提高 10%	-33.3	-11.1
价格提高 20%	-50.0	-20.0

　　图 9-3 中的下半部分阐释了这种区别对定价决策的影响。为了使降价 5% 之后的收益不低于目前水平，边际收益率较低的产品 A 的销售量必须提高 33% 以上，而有较高边际收益率的产品 B 只需提高 6.7%。为了从 10% 的价格削减中获益，产品 A 必须增加 100% 以上的销量，而产品 B 只需增加 14.3%。很明显，对于该公司而言，降价促销的战略对产品 A 来讲就不如对产品 B 更为合适。涨价的情况下结论刚好相反：产品 A 可以比产品 B 承担更多销量损失，同时仍能从更高的价格中获利。因此，产品 A 采用提价战略更为恰当。

　　第二，边际收益率体现了公司的市场竞争力。如果竞争对手相信自己的边际收益率较高，那么，根据上文所述销量—利润杠杆关系，竞争对手很有可能实施打折战略以推动销量增长。另一方面，如果你知道自己的边际收益率与竞争对手相当或者更高，你将在市场竞争中更有信心，因为你有能力反击那些试图通过打折来争夺市场份额的竞争对手的投机行为。

　　第三，通过边际收益率可以判断公司是否能使用细分定价来服务并开发众多的细分市场。细分定价意味着对不同细分市场（各细分市场的服务成本和价格敏感度有很大差异）制定不同的价格。对于一种具体产品而言，边际收益率越大，你就越能灵活地对某些细分市场制定较高价格，同时对其他细分市场制定较低价格；这样，公司不仅能够服务于愿意支付溢价的客户，而且能够服务于那些对价格敏感、只愿支付较低价格的客户。很多公司都会战略性地设计成本结构，以保持低水平的可变成本并实现高水平的边际收益率，从而使自己能够顺利渗透入价格敏感度不同的各个细分市场。进入细分市场的时候，他们通过高额的固定成本投入，如广告、促销活动、打折宣传和密集的分销系统等来推动销售，实现这种渗透策略。

■ 对转移定价中的成本加以管理

当公司能够操纵它的上游供应商的价格结构时，它常常会忘记在定价中将成本变成自己的优势。这些上游供应商也许是独立公司，也许是同一家公司的其他独立部门——这些部门可以为在他们之间流通的产品定价。这种被称为转移定价的情况可以解释为什么有时独立的公司和独立的部门不像其纵向一体化的竞争对手那样有价格竞争能力和盈利能力。

图 9-4 阐释了这种经常被忽略的机会。独立制造有限公司在高度竞争的市场上以每件 2 美元的价格出售其产品。为了生产产品，它以每件 1.20 美元的总

图 9-4 缺乏效力的转移定价

	当前的价格、成本及销售量	10%的价格削减 30%的销售增加	变化
独立制造有限公司			
当前产品销量	1 000 000	1 300 00	
价格	$2.00	$1.80	
可变的原料成本	$1.20	$1.20	
可变的劳动力成本	$0.20	$0.20	
固定成本	$0.40	$0.31	
边际收益	$0.60	$0.40	
边际收益率	30%	22%	
每年的税前利润	$200 000	$120 000	($80 000)
Alpha 零部件有限公司			
当前产品销量	1 000 000	1 300 000	
价格	$0.30	$0.30	
可变成本	$0.05	$0.05	
固定成本	$0.20	$0.15	
边际收益	$0.25	$0.25	
每年的税前利润	$50 000	$125 000	$75 000
Beta 零部件有限公司			
当前产品销量	1 000 000	1 300 000	
价格	$0.90	$0.90	
可变成本	$0.35	$0.35	
固定成本	$0.40	$0.31	
边际收益	$0.55	$0.55	
每年的税前利润	$150 000	$315 000	$165 000

成本从 Alpha 和 Beta 两个供应商那里购买不同的零部件。从 Alpha 那里购买的零部件花费 0.30 美元，从 Beta 那里购买的零部件花费 0.90 美元。

独立制造有限公司进行了定价分析以确定是否应该进行任何价格变化。结果，公司发现自己的边际收益（价格减去可变成本）是 0.60 美元，即其价格的 30%。[1] 然后它计算了价格变化 10% 的影响。为使 10% 的价格削减取得相同水平的利润，它至少要增加 50% 的销量（我们将在第 10 章介绍相关公式）。而为使 10% 的价格上涨可以接受，它损失的销量不能超过 25%。

"独立制造"的管理者认为公司不可能从降价中获益，因为销量增加肯定不会多于 50%。而另一方面他们对涨价却很感兴趣。他们觉得如果能够让主要竞争对手也跟随他们涨价，那么因为涨价而可能损失的销量将远低于 25%。

正当独立制造的管理层考虑如何向整个行业传达价格普遍上涨的必要性时，其主要竞争对手——联合制造有限公司宣布降价 10%。独立制造的管理层大为震惊：联合制造降价理由何在？两家公司的产品在技术上是一样的，零部件和生产流程都没有区别，并且联合制造和独立制造还有着相同的市场份额。唯一的区别是联合制造现在开始生产自己的零部件了。

然而，这种区别对这个案例来说是至关重要的（见图 9–5）。假设联合制造现在自主生产的零部件及其成本和独立制造的供应商（Alpha 和 Beta）完全一样，并且期望从零部件生产中获利。而且零部件的组装成本也相同（每一件产品

图 9–5　成本整合的效率

	当前的价格、成本及销售量	10% 的价格削减 30% 的销售增加	变化
联合制造有限公司			
当前产品销量	1 000 000	1 300 000	
价格	$2.00	$1.80	
可变的原料成本	无	无	
可变的劳动力成本	$0.60	$0.60	
($0.20 + $0.05 + $0.35)			
固定成本	$1.00	$0.77	
($0.40 + $0.20 + $0.40)			
边际收益	$1.40	$1.20	
边际收益率	70%	67%	
每年的税前利润	$400 000	$560 000	$160 000

---

[1]　单位边际收益 = $2.00 – $1.20 – $0.20 = $0.60
　　边际收益率 = $0.60/$2.00 × 100% = 30%

0.20美元的增量劳动力成本加上0.40美元的固定成本)。此外，联合制造在物流整合方面也没有成本节约优势。尽管有诸多相似点，这两家公司的成本结构却相差很大，这使两家公司对销量变化的反应极不相同，并且也导致了完全不同的价格变动影响。相对于独立制造的每单位1.20美元的可变原料成本，联合制造没有任何可变原料成本；相反，它每单位产品的额外固定成本为0.60美元(0.20美元加0.40美元)，增量可变成本仅0.40美元(0.05美元加0.35美元)。

联合制造(高固定成本，低可变成本)和独立制造(低固定成本，高可变成本)之间在成本结构上的区别使联合制造能够获得更高的单位边际收益。对于联合制造而言，每件产品价格中的1.40美元(每次额外销售的70%)都贡献给了净利润。对于独立制造而言却只有0.60美元(每次额外销售的30%)归为净利润。因此，同样10%的价格变动，联合制造达到盈亏平衡的销量变化却很不同。为使10%的价格削减可以接受，联合制造只需获得16.7%的销量增加。但是为使10%的价格上涨有所回报，联合制造能承担的销量损失却不能超过12.5%。

我们很容易明白为什么联合制造比独立制造更容易对降价感兴趣，并且反对涨价。对联合制造而言，销售量只需增加16.7%就能使降价有利可图，而独立制造需要50%。同样，为了保证仍能从涨价中获利，联合制造可以承担的销量损失不超过12.5%，而独立制造却可以承担多达25%的销量损失。两个相同的成本组合何以产生如此迥异的计算结果呢？答案是：像大多数制造商一样，独立制造按每单位零部件价格向供应商付费。该价格必须能够确保供应商收回其固定成本；如果独立制造期望与供应商建立长期合作关系，则该价格还应为供应商带来合理的利润。于是Alpha和Beta的固定成本及利润就变成了独立制造的销售可变成本。独立制造将非增量成本变成了增量成本，在成本竞争方面就会逊色于联合制造；后者每出售一单位产品的额外利润是独立制造的两倍。

独立制造的成本劣势也是它面对供应商时的劣势。按计算，独立制造需要达到50%的销量增长才能确保其10%的降价有利可图，而实际情况是10%的降价只增加30%的销量，因而独立制造将不会采用这一战略。如果当前的销量为1 000 000件产品，降价10%将导致独立制造的利润减少80 000美元。然而要注意的是：如果供应商们无需增加固定成本，那么降价带来的新增销量将为两个供应商增加240 000美元的利润(75 000美元加上165 000美元)。他们从降价战略中得到的利润将远远超过独立制造的损失。现在我们知道联合制造将10%的降价看做有利可图而独立制造则不然的原因了。通过为自己供应零部件，联合制造成功地获得了销量增长，并实现了在整个价值链内部(Alpha，75 000美元；Beta，

165 000 美元）的额外利润。①

如果独立制造认识到这一问题，除采取激进措施和供应商合并以外，是否还有别的选择？第一个选择是用一次性付款的方式向供应商支付固定成本，甚至取得这部分资产的所有权，同时尽量压低供应商的价格，使其只覆盖增量成本及一定的回报。这时，为供应商的固定成本支付的一次性付款对独立制造而言就成为固定成本，增量成本随之下降，独立制造因额外销量而得到的边际收益也将大为提高。波音和空客有时对其零部件供应商就采取了这种办法：他们承担零部件设计的固定成本并向供应商支付装配及校准的所有固定成本，接着他们提出一个只覆盖供应商的可变成本和小部分利润的单位价格。通过这种方式，这些飞机制造商承担了风险，但也保留了销量变化带来的收益。这让他们在每一笔额外订单上取得了更高的边际收益，从而也有更大的动力去做出包括降价促销在内的营销决策。

另一种可行选择是与供应商谈判，按较高价格进行初期采购，以保证供应商能够收回其固定成本；而后期采购则按照低价进行，并且该价格只覆盖供应商的增量成本和小部分利润。汽车公司经常使用这种方法：允许一个供应商成为其单独的供应商，在一定采购量的范围内支付较高的价格——足够覆盖设计和研发成本；在这个采购量之外，他们通常会让这种设计公开，期望众多供应商模仿，并提供最低价格。由于很低的采购价格是新增销售的增量成本，所以西尔斯公司能大范围地开展降价促销活动，并仍然保持较好盈利。在独立制造的案例中，它也许可以和 Alpha 和 Beta 达成协议，分别以 0.30 美元和 0.90 美元的价格保证足够的采购量以帮助供应商收回固定成本，此后价格再分别降到 0.10 美元和 0.50 美元。

上述两种方法能避免将供应商的固定成本变成增量成本，但是并没有避免将供应商的利润变为增量成本的问题。如果供应商的利润只占其价格的一小部分，这两种方法将会很有效。一次性付款的方法会将供应商的固定成本及利润都包括在内。然而这存在风险，因为单位产品的利润仍然是供应商准时提供合格产品的动力。因此，当供应商的固定成本不高，却由于缺少竞争而仍然要求高利润时，第三种选择就经常被使用：购买者同意为供应商支付少量费用使其收回增量成本，并且以最终销量所得利润为基数，通过协商再向供应商支付一定比例的

---

① 一家"成本整合"的公司不会自动地获得这种优势。如果一家公司各个独立部门像独立的利润中心一样运转，将转移价格制定为和市场价格相等的话，那么这些部门也许会定价太高以至于不能最大化联合收益。为了在保持独立的同时克服这一问题，这些部门也需要采用为独立公司所提出的众多解决方法中的一种。

费用。

值得注意的是，大多数公司很少使用这些方法来弥补供应商或者在各独立部门间制定销售价格。相反，他们在固定价格水平上商讨公平合约或者让市场价格决定转移价格。[1] 这样做的一个原因是很难在销量剧烈变动时找到成本中真正的固定部分。在大多数情况下，会计师们认为的固定成本实际上大部分是半固定的；供应商要大幅增加自己的销售不可避免地会带来额外成本，而这类成本又必然是增量型的。大部分成本是固定成本的显著例子之一是半导体行业。半导体产品的大部分成本是产品开发中发生的固定成本，而不是生产中的可变成本或半固定成本。因此，半导体行业中垂直整合的制造商往往具有很大的成本优势。掌上计算器的先驱伯马公司之所以在市场上落败，就是因为在与整合的竞争对手的竞争中没有成本竞争力，并且也没能与供应商达成合约以避免把供应商的产品研发固定成本变为增量成本。

那些购买电脑软件并将其作为产品的一部分进行出售的公司应当注意，软件的固定成本很高，而且往往占了软件辅助产品成本的很大部分。制造商（从智能手机到机器人的制造企业）可以从独立的软件开发公司那里获得软件——如果他们同意按单位产品支付软件价格。然而，他们最终会发现，同那些能够自己写软件程序，或者已经与其他软件供应商达成了有利定价协议的竞争者相比，他们在逐渐失去成本竞争优势。

■ 小结

成本是定价中需要考虑的中心因素。如果无法辨别增量成本和可避免成本，一家公司可能无法清楚地确定以什么样的价格才能在市场上取得较好利润。如果错误地关注历史成本，一家公司就可能以过低的价格出售库存。如果错误地考虑了非增量固定成本，一家公司就很可能忽略那些价格足以覆盖增量成本的高盈利机会。如果忽略机会成本，成功的公司也会将价格定得偏低。总之，如果管理者们不理解销售的实际成本，会导致公司徒然地放弃大量获利机会：拥有过剩生产能力时他们倾向于定价过高；当生产能力无法满足强劲的需求时，他们又定价过低并且过度投资。

正确认识成本之后，我们还必须理解如何使用它们。正确识别成本的主要原

---

[1] 一个最新的相关观点讨论。见 Thomas W. Malone, "Bringing the Market Inside," *Harvard Business Review*, 82 (4) (April 2004), pp. 106–115. 与税收有关的转移定价方法的一个简洁介绍。参见 "Transfer Pricing Clarified," *Finance Week*, (May 24, 2004), p. 66.

因是为了准确计算出边际收益——衡量利润和销量之间杠杆关系的工具。根据边际收益率,管理者能确定由于降价而必须增加的销量,也可以确定在涨价后能承受的最大销量损失,从而保证价格改变能够带来更多利润。理解销量变化对利润率的影响,这是有效定价的第一步。当然,它仅仅是第一步而已。下一步,我们必须学会判断价格变化可能对销量产生的影响。为此,我们需要理解购买者如何看待价格变动,竞争对手会做出何种反应。

　　定价过程中需要与供应商协调合作,这虽然并没有真正节约资源,却可以避免将供应商的(非增量)固定成本和利润转变为自己的增量成本,从而改善了定价的有效性。这些战略都可以产生(至少在短期内的)可持续的成本优势。而且,即使是不可持续的成本优势也可以为公司带来临时性的资金节约,而这往往是之后建立可持续成本优势或产品优势的关键。

第10章

财务分析：盈利性定价

对大多数公司而言，内部的财务目标和外部的市场需求在定价决策中是相互矛盾的。财务经理分摊成本的目的是要明确必须要定多高的价格以达到盈利的目标，营销人员对购买者进行分析则是为了明确要定多低的价格才能实现销售目标。由此形成的定价决策是各派意见的折中产物，而不是合理定价战略的实施。这样的定价政策尽管普遍，但却并非必要，也难以令人满意。有效的定价决策应该是内部财务约束和外部市场条件的最优组合，而不是二者之间的妥协。

遗憾的是，鲜有管理者能够合理地考虑这两类因素并实现这种跨部门的最好组合。传统成本会计在分配成本前先假定销售目标能够实现，从而忽视了市场在定价决策中的作用。营销人员认为有效的定价应该完全由"客户驱动"，而这样的定价忽视了成本的作用，而仅仅将成本作为盈利最低下限加以对待。也许这些管理者从经济学理论中得知，最优定价应该由成本和需求共同决定；然而在现实中他们却发现，经济学家假定的"已知"的产品需求曲线其实并不存在。

结果，由于成本导向和客户导向这两类方法固有的内在不兼容性，大多数公司的定价策略都陷入了两难境地。本章的目的就是向管理者建议如何打破定价僵局，实现价格决策的战略平衡。许多营销人员认为成本在以市场为基础的定价中不应当起任何作用，这明显是错误的。由于无法进行完全的市场细分（为每个客户制定并取得单独价格），定价者必须在薄利多销与高价少量间做出权衡。一旦对销售的实际成本及收益有了透彻理解，管理者就能恰当地将成本因素有机地结合到定价战略中，从而避免定价变成片面的市场驱动型决策。

本章介绍了一种简单有效的定量方法来评估价格变化对利润的影响。首先管理者要确立一个基准，或者比较的标准，来衡量价格变化的影响。例如，可以把价格变动后的利润和现在的盈利水平相比较，或者和预期利润目标相比较，还可以和管理者特别感兴趣的某些假定情形相比较。第二，他们需要为价格变化计算出一个增量"盈亏平衡"点，以确定在什么样的市场条件下该变化才能带来更多利润。然后营销经理必须确定他们是否真的能够满足这些市场条件。

结合成本来定量分析价格变化所带来的影响，其关键是增量盈亏平衡分析。尽管增量盈亏平衡分析在形式上与用于评估投资效果的盈亏平衡分析很相似，但在具体操作方面差异却很大。评估投资效果的盈亏平衡分析关注产品的整体盈利能力，除价格之外还涉及许多其他因素，而增量盈亏平衡分析则专注于价格变化所引起的利润变化。因此，管理者在现有的价格基础上，以当前或预期销售和利润水平为基准，考虑价格变化是否可能带来改善。具体地说，他们需要问：

- 销量必须增加多少才能从降价中盈利？
- 在提价变得不能盈利之前，销量可以降低多少？

这些问题的答案取决于产品的边际收益。

本章将通过一个例子来引入增量盈亏平衡分析的4个公式，并进一步介绍如何使用他们进行分析，例子里的问题都基于西部公司的经验。西部公司是一家生产枕头的小制造商，产品通过床上用品专卖店和干洗店进行销售。为了简便起见，这里以一个小型制造公司为例，但对于任何无法实现一客一价的公司而言，这些分析公式对各种规模、各种类型的企业都能同样适用。[1] 如果公司可以在某种程度上对客户进行价格细分，那么这些公式就可以用于单个细分市场中的定价决策。

西部公司一个典型月份的收入和成本如下：

销量	4 000 件
批发价	$10.00/件
销售收入	$40 000
可变成本	$5.50/件
固定成本	$15 000

---

[1] 分析独立议价的盈利性有一个很简单的法则：只要该价格能够收回增量成本，它就是有利可图的。遗憾的是，许多管理者错误地把该法则应用于价格在客户之间并非独立的情形。他们错误地假设，因为他们分别与客户单独协商价格，所以该协议价格是独立的。事实上，因为客户会进行信息沟通从而获知其他人所支付的价格，所以价格很少能相互独立。提供给某客户的低价最终将降低提供给其他客户的价格。

西部公司正在考虑降价5%，他们认为降价将会使其比对手更具竞争优势，从而取得进一步的销量增长。管理层相信该定价决策不会导致额外的固定成本。那么对于这家公司来说，要想从5%的降价中盈利，销量应该增加多少？

■ 盈亏平衡销量分析：基本案例

为回答西部公司的问题，我们需要计算盈亏平衡的销量变化。就降价而言，它指的是相对于基准线来说，使降价有利可图所需的最小销量增加额。幸运的是，这种计算方法非常简单。我们首先用图表将该分析直观地表示如下（见图10-1）。

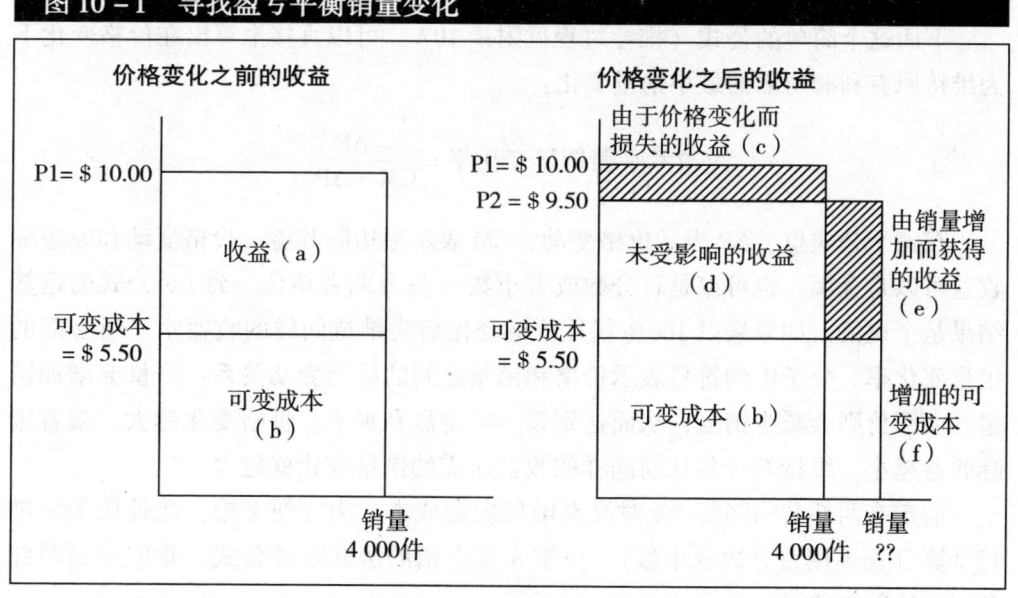

图10-1 寻找盈亏平衡销量变化

在该图中可以很容易看到计划的价格变动将会导致怎样的财务平衡变化。在价格变化之前，西部公司以每件10美元的价位售出4 000件，总收入为40 000美元（矩形a和b的面积之和）。西部公司为每件产品承担5.50美元的可变成本，总额为22 000美元（矩形b）。所以在价格变动之前，总收益是40 000美元减去22 000美元，即18 000美元（矩形a）。为使计划的降价带来更多利润，降价后的收益必须超过18 000美元。

在降价5%之后，西部公司每件产品单价9.50美元，或者说，每件比原来少赚0.5美元。按月销量4 000件计算，西部公司预计会损失2 000美元的销售收益（矩形c），我们称之为价格效应。幸运的是，这次降价可以提高销量。

由销量增加而带来的收益称为销量效应（矩形 e），其规模是未知的。然而，当销量效应（矩形 e 的面积）超过价格效应（矩形 c 的面积）时，降价是有利可图的。也就是说，为了确保价格变化可以盈利，由销量增加获得的收益必须大于由降价而损失的收益。盈亏平衡分析的目的就是计算出使销量效应（矩形 e）大于价格效应（矩形 c）所必需的最小销量。当销量超过这一数量时，降价就可以带来更多的利润。

那么我们如何确定盈亏平衡销量变化呢？我们知道，西部公司由于价格效应（矩形 c）损失的收益是 2 000 美元，这意味着为了使降价能够盈利，从销量效应（矩形 e）中获得的收益必须至少要达到 2 000 美元。降价后每出售一件产品能带来 4 美元的边际收益（9.50 美元 - 5.50 美元 = 4 美元），因此西部公司必须至少增加 500 件销量（2 000 美元/每件产品 4 美元）才能确保降价政策能够盈利。

下面这个简单的公式（推导过程见附录 10A）可以直接推算出在价格变化下为维持原有利润所需的最小销量变化：

$$盈亏平衡销量变化率 = \frac{-\Delta P}{CM + \Delta P}$$

在这个公式里，ΔP 表示价格变动，CM 表示原边际收益。价格变动和原边际收益可以是金额，也可以是百分数或者小数（只要两者单位一致）。公式的运算结果是个比值，如果乘以 100% 就是价格变化后为维持同样的收益水平所必需的销量变化率。分子中的符号表示价格和销量之间的反向变动关系：降价会增加销量，而涨价则会减少销量，从而达到某一特定盈利水平。价格变化越大，或者边际收益越小，维持至少与从前同样的收益所需的销量变化就越大。

假定在西部公司降价 5% 时没有增量固定成本。为方便考虑，此处用美元进行计算（而不用百分数或小数）。按第 8 章介绍的边际收益公式，我们得到西部公司的边际收益：

$$边际收益 = \$10 - \$5.50 = \$4.50$$

由此可以很容易地计算出盈亏平衡销量变化率如下：

$$盈亏平衡销量变化率 = -(-\$0.50) / [\$4.50 + (-\$0.50)]$$
$$= 0.125 = 12.5\%$$

因此，只有当销量增加超过 12.5% 时，降价才能带来更多利润。相对于目前的销量水平，西部公司必须多售出至少 500 件产品才能维持降价前同样的盈利水平，如下所示：

$$盈亏平衡销量变化量 = 0.125 \times 4\,000 = 500 件$$

如果实际销量增加超过盈亏平衡销量变化的要求，降价就是盈利的。相反，如果实际销量增长低于盈亏平衡销量变化的要求，降价就是不恰当的。假定西部公司的目标是增加现有的利润，只有确信销量将会增加 12.5%（即 500 件）以上时，管理者才应该决定降价。

如果由于价格变化西部公司销量增加超过了盈亏平衡销量的要求，比如额外增加了 550 件，西部公司将会实现更好的盈利。然而，如果降价的结果是西部公司仅仅多卖出 450 件，那么它就将遭受利润损失。一旦我们知道盈亏平衡销量变化和新的边际收益，准确计算任意销量变化带来的收益变化就非常简单了：实际销量变化和盈亏平衡销量变化之间的差值，乘上价格变化后新的边际收益。对于西部公司实际销量增加 550 件和 450 件两种情况进行计算，收益变化如下：

$$(550 - 500) \times \$4 = 200 \text{ 美元}$$
$$(450 - 500) \times \$4 = -200 \text{ 美元}$$

这两个公式中的 4 美元是新的边际收益（9.50 美元 − 5.50 美元）。同时你可能已经注意到，盈亏平衡销量变化计算公式中的分母（原边际收益 + 价格变动）也等于新的边际收益。

我们已经用西部公司降价 5% 的例子对盈亏平衡分析进行了说明。对于提价情形而言，盈亏平衡分析方法也同样适用。因为提价带来了边际收益增加，于是，西部公司就可以在"承受"一定销量损失的情况下，而仍然增加盈利。在提价变得无利可图之前，西部公司可以容忍多少销量损失呢？答案是：直到由降低销量造成的收益损失刚好抵消由于价格提高所带来的收益增加为止。作为练习，读者可以计算一下：在 5% 的涨价变得无利可图之前，西部公司最多可以承受多少销量损失。

值得注意的是，从盈亏平衡销量变化公式得出的运算结果是用销量变化率（而不是销售金额（比如用美元表示）变化率）来表达的。在降价的例子中，因为降价后的产品价格更低，所以盈亏平衡所必需的销量变化率要大于以美元表示的销售金额变化率。

你可以用下面的简单转化公式，将以销售单位表示的盈亏平衡（break-even，简称 BE）销量变化率，转为以美元表示的销售金额变化率：

%BE（美元）= %BE（销售单位）+ 价格变动比率 [1 + %BE（销售单位）]

例如，对于西部公司 5% 的降价，以销售单位表示的盈亏平衡销量变化率是 12.5%。相应的以美元表示的盈亏平衡销售金额变化率是多少呢？答案计算如下：

%BE（美元）= 0.125 +（-0.05）(1 + 0.125) = 6.88%

因此，为在5%的降价水平上实现盈亏平衡，西部公司必须增加的销售金额是 6.88%，相当于销量上增加 12.5%。

■ 包含可变成本变化的盈亏平衡销量分析

到现在为止我们只讨论了不包含可变成本和固定成本变化的价格变化情况。然而，价格变化常常也伴随着成本变化。提价的同时可能会由于产品改良而增加可变成本，或者，降价可能用于推销具有更低可变成本的产品。一些以各种费用形式存在的固定成本也可能随着价格变化而变动。当进行盈亏平衡分析时，我们需要对这两种增量成本都加以考虑。这一节中我们将首先把可变成本变化放到财务分析中来研究，在下一节中我们会对固定成本的变化进行同样的分析。

幸运的是，处理可变成本的变动情况时，只需要对前面介绍的盈亏平衡销量变化公式加以简单引申。为说明这一点，我们继续看西部公司降价5%的例子。假设西部公司在降价的同时也决定用人造填充物代替目前的天然羽绒填充物，从而实现了 0.22 美元可变成本的降低，每个枕头的单位可变成本由 5.50 美元降至 5.28 美元。那么销量需要增加多少，才能保证降价可以实现利润增加呢？

如果可变成本伴随价格而变化，管理者在做盈亏平衡的销量变化计算时，只需将成本变化从价格变动中扣除。与简单的价格变化不同，管理者们必须把公式右边的各项全部用货币单位表示（美元、英镑、法郎等）而不能用百分比变化表示：

$$\text{盈亏平衡销量变化率} = \frac{-(\$\Delta P - \$\Delta C)}{\$CM + (\$\Delta P - \$\Delta C)}$$

其中 Δ 表示变动量，P 表示价格，C 表示成本，CM 表示边际收益。如果可变成本的变化（$\$\Delta C$）为零，该公式与前面介绍的盈亏平衡公式相同。还要注意，（$\$\Delta P - \$\Delta C$）一项是边际收益的变化，而分母（原边际收益加上边际收益变化）则是新的边际收益。因此，盈亏平衡定价公式的一般形式简单地表示为：

$$\text{盈亏平衡销量变化率} = \frac{-\$\Delta CM}{\text{New }\$CM}$$

对于西部公司而言，用该公式评估价格变化影响的下一步是计算边际收益的变动。回想一下，价格变化是 -0.50 美元（9.50 美元 -10 美元）。可变成本的

变化是 -0.22 美元。因此，收益的变化可以计算如下：

$$\$\Delta CM = (\$\Delta P - \$\Delta C) = -0.50\text{ 美元} - (-0.22\text{ 美元}) = -0.28\text{ 美元}$$

以前的计算表明价格变化之前的边际收益是 4.50 美元。所以我们可以计算出盈亏平衡销量变化。公式如下：

$$盈亏平衡销量变化率 = -(-0.28\text{ 美元})/[4.50\text{ 美元} + (-0.28\text{ 美元})]$$
$$= 0.066\text{（即 }6.6\%\text{）}$$

若以销售量计算，盈亏平衡销量变化 = 0.066 × 4 000 件 = 265 件。

在可变成本降低 0.22 美元的情况下，只有当管理层确信销量上升将会超过 6.6%，或者 265 个单位时，降价才会带来更多利润。这一盈亏平衡销量变化明显少于假设可变成本不发生变化时所需的销量变化（12.5%）。为什么可变成本的降低减少了盈亏平衡的销量变化呢？因为它提高了单位产品的边际收益，从而可以用更少的销量增加收回由于价格效应带来的收益损失。从图 10-2 中可以看出这种关系：除了由于销量增加而带来的收益增加之外，西部公司还能从可变成本变化中获得收益（矩形 f）。

图 10-2　在可变成本变化的情况下找到使盈亏平衡的销量变化

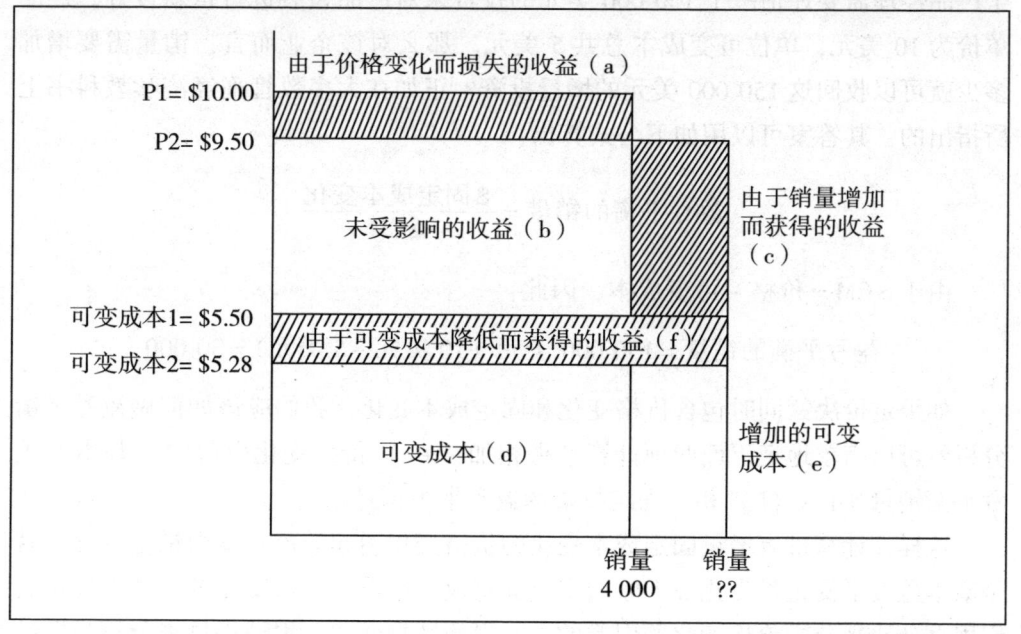

■ 包含增量固定成本的盈亏平衡销量分析

尽管大多数固定成本并不影响定价决策（因为这些固定成本不随销量变化而变化），但是某些定价决策确实会引起固定成本的变化，尽管这类成本在大多数情况下并不会随着销售量的微小改变而发生变化。一家折扣航空公司如果考虑重新将自己定位为高价、商务旅行航空公司，那就需要翻新休息室和飞机。一家规管的公用事业单位如果想让提价获得批准，就需要为价格听证会支付相应的固定成本。一家快餐店如果要向潜在顾客宣传其新推出的"特价套餐"，则需在广告上进行投入。这些都是增量固定成本，它们对于新定价战略的成功是必不可少的，但又与在该价格上实际获得的销量无关。还记得我们前面提到的半固定成本，只有销量在某范围内时它才是固定的；如果价格变化导致销量变动超出了那个范围，那么半固定成本的水平就会提高或降低。评估价格变化时，需要考虑是否能收回这些固定成本和半固定成本，因为如果没有价格变化，这些增量成本本来是可以避免的。

幸运的是，计算收回这类增量固定成本所需销量的方法对很多管理者来说已经很熟悉了，它与评估跟价格变动无关的投资效果的计算方法非常类似。假设一个产品经理需要评估一个 150 000 美元的投资来对产品包装进行重新设计，产品单价为 10 美元，单位可变成本总共 5 美元。那么对该企业而言，销量需要增加多少就可以收回这 150 000 美元的增量投资？正如在大多数管理经济学教科书上所指出的，其答案可以用如下公式算出：

$$盈亏平衡的销量 = \frac{\$固定成本变化}{\$CM}$$

由于 $\$CM = $ 价格 − 可变成本，因此：

$$盈亏平衡的销量 = 150\,000\ 美元/(10\ 美元 - 5\ 美元) = 30\,000$$

如果定价决策同时包含价格变化和固定成本变化，我们应该如何做盈亏平衡分析？可以简单地把下面两项计算结果相加：(a) 价格变化引起的（基本）盈亏平衡销量变化；(b) 相关固定投资的盈亏平衡销量。

这样，计算带有增量固定成本变化的价格变化引起的盈亏平衡销量变化，就是基本盈亏平衡销量变化加上收回增量固定成本所需的销量变化的总和。通常我们用百分比来分析价格变化所引起的盈亏平衡销量变化，用销售量来分析投资的盈亏平衡销量变化，所以我们需要乘以或除以初始销量，以使两者一致。于是，包含固定成本变化的盈亏平衡销量变化为：

$$盈亏平衡销量变化 = \frac{-\$\Delta CM}{新的\$CM} \times 初始销量 + \frac{\$固定成本变化}{新的\$CM}$$

盈亏平衡销量变化率的计算如下：

$$盈亏平衡销量变化率 = \frac{-\$\Delta CM}{新的\$CM} + \frac{\$固定成本变化}{新的\$CM \times 初始销量}$$

两个公式中，如果"固定成本变化"为零，就得到仅有价格变化的盈亏平衡销量变化公式。

为说明降价情况下如何使用公式，我们再次回到西部公司所面临的定价决策：西部公司正考虑一次5%的降价。我们已经计算过，如果销量增加超过12.5%它就可以赢利。现在假设西部公司要想增加产量就必须增加其半固定成本。公司目前月销量为4 000件，同时它已经充分利用了4个生产车间的最大产能。为增加足够产能以实现12.5%的销量增长，公司必须为第五个车间安装设备，每月成本800美元。新车间可以在现有的4 000件基础上增加1 000件的产能。如果每月需增加的固定成本为800美元，销量最少应增加多少，才能证明5%的降价是合理的？答案计算如下：

盈亏平衡销量变化 = 0.125 × 4 000 件 + 800 美元/4 美元 = 700 件

盈亏平衡销量变化率 = 0.125 × 800 美元/(4 美元 × 4 000) = 0.175 或 17.5%

如果销量增加超过700件（17.5%），公司将会从5%的降价中盈利。这一销量增加数少于新增的1 000件的产能。当然，公司是否应该实施降价策略还取决于其他因素。比如：降价后，销量显著提高超过盈亏平衡最小值从而增加利润的可能性有多大？销量提高小于这个最小值从而使利润减少的可能性又有多大？如果销量增加不够多，从而需要取消这一决定，需要多长时间？

即使管理层认为订单的增加很可能超过盈亏平衡量，在作决定之前公司仍然需要谨慎。因为一旦订单的实际增长少于盈亏平衡所需的最小值，公司将严重亏损，尤其是当投入新车间的成本大部分变为沉没成本时，损失尤为巨大。在另一方面，即使由于降价增加大量订单，公司在为其新增产能投资后可以实现的最大产量增长是25%，即1 000件。所以，管理者进行5%的降价前必须确信它能带来很大的销售增长。

然而，如果公司已经投资了新增产能，半固定成本已成为沉没成本，那么这第五个车间的每月成本就与定价决策无关了，因为不管新增产能是否被使用，公司都必须承担每月成本。这时，是否采取降价方案完全取决于管理层对销量增长能否超过12.5%的判断。如果实际的销量增加大于12.5%却小于17.5%，管理层只能后悔当初在新增产能上投资的错误决策。既然这一成本已经不可避免，最有利可图的行动就是尽量降低价格以充分利用这些产能，即使该价格不能完全收回其成本。

■ 被动定价的盈亏平衡销量分析

到现在为止，我们一直在讨论主动的价格变化，即公司以盈利为目的而先于其竞争对手策划和实行的价格变动。然而如果竞争对手首先作出价格变动，公司若不采取相应行动，销售必然遭受影响，那么公司往往需要实行被动的价格变化。在分析被动价格变化时的关键性不确定因素包括：如果公司没有跟上竞争对手的降价，将会遭受多大的销量损失？或者，如果公司没有理会竞争对手的提价，它将获得多少销量增长？（在对手降价的情况下）潜在销量损失是否已经大到只有随之降价才能保护自己的市场？或者（在对手涨价的情况下）潜在的销量增加是否如此可观，以至于可以放弃共同提价的机会？这类情况的盈亏平衡销量分析公式与前面所介绍的稍有不同。

为了计算被动价格变化中的盈亏平衡销量变化，我们需要回答两个关键问题：(1) 潜在销量损失最少应超过多少，公司才应该跟随竞争对手进行降价？(2) 潜在的销量增长最少应该超过多少，公司不理会竞争对手的提价才是明智的？基本计算公式如下：

$$被动定价的盈亏平衡销量变化率 = \frac{价格变动}{边际贡献} = \frac{\Delta P}{CM}$$

假设西部公司的主要竞争对手东部公司刚刚降价15%。如果西部公司拥有较高的客户品牌忠诚度，它也许无须为此担忧。相反，如果客户对价格非常敏感，西部公司就必须采取相应降价措施以减少损失。潜在销量损失超过多少，西部公司就必须降价以应对东部公司呢？答案（以百分比形式计算）如下：[1]

$$被动定价的盈亏平衡销量变化率 = -15\%/45\% = -0.333（即 -33.3\%）$$

因此，如果西部公司预计东部公司的降价将会使本公司销量降低33.3%以上，为了避免利润损失，西部公司最好相应地降低价格。相反，如果西部公司预计其销量的降低将会少于33.3%，按兵不动的损失反而更小。

---

[1] 如果价格变动伴随着可变成本的变动，只需将"价格变动"替换为"价格变动 – 可变成本变动"即可保证该公式继续适用。同理也可计算固定成本变化的情况。

上述分析重点关注的是面临竞争对手的主动降价,如何把损失降到最小。当然,如果竞争对手突然提高价格,分析步骤也是一样的。假设东部公司提价15%,西部公司将会面对随之涨价的诱惑。然而,如果西部公司不对东部公司的新价格做出反应,它将可能增加销量——因为东部公司的客户会转而选择西部公司的低价产品。要使"不作价格回应"比"被动提价"更有利可图,销量最少需要增加多少?通过运用被动定价盈亏平衡销量变化公式,可以很容易得出答案。如果西部公司确信,"不作价格回应"的前提下销量增加将会超过33.3%,那么价格不变的策略是有利可图的。如果西部公司认为销量增加很难超过33.3%,跟随提价将会更有利。

当然,我们上面所作的竞争分析采用了非常简化的模式。如果西部公司不对东部公司的降价做出反应,东部公司也许会大受鼓舞,进而开始抢占西部公司的其他市场。同时,如果西部公司不跟随提价,东部公司可能会被迫回调价格。这类对长期收益的战略性考虑也许比为了短期利润而实行的被动定价策略调整更有意义。然而为做出这种正确的长期收益判断,公司必须首先确定短期利润影响,有时候长期战略所带来的收益也许并不值得牺牲短期成本。

■ 计算可能的财务变化

为充分掌握价格变化对利润的潜在影响,尤其当价格变动中包含增量固定成本变化时,计算出一系列销量变化对于利润的影响,并用盈亏平衡图表总结出来是非常有用的。在计算出基本盈亏平衡销量变化之后,要制作盈亏平衡图表就很简单了。用这种方法我们可以模拟出不同的价格变化需要的实际销量的变化情况。

图10-3的上半部分是西部公司降价5%前后基本盈亏平衡销量变化分析的总结,其中一列总结了价格变化之前的收益水平(标为"基准"的一列),一列总结了价格变化之后的收益水平(标为"价格变化后"的一列)。图10-3的下半部分列出了在增量半固定成本为800美元/1 000件产品的前提下,销量变化从0~40%所对应的9种可能的利润变化情况(即模拟情景分析)。第一、第二列表明每种情形下的实际销量变化情况。第三列至第五列计算了每种销量变动所导致的利润变化。

为举例说明盈亏平衡的销量变化在各种情况下是如何计算出来的,让我们先看一下第6种情形,其实际销量预计会提高20%,即800件产品(初始销量4 000×20%)。这一销量增长对应的利润变化是怎样的呢?第三列表明价格变化

图10-3 盈亏平衡销量分析和盈亏平衡销量情景模拟（西部公司计划降价5%）

盈亏平衡销量变化总结	基准	价格变化后
单价	$10.00	$9.50
价格变化率		-5%
单位收益	$4.50	$4.00
单位收益率	45%	42%
盈亏平衡的销量变化率（%）		12.5%
盈亏平衡的销量变化量（件）		500
总销售量（件）	4 000	4 500
总收益	$18 000	$18 000

		盈亏平衡销量变化情景模拟			
		实际销量 变化率（%）	实际销量单位 变化（件）	价格变化后的 收益变化	增量 固定成本	价格变化后的 利润总额变化
	1	0.0	0	-2 000	800	-2 800
	2	5.0	200	-1 200	800	-2 000
	3	10.0	400	-400	800	-1 200
情景模拟	4	12.5	500	0	800	-800
	5	17.5	700	800	800	0
	6	20.0	800	1 200	800	4 00
	7	25.0	1 000	2 000	800	1 200
	8	30.0	1 200	2 800	1 600	1 200
	9	40.0	1 600	4 400	1 600	2 800

后销量增长20%（即800件）使收益总额增加了1 200美元（实际销量变化800件与盈亏平衡销量变化500件之间的差，再乘上价格变化后新的单位边际收益4美元，800-500）×4=$1 200）。然而第三列的计算并未考虑实行价格变化所需要的增量固定成本（第四列中列出的数字）。第五列表示了从收益增加额中减去增量固定成本变化后的利润变化。在没有足够收益增加来收回增量固定成本时（如情景1~4所示），利润变化是负值。情景5是盈亏平衡销量变化。而情景6~9都是有利的，因为与价格变化之前相比利润增加了。

价格变化引起的收益变动、增量固定成本以及销量变动之间的相互关系，用图形来表示可以更清楚地理解。图10-4说明了图10-3中这些数据之间的关系。附录10B（本章末尾）将介绍如何绘制盈亏平衡图。尤其是当不同销量水平上多项固定成本变为增量成本时，盈亏平衡图可以更有效地帮助我们理解价格变化的影响。

图10-4 价格变化的盈亏平衡分析

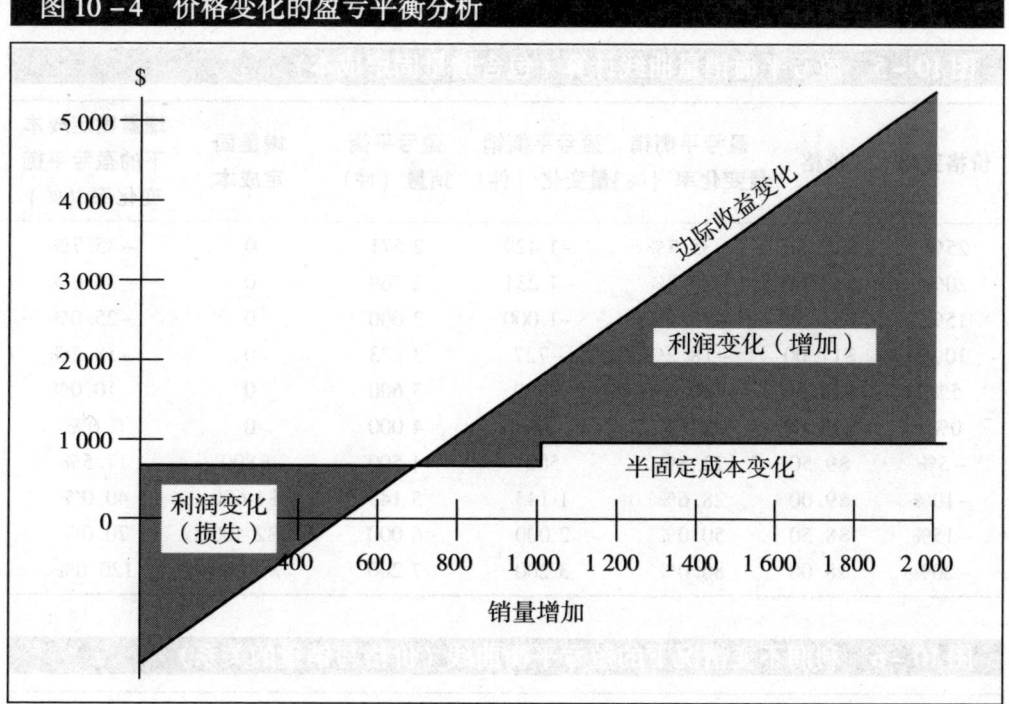

盈亏平衡销量曲线

上面已经讨论了在单一价格变化条件下的盈亏平衡分析以及其盈亏平衡销量变化的结果。在以上例子中，西部公司考虑5%的降价，而我们计算出只有销量提高17.5%以上才能获得足够的新增利润以收回增量固定成本。然而，如果公司计划在一个范围内调整价格时，我们应该怎么做？我们应该怎样运用盈亏平衡销量分析来同时考虑不同价格变化的效果？答案是对不同价格变动进行盈亏平衡销量分析，然后将结果综合到一条盈亏平衡销量曲线上。

绘制盈亏平衡销量曲线图需要作一系列类似于上节所讨论的情境假设分析。图10-5和图10-6使用数字表和曲线图两种形式反映了西部公司价格在125%~220%范围内变动的盈亏平衡销量曲线。注意在图10-6中，纵轴表示产品不同的价格水平，横轴表示和每个价格相对的销量。曲线上的每一点代表价格变化后要至少达到与基准价格同样的利润所必须达到的销量。例如，西部公司的基准价格是每件10美元，基准销量是4 000件。如果西部公司降价15%到8.5美元，销量必须提高70%达到6800件才能实现同样的利润水平。相反，如果西部公司提价15%到11.50美元，则销量可以减少25%至3 000件而仍然获得与原来同样的利润水平。

图 10-5 盈亏平衡销量曲线计算（包含增量固定成本）

价格变化	价格	盈亏平衡销量变化率（%）	盈亏平衡销量变化（件）	盈亏平衡销量（件）	增量固定成本	增量固定成本下的盈亏平衡变化率（%）
25%	$12.50	-35.7%	-1 429	2 571	0	-35.7%
20%	$12.00	-30.8%	-1 231	2 769	0	-30.8%
15%	$11.50	-25.0%	-1 000	3 000	0	-25.0%
10%	$11.00	-18.2%	-727	3 273	0	-18.2%
5%	$10.50	-10.0%	-400	3 600	0	-10.0%
0%	$10.00	0.0%	0	4 000	0	0.0%
-5%	$9.50	12.5%	500	4 500	$800	17.5%
-10%	$9.00	28.6%	1 143	5 143	$1 600	40.0%
-15%	$8.50	50.0%	2 000	6 000	$2 400	70.0%
-20%	$8.00	80.0%	3 200	7 200	$4 000	120.0%

图 10-6 利润不变情况下的盈亏平衡曲线（价格与销量的关系）

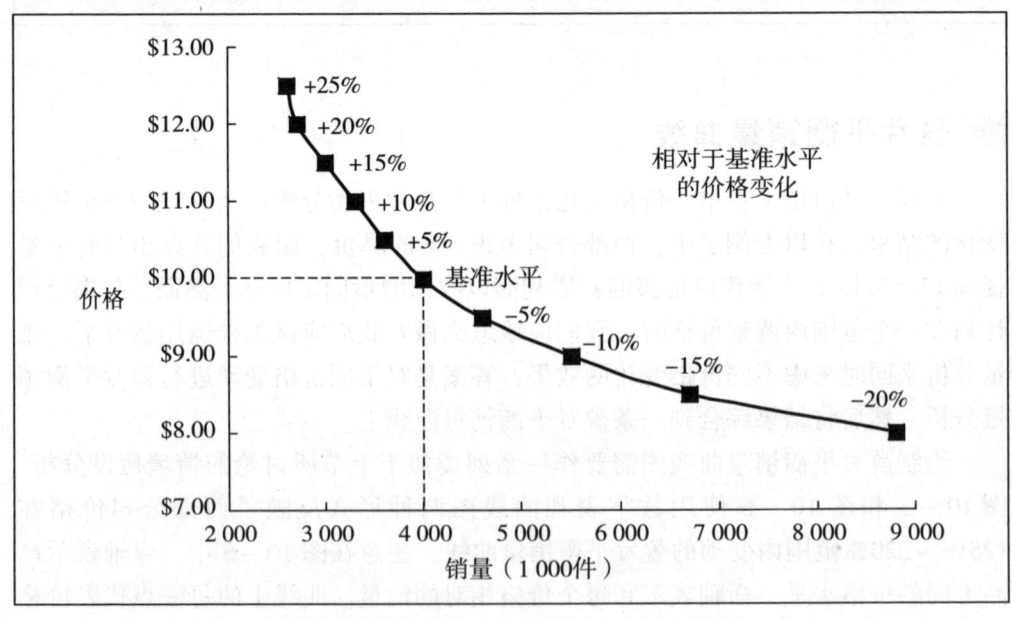

盈亏平衡销量曲线在分析和评估价格变动对盈利的影响时，是一项即简单但却非常强大的工具。它将盈利和不能盈利的价格决策简洁直观地区分开来。使利润增长的价格决策是那些使销量落在曲线右边的决策，而使利润减少的价格决策是使销量落在曲线左边的那些决策。这背后的逻辑是什么呢？让我们回想一下前面讨论过的价格变化前后的情况。盈亏平衡销量曲线上的每个销量都与不同的价格相关联，在这样的销量水平上，公司在价格变化前后的净收益恰好相等。如果价格变化之后公司销量大于盈亏平衡销量（即实际销量在曲线右边），价格的变化将会增加盈利。如果价格变化之后公司销量小于盈亏平衡销量（即实际销量在曲线左边），价格变动就会使盈利减少。例如，对于西部公司来说，定价 8.5 美元需要至少 6 800 件的销量才能增加净利润。如果降价到 8.5 美元以下，管理者认为销量将超过 6 800 件（在曲线右边的一个点）的话，那么实行每件产品 8.5 美元的价格决策就是正确的。

盈亏平衡曲线还清楚地反映了盈亏平衡定价方法和经济学中价格弹性之间的关系。盈亏平衡销售曲线看上去有点像经济学理论中向下倾斜的需求曲线：该曲线上不同价格水平（纵轴）对应不同的需求水平（横轴）。在传统的需求曲线上，任意两点之间的斜率决定了需求弹性，这一概念体现了价格变化与需求变化之间的联动比率，是价格敏感程度的一种度量方式。知道了曲线确切的斜率，任何一位经济学家都可以计算出使利润最大化的价格。

遗憾的是，很少有公司能够用经济学理论来制定价格。因为这要求公司必须要知道产品的需求曲线或者至少当前价格附近的需求弹性信息，对大部分公司来讲，这些可能都是不切实际的。为克服这样的困难，我们以相反的顺序来解决这个问题。在制定某个特定价格决策时，我们会问"所需的最小需求弹性是多大？"而非"需求弹性是多少？"通过盈亏平衡销量分析，可以计算出使特定价格决策盈利所需的最大或最小需求弹性。在盈亏平衡销量曲线上，我们可以得知使降价盈利的最小需求弹性，或者在提价能够盈利的前提下可以承受的最大需求弹性。接下来要问的就是：市场上的价格敏感水平是大于还是小于公司成本和收益结构所必需的价格敏感水平。

盈亏平衡销量曲线和需求曲线之间的关系可以用图 10-7 和 10-8 来表示。图中，假定的需求曲线和西部公司的盈亏平衡销量曲线被同时表示出来。如果需求曲线更有弹性，如图 10-7 所示，相对于基准价格的降价会带来利润增加，而提价将会导致利润损失。如果需求曲线更缺乏弹性，如图 10-8 所示，相对于基准价格的提价会带来利润增加，而降价会导致利润损失。尽管很少有人能确切了解产品的需求曲线，但我们碰到的一些管理者能较轻松地判断需求弹性是否高于或低于盈亏平衡销量曲线所需的弹性。此外，尽管目前还没有能精确绘制市场需求曲线的工具，但已经有许多市场研究技术（在第 12 章价格和价值测量中介绍）可以帮助管理者有效判断公司的决策是否能够实现盈亏平衡销量。

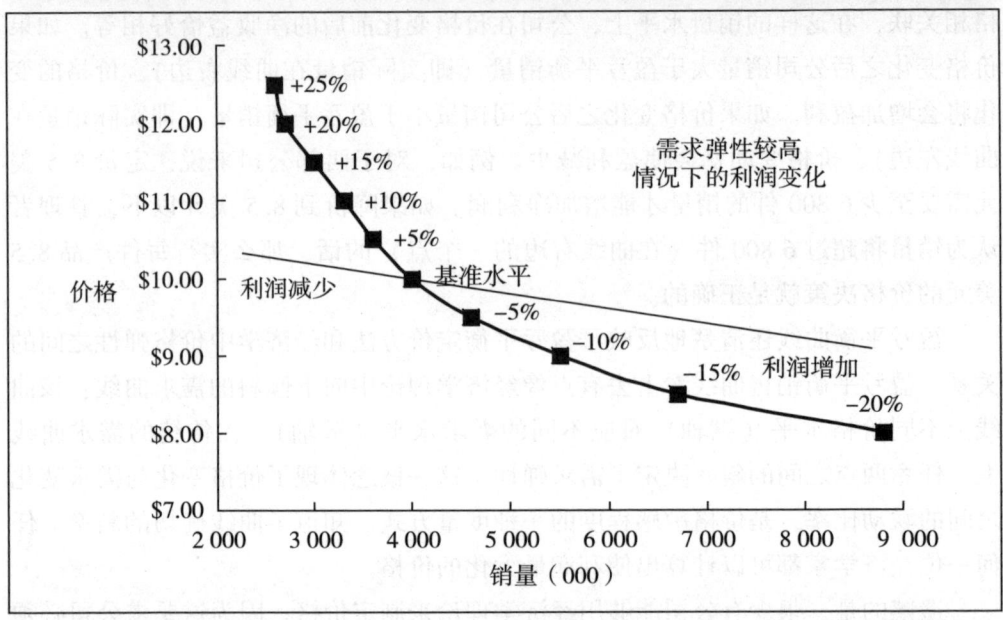

图 10-7 利润与需求的价格弹性和盈亏平衡曲线的关系
（较高需求弹性下的利润变化）

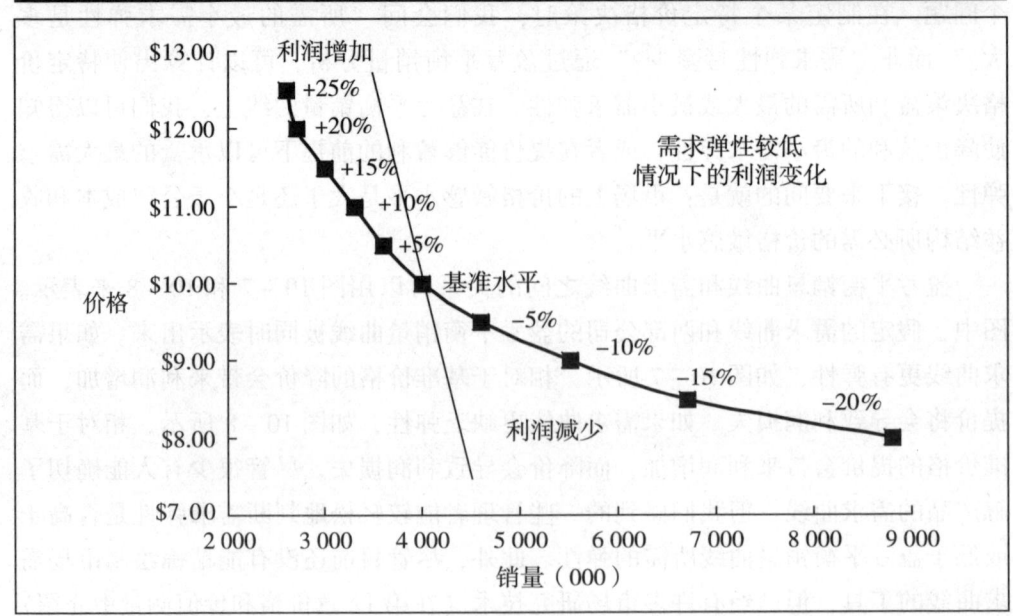

图 10-8 利润与需求的价格弹性和盈亏平衡曲线的关系
（较低需求弹性下的利润变化）

关注基准点

在前面的例子中,我们假定计算盈亏平衡销量变化的基准销量是当前的销售水平。为方便起见,我们假设市场是静态的。然而在许多情况下,即使价格保持不变,销量也会上升或下降。因此,盈亏平衡分析的基准销量不一定是当前的销售水平,而应该是价格未发生变化时将会达到的销量水平。

例如,某公司处于一个快速增长行业中,目前年销量是2 000件,边际收益率为55%。如果价格不变,管理层预计明年销量将会提高20%(整个行业销量的预计增长率),达到2 400件。然而,管理层正在考虑降价5%以提高其市场份额。与降价相配合,公司将开展广告宣传,以使消费者更好地了解价格变动。该广告活动需要花时间设计,从而将价格变化的实施推迟到下一年。这时,保持"利润不变"的盈亏平衡分析的初始基准销量水平应是明年的预计销量——2 400件。因此,盈亏平衡销量变化率可以计算如下:

盈亏平衡销量变化率 = −(−5%) / [55% + (−5%)] = 0.10(即10%)

或者,

盈亏平衡销量变化 = 0.10 × 2 400 = 240件

如果将现有的销售水平代入公式,盈亏平衡销售点的单位变化经计算为200件,比实际所需的销量变化少40个单位。

收回非增量固定成本和沉没成本

看到标题后也许有人会觉得疑惑:前面对定价决策进行分析时不是可以忽略非增量成本和沉没成本吗?思路没有错。然而一个公司的目标必须是收回包括固定成本和沉没成本在内的所有成本,否则它终将破产。这种考虑合情合理,也是盈利性定价的关键,但是用它来合理化较高价格的时候却容易产生误导。

注意,我们计算边际收益并用其评估价格变化或差异的目标是设定使产品利润贡献最大化的价格。让我们回想一下:利润贡献指的是销售收入减去所有增量成本和可避免成本后的余额。这部分收益将用于覆盖非增量固定成本及沉没成本,并形成最终的利润。管理者在价格决策中只考虑增量成本和可避免成本时,并不是说其他成本不重要。他们只是意识到这些非增量固定成本和沉没成本的数额与如何定价才能赚取最多的利润去覆盖这些成本的决策无关,因为这些成本并不随着价格决策的变化而变化，所以在不同价格下，它们对相对盈利性没有影响。在这种情况下，如果在定价决策时过度考虑它们，反而会影响利用盈利性定价策略最终覆盖这些成本的进程。

所有成本都是重要的，因为不管将它们如何分类，在获得利润之前我们都必须将它们全部收回。在一定的时候，所有的成本都必须被考虑进来。基于价值的定价决策和成本驱动型定价决策的区别在于应该什么时候考虑某项成本。基于价值的定价之所以比成本驱动型定价更有助于公司获利，主要原因是前者鼓励管理者在尚能控制成本时就去考虑成本问题。有些时候，所有成本都是增量的、可避免的。对产品开发和设计的成本而言，尽管到第一件产品卖出时它已经是固定的沉没成本，然而在设计过程开始之前它也是增量的可避免成本。对于其他成本而言，道理也一样。盈利性定价的关键在于决定产品价格的是市场中的客户而非成本。因此在产生任何成本之前，管理者就需要估计客户愿意为某个产品所支付的价格，然后再确定在预期的销售收入下，应该如何控制成本，从而实现盈利。

当然，没有人能够完全预知未来。管理者往往必须在无法确定市场反应时做出产生成本的决定。如果他们的预计准确，他们将会在预期价格上实现市场销量，从而收回所有成本并获取利润。如果他们高估了产品的价值，利润贡献就有可能不足以收回所有已发生的成本。在后一种情况下，好的管理者将力图使损失最小化。而这只能通过增加利润贡献（收入减去增量的、可避免的成本）来实现。如果硬要把非增量固定成本和沉没成本加到价格中去，这无异于要求客户为公司过去的决策失误买单，其结果只能使销量更低，损失更惨重。

■ 案例研究：李特父子公司

西部公司的例子以一种成本构成很简单的产品为例介绍了进行成本分析和财务分析的基本原则。而在公司实际运营的环境中，运用这些分析工具通常要复杂得多。下面的案例分析就说明了一个公司应该如何处理更加复杂的增量成本问题，以及如何运用本章所介绍的财务分析工具来提出一个更加合理的定价方案以实现利润提升。请注意，此时即使在缺少全面信息的情况下，这些工具也能够帮助管理者整合跨部门的信息以制定更好的决策。

李特父子公司是一家盆栽植物和鲜花批发商，其最受欢迎的产品是盆栽菊花（以下简称菊花）。在特定的节日，尤其是母亲节、复活节及阵亡战士纪念日，菊花的需求量特别大，同时该产品全年都保持着较高的销量。图 10-9 展示了李特在最近一个财政年度中的菊花收入、成本及销量。参加了一个定价专题研讨会后，公司财务总监唐·李特开始考虑能否通过改善定价，提高产品盈利性。于是，针对提高或降低现有的盆栽菊花批发价格（3.85 美元每盆），一场严格的评估开始了。

图 10-9　盆栽菊花成本

项目	6 英寸盆栽菊花总计	每盆平均
销售量（盆）	86 250	1
销售收入	$332 063	$3.85
修剪成本	34 500	0.40
毛利	297 563	3.45
劳动力成本	51 850	0.60
运输成本	26 563	0.31
包装箔成本	9 056	0.10
包装套成本	4 312	0.05
包装纸箱成本	4 399	0.05
花盆成本	14 663	0.17
资金成本分摊	66 686	0.77
间接费用分摊	73 320	0.85
营运利润	$46 714	$0.54

李特父子公司所做的第一件事是考察盆栽菊花的相关成本和边际收益。只看图 10-9 的数据，唐·李特有点不清楚该如何做。他确信，修剪、运输、包装以及花盆的成本无疑是增量的、可避免的成本，且经常性管理费用则是固定成本。然而他无法判断劳动力成本和温室花房的资金成本是哪种成本。李特公司有些职工是长期雇员，他们在栽培技术方面的知识非常有价值，即使某些时段不需要这些人，解雇他们也不现实。然而，公司的大部分员工是在旺季里雇佣的临时劳动力，淡季他们会到其他地方找工作。

在咨询了盆栽植物生产经理之后，唐得出以下结论：盆栽菊花的劳动力成本中大约 7 000 美元是固定成本，剩下 44 850 美元（或每盆 0.52 美元）则是可变成本，因此是与定价决策相关的。

唐还不知道该如何处理温室花房的资金成本。但他知道目前公司将资金成本（利息加折旧）平摊到每一件售出产品上的政策是不对的。然而当唐向哥哥保罗（公司董事长）建议在定价中忽略掉这些沉没成本时，保罗却认为该建议不可取。保罗指出，李特公司温室花房的产能在旺季能达到满负荷运用，李特公司近年来已扩大了产能，且今后还将继续扩大产能。如果盆栽菊花价格不能覆盖新建温室花房的资金成本，怎么判断温室花房产能增加的投资是正确的呢？

这个论点唐也认为有道理。因为如果李特想要卖出更多的菊花，就必须增加新的产能，所以当所有温室花房产能都被利用时，新建温室花房的费用当然就是增量成本了。但很明显，在产能过剩的淡季，该成本又不属于增量成本。由于淡季增加菊花栽培量不会增加额外的资金成本，李特让每盆菊花都分摊年均 0.77 美元的资金成本这一做法就存在误导。比如，旺季栽培菊花的成本实际上比李特所预计的成本要高得多，因为那些菊花的种植需要额外的资金投入。因此，如果一个新增温室花房每年的成本为（折旧、利息、维修及取暖）9 000 美元，每年可种植三次菊花，每次 5 000 株，那么只有当所有温室花房在全年都被充分使用的情况下，每株菊花分摊的资金成本才为 0.6 美元 [9 000 美元/（3 × 5 000）]。但由于目前温室花房产能满负荷利用每年只有在旺季才出现一次，所以就旺季种植菊花而言，相关资金成本为每株 1.80 美元（9 000 美元/5 000），其他两次种植期的资金成本则为零。①

讨论的结果是，唐为盆栽菊花计算了两种成本：一个适用于温室花房产能过剩时，另一个适用于温室产能满负荷利用时。计算结果见图示 10-10。两种情况并未包括所有可能性。对于任何一种产品来说，不同的成本组合在不同的情况下可以是固定的，也可以是增量的。如果李特公司发现在种植、装盆并且准备好销售之后盆栽菊花过剩，那么唯一的增量成本只是运输费用。如果李特发现自己产能不足，在下一个旺季到来之前已无法通过扩大产能来增加菊花产量，那么要种植更多菊花的唯一方法就是减少其他花卉的种植。在这种情况下，菊花占用的温室花房空间的成本将是未种植其他花卉所造成的机会成本（用损失的收益进行衡量）。定价决策的相关成本要依具体情况而定。所以定价的第一步就是确定与该特定策略相关的成本。

图 10-10　盆栽菊花的相关成本

	产能过剩时	产能充分利用时
价格	$3.85	$3.85
− 修剪成本	0.40	0.40
− 增量劳动力成本	0.52	0.52
− 其他直接成本	0.68	0.68
= 边际收益	$2.25	$2.25
− 增量资金成本	0	1.80
= 利润贡献	$2.25	$0.45

---

① 我们假设温室使用时的折旧速度并不比闲置时更快。如果使用的温室折旧速度真的更快，那么即使对于产能过剩季节里的盆栽植物来说，额外的折旧也将成为一项增量成本。

对于李特父子公司来说，当前需要考虑的决策包括下一年计划种植的产品数量和下一年的价格。一年之中可以种植三次，其中两次是在产能过剩的淡季，一次是在旺季，旺季种植数量又受到产能的约束。对于所有的菊花来说，相关的边际收益将会是 2.25 美元，即边际收益率为 58.5%（2.25 美元/3.85 美元）。然而在旺季由于温室的增量资金成本，净利润贡献将会少得多。

唐马上意识到菊花定价有问题。因为公司一直以来都以完全平摊成本为基础进行成本加成定价，而固定成本被完全平均地分摊到了每盆植物上。所以，李特公司全年为菊花的定价都是 3.85 美元。尽管淡季栽培菊花跟旺季栽培菊花占用相同的温室花房空间，但这些空间的相关增量成本并不总是一样的。因此在淡季销售的菊花的利润贡献要比旺季销售的菊花高很多。而这种差别并没有在李特的定价中反映出来。

唐认为李特父子公司应该在边际收益较大时制定较低的价格，而在边际收益较小时收取较高的价格。基于他对相关成本的新理解，唐计算了淡季降价 5% 的盈亏平衡销量（这时由于产能过剩使得资金成本与定价不再相关），并且计算出在旺季提价 10% 时的盈亏平衡销量（这时资金成本对于定价决策而言是增量成本）。这些计算参见图 10-11。

图 10-11　建议价格变化下的盈亏销量变化

淡季降价 5%

$$\text{盈亏平衡销量变化} = \frac{-(-5.0)}{58.5 - 5.0} = +9.3\%$$

旺季提价 10%

$$\text{盈亏平衡销量变化} = \frac{-10.0}{58.5 + 10.0} = 14.6\%$$

$$\text{包含增量固定成本的盈亏平衡销量}^* = -14.6\% + \frac{-\$9\,000}{\$2.635 \times 45\,000}$$

$$= -22.2\%$$

* 涨价 10% 后，新的边际收益为 2.635 美元。

唐首先计算了淡季降价盈亏平衡销量变化率。结果表明，李特公司需要至少 9.3% 的销售增长才能为淡季 5% 的降价带来更多利润。然后他又计算了旺季涨价 10% 的基本盈亏平衡销量变化率：如果提高价格后销量的减少小于 14.6%（即 6 750 盆，已知李特的预期旺季销量为 45 000 盆菊花），涨价仍可以带来更多利润。然而唐同样认识到，如果销量减少真的超过 14.6%，李特将会至少避免新建一个温室花房。这种情况下，即使销量降低大于基本的盈亏平衡，资本成本的节约也可能使涨价有利可图。假设一个温室花房每年 9 000 美元的成本可以避免,则盈亏平衡的销量减少量将增加到22.2%(9 990盆)。如果10%的提价给李特带来的预计销量损失少于下一个旺季预期销量的22.2%,那么提价就是有利可图的。

要判断未来实际的销量变化是高于还是低于盈亏平衡点,这超出了唐的能力范围。他计算了一系列可能情况,并将其称为"盈亏平衡销量变化情景模拟"(见图10-12),然后他把研究结果交给了苏·詹姆斯,也就是李特父子公司的销售经理。

图10-12 盈亏平衡销量变化情景模拟

情 景	真实销量变化率(%)	真实销量变化(盆)	价格变化之后的收益变化
产能过剩时:淡季降价5%			
1	0%	——	$(16 504)
2	5%	4 313	$(7 631)
3	10%	8 625	$1 242
4	15%	12 938	$10 115
5	20%	17 250	$18 988
6	25%	21 563	$27 861
7	30%	25 875	$36 734
基准价格			$3.85
基准价格下边际收益			$2.25
新价格			$3.66
新价格下边际收益			$2.06
产能充分利用时:旺季提价10%			
情 景	真实销量变化率(%)	真实销量变化(盆)	价格变化之后的收益变化
1	0%	0	$50 454
2	−5%	−4 313	$39 090
3	−10%	−8 625	$27 727
4	−15%	−12 938	$16 363
5	−20%	−17 250	$5 000
6	−25%	−21 563	$(6 364)
7	−30%	−25 875	$(17 727)
基准价格			$3.85
基准价格下边际收益			$2.25
新价格			$4.24
=−12.5%的新价格下边际收益			$2.64

苏确信在旺季里提价10%后销量不会降低22.2%。她指出，旺季的终端客户购买盆栽菊花通常是作为礼物，他们对质量远比对价格更为敏感。幸运的是，大多数李特的主要竞争对手因为要从很远的温室花房运输花卉，所以都达不到李特的质量水准。而本地竞争对手和李特公司一样，在旺季里的产能无法满足更大的客户需求。所以作为李特主要客户的高品质花店不太可能因为10%的提价而转向其他供应商。如果旺季销量相对稳定，利润贡献将会显著提高，达到约50 000美元。即使旺季销量在一定范围内降低，利润贡献的变化也将保持正值。

苏同时也感觉到，在淡季，即使从李特父子公司购买菊花的零售商像李特一样把零售价格降低5%，销量也不大可能增加9.3%。因此，只有当李特能够将常规购买菊花的客户从竞争对手那里吸引过来，降价才是有利可图的。这是否可能，还取决于竞争对手是否会为保护市场份额而选择跟随李特父子公司降价。如果他们也降价，李特可能无法获得更多的零售商订单。如果他们不降价，李特则可能获得一个或更多的杂货连锁店的订单，这些连锁店的客户对价格的敏感性及其用于鲜花的大笔开支将促使他们积极寻找最低价格。

唐和苏需要考虑他们和谁竞争，并考虑"竞争对手的定价将如何影响我们的销售"，以及"他们对我们的价格调整将做出怎样的反应？"他们把接下来的两个星期用于访谈顾客以及那些曾经为竞争对手工作过的李特雇员，试图找到问题的答案。他们发现，公司面临着两种截然不同的竞争。首先，公司和当地另一家大种植商马修斯·纳瑟利竞争，且其成本结构和李特相近。由于马修斯的销售区域和李特大体重合，如果李特降价，他们很有可能被迫跟进。而对大订单的竞争主要来自于大型批发商，这些批发商把花卉销售到李特的销售区域，也会运输到其他地区。对他们而言，很难做到仅在他们与李特的竞争区域内进行降价，而保持其他区域不变。而且由于运输成本较高，他们的利润本来已经较低，因此不大可能跟随李特降价5%。

另外，苏认为一两个大订单可能还不足以使李特在淡季的整体销量增长多于盈亏平衡所需数量。唐意识到，大买主更高的价格敏感度也许表明存在进一步细分定价的新机会。如果李特只对大买主降价，那么只要该细分市场的销量增加超过了盈亏平衡增量，降价就是有利可图的。也许李特公司可以只为那些价格敏感型大买主提供5%的数量折扣。[①] 或者，如果假设花店通常会愿意多付5%的价格

[①] 如果李特的大买主直接在零售盆栽菊花市场上与其小买主直接竞争，这将使李特面临法律风险。如果李特可以证明5%的折扣是准备和运输大额订单时节省的成本，那么它可以回避这种风险。如果不能加以证明，那么李特可能应该尝试更复杂的市场细分方法，例如，向两类细分市场提供在某种程度上不同的产品。

以向其消费者提供最好的产品，则李特可以把盆栽菊花分为"花店质量"和"标准质量"两类进行分别（定价）出售。

唐·李特决定向李特公司管理委员会的其他成员作一次演示报告，说明在旺季提价 10% 和两个淡季降价 5% 的理由。为更好地解释价格变化的潜在影响，他对不同销量变化情况下李特公司利润的变动情况进行了计算。为说明一系列销量变化对利润的影响，他用图示的方式展示了计算结果。图 10-13 说明了涨价10%的情况下，不同的销量变化下利润的变化。在唐·李特说完后，苏·詹姆斯解释了为什么她认为在旺季提高价格，销量减少将会少于盈亏平衡数量，以及为什么如果在淡季降价（尤其是只限于对大买主时），销量的提高会高于盈亏平衡数量。

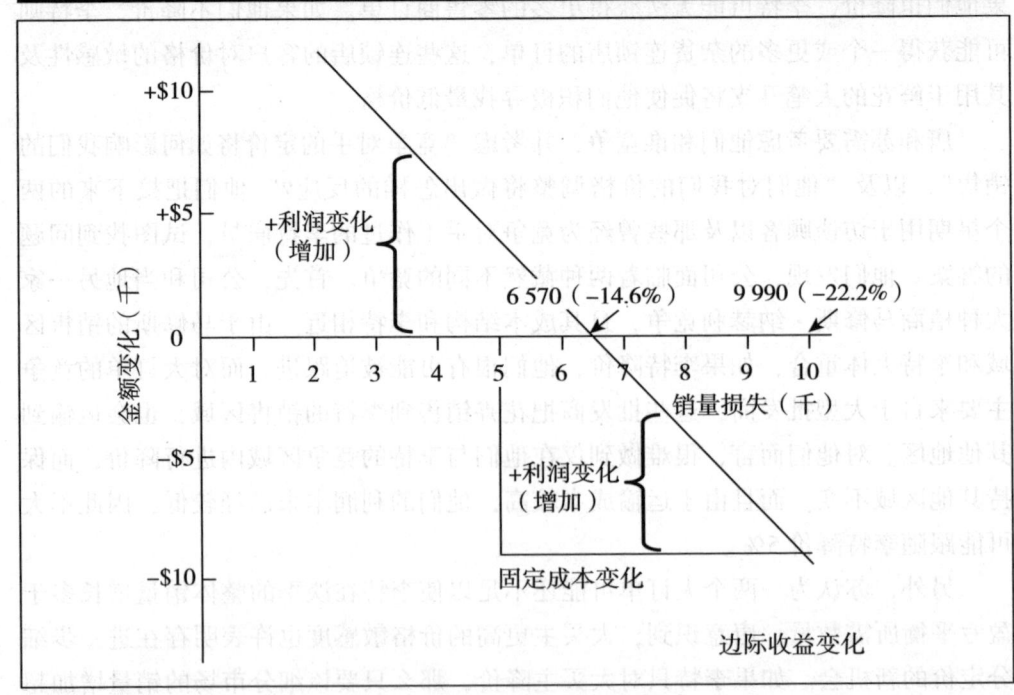

图 10-13　涨价 10% 对利润的影响

由于李特父子公司一直以来都以完全平均分摊成本为基础定价，一些经理对新的定价方法表示了怀疑。他们提出了一些尖锐的问题，而唐和苏通过市场分析对问题进行了回答。管理委员会认为这项决策不够清晰，因为它最终取决于"某价格变化将引起某种销量变动"这一不确定的判断。如果李特公司的经常客户最后被证明拥有比唐和苏估计更高的价格敏感性，那么在旺季提价 10% 将导致销量降低多于盈亏平衡数量。如果竞争对手都跟随李特，在淡季对大买主提供 5%

的降价，销量增加也可能不会达到盈亏平衡数量。

然而委员会还是接受了价格调整的提议。在另一相关决策中，他们推迟了建造新温室花房的提议，但同意将菊花分为两个等级分别定价：建议选取最好的菊花作为"花店质量"型产品出售，同时以较低价格出售"标准品质"的菊花1 000盆。最后他们达成共识，认为唐应该在行业展销会上发表演讲，以解释其定价方法是如何改进资本利用率并提高效率的。在这次演讲中，唐·李特将宣布李特父子公司决定在旺季提高其产品价格（也许马修斯公司的管理层可以根据这一信息，独立形成自己的定价决策）。他也将宣布，如果李特公司在淡季不能向本地大买家销售更多菊花，它将会考虑以折扣价格向本地市场之外的花店提供菊花。李特父子公司希望这一计划能阻止非本地竞争对手争夺本地市场份额，同时尽量避免降价延伸到更具盈利性的市场中去。

到现在为止，这些决策是否能给公司带来利润，我们还不得而知。管理层还需要对客户动机进行更规范的研究，也需要更进一步分析外地竞争对手以往对降价的反应。历史经验绝不是未来行动的完美指南，公司决策还需衡量可能的风险和预期的收益。尽管如此，唐的分析毕竟使管理层开始寻找与定价决策相关的信息并开始进行适当的判断与评估。

■ 小结

定价决策的盈利能力在很大程度上取决于产品的成本结构、边际收益以及市场对价格变化的敏感度。在第9章中我们讨论了识别与定价决策盈利能力最相关的成本（即增量成本和可避免成本）的重要性。正确理解了成本之后，我们必须掌握如何使用它们。识别相关成本最重要的原因是要准确计算出边际收益。准确的边际收益能够帮助管理者确定降价后销量最少增加多少或者提价后销量最多降低多少才能保证价格变化的盈利性。理解销量变化与产品利润率的关系是有效定价的第一步。

然而这仅仅是第一步，接下来，我们必须学会判断价格变化对销量的可能影响，这需要研究购买者如何理解价格变动和竞争者可能作何反应。我们将在接下来的两章里讨论这些问题。

■ 附录10A 盈亏平衡公式的推导

价格变化可能增加也可能减少公司的利润，其效果取决于它将如何影响销量。利用盈亏平衡公式可以很容易找出销售变化需要大于多少时，降价才会有利可图，或者涨价才会变得无利可图。

我们以图10A-1来介绍盈亏平衡分析过程。初始价格为P，在这一价格下的初始销量为Q，总收益为PQ，在图形上表示为以OP和OQ为边的矩形面积。如果C是该产品的可变成本，那么P价格上总的利润贡献量为（P－C）Q。在图形上表示为以CP和OQ为边的矩形面积。

图10A-1　盈亏平衡销量变化关系

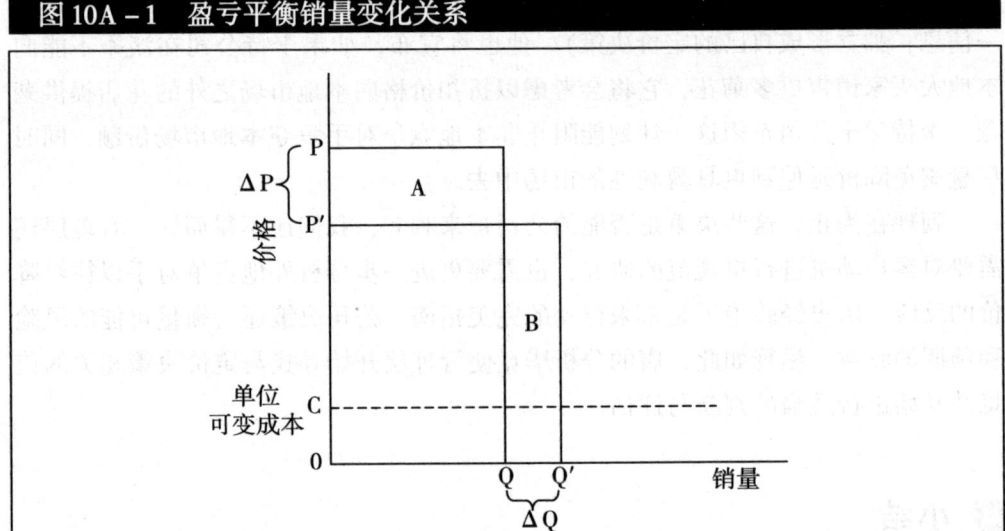

如果价格从P降到P′，利润贡献将随之改变。一开始的利润贡献损失等于价格变化ΔP乘以价格不变时的销量Q，在图中该部分损失由矩形A表示。但是公司会因为价格降低而增加销量来弥补一些损失，这里的收益等于单位产品利润P′－C乘以销量变化ΔQ，图中由矩形B表示。减价策略能否获利取决于矩形B的面积是否大于矩形A，而这又取决于ΔQ的大小。

当价格提高时，计算方法也是一样的。假定P′为初始价格，Q′为初始销量，价格增加到P时的盈利能力还是取决于ΔQ的大小。如果ΔQ很小，矩形A（高价销售所增加的收益）会超出矩形B（销售减少所造成的损失）。当然，ΔQ也可以大到使B大于A，这种情况下涨价便无利可图了。

要计算盈亏平衡销量变化ΔQ（在这一点上，价格变动所得收益刚好弥补损失）的公式，我们需要从代数公式来表述。价格改变之前所得利润为（P－C）Q。价格变化后，利润变为（P′－C）Q′。不妨设P′＝P＋ΔP（写作"＋"ΔP，因为ΔP是个负数），Q′＝Q＋ΔQ，我们可以把价格变动后的利润写作（P＋ΔP－

C)（Q + ΔQ）。因为我们的目标是找出 ΔQ，使得价格变动后的利润与变动前的利润刚好相等，我们可以先让这两个利润值在代数上相等：

$$(P - C)Q = (P + \Delta P - C)(Q + \Delta Q)$$

公式两边去掉括号得：

$$PQ - CQ = PQ + \Delta PQ - CQ + P\Delta Q + \Delta P \Delta Q - C\Delta Q$$

两边同减 PQ，同加 CQ，化简等式得：

$$0 = \Delta PQ + P\Delta Q + \Delta P \Delta Q - C\Delta Q$$

注意：等式余下的每项都含增量符号"Δ"，这是因为只有这些变化量才与价格变化的效果相关。以 ΔQ 为未知，解方程可以得新等式如下：

$$\frac{\Delta Q}{Q} = \frac{-\Delta P}{P + \Delta P - C}$$

用文字表述为：

盈亏平衡销量变动率 =（-价格变动）/（原边际收益 + 价格变动）

如果想用比率表示公式右边的项，可以对分子分母同时除以 P，即乘（1/P）/（1/P）。

附录 10B　价格变动的盈亏平衡分析

盈亏平衡分析是管理会计中的常用工具，尤其是在评估潜在投资活动的时候。遗憾的是，适于投资决策的传统盈亏平衡分析通常会误导定价决策。单项投资（公司该不该买台新电脑？该不该开发一个新产品？该不该组建一支销售队伍打入新市场？）通常可独立于其他投资活动进行单独评估。如果只需比较该项投资的总收益和总成本，则传统方法很适用。

然而通常情况下，我们不能将每笔销售独立于其他销售之外而单独定价。如果公司为赢得额外销量而对某个客户降低价格，则它也需要向其他客户，至少是同一细分市场中的其他客户也提供同样的低价。所以，仅仅将单次销售的利润与成本进行比较通常会误导对此次销售盈利性的评估。所以，要理解价格变动对利润的影响，就必须将所有销售的收益变动与对应的成本变动加以比较。

为考察收入和成本的变动情况，而不是收入和成本的总量，需要在定价决策中采用一种新的盈亏平衡分析方法。传统的盈亏平衡分析关注的是总收益和总成本，而价格决策的盈亏平衡分析关注的则是超出可变成本的那部分收益（边际收益）和增量固定成本的变动。在本章的主体部分，大家已经学到价格决策盈亏平衡分析的几个公式，并且运用它们对西部公司的定价决策进行了分析。在这部分附录中，大家将学习怎样运用这些等式绘制盈亏平衡图，并且分析含有多个增量固定成本的复杂定价问题。

□ 绘制盈亏平衡图

像图10-4那样的盈亏平衡图，对于我们认识价格变动的可能影响是很有用的。它展示了边际收益和各项相关成本的变动，能够使定价分析员清楚地看到销量改变所引起的净利润变化。为了绘制这样一张图，我们需要先将有关数据简洁地整理到一张像图10-5那样的表格中去。

我们通过分析PQR公司（化名）的例子来说明绘图方法。该公司生产并销售家用影音设备。其主要产品数字录像机的定价为250美元，年销量是4 000台。销量增速很快，如果价格能保持不变，那么下一年的预期销量将达到4 800台。按可变成本每台112.50美元计算，得出下面的边际收益率：

边际收益率 = （250.00美元 – 112.50美元）/250.00美元 = 0.55（即55%）

尽管在现有价格水平下预期销量仍会增长，PQR还是在考虑一次5%的降价，以便在快速增长的市场上保持竞争力并维持市场份额。因为降价会在下一年实行，所以初始的销售水平（或称为基准水平）将是下一年的预期销量（4 800台）。计算盈亏平衡销售变化率如下：

盈亏平衡销量变化率 = [–(–5.0)]/[55.0 + (–5.0)] = 0.10 = 10%

因此：

盈亏平衡销量变化 = 0.10 × 4 800台 = 480台

目前PQR公司的年最大产能为5 000台，但是可以通过购买新设备来扩大——预计每增加1 000台的产能需要追加15 000美元的成本。考虑到这种固定成本的这种变化，盈亏平衡销量变化率是：

盈亏平衡销量变化率（含增量固定成本） = 0.10 + 15 000美元/
[125.00美元 × 4 800] = 12.5%

盈亏平衡销量变化 = 0.125 × 4 800台 = 600台

我们注意到，价格降为237.50美元后，新的边际收益为每台125美元。

由于降价带来的实际销量变化是未知的，我们可以通过准备盈亏平衡表和盈亏平衡图来显示在不同销量变化情况下的利润情况。

图10B-1是PQR'降价5%时的盈亏平衡表。前两列是销售量变化情况，第三列则表示通过利润变化公式计算出的在这些变化情况下的总边际收益变化。在销量变化5%的例子中，结果为：

边际收益变化 = (240台 - 480台) × 125美元/单位 = -30 000美元

从第三列中减去第四列（增量固定成本变动），就能得到第五列（利润贡献的变化）。或者，我们也可以直接利用包含有固定成本变化的盈亏平衡销量变化公式得到第五列数据（见图10B-1和图10B-2）。

图10B-1　PQR工厂降价5%的盈亏平衡表

(1) 销售 (%)	(2) 销售 (台)	变化量		
		(3) 边际收益	(4) 固定成本	(5) 利润贡献
0.0	0	-$60 000	0	-$60 000
5.0	240	-$30 000	$15 000	-$45 000
10.0	480	0	$15 000	-$15 000
12.5	600	$15 000	$15 000	0
15.0	720	$30 000	$15 000	$15 000
20.0	960	$60 000	$15 000	$45 000
25.0	1 200	$90 000	$15 000	$75 000
30.0	1 440	$120 000	$30 000	$90 000
40.0	1 920	$180 000	$30 000	$150 000

注：计划降价5%，即每台降价12.50美元；原价250美元；边际收益率 = 45%；基本生产能力5 000台，半固定成本 = 15 000美元/每（增加）1 000台。

将图10B-1中的数据作图就得到盈亏平衡图（图10B-2），横轴代表销量变化，纵轴代表利润变化。"固定成本变化线"表示由于增加产能而追加的成本（表中第四列），第三列的数据用来绘制"边际收益变化线"。这两条线之间的距离代表了利润贡献的变化（第五列）。"边际收益变化线"居于"固定成本变化线"上方的那些点代表着正的利润贡献（和净利润）变化。如果销量变化使利润贡献和净利润变化为正，那么降价就是有利可图的。

□ 包含多个增量固定成本的盈亏平衡分析

到目前为止，我们一直假设一个公司只有一个固定成本随价格变动而变化。然而，现实中，一个公司经常会有许多半固定成本是随销量的变化而变化的，这

图10B-2　PQR公司降价5%的盈亏平衡分析

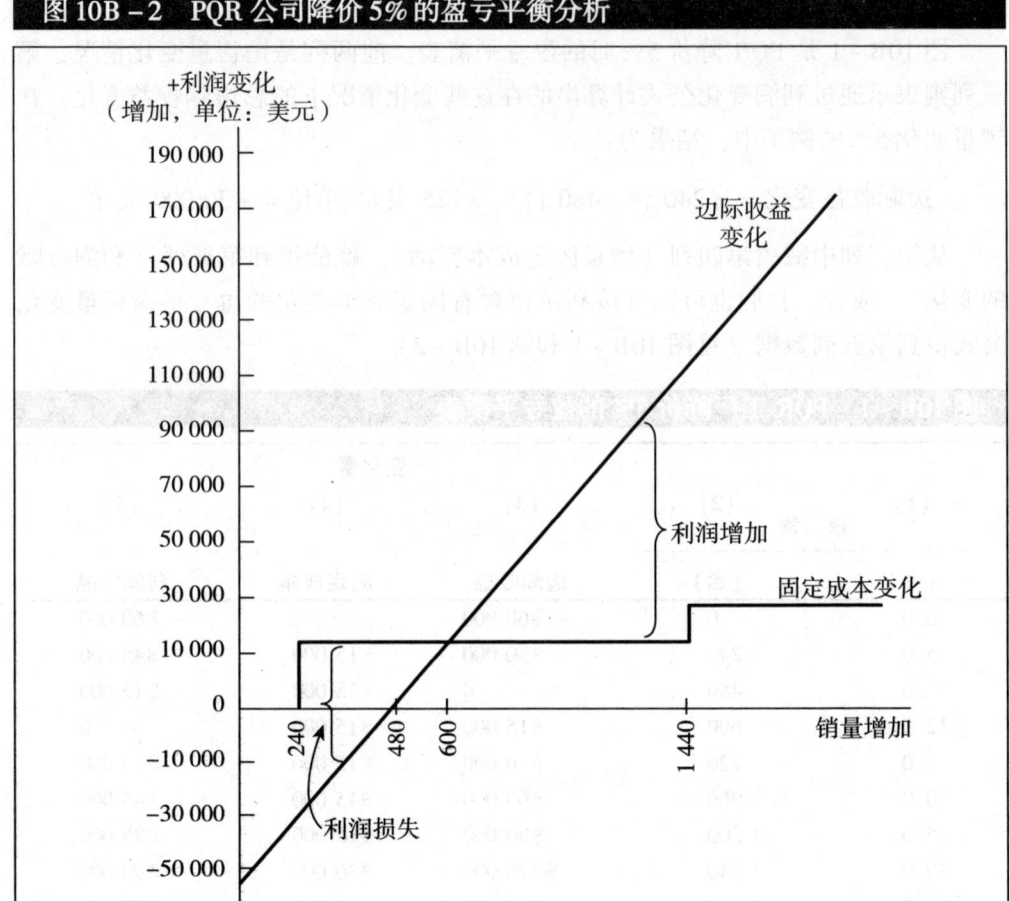

使得对价格变化的分析更加复杂,但同时也使得盈亏平衡分析对管理者更为重要。

让我们回到PQR公司的例子上。因为增加机器设备需要增加成本,管理层开始研究增加产量的其他替代方法。研究表明,每增加一名机器操作员可以将产能提高600台,即销量超过5 400台(初始销量4 800台+600台)时才有必要添加新设备。尽管通常情况下劳动力成本是随着产量变动的,但是机器操作员是熟练的专业工人,根据工会规定,必须作为全职员工被雇佣,于是机器操作员的工资实际上是半固定成本。另外,工会还要求每增加1 000台的产能就必须要增加一名技术工人。工厂的工程师还向管理者报告说,现有场地只够再安装一台新机器了，要想安装更多机器就得租用新场地，年租金为 105 000 美元。我们将条件总结如下：

销量	4 800 台
批发价	250 美元/台
可变成本	112.50 美元/台
半固定成本：	
机器操作员	7 500 美元/1 000 台新增产能
机器设备	15 000 美元/1 000 台新增产能（600 台以外的新增产能）
场地	105 000/年（如果需要增加 1 台以上机器）

由于成本结构很复杂，可能有多个盈亏平衡销量变化，仅仅进行一次计算是不够的。例如，如果因为销量增加而要求雇佣机器操作员，这时 5% 的降价所对应的盈亏平衡销量变化为：

$$\text{盈亏平衡销量变化率（含机器操作员成本）} = 10\% + 7\,500\,\text{美元}/(125\,\text{美元} \times 4\,800) = 11.25\%$$

$$\text{盈亏平衡销量变化} = 0.1125 \times 4\,800\,\text{台} = 540\,\text{台}$$

然而如果销量超过 5400 台就必须购买新机器设备，新的计算公式如下：

$$\text{盈亏平衡销量变化率（含机器设备成本）} = 11.25\% + 15\,000\,\text{美元}/(125\,\text{美元} \times 4\,800) = 13.75\%$$

$$\text{盈亏平衡销量变化} = 0.1375 \times 4\,800\,\text{台} = 660\,\text{台}$$

如果需要租赁更多场地，那么还要进行另一个盈亏平衡计算。

很明显，如果存在多个增量固定成本，计算盈亏平衡销量变化将是乏味而混乱的工作，而盈亏平衡图表可以帮助我们理清其中的关系。将这些数据汇总到盈亏平衡表（图 10B-3）和盈亏平衡图（图 10B-4）上，我们可以清楚地看到：当销量变化在 540 台和 600 台之间时，价格变动带来的利润增加较小。当销量变化超过 600 台时，由于需要购买更多的机器设备，固定成本上涨，利润反而减少。直到销量变动超过 660 台后，收益增加才开始超过固定成本变化，使得利润开始增长。

注意，12.5% 或者 600 台是在有必要新增成本前可能的最大销量变化。为判断是否应投资购买新设备，管理层必须首先考虑购买设备后的销量增加是否足以获得超过 7 500 美元（即大于 15%）的收益。如果这种可能性较小，公司就应该

图 10B–3　修正后的 PQR 公司降价 5% 方案的盈亏平衡表

销售(%)	销售(台)	利润贡献($)	变化量 操作人员成本($)	设备成本($)	场地成本($)	总固定成本($)	利润贡献($)
0.00	0	-60 000	0	0	0	0	-60 000
5.00	240	-30 000	7 500	0	0	7 500	-37 500
10.00	480	0	7 500	0	0	7 500	-7 500
11.25	540	7 500	7 500	0	0	7 500	0
12.50	600	15 000	7 500	0	0	7 500	7 500
13.75	660	22 500	7 500	15 000	0	22 500	0
15.00	720	30 000	7 500	15 000	0	22 500	7 500
20.00	960	60 000	7 500	15 000	0	22 500	37 500
25.00	1 200	90 000	15 000	15 000	0	30 000	60 000
30.00	1 440	120 000	15 000	15 000	0	30 000	90 000
35.00	1 680	150 000	15 000	30 000	105 000	150 000	0
40.00	1 920	180 000	15 000	30 000	105 000	150 000	30 000

注：计划降价 5%，即每台降价 12.50 美元；原价 250 美元；边际收益率 = 45%；半固定成本中：操作人员 = 7 500 美元/1 000 台，设备成本 = 15 000 美元/1 000 台（产量大于 5 400 台时），场地租金 = 105 000 美元/年（需要增加一台以上设备时）。

图 10B–4　修正后的 PQR 公司降价 5% 方案的盈亏平衡分析

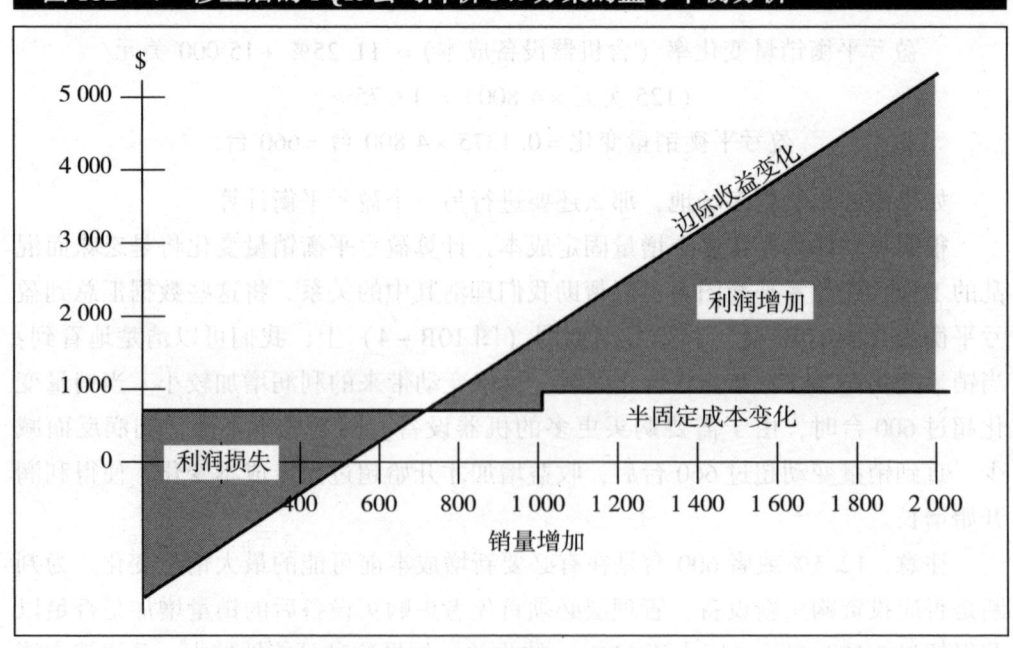

维持原来12.5%的销量增长目标,保证更稳妥的利润。

只要固定成本会发生变化,上述情况就会产生。当购买了第二台机器设备,并且有必要租用场地时,这类问题就更加明显。由价格变化带来的销售增长似乎不太可能收回租赁额外场地的费用。事实上,要想此时固定成本增加有利可图,销量必须增加53%以上。如果销量增长没有实现这个目标,那么利润率就必须提高,否则投资将是没有必要的。

盈亏平衡图

计算涨价时的盈亏平衡销量变化思路同降价时是一样的。不过此时销量是降低而非提高。因此横轴上的数字用于衡量销量的降低,而不是增加。

重新考虑PQR的例子。除录像机外,PQR还以每台3 000美元的价格销售平板电视机。电视机的单位可变成本为1 650美元,每台的边际收益为1 350美元,或者说边际收益率为45%。该公司正在考虑下一年对这种产品进行提价。目前最大产能为每年3 600台,而用于评估涨价策略的初始销量为4 000台(下一年的预期销量)。

由于产能有限且市场发展缓慢,公司计划明年提价以增加利润。其提价5%方案的盈亏平衡销量为:

$$盈亏平衡销量变化率 = [-(5)]/(45+5) = -10\%$$

$$盈亏平衡销量变化 = -0.10 \times 4\,000\,台 = -400\,台$$

只要提价导致的销售降低少于10%(即400台),这次提价就会有利可图。

为了实现超过3 600台的生产目标,PQR必须扩大产能,并用150 000美元购买新设备。然而如果提价使销量降低到3 600台/年(当前最大产能)以下,投资购买新设备就没有必要了。相对于基准销量4 000台所需水平,提价后的固定成本减少了。新的盈余平衡销量变化率如下:

$$盈余平衡销量变化率(含固定成本变化) = -10\% + (-150\,000\,美元)/$$
$$(1\,500\,美元 \times 4\,000) = -12.5\%$$

根据图10B-5中的数据,我们可以得到这一价格变化对应的盈亏平衡图(图10B-6)。其中边际收益线和固定成本线与我们习惯使用的降价盈亏平衡图中的方向相反,但是由这些直线的相对位置显示出的利润贡献变化仍然可以如前面的例子一样解释。

为验证这一点,我们可以借助图标检验销量下降5%(即200台)时的结果。在这种情况下,固定成本没有发生变化。所以利润应该增加了300 000美元,

图10B-5 PQR公司提价5%方案的盈亏平衡表

		变化量		
(1) 销售 (%)	(2) 销售(台)	(3) 边际收益($)	(4) 固定成本($)	(5) 利润贡献($)
0.0	0	600 000	0	600 000
5.0	200	800 000	0	300 000
10.0	400	0	−150 000	150 000
12.5	500	−150 000	−150 000	0
15.0	600	−300 000	−150 000	−150 000
20.0	800	−600 000	−150 000	−450 000
25.0	1 000	−900 000	−150 000	−750 000
30.0	1 200	−1 200 000	−150 000	−1 050 000

注：计划提价5%，或每台提价150美元；初始价格=3 000美元/台；边际收益率=45%；
半固定成本=150 000美元（当产量大于3 600台时）。

图10B-6 PQR公司提价5%方案的盈亏平衡分析

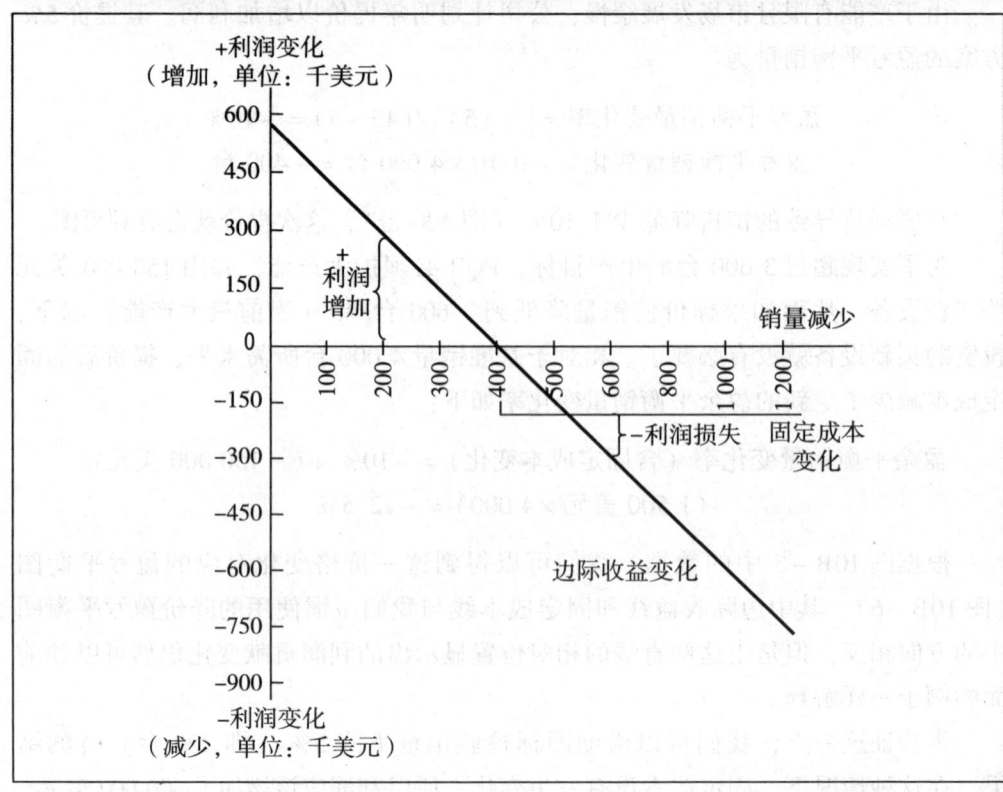

正好等于在这一销量变化水平上边际收益线到横轴的距离。图 10B-5 的表格更表示了它的正确性。

■ 小结

正如接下来的章节将展示的那样,预测价格变化的效果不是一门精准无误的科学。对此,为了采取最明智的行动,管理者应该对某个价格变化可能导致的所有结果加以考虑。盈亏平衡表和盈亏平衡图正是实现这一目标的一个简便且实用的工具。

■ 致谢

本章与波士顿学院的 Gerald E. Smith 教授合著。

第11章

竞争：深思熟虑地管理冲突

与为独特产品定价相比，在高度竞争环境下给产品定价更为困难，风险也更大。① 在没有竞争的情况下，管理者可以完全通过分析买方的价格敏感性来预测价格变化的影响。但是当一种产品有许多同类产品时，竞争对手的行为会对这种预测有效性造成严重破坏。竞争市场上的折扣（不管是直接的打折，还是以回扣、优惠券或者优惠条款等间接方式提供的）几乎必然会增加短期销售额和利润。人们很容易被这些短期增长诱惑而看不到长期后果。实际上，那些能够增加当前销量的降价行为，在未来将无一例外地改变你所在行业的竞争状况，而且在大多数情况下，这种行业竞争状况的改变是恶性的。

20世纪90年代初，虽然Alamo是美国第五大汽车租赁公司，但其盈利能力却是最强的，发展速度也是最快的。公司的低成本运营模式使其控制了诸如福罗里达州以及夏威夷等地的休闲租赁市场。但是Alamo公司的管理层急于快速增长，并且他们手头也有足够的现金来做些什么。在美国国内，最大也最赚钱的汽车租赁细分市场是商务汽车租赁，而大部分的商务汽车租赁都集中在机场。Alamo管理层认为，通过提供低于Hertz以及Avis的租赁价格并依靠自身较低的成本，即使只占据这一细分市场一个较小的份额也能为公司带来不菲的收益。

事实证明并非如此。事后回想起来，导致失败的原因当初完全可以预见。Alamo成功地争取到了价格敏感的个人以及商务用户，但是却无法得到真正占据最大消费量的大型公司客户。Alamo缺乏相应的设备以及经验去满足商务客户最

---

① 本章的一部分最早发表在一篇题为："Managing Pricing Competition，"的文章中，"Managing Pricing Competition，" Marketing Management 2，vol. 1（spring 1993）：36–45。

看重的快速完成租车程序的要求。而 Alamo 的成功主要依赖于其服务乘包机到达的团队客户的能力和经验。它的高收益率正反映出向这个市场提供服务的低成本。①

根据内部成本的数据或市场份额的目标来定价。

1992 年，Alamo 大幅降价并且离开其中心市场所在区域并迁至机场。这样做，Alamo 低估了自身的弱点。Hertz 以及 Avis 明确认识到自己对于如何有效地服务大型旅行团并不在行，同时他们也不希望由此造成的工作积压会影响到他们服务利润率最高的企业客户。但是一旦 Alamo 利用自身优势进攻他们的市场时，他们必须迅速作出反应。他们的反应非常迅速。在两年间，Hertz 在 Alamo 最大的市场（福罗里达州的奥兰多）开设了全世界最大的汽车租赁机构。该机构拥有 66 个服务办理柜台以及行李转运站，这大大方便了带着很多行李出行的游客。为了充分利用这些资源，Hertz 向 Alamo 的欧洲旅游运营商提供更低的价格。事实证明相比于 Alamo 试图争取的商务客户，这些人更愿意因为每辆车可以节省几美元而转向价格更低的供应商。这一年，Alamo 的利润大跌。第二年公司就被收购了。

以上案例并不是要告诉我们一家盈利性的企业不应该尽力争取市场份额，而是旨在告诉我们，企业在做出竞争性决策时需要考虑如何充分运用自身的竞争优势同时最小化自身的弱点。这并不是说，从长期来讲，降价竞争永远不能成为一个成功的策略，而是说这种策略的成功取决于客户和竞争对手会如何对其做出反应。本章的目的就是指导企业如何预测竞争对手的反应，如何影响他们，并将其融合到长期战略计划中。

■ 理解定价博弈

定价就像是国际象棋比赛，那些仅依据眼前情况来决定下一步怎么走的棋手肯定会被可以看到下面几步的那些棋手击败。像国际象棋一样，定价也被博弈论者定义为一场博弈：因为其结果不仅仅依赖于公司单方面的定价决策，还依赖于顾客以及竞争对手对此做何反应。不幸的是，为可持续盈利而进行的战略定价是一种技巧性很强的博弈，而许多营销和销售经理并不具备这种技能。我们大多数人对竞争的认识来自于体育比赛、教育或者甚至是公司内部的销售竞争。在这些

---

① "Rocky Road – Alamo Maps a Turn around," *Wall Street Journal*, August 14, 1995, B1; "Chip Burgess Plots Holiday Coup to Make Hertz No. 1 in Florida", *Wall Street Journal*, December 22, 1995, B1.

类型的竞争中，取胜的法则同在定价中取胜的法则有很大不同，其原因就是，如果用学术上的词汇，前者属于"正和"博弈，而定价是一个"负和"博弈。理解其中的区别对赢得定价博弈至关重要。①

正和博弈是那些在竞争过程能够给双方都带来益处的博弈。因此，比如在体育比赛、学术或者销售竞赛中的博弈越持久、强度越大，参与者的回报越高。胜利者总会发现参与这样的博弈是值得的，而即使是失败者也不后悔参与其中，因为从这些经历中得到的经验本身就是一种良好的收益。实际上，对这种竞争有健康认识的人们会经常主动寻找这样的机会来挑战自己。这种强烈的竞争意识通常被当做是判断应聘者是否具备成为成功销售人员潜质的标准。

不幸的是，当这种竞争是负和博弈的时候，可能就没那么有吸引力了，因为在这种竞争博弈过程中，参与者需要付出成本。战争、劳工行为、决斗都是负和博弈，因为失败者不会从中获益，即使是赢家也可能利益受损，而且冲突延续时间越久，他们的损失可能就越大，就算是胜者也会发现越来越不值得。价格竞争常常是一个负和博弈，因为价格竞争越激烈，对产品所在的市场价值的损害就越大。② 因此，价格竞争的参与者们应该忘掉他们从体育和其他正和博弈中学到的竞争经验，尝试从他们不熟悉的战争或决斗之类的竞争中吸取教训。

经历过战争的人清楚战争的代价，他们不会将战斗胜利等同于成功。里德尔·哈特，这位写过超过30本关于军事战略书籍的作家，曾为政治军事领袖们提出如下建议，营销领域的精英们也应该铭记在心：

"战斗力只是远大战略的一部分——更大的战略应该考虑并运用……财政压力、外交压力、商业压力以及……种族压力等来瓦解对手的意志……它不仅应该综合不同的工具，还应该规范其使用以免损害未来的和平。"③

简而言之，赢得战斗本身并不是目的，而战争肯定不是实现目标的唯一途径。

营销人员的处境犹如外交官。对于他们来说，战争应该是最后的手段，即使

---

① 要想查阅更多博弈论的实际应用，参见 Adam Brandenburger and Barry Nalebuff, *Competition* (New York: Doubleday, 1996); Rita Koselka, "Evolutionary Economics: Nice Guys Don't Finish Last," *Fortune* October 11, 1993, 110–114; and Kenichi Ohmae, "Getting Back to Strategy," *Harvard Business Review* (November–December 1988): 149–156.

② 价格竞争只有在整个产业贡献因此上升时才是一个正和博弈。这会在几种情况下发生：市场需求被降价充分地刺激；低价竞争者用一个比它的成本优势小的价格优势来赢取份额；或者一个公司的成本由于市场份额的增加而被充分地降低，以至于即使在价格降低的情况下总的行业利润也会增加。

③ B. H. Liddell Hart, *Strategy* (New York: Meridian, 1967, 322).

万不得已诉诸战争,也应该仔细权衡其潜在收益与成本之间的关系。幸运的是,有许多正和竞争的方式可以供营销人员使用。开发新产品、创造新的服务方式、和客户更有效地沟通价值以及减少运营成本等都属此类。因为正和竞争创造利润,而不是损害利润,所以构建正和竞争的能力是可持续战略的基础。单独的价格竞争最多只是一个短期战略,一旦竞争对手意识到威胁并做出反应,这一战略也会随之失效。

■ 竞争优势：盈利的唯一可持续来源

公司如何才能成为强有力的竞争者呢？许多管理者错误地认为衡量竞争成功与否的标准是市场份额的大小（见阅读材料 11-1）。如果只有一家公司在追求市场份额,这可能是一个成功的战略。然而当许多竞争者都采取这个战略的时候,他们参与的则是负和博弈竞争,这只会破坏所有同类公司的盈利能力。幸运的是我们还有促进正和竞争的战略,这些战略不是通过牺牲利润来吸引客户,而是通过创造更大的价值或者更有效的运营来吸引客户。这一战略有两种实现途径：要么在不增加等量成本的情况下增加产品的价值,要么在不牺牲等量产品价值的同时降低成本。

阅读材料 11-1

市场份额的迷信

很多营销人员心中都有这样一个迷信——市场份额是盈利的关键。如果这个观点是真的,那么按照最近的资料,通用汽车应该是世界上最具盈利性的汽车公司,联合航空（United Airline）应该是赚钱最多的航空公司,产品小至电灯泡大至彩电的飞利浦也应该是利润最高的电子产品制造商。事实上,尽管这些公司在市场销量上领先于人,却都经历过财务危机。这种迷信的来源是市场份额和利润率之间确实存在的相关性,尽管以上例子并没有充分体现这一点。但是,正如每个学统计学的学生都应该知道的,相关性并不一定意味着因果联系。

对这种相关性更合理的解释是,盈利性和市场份额都是由促成商业成功的同种深层次原因造成的,即能够更切实地、更高效地满足客户需求的可持续竞争优势。如果一个公司拥有一种竞争优势,它可以以较高的价格或者凭借较低的生产成本获得更高的利润。如果这个优势足够稳固，还可以阻止竞争者抢夺客户，或者有效抵制他们的扩张。所以，虽然某些没有竞争优势的公司会与竞争对手展开无利可图的价格战，但是有竞争优势的公司仍可以在获得高额利润的同时保持较高的市场份额。市场份额并不是利润的关键，它和利润一样，至少是公司经营良好的结果。

不幸的是，当管理层将失败战略的表征（市场份额不足或市场份额不断下降）误解为低利润的原因，并通过一些不恰当的方式（比如降价）来提高市场份额时，他们所期望的利润并不会实现。相反，在没有竞争优势支持下抢夺市场份额时，结果往往是同时损害公司本身和其所在行业的利润。任何战略计划的最终目标不应都是实现甚至是维持销量，而应该是建立并维持竞争优势。有了竞争优势以后，利润和市场份额就会随之而来。事实上，同高市场份额带来高利润的迷信相反，利润的变化通常发生在市场份额变化之前。例如，沃尔玛的竞争优势使它在成为最大的零售商之前就成为了美国最具盈利性的零售商，而西尔斯（Sears）在失去其市场份额主导地位的前几年就出现了糟糕的盈利状况。这种利润引导（而非追随）市场占有率的模式在汽车、钢铁和金融等行业都很常见。

基于销量而非竞争优势的战略，其本质是一种以邻为壑的战略——一种最终只会破坏行业利润的负和博弈。通过降低利润（提供低价或者承担高成本）而获得的市场份额无一例外地都会减少所获得的额外销售的价值。由于竞争者可以相机进行报复，他们至少可以通过进一步降价，减少自己对利润的要求这样简单有效的方式来应对。增加相对盈利性的唯一可持续的方式就是创造一个能够增加销量和利润的竞争优势。简而言之，战略计划的目标并不应该是变得比竞争对手更大（尽管这可能发生），而是应该变得更好。这种正和竞争不会破坏一个产业的盈利性，只会不断地促进产业升级。*

* 关于在中低规模市场份额中出现利润领导者的频率和大规模市场份额中的频率几乎一样的证据，参见 William L. Shanklin，"Market Share Is Not Destiny," *Journal of Business & Industry Marketing*, 4（Winter–Spring 1989）, pp. 5–16.

我们将这些盈利性增长的来源称作竞争优势，原因在于竞争者无法马上复制它们，除非他们愿意花费更高的成本。许多管理者完全误解了竞争优势的概念，低估了其对长期盈利能力的重要性。我们听到他们报告说自己的"竞争优势"是比竞争对手有更多的店面、更多经验丰富的销售人员或是更高的质量。然而，除非这些"优势"可以让公司比竞争对手以更低的成本来想用户传递价值，否则这些就都不能被称之为"竞争优势"。通过降低利润水平来给客户提供一个更具吸引力的报价可能是一个销售优势，但不会是一个可持续的竞争优势。

一个公司如何才能获得竞争优势？有时是靠运气。沙特石油公司阿拉姆克①，拥有的油田开采成本就比阿拉斯加、北海或者哈萨克斯坦等地低得多。很多时候竞争优势来源于先行一步。通过赢得专利、获得规模经济或者抢先占有最好的地段，一家公司就有可能获得竞争优势。而后来者想要模仿这些优势将会付出更高的成本。Zipcar 引领按小时租赁汽车市场长达 10 年之久，将自己打造成为一个比购买私家车更环保的替代选择。Zipcar 在科技上大力投资，大幅提高租车流程的自动化水平，创造出同时兼顾社区和个人需求的经营方式，不但促进了产品的推广，同时也帮助实现了将出租点带到顾客身边的战略，最大限度的方便会员的随时随地使用。尽管传统的汽车租赁公司也注意到了这个不断壮大的市场，但 Zipcar 忠诚的客户群以及丰富的经验都不是那么容易被超越的，即使对于资金雄厚的竞争对手亦是如此。②

在更多的情况下，竞争优势是通过对价值链的有效管理而得以建立的。摩立特集团的创始人之一、"竞争战略之父"哈佛大学的迈克尔·波特教授曾在其著作中提到企业可以通过积极营运从而获得竞争优势的三种方法。③

- **基于需求的定位**——基于服务特定的或特殊的细分客户群的定位。这可以使公司对运营进行调整，从而能够以更高效的成本来满足这些客户群体的独特需求。
- **基于接触方式的定位**——基于公司以独特方式接触客户能力的定位。这里的接触方式可以根据客户的地域或规模来进行划分。比如，根据公司的成本结构，服务一个很大或很小的区域市场，实现独特的成本或竞争优势。
- **基于品类的定位**——通过有选择地在战略价值链上进行一系列举措来参与竞争。比如，公司可以通过与战略伙伴合作或共享价值链的方式，以实现分摊成本或者差异化优势。

思科公司的 Flip Video 数字摄像机是成功运用"基于需求的定位"战胜实力

---

① 全名 Saudi Aramco，成立于 1933 年，沙特阿拉伯国家石油公司，简称沙特阿美，属沙特阿拉伯政府所有，是世界上最大的石油公司。其石油储量和开采量均居全球首位，天然气储备量居全球第四，拥有并管理着全球最大的油轮队伍之一。全球雇员约 51356 人，预计年收入超过 4500 亿美元。——译者注

② Keegan, Paul, "The Best New Idea In Business," *Fortune*, September 14, 2009.

③ Michael E. Porter, "What Is Strategy," *Harvard Business Review* (November – December 1996), pp. 60 – 78; Michael E. Porter, "Competitive Strategy," (New York: The Free Press, 1980), p. 34.

更为强大、经验更为丰富的竞争对手的一个典型例子。Flip Video 基于这样一个简单的设想：在这个 YouTube 大行其道以及信息共享的时代，对于许多消费者而言，摄像机应具有的重要特征就是操作简单，携带方便。Flip Video 只有一部移动电话那么大，操作界面简单（包括开关键在内仅有 5 个按钮），只通过外接 USB 接口就可以简单地与电脑连接。自 2007 年引进后，Flip Video 依靠消费者口碑以及媒体上广受赞誉的评价，销量迅速超过 200 万台。与此同时，市场的领导者却经历着从 2008 年持续到 2009 年的销量停滞。①

不管是拓展还是缩小地理区域市场以实现竞争优势，美国啤酒行业都提供了"基于接触方式定位"的经典案例。在美国，一些全国性的啤酒公司，像安海斯布希②和米勒③等，它们在电视广告购买上有巨大的竞争优势，它们能以超低价格购买电视广告位置，并且利用这一优势击溃众多小型竞争对手。就在一些小型的全国性啤酒商为了生存而艰难挣扎的时候，一些小酿酒商却由于采取截然不同的区域战略而生意兴隆。像新罕布什尔州朴茨茅斯的斯玛特雷诺斯酿造厂、北弗吉尼亚的老多米尼以及加州埃尔克格罗夫的埃尔克格罗夫酿造厂等，都是依靠本地市场和当地居民的口碑效应来进行小规模经营并且获得丰厚利润的。

微软的操作软件战略是"基于品类定位"的很好例子。随着台式电脑的出现，微软有意选择回避像苹果和 IBM 那样生产完整的电脑系统，而是只侧重于开发操作系统——那些使电脑硬件有效运行的软件。又如，随着竞争压力越来越大，传统公用事业公司开始寻找机会，通过把商业活动统一到整合的价值链中来获得成本优势或者产品优势。一些地方的电力公司开始提供广告直邮服务，将广告与每个月的电费账单一起寄出去。这里，新增的邮递费用比传统直邮公司要低（因为电费账单是无论如何要寄出去的），并且它可以保证更多的收件人会拆开信封来看，而不是把它直接扔进垃圾篓。

正如这些例子所表明的，实现可持续利润的关键是以建立竞争优势为核心来管理和运作企业。不幸的是，在激励的市场竞争中，大多数公司都是被销量增长

---

① "Cisco Buys Flip Video Market for ＄590 million," CNET News, March 19, 2009. Sony Corp. investor relations release Q1 2009, July 30, 2009.

② 创立于 1852 年，是美国最大的啤酒制造商，旗下有世界最大的啤酒酿造公司和美国第二大铝制啤酒罐制造厂等。公司占领着本国啤酒市场 48% 的份额，旗下品牌包括百威（Budweiser）、布希（Busch）、米狮龙（Michelob）等，产品销售到 80 多个国家和地区，并在 11 个国家设厂。公司全球雇员约 24000 人，年收入 150 亿美元。——译者注

③ 米勒酿酒公司成立于 1855 年，1969 年被菲利普·莫里斯（PM）收购，现为第二大美式啤酒酿造公司，旗下品牌包括海雷夫（High Life）、淡啤（又称莱特，Lite）和老温伯（MGD）等。——译者注

目标牵着鼻子走，他们竭尽全力想要迎合所有顾客的所有需求，却忽略了如何以更有效的成本来创造价值。波特教授把这种既未实现价值又没降低成本的状态称作"被夹在中间"。当这类公司遭遇竞争者时（这些竞争对手有些能提供更高质量的产品或服务，有些能够提供更低的价格），不管公司的规模有多大，其利润都会被不断挤压。①

在没有竞争优势的情况下，用价格推动增长是一种自杀式行为。在20世纪90年代晚期的网络"泡沫"期间，成千上万的网络零售商和一相情愿的投资者都希望证明这个结论是错误的。他们坚信网络最终的高价值会使自己有利可图，因此为扩大市场份额他们乐意接受低利润，甚至不惜亏本经营。然而这些人却忽略了一个简单的经济原理：除非他们能够拥有可以阻止竞争对手达到他们的成本水平或价值定位的竞争优势，否则这些竞争早晚会挤压掉公司的利润。最终结果表明，在网络竞争中拥有竞争优势（知名度、以低成本获得客户、规模经济）的公司正是那些在传统经济中有着同样优势的公司。

当然也有例外，那就是那些虽然是新进入网络服务的企业，但它们可以创造竞争者们无法复制的优势。以eBay为例，它的利润和盈利性超过了所有网络竞争者和传统经济竞争者，这不仅是因为它有着很高的在线交易额，还因为那些靠降价来竞争的对手很难复制这种网上交易模式。拍卖的价值与参与者的基数直接相关（类似于电话网络的价值）。一旦eBay获得了很大的用户基数，竞争对手就很难在短时间内像eBay那样为交易者提供同样的价值。亚马逊为客户的喜好建立了档案，并将其信用卡信息和邮寄地址也记录下来，这让许多人觉得比起其他线上或者线下购买方式而言，亚马逊的购买体验更加高效快捷而令人愉悦。

■ 对竞争作出反应：三思而后行

许多管理者完全意识到了价格战的风险和占据有利地位参与竞争的重要性，所以在开展价格竞争之前，他们也会冷静地、逻辑性地进行思考。但对大多数人而言，在已经被攻击的情况下，理性地考虑应对方法会是一件很困难的事情。所以，我们将一步步地详细讨论如何分析竞争环境以及如何对价格竞争市场做出反应。

---

① Michael E. Porter, "Competitive Strategy," (New York: The Free Press, 1980), pp. 41–43. 通过在多个市场细分中经营，一个公司可以避免被"夹在中间"。但是，这些市场细分应该按不同客户群的特殊情况来分别管理，而不是一刀切的市场营销，宝洁就是一个绝好的例子。尽管这家公司规模巨大，但它仍然谨慎地为每种产品定位，以满足某个特定客户群的需求。

面对竞争威胁,在什么情况下容忍(至少是在近期,直到你的能力有了显著提升)比报复更明智?透彻地思考这个问题比让你在思想上和心理上做好准备来采取最优的应对策略更为重要。这也能帮助你了解自身在竞争中的薄弱地方。如果你因为公司总是需要容忍竞争者的威胁而苦恼不已,那么你就会主动去寻求一种竞争策略以增强自己的竞争优势或者避免竞争威胁的侵害。

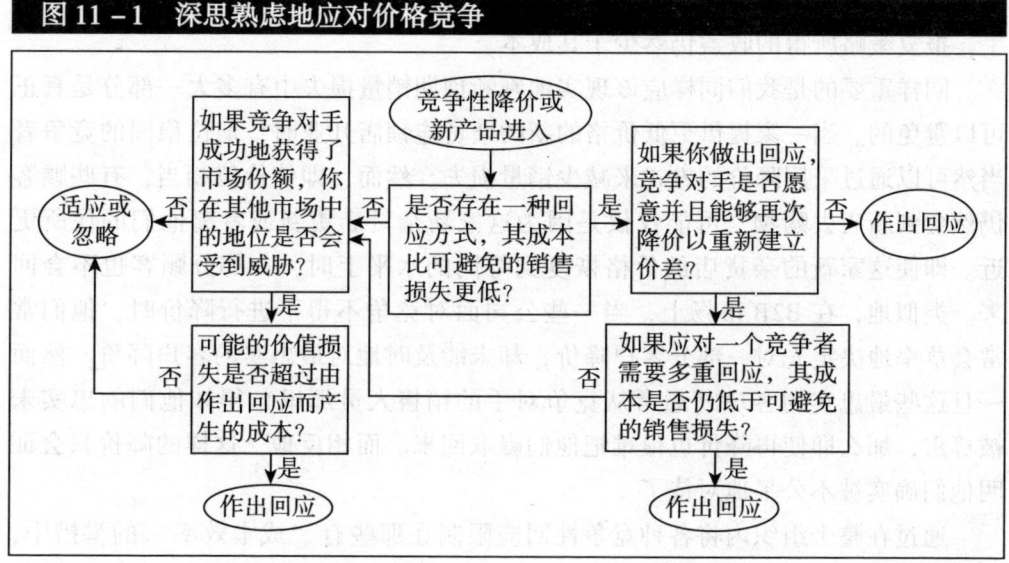

图 11-1 展示了一个为做出应对价格竞争的成熟决策所需要的复杂的思考流程。图示从一个假设开始:一个或者多个竞争对手已经降低价格,或者引进了新产品,使得客户能够以同样的价钱获得更多的价值。这时你应该作何反应?有些专家认为,最好是以不变应万变:因为有更好的"正和"方式与竞争对手在产品或者服务特色上展开竞争。虽然这常常是事实,但是这种方式往往是企业应该在竞争性价格威胁出现前很长一段时间就开始研究的。而在威胁到来的时候,一个公司的这些战略性能力在短期内往往是已经固定了的。这时我们面临的问题是,在受到定价更低的竞争者的威胁,销量可能减少的时候,是否应该在价格上做出回应?要确定降价回应是否比没有任何回应更好,必须回答下面的问题并且研究图 11-1 中所展示的各种相互关系。

1. 是否存在一种回应方式,其成本比可避免的销售损失更低? 尽管这是一个显而易见的问题,但很多管理者在受到威胁时就停止了理性思考。他们在采取降价行为时,从来没有想到这样做的成本是否与收益相称,或者是否可以采取一个更好的对策来获得与所付出的成本等量的收益。在第 10 章中我们介绍了对被动价格变化进行财务分析的方法。如果我们的结论是，对一个价格变化做出反应比失去销量的代价更低，那么这时候，对价格变化做出反应可能是一个好的决策。另一方面，如果一个竞争者的降价仅仅威胁到你预期销量的很小一部分，忽略这种威胁造成的销量损失可能会比报复策略所耗费的成本小得多。由于威胁很小，而为了预防这种小损失而对所有产品进行全面降价的代价却很有可能是极其惨重的，这时候，你的降价决策可能就是不明智的。有时即使遇到较大的竞争对手，报复策略所得的收益仍然少于其成本。

同样重要的是我们同样应该现实地判断预期销量损失中有多大一部分是真正可以避免的。当一家提供更低价格的新的杂货连锁店开业时，地位稳固的竞争者当然可以通过采用降价的方式来减少销量损失。然而，即使价位相当，有些顾客仍然会到新店去购物，可能仅仅是因为这家新杂货店更新或者离他们的住所更近。即使这家新的杂货店的价格恢复到等同的水平上时，一部分顾客也不会回来。类似地，在B2B市场上，当一些公司面对竞争不得不进行降价时，他们常常会草率地决定先对一部分客户降价，却未能及时地对最忠实的客户降价。然而一旦这些最忠实的客户（通常从竞争对手的销售人员那里）得知他们的忠实未被尊重，那么即使再降价也很难把他们赢取回来。而相反地，这样的降价只会证明他们确实被不公平地对待了。

通过在整个组织内将各种竞争性回应限制在那些有"成本效率"的举措中，管理者同时也可以引导自己的组织思考如何让价格变动更具有成本效率。以下原则可以极大地减少对市场威胁做出价格反应时的成本。

- 将被动降价集中于那些很有可能被竞争者的报价所吸引的客户身上。这就要求设计一个"掩护"产品，让它只对价格敏感型客户有吸引力，或只有这部分客户可以得到它。通常，这样的产品可以在很短时间内设计出来，因为它仅仅需要去除现有产品或服务中一些不被价格敏感的群体看重的要素。在2009年的经济萧条期中，在超市的大力促销下，顾客开始转向更便宜的超市自有品牌的日用杂货和清洁用品，这导致宝洁的利润下降了18个百分点。对于此种状况，宝洁引入了汰渍基础款这种平民化的品牌，其价格相比于以前普通汰渍产品便宜20%。[1] 许多分析师质疑宝洁的这项举措，但无论如何其收益十分明显：它成功阻止了部分顾客转向超市自有品牌，同时在消费者再次感觉能够买得起附加值更高的品牌之前就扼杀掉这些新的竞争对手。

---

[1] Ellen Byron, "Tide Turns 'Basic'for P&G in Slump," *Wall Street Journal*, August 6, 2009.

- 将被动降价仅仅集中于受到威胁的那部分销量。一个提供更低价格的竞争者通常无法完全取代你的市场地位，但它能够抢走你的部分生意。例如，较小的电视网，如北美的 CW Network，即使降低了其广告价格，那些广告客户也不会全部撤走它们在美国广播公司（ABC）、全国广播公司（NBC）[①]、哥伦比亚广播公司（CBS）或者福克斯公司（Fox）[②] 等主要电视网的订单，但他们有可能从大的电视网中分出一部分业务给 CW。这时，上述大公司可以将被动降价仅限于那些可能被挖走的广告业务上。一种方式可以通过"优质客户打折"的方式实现，即如果客户在这家广播公司的广告支出超过了上一年广告支出或今年预期广告支出的80%，那么超出部分都可以享受折扣。这类合同不仅在广告业极为常见，在提供给健康维护组织的药品和其他医疗产品合同中也很普遍。这种仅仅针对受威胁的销量部分进行报复性折扣的做法也常常应用于对销售商和分销商的定价中。
- 将被动降价集中于某个特定的地区或产品线，在该区域或产品线上，你的竞争对手因降价而遭受的损失将会比你大得多。例如，台湾的水泥公司在菲律宾建立了自己的卸货机构，购置了新的混合设备，并开始进行零售价格促销，以期提高自身在菲律宾的市场份额。公司没想到的是他们在台湾的高价格以及高市场份额（38%）很容易受到竞争对手的报复。作为菲律宾最大的水泥公司，Cemex 在台湾仅占 5% 的份额。它在第二年采取了报复行动，向台湾加大水泥出口，甚至超过台湾水泥公司向菲律宾的出口量。这样做的直接后果是仅仅在一年内台湾市场的水泥价格就直接从每吨 58 美元降至 43 美元。
- 提高竞争对手降价的成本。如果竞争对手的降价仅局限于其新客户，并且他们已经拥有一批老客户，你可能不需要降低自己的价格就可以实现报复；你完全可以让竞争对手的老客户认识到他们受到了不公平的对待。我们熟悉的一家公司曾经仅靠给竞争对手的几个最重要的客户打了几次电话就成功完成了这项任务。在电话中，销售人员故作不经意地提及

[①] 美国全国广播公司是美国三大全国性商业广播电视网之一，也是一家主流广播电视网络公司。NBC 原为美国无线电公司（RCA）的子公司，目前是传媒集团 NBC Universal 的一部分，向下属 200 多家美国电视台提供节目。2005 年，该公司电视收视率占全美家庭的 24.65%，排名第三位。——译者注

[②] 福克斯广播公司是福克斯娱乐集团（Fox Entertainment Group）的成员，下属于美国新闻集团（News Corporation），美国的全国性电视网之一。美国新闻集团是美国最大的媒体企业集团，全国雇员约 53000 人。——译者注

"现在可能只需要支付 X 美元就能拿到这种商品"。当客户质疑这一点时,这名销售人员就说他其实也不知道顾客到底在支付何种价格,只是按竞争对手最近给其他客户的报价估计出这个数字而已,然后还列出了新客户的名单。老客户很快就打电话向竞争对手要求同样的折扣,竞争对手只好草草停止激进的降价行为。即使是在消费品市场,有时候通过唤起客户的公平感或者自尊心来说服他们拒绝折扣的做法也是可行的。某些小型的地区性零售商就利用这一点成功地阻止了沃尔玛在佛蒙特州开设新店:他们提醒大家注意,沃尔玛的进入毫无疑问会使"低效但是传统"的当地零售商面临消亡的历史性危险。

零售商们经常使用"价差返还"战术来保证自己会提供与低价竞争者一样的价格。如果竞争者提供了更低的价格,那么在一个合理的时间段内(比如售出后 30 天之内),零售商会同意对所有已经支付高价的客户提供价差退款。然而,只有极少对价格非常敏感的客户才会花时间为了仅仅一个很小的价差去搜集低价的证据,并且确认所买产品和竞争对手所宣传的型号完全相同。然而,"价差返还"政策的目标不是所有的顾客,甚至不是价格敏感的顾客,它意在向其他零售竞争对手发出信号——强势降价的手段是毫无意义的。在大规模降价导致利润大幅度减少之后,好不容易建立起来的价格优势在"价差返还"对策前将迅速消失。对那些热衷于打折的竞争者来说,还是按非价格竞争的规则行事可能会带来更好的结果。北卡罗来纳州的巨星[①]和韦恩迪克西[②]连锁超市都曾宣布价差返还政策以应对狮子食品的强势价格。然而两年后,三个竞争者之间相同价格的产品数量急剧增加,而这些产品的价格比起原来实际上都上升了。[③]

- 利用一切竞争优势来增加产品的价值,而不是在价格上一较高下。做到这一点的关键不是简单地用质量战或者服务战来取代价格战,而是提供对你来说成本很低,而对竞争对手来说成本很高的产品或服务。比如,如果产品质量已经很高,那就提供更好的保修承诺。如果你已经在众多

---

① Big Star 超市成立于 1937 年,是 David Pender Grocery Company 的一部分,1940 年更名为 Colonial Stores,1968 年重新启用此名。1982 年,Grand Union 收购了 Big Star。1988 年和 1992 年,Big Star 连锁超市又被拆分出售给数个公司。目前营业的 Big Star 商店与最初的 Big Star 公司没有关系。——译者注

② Winn-Dixie 是美国一家连锁超市企业,公司成立于 1925 年,2005 年破产后重组。重组后的公司在美国 5 个州拥有 521 家门店。2007 年在北美商品零售商排名中该公司位于第 20 位。2006 年营业额为 75 亿美元。——译者注

③ Akshay R. Rao, Mark E. Bergen, and Scott Davis, "How to Fight a Price War," Harvard Business Review (March – April 2000): 11, 107 – 116.

区域拥有很多服务点了，那就提供更快捷的服务。大航空公司应对小航空公司低价格的方式是为竞争航线提供更多的飞行累积里程。由于大航空公司飞行线路众多，乘客有更多目的地可以选择，也可以更快地累积飞行公里数，这些都要比小航空公司单单提供价格折扣要更有吸引力。另外和小公司相比，大航空公司的收益管理系统更先进，这也使其公里累积计划更具成本优势。

如果以上任何一种回应方式比销量损失的代价小，你就应该利用图 11 – 1 右边的问题继续寻求一个应对的思路。相反，如果做出回应比接受销量损失的代价大，你就应该利用左边的问题考虑是否不做出回应。

2. 如果你做出回应，竞争对手是否愿意并且能够再次降价以重新建立价差？ 如果竞争对手可以通过再次降价来建立自己的优势，那么降价对你没有任何好处。问问你自己：为什么竞争者会首先选择价格竞争。如果这个竞争者目前的市场份额非常之小并且没有其他任何方式来吸引客户，那么它大幅降价来获得销量本身并不会对它造成多大影响。在大量的沉没成本带来巨大"退出障碍"的时候，情况更是如此。

曾有一家制药公司让我们推荐一个定价战略以防备一个新的进入者。当我们告诉他们，用降价价格来维持销量是很不明智的时候，管理层最初十分吃惊。只有当他们真正从竞争对手的角度分析问题之后，他们才意识到自己面临的竞争形势。这家新公司没有任何临床医学优势，如果他们不提供价格优惠，消费者根本就不会尝试他们的新药。新的进入者降低价格对自己根本没有什么损失，因为他们原本就没有任何销量。研发和测试药物的巨大投资完全是沉没成本，生产成本又很低，那么即使靠低价来赢取销量也会有利可图。结论很明显，竞争对手会不断降价以建立价格优势。如果制药公司坚持以价格战阻止新企业获得显著的市场份额，那么就会摧毁整个市场价值。

3. 如果应对一个竞争者需要多重回应，其成本是否仍低于可避免的销售损失？ 在明确为保护受威胁的销量而进行价格战是真正值得的之前，我们需要考虑价格战的全部（而不只是第一次行动）成本。如果医药公司采取报复性降价来阻止竞争对手赢得销量，竞争对手只能进一步降价，这个过程将一直持续到一方停止降价为止。停止降价的一方很有可能是这家医药公司，因为他们在向下的价格螺旋中的损失要比对方大得多。如果医药公司最终仍然会让竞争对手获得价格优势，那倒不妨让他们在高价位（而不是低价位）上得到这一优势。一旦对手在销量上有所收获，它如果再进一步降价，那么它也会在向下的价格螺旋中经历利润损失。这时，各种阻止价格折扣并将竞争引向更具正和博弈性质的活动（如销售宣传、产品改良或患者沟通）会更有可能成功。

4. 如果一个竞争对手成功地获取了市场份额，你在其他（地理的或是产品的）市场上的地位是否会受到威胁？ 受到威胁的市场价值是否超过做出反应的成本？有些销售的价值远远超过了它们本身产生的利润。在戴尔开始销售一类新的电脑打印机后，惠普马上停止了为戴尔提供惠普打印机的业务关系，以表明打印机业务对惠普的战略重要性。同时惠普将其电脑价格降低到戴尔电脑的水平，而在这种产品上，戴尔可能遭遇的损失会更大。后来惠普意识到，戴尔的打印机战略有其自身的局限性：戴尔从第三方供货商利盟公司那里采购打印机和墨盒，从而削弱了戴尔特有的成本优势。所以惠普开始用大量的产品创新而非价格来保护其利润丰厚的打印机业务。它推出了新的打印机型号，包括能为企业客户节省大量成本的数字打印机——这些都导致销售收入和总体市场份额的提升。[①]

报复性降价常常被人们试图用一些与盈利没有任何关系的模糊的"战略"理由来合理化。在出于战略考虑支持任何报复性降价之前要做两件事。第一，是要清楚地陈述长期的战略收益和风险。收益可以是这个市场未来的销量增加，也可以是相关产品的销量增加（比如在降价销售电脑后产生的更多的软件及配件的销售），还可以是因为销量增加而带来的未来销售成本的降低。风险则在于降价会蔓延到其他客户和市场，竞争对手会迅速做出反应，这样会造成价格再次螺旋式下降，进一步破坏利润和任何长期获益的可能性。

第二，要定量估计由这种战略性降价所取得的战略收益的价值。定量工作常常会遇到阻力，因为管理者认为这项任务费时费力还容易误事。其实通常一个粗略的估计就能为决策提供足够精确的信息。一家公司告诉我们，他们总是对机构客户细分市场维持低价，因为这个细分市场的销售是整个零售市场的关键驱动力。尽管这一联系确实存在，但这种情况所带来的影响却触目惊心，那些机构大客户享受的价格甚至已低于生产成本。我们在一次简单的市场调查后发现，原来只有大约16%的零售客户是因为受机构客户影响而开始购买这种产品的。然后我们对两种维持销量的方式进行了成本对比。方式一：保持现状，以低价来留住所有机构大客户；方式二：采用促销的方式获取额外的销量来替代这一部分机构客户的销量。这一简单分析使该公司的机构客户定价战略彻底被改变。另外，随

[①] "As Alliances Fade, Computer Firms Toss Out Playbook," *Wall Street Journal* (October 15, 2002), p. A1; "Dude, You're Getting A Printer; Dell's Printer Business Is Puny Next to HP's, But It's Quickly Gaining Ground," *Business Week Online*, April 19, 2004, p. 12.

着机构细分市场价格的上升,流失到零售市场上的低价机构产品也减少了,这也是个意外的收获。

你应该如何应对

竞争性定价战略不仅仅包括是否做出价格回应,它还需要决定如何调整公司的竞争战略以适应新的形势。图11-2总结了可供选择的战略选项以及什么时候应该使用它们。在图11-1讨论的报复措施的成本与收益权衡的基础上,该图示则引入了战略强弱的概念,用以表示竞争对手的相对竞争优势。战略强与弱和市场份额实际上没有任何关系,尽管人们经常将二者等同起来。在2009年申请破产保护之前,通用汽车较高的成本结构使其在汽车市场上成为一个相对"弱"的竞争者,因为它每单位收入的增量成本高于其主要竞争对手(至少是在北美汽车市场)。与此相对的是西南航空公司,低成本结构使它即使是在和很大的航空公司竞争时也是一个"强"的竞争者,原因在于其每座英里成本(cost per seat mile)很低,从而带来了更高的利润,虽然它的价格较低。

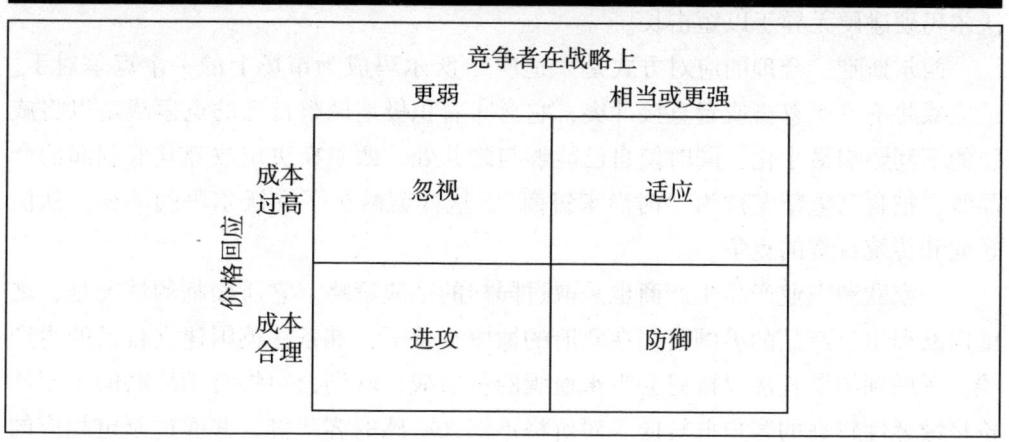

图11-2 应对价格竞争的选择

当你认定报复策略的成本太高时,一种选择就是忽略竞争对手降价带来的威胁。在面对一个既没有竞争性产品优势又没有成本优势的"弱"竞争对手时,这是一个恰当的反应。在这种情况下,受威胁的销量非常小,并且很有可能保持不变。一些作者和咨询顾问却认为,这种情况下应采取一种更为强势的回应,即我们常常听到的"财力雄厚"式报复战略。他们的逻辑是,即使报复战略的成本远大于所得销量带来的收益,由于大公司能够比竞争对手承受更长时间的市场损失，它们最终必将赢得这场消耗战的胜利。这里有两个错误观念把人们带到这条死胡同里来：其一是对"胜利"的理解。毫无疑问，上述战略能够成功地保住市场份额，但一家公司（至少是上市公司）的目标应该是利润而非市场份额。第二个错误的观念是通过消灭一个"弱"的竞争对手就可以真正消除竞争。实际上"弱"竞争者破产后，其资产会被新竞争者以低价收购，于是新的竞争者现在就可以在更低的成本基础上参与竞争。即使这类资产没有被收购，"弱"竞争者的退出也会为更强大的竞争者进入市场、发展壮大创造机会；所以，采用高成本战略消灭竞争对手这种举动只有在那些本身就没有多少利润的行业才可能是有道理的，因为这时没有其他的新进入者愿意填补"弱"竞争者所留下的市场空白。

然而，如果采取降价策略的竞争对手相对很"强"，但同时报复战略的成本要高于可避免的价值损失，公司就不能对这种危险视而不见、"忽略"了事。强大竞争对手迅速增加的市场份额意味着公司的生存风险越来越大。为了保证未来继续盈利，公司必须通过战略调整以积极"适应"这一威胁。当沃尔玛向西尔斯传统的郊区市场不断扩张时，西尔斯所面对的就是这样一种局面。降价是不可行的，沃尔玛的分销体系极为高效，西尔斯的店面成本又居高不下，在价格上和沃尔玛硬碰硬无异于以短击长。

西尔斯唯一合理的应对方式是"适应"沃尔玛成为市场上的一个竞争对手。适应威胁不等于忽略或者直接冲突，它意味着积极地调整自己的竞争战略以将威胁的不利影响最小化，同时使自己能够与之共处。西尔斯决定放弃其低利润的产品线，把自己重新定位为"时尚零售商"，这样就减少了和沃尔玛的冲突，从而转向和传统百货的竞争。

一家欧洲工业产品生产商也采取过同样的适应策略。它所面临的情况是，之前向欧洲出口产品的美国公司在政府的慷慨支持下，准备在英国建立自己的生产线。考虑到如果直接对抗只会带来血腥的价格战，欧洲公司将营销战略的重心从价格敏感性较高的客户群转向了对价格不那么敏感的客户群，并通过制定相应的激励机制与他们签订更长期的合同。结果美国公司的销售只能集中于那些价格敏感程度高的那部分客户细分市场，这使得它比欧洲同行们更容易陷入价格战。虽然适应竞争者进入将会付出相当大的成本，但是用价格战来阻止竞争对手进入所花费的成本将更大。

进攻策略的唯一可行前提是，竞争对手很弱小而进攻的成本是合理的。这种情况很少出现，因为它通常要求"弱"的竞争对手由于判断失误而首先发动价格战。当然这种对手的判断失误事件确实发生过，这也正是 Linens'n Thing 所做的。在其 2006 年被收购后，公司利用吸引眼球的促销以及清仓大甩卖等手段试图提高客流量。它强劲的竞争对手 Bed Bath & Beyond 紧接着就提供了同样的折扣并且大幅增加了降价 20% 折扣券的直邮活动。由于缺乏足够的资金应对一场持久的价格战，最终，2008 年 Linens'n Thing 以破产告败。①

更常见的情况是降价竞争者很强大，或者至少和被挑战者旗鼓相当。由于进攻者的实力较强，受威胁的销量很大，以至于进行有力防御的收益将超出其成本。"防御"的目的不是除掉竞争对手，而是让其知难而退。最终目标是让竞争者意识到，强势降价对它们本身来讲可能并不是一个好的选择，所以未来他们最好避免采用这类策略。成熟的航空公司在同其他新进入某条线路的航空公司竞争时采取的就是这种姿态，而这些竞争对手大多数都有较低的成本结构。防守公司通常小心地限制降价幅度和延续时间，这实际上是向竞争对手传达一种信息：只要对手停止价格战，公司将愿意把价格回调到初始水平。竞争对手会观察防守公司是否已经制定出具有成本效率的防御计划，有时候这种"战斗"往往只会持续几天甚至几个小时。

市场份额导向型定价者毫无疑问会反对我们上面所提出的克制方式。他们会争辩说，有着巨大市场份额的公司通常资本雄厚，比小竞争者更有能力支持一场价格战；尽管降价在短期中对大公司而言成本很高，但是这可以击溃小竞争者，并且从长期来看可以重建大公司的市场领导者地位和操纵市场价格的能力。尽管这种掠夺性定价在理论上说得通，但是它在实践中经常是无效的，这里有两个原因可以解释这一点。首先，如果掠夺性定价低于公司的可变成本，公司就违反了美国和欧洲的反托拉斯法。如果价格低于所有成本的平均值，在某些情况下这种定价战术也是违法的。② 所以，即使大型竞争者可以承受足够低的价格战以迫使小竞争者破产，这样做往往也存在法律风险。第二，也是更重要的一点，只有当通过"掠夺"可以获得某种竞争优势时，掠夺性定价才是合理的。而这只在两种情况下才会发生：一，通过击溃竞争对手得以摧毁其重要的差异化优势（比如累积的商誉）；二，通过击溃对手得以获得成本优势（例如经验经济或者规模经济），使其能在保证利润的情况下长期保持低价以阻止新的竞争者进入。如果不具备这些条件，新进入者可以购买破产者的资产，在更低的成本基础上运营，继续向大公司发起挑战，而此时大公司却已由于长期价格战而在财务上捉襟见肘。

---

① "Slump Spurs Grab for Markets," *The Wall Street Journal*, August 24, 2009.
② 参见第 13 章中关于掠夺性定价的讨论。

最近发生在零售业仓储超市市场中的例子就说明了价格竞争从长期来看实际上根本是没用的。由于20世纪90年代市场增长放缓，许多零售商都试图通过获取市场份额来实现增长，然而他们中没有一个具有支撑这种成长的真正的竞争优势。比如，山姆俱乐部（由沃尔玛运营）、佩斯（由凯马特运营）以及好市多三家仓储超市竟在几个月内相继在加利福尼亚的埃尔森特罗这个人口只有75000人的小镇开设新店。为抢夺佩斯在阿拉斯加安克雷奇的市场，好市多竟然在当地建立了两个仓储超市。佩斯马上还以颜色，在安克雷奇又建立了一个仓储超市。于是这个不算大的市场就出现了严重的供应过剩问题。佩斯又将仓储超市扩张计划直指山姆俱乐部位于德州达拉斯的大本营，山姆俱乐部立即通过在达拉斯新建3个仓储超市（本来已有6个）来进行反击，其中一个就位于佩斯正在建设的超市旁。为吸引客户光顾新店，每家超市都开始进行疯狂降价，以至于后来它们都被起诉，控告它们掠夺性价格都低于成本。90年代末硝烟散尽，最初的8个竞争者只有两到三家获得"胜利"，山姆俱乐部（收购了佩斯的大部分店面）、好市多（和普赖斯俱乐部合并）、BJ's（一个小型区域性仓储超市）也勉强存活下来。败下阵去的仓储超市，身后只留下众多空荡荡的仓库。即使是"胜利者"也是元气大伤。5年后山姆俱乐部仍未恢复最初的赢利能力，其表现远不如传统的沃尔玛。①

在负和定价博弈中生存下来的关键是，尽量避免直接冲突，除非你能够取胜并且获胜的收益将超过成本。不要轻易进行降价，除非你在考虑了竞争对手可能的长期反应后觉得降价带来的短期利益仍然是值得的。也不要对竞争对手的降价轻易做出回应，除非这种回应所采取的价格或者非价格战术会比"适应"战略耗费更少成本。如果管理者能够大体遵守这两条简单的规则，被破坏性的价格竞争所毁掉的公司会少很多。

■ 管理竞争信息

在价格竞争中取胜的关键不是大将气概，而是外交手腕。这并不一定意味着非要做"好好先生"。外交官们并不总是很和善的，但是他们通过管理信息和期望来实现目标，进而避免不必要的冲突。如果他们觉得有必要使用武力，也会尽力将其控制在必要范围之内。在价格竞争的策略方面，竞争对手通过某种行动所传达的信息远比行动本身更重要。

---

① "Store Wars," *Fortune Small Business* (November 2003); "Warehouse Club War Leaves Few Standing, And They Are Bruised," *Wall Street Journal* (November 18, 1993), pp. A1, 16.

通过降价赢得客户的决策可能有着非常不同的长期影响,而这取决于竞争对手如何看待这一行动。在没有其他信息的情况下,竞争对手可能会把这一行动当做攫取市场份额的投机行为,并以防御性的降价作为回应。但是,如果你的折扣被包装成是要模仿竞争对手给你的忠实客户的最新报价,那么你的竞争对手可能会将这个降价看成是你捍卫该市场细分的决心的反映。如果是这样,降价实际上可能会减少未来市场上的投机行为,有助于稳定行业价格。

但是竞争对手还可能对你的举动有第三种诠释:你的降价并非是对价格战的回应,但是幅度却很大,超出以前任何时候,甚至超出了获取市场份额的必要;另外,你在这之前还作出了一项声明,表明你的公司最新的专利生产方法不仅增加了生产能力,还极大地降低了边际生产成本。这时聪明的竞争对手可能会把降价当做明确的警告——阻止你获取市场份额的努力将是徒劳的。

既能避免负和竞争又能实现目标的关键是,通过有效的管理信息来影响竞争对手的预期,并且准确制定自己的预期。管理信息需要搜集并评估有关竞争的信息,还需要向市场传递信息,从而促使竞争对手采取你所希望的行动。

□ 搜集并评估信息

许多公司在经营过程中对竞争对手的价格和定价战略知之甚少。因此他们无法迅速对变化做出反应。在高度竞争的市场上这种无知往往会引发价格战。一个投机者如果知道其他公司会进行报复,为什么还要降价?答案是投机者的管理层相信,通过私下协商或者掩盖降价的方式,他们可以在竞争对手发现之前就获得足够的销量来使这种降价合理化。在固定成本较高的行业(高的边际收益)中以及在销售旺季争取大订单时,这种情况尤其可能发生。

为抑制投机行为,竞争者们必须坚决而迅速地对其做出回应。[1] 如果竞争者可以在一周内而不是三周内做出回应,投机者从降价中获得的潜在收益就被削减了三分之二。最极端的情况是,如果竞争者可以立刻做出反应,那么首先降价所获得的好处就可能为零。在高度竞争的市场上,管理者经常"光顾"竞争对手的商店并且每天对他们的广告进行监控以调整自身的定价。大型连锁商店的信息系统使它们可以针对竞争威胁迅速做出价格变动。[2] 其结果是,在等大多数客户

---

[1] 注意这个原则在另一种情况下(公司首先开始价格调整)同样适用。如果竞争者跟随涨价,公司引导涨价的成本就会极大地降低。所以,不管是涨价还是降价,要想鼓励别的公司对自己的举动负责任,我们都必须迅速对其行动做出反应。

[2] Francine Schwdel, "Ferocious Competition Tests the Pricing Skills of a Retail Manager," *Wall Street Journal* (December 11, 1989), p. 1.

刚刚得知某一竞争者将在某一周进行促销的时候，其他的主要竞争者已经给出了同样的价格。

对竞争对手的价格了解同样有助于削弱采购代理散布虚假信息的能力。在B2B市场、价格战通常并非由参战者主动发起，而是由采购代理操纵信息所诱发。一个苦于不能从心仪的供货商那里获得更好的价格的采购员可能谎称自己已经从别处获得了更好的价格。如果供应商没有对此做出回应，聪明的采购员为了让威胁更可信，甚至会在没有得到竞争对手价格让步的情况下就把下个订单交给这个竞争对手。于是第一个公司开始相信其竞争对手在降价竞争，结果这个采购员就可以如愿以偿地拿到了心仪公司的低价生意。更糟糕的是，如果第一家公司熟悉价格竞争，它可能不仅仅向该客户提供低价，而且会向竞争对手的其他优质客户提供同样的折扣以实施报复行为。这时，这个竞争对手会认为这已经演变成了一个真正的威胁，也开始降价以捍卫市场份额。这里，虽然没有一个竞争者想故意破坏行业价格水平，但实际上每家公司都在不知不觉中被引向价格战。避免这类情况发生的唯一方式是密切监控竞争对手的价格，以使你能够准确地判断出客户什么时候在说谎。①

即使采购员不直接说谎，他们也会有选择地传递信息，引导供应商形成不正确的观点。大多数销售人员都会认为他们公司的价格相对于市场状况来说太高了。我们可以看看他们是如何获得这种价格信息的：每次丢掉订单，采购代理从来都宣称这是因为价格"太高了"。然而当销售人员得到生意时，采购员却从来不会承认这是因为价格低，相反，他们将此表述为"价格还算合适"。供应商始终不清楚自己到底让给客户了多少不合理的利润。

尽管获取竞争对手价格数据的途径很多，但是搜集这些数据并把它们转换成有用的信息通常需要一个规范的程序。许多公司要求销售人员定期报告竞争对手的定价信息。有了这些实时信息，公司可以显著降低对投机做出回应所需要的时间，因为与一个单独的销售人员或者销售经理相比，从许多地区和销售人员那里搜集汇总的信息可以帮助公司更快地发现价格趋势。好的客户同样可以成为很好的信息来源。那些忠诚客户，无论是因为喜欢公司的产品还是喜欢公司的服务，实际上并不愿意让他们的竞争对手从别处得到更低的价格。所以当有竞争者发布新的价目表或者当他们听说有公司对别人打折的时候，这些客户就会通知公司。

---

① 控制美国市场上这种虚假行为的另一个有用的方法是，要求客户为了得到低价而在订购单上签订一个条款，声明"只有当竞争对手也提供这样的低价时，该公司的低价才生效"。由于通过欺诈方式获得低价违反了《罗宾逊－帕特曼法案》，所以采购员一般不会那么做，除非他能够真正得到这样的价格。

同这些客户的合作关系是非常有价值的，公司应该珍视这样的关系。

在高度竞争的市场上，信息搜集不应该仅局限于价格。了解对手的计划和意图同样重要。我们最近接触的某位客户，虽然他的销售额增长迅猛，却一直为其所在行业的低利润所困扰。我们了解到该行业产能过剩，但是最近却经历了几场兼并。这些兼并的目的是什么？是降低生产成本或销售成本以使新公司在低价情况下更有利可图，还是消除无效生产能力，使合并之后的公司能够用更少的工厂来巩固其最有利的客户，从而无需继续扩展业务？我们在该公司的竞争对手向证券分析师提供的简报中发现了这些问题的答案，也促使客户去重新思考自身的战略。

行业协会、独立的行业监控组织、证券分析师、分销商以及为客户在大宗购买上提供建议的技术顾问，都是竞争对手目前定价和未来意图的很好的信息来源。有些行业协会会收集上一周的价格信息并将其分发给那些已经提交价格的会员。航空公司的计算机预订系统使拥有这一系统的公司能够提前看到所有的价格变化，从而甚至能在旅行社了解价格变动之前做出反应。关注展销会上的价格讨论是另外一种提前得到情报的方式。在零售业中，我们可以定期地去"光顾"竞争对手的商店。在酒店业中，为掌握附近竞争对手的价格和空房率，酒店经常派员工假扮顾客打电话预约。如果价格竞争是行业利润的重要决定因素，管理者可以很容易做出决策到底要花多大力气去监控市场价格的变化。[①]

□ 有选择地传递信息

管理者通常能够理解搜集竞争性信息的价值，却不大理解为什么要故意向竞争对手披露自己的信息——毕竟信息就是力量。为什么会有人愿意披露自己的竞争优势？答案是：这样可以避免将你的竞争优势使用在负和博弈中。

从一家建筑材料供货商的例子中，我们可以很容易看到信息披露的价值。与它的竞争对手以及大多数经济学家不同，这家公司准确地预测到了经济衰退和市场增速减缓。于是在竞争对手积极扩张的时候，这家公司明智地削减了存货并且搁置了扩张计划。这家公司唯一的错误就是对自己的远见秘而不宣。管理层认为如果能比竞争对手更迅速地收缩，它就可以更成功地度过困难时期，在这一点上，他们是正确的。但是，当竞争对手不顾一切地降价抛售积压的存货时，整个行业都受到损害。如果这家公司将自己的预测告知竞争对手并且劝阻他们停止过度扩张，公司的财务状况可能相对来讲不那么突出，但绝对比现在赚钱。在利润

[①] 有关搜集竞争性信息方面更多的指导，参见 "These Guys Aren't Spooks, They Are Competitive, Analysts," *Business Week* (October 14, 1991), p. 97; and Leonard M. Fuld, *Competitor Intelligence: How to Get It – How to Use It* (New York: Wiley & Sons, 1985).

高的行业中即使挣得平均回报，也往往比在利润低的行业中独占鳌头所得的利益更多。

即使是披露公司的具体信息（如战略意图、生产能力以及未来计划）也是有用的，除非这样做会削弱公司进入新市场的先发优势。这类信息以及从竞争对手反应中传达出的信息，使公司能够制定和竞争对手意图相一致的"书面"计划，而不是通过痛苦的对抗过程来实现一致性。

- **事先宣布涨价。** 传递意图最关键的时刻之一就是在计划涨价的时候。即使涨价是出于行业的共同利益，这一企图也往往会失败。不是所有的人都能立刻意识到涨价是符合他们利益的，有些人可能会希望通过拖延同步涨价来从率先涨价的竞争对手那里获得销量。其他一些时候，涨价可能并不符合竞争者的利益（可能是因为它的成本更低），这意味着任何涨价的企图最终都会失败。所以想要提高价格并让同行们都采取同样的行动，公司的管理层应该公开地阐明整个行业对更高价格的需求，并且如果可能的话，在正式提价前很长时间就宣布涨价计划。正如我们在第4章中所讨论的，管理层可以通过这种"试水"的方式来进行价格调整，这会留给我们足够的自由度，在竞争对手不参与时就撤销涨价。这种方法可以被重复使用，直到使竞争对手们明白，在没有他们参与的情况下，这种涨价是不会成功的。

- **展示捍卫的意愿和能力。** 在受到其他公司机会主义行为威胁的时候，公司可以清楚地表明自己有决心并且也有能力保护自己的市场，以此警告对方。当大型航空公司意识到相比于他们的中心辐射的客运模式，西南航空的中型城市点对点服务模式盈利性更高时，他们中的许多公司都宣称将采取西南航空的战略模式，并建立新的子公司如 Continental Lite[①]以及 United's Ted [②]来提供同样的服务。就在以上声明公布后不久，西南航空的创始人也是其 CEO——Herb Kelleher，在参观了波音公司之后，宣布决定购进3架波音767客机。当被问及为何做出以上决定时（因为西南航空一直使用波音737客机），Kelleher 回答道："一旦我需要它们的时候就可以派上用场。"他接着阐释说767将是来往于（那些意图挑衅西南航空的）大型航空公司航线的中心城市最有效的客机。

[①] Continental Lite 是由美国大陆航空公司于1993年成立的子公司。公司昙花一现，于1995年倒闭时据称已损失14亿至30亿。——译者注

[②] Ted 是由美国联合航空公司成立的子公司。相比于联合航空的高端市场，它旨在竞争低成本市场。——译者注

- **用信息来支持机会主义**。虽然通过投机性降价来换取市场份额常常是一种短视行为,但是它有时也是经过深思熟虑的策略。当公司通过定价来提升或加强持久性成本优势的时候尤其如此。然而,即使是有竞争优势的公司在市场份额之争中也只能获得代价高昂的惨胜。虽然他们可能最终能够迫使竞争对手让出市场份额,但是成本往往超过了最终价值。如果价格战让客户形成较低的价格预期,并且破坏了忠实的客户关系,这种"虽败犹荣"几乎总是得不偿失的。

把价格作为盈利武器的关键在于"不战而屈人之兵"。一家日本公司曾经邀请其美国竞争对手的两位高级业务经理来参加新工厂的开业典礼。典礼结束后,该公司请所有来宾参观高度自动化的工厂。当美国经理看到日本企业从生产开始直到最后包装都实现高度自动化时,他们大为惊讶,因为在通常情况下,质量控制需要在生产过程中的很多环节进行人工操作。当被问及此事时,日本公司告诉来宾,这是第一家使用这种专利新型生产线的工厂,这种生产线完全消除了产品故障的主要来源。他们还指出,这种新型生产线的研发花费了十多年的时间。

在回家的路上,美国工程师们开始急于思考如何才能实现这项改进以及这项研究需要多少预算。他们同样很困惑:为什么日本对手会披露这样一个重要的商业机密?几个月之后他们得到了答案。日本人宣布出口到美国市场的这种产品降价20%。如果你是拥有很大市场份额的美国竞争者,了解了这个商业机密后,你会如何做出反应?在这个案例里,该美国公司明智地选择了"顺应时局"而不是"防守反击"。

这里讨论的是最常见的信息披露类型,但是它们很少涉及完整的信息。一个公司做出的所有公开的决策几乎都将被精明的竞争对手收集起来。[1] 所以就像影响股东和证券分析师的预期一样,激烈价格竞争行业中的公司也应该采取可靠的步骤来影响竞争对手如何看待自己的各项举动。举例来说,在一个价格高度竞争的行业中,竞争对手会把我们关闭工厂看成是财务困难的标志,还是看成公司正在采取措施以解决行业产能过剩的问题。如何看待我们的举动将在很大程度上影响其如何做出反应。因此,为了确保竞争对手做出对自己有利的判断,公司应该有选择地提供相关信息。然而,在散布误导性信息的时候要三思而后行,因为这

---

[1] 要想得到关于传递竞争性信息研究的全面深入的介绍,参见 Oliver P. Heil and Arlen W. Langvardt, "The Interface Between Competitive Market Signaling and Antitrust Law," *Journal of Marketing*, 58 (3) (July 1994), pp. 81–96.

种伎俩最终会被竞争对手揭穿。从短期来看，你可能会获益，但是对手从此会对这类信息深表怀疑，因而从长期来看削弱了公司控制价格竞争的能力。

▎应该何时开始价格战

我们已经讨论了避免负和竞争的好处，但有些公司确实曾从低价策略中获益。20世纪70年代的日本汽车生产商、80年代的沃尔玛、90年代的戴尔电脑不正是靠低价获取市场份额的吗？确实如此。如果今天你想要复制他们的成功，那么你就有必要理解其当时所处的特殊环境。

对每一个在当时通过降价实现增长的公司来说，他们进行的都不是一个负和博弈。这些成功的价格竞争者都首先创建了一个成功的商业模型，使他们可以把边际成本降到竞争对手之下，形成成本差距。只要公司吸引客户的降价幅度小于这个成本优势，就可以在获得客户的同时不降低行业利润率。事实上，通过更有成本效率地为客户提供产品和服务，这些公司从每个客户身上获得的利润都超过了其竞争对手。他们将竞争的努力变成了正和博弈。

然而竞争性成本优势本身并不足以保证成功。这些公司还配合以信息攻势，使竞争对手相信他们的成本优势是难以匹敌的。所以竞争对手们明智地（至少暂时）让他们保持有吸引力的价差，直到竞争对手们搞明白怎样复制这些成本战略。最终，即使是这些公司也最终意识到除非他们削减成本的速度可以始终快过对手，否则降价战略不会永远都是一个有效的增长战略。因此，它们最终必须将战略落脚到以其他的方式为客户增加价值，这种方式使他们能够在即使失去价格优势的情况下也可以保持市场份额。

在什么情况下强势定价的回报才大到足以支持这样一种行动呢？只有以下4种情况：

1. 如果一家公司已经拥有或者可以通过低价战略实现巨大的增量成本优势，那么，它的竞争对手可能无法抗衡其降价战略。沃尔玛、戴尔以及西南航空公司创造了低成本商业模式，这一模式使他们可以利用价格来实现盈利增长。在一些市场上，也可能通过"经验效应"来获得未来较低的成本从而合理化激进的价格策略。通过低价及规模经济公司可以将成本降到竞争对手之下，从而通过低价创造竞争优势。

2. 如果一家公司的产品报价只会吸引竞争对手的一小部分客户，那么我们可以合理地假设竞争者将不会对威胁作出反应。但是，这种战略的关键在于保持专注。Enterprise Rental Car始终坚持服务机场外的客户市场，在其发展壮大之前，几乎没有主要的竞争对手对其采取措施来遏止其发展。

3. 如果公司可以用配套产品的利润来有效地补贴它在主要产品市场上的损失的话，那么它就有可能建立起竞争者无法达到的价格差。比如微软的 Windows 软件定价非常低，目的是为了增加其他在 Windows 环境下运行的软件销量。亚马逊公司坚持低价售书是为了建立一个忠实的客户群来增加其他产品的销量。

4. 有时价格竞争可以促使市场充分扩大，以至于尽管利润率降低，主要对手纷纷降价的情况下，全行业的利润水平仍然得到增加。采用这种方法的管理者认为他们有竞争对手所不具备的洞察力，其定价将有助于增加所有行业参与者的收益。

在实施价格战略之前，问问自己，你的理由是上述 4 条中的哪一条，同时不要忘记，价格战略很难仅仅建立在价格之上，更难无限期地持续下去。

小结

在市场营销人员的武器库中，没有什么能比价格更快或更有效地增加销量了。价格折扣（不管是以直接的，还是以返利、优惠券或者优惠条款等形式出现的）通常会导致短期利润增加。但是，只有把降价获取市场份额作为市场营销战略的一部分，用于实现、利用或者保持一个更长期的竞争优势的时候，这种举措才会带来长期的利润。在没有仔细考虑竞争者及客户的可能反应的情况下，永远不要仅仅为了做成下一笔生意或者实现某些短期销售目标而降价。使定价有利可图的关键在于建立并保持竞争优势。有时降价和建立竞争优势是具有一致性的，但降价永远无法替代竞争优势。

第12章

价格敏感性的测量：辅助决策判断的研究技巧

对客户价格敏感性和购买意愿的量化估计能很大程度上提高价格制定和价格细分的有效性。的确，正如第6章介绍的那样，对价格敏感性的估计，无论是定量的还是定性的，对于价格制定流程都是非常必要的。有时，我们通过详尽地调查研究可以得到价格对销量具体、定量的影响，有时我们却只能大致估计出给定条件下客户的购买意向。在最糟糕的情况下，对价格敏感性的估计根本不能反映客户购买决策的本质，以致管理者被误导而做出无效的定价决策。尤其是当调查研究方案的设计引导调查对象对价格的关注度远远高于真实购买环境中客户对价格的关注度。但无论在何种情况下，我们都有可能得到一个对价格敏感性的估计结果。利用这种估计来实现有效决策的关键在于，必须认识到无论多么精确的估计都不可能是百分百准确或没有偏差的，它只是客户价格敏感度真实值的一种近似。我们应当认真考虑这样一个问题：未来真实的购买情况与当下以及过去的价格实验的不同会如何改变价格对消费选择的影响。

衡量和估计价格敏感性的方法有很多。每一种方法在精确性、成本和可行性方面各有优劣。所以我们在开展研究前，要结合特定的产品仔细考虑哪种方法最合适。管理人员不能只是因为某种方法便宜、方便或是能很快得出结果就挑选这种方法，而应该仔细考虑他们自身的需求，研究的目的，并根据具体情况选择最适当的方法。即使最合适的方法成本可能会比较高，但其研究成果所带来的效用往往会超过这笔花费。

测量方法的类型

估测价格敏感性的方法可以按照两个主要维度来分类：一是测量的条件，另一个是被测量的变量。图12-1根据这两个维度对不同方法进行了分类。测量条件涵盖了从完全无控制的研究环境到高度可控的研究环境。在进行无控制的测量时，研究人员充当的只是观察者的角色，他们测量的是人们在非设定情景下的真实行为或可能行为。例如，营销研究人员能够采集一家杂货店里消费者购买洗衣粉的数据，但是影响消费者购买行为的价格和其他变量是研究人员不能控制的。这种情况常常出现在历史销售数据分析中。

图12-1 测量价格敏感性的方法

被测自变量	测量条件	
	无控制的实验环境	可控的实验环境
实际购买	·历史购买数据 ·消费者组群数据 ·商店扫描数据	·店内购买实验 ·实验室购买实验
购买偏好和意向	·直接询问 ·购买—反馈调查 ·深度访问	·模拟购买实验法 ·取舍（联合）分析法

与之相反，在可控条件下的测量研究中，研究人员控制那些影响消费者行为的变量，以便更精确地观察这些变量的影响作用。研究人员对洗衣粉的价格敏感性的研究在可控的条件下进行时，他们可以通过挑选不同品牌产品的价格、广告或是货架摆放位置等变量以增加数据的实用性。为了加强试验条件的可控性，研究人员甚至会在模拟商店中开展实验研究，他们会在顾客中仔细挑选实验参与者，记录他们的消费情况。实验参与者的挑选要能反映该产品消费者的人口统计特征（如不同的种族、性别、收入和家庭成员数量等），并且与该产品实际的市场情况成正比，或者他们能代表产品希望吸引的某些特定消费群体（如带小孩的母亲）。可控研究通常能就各种变量对价格敏感性的影响做出比不可控研究更精确的估算，但从现实角度考虑，在真实的环境中实施此类研究的成本通常很高。而实验室研究环境能更加方便地控制其他影响价格敏感性的变量，并降低研究成本，但这种改进的代价往往是降低结果的真实性。

价格敏感性测量的因变量或者是实际购买情况，或者是购买偏好或购买意图。实际购买情况研究所要测量的是购买行为，而购买偏好或购买意向的研究要测量的是人们在模拟情景下的意向选择。因为研究的最终目标是衡量人们在实际购买中如何应对价格的变化，所以大多数情况下对实际行为的测量研究通常更为理想，但这种方法成本较高，而且更加费时，有时候在需要将产品迅速投放市场时可能并不可行。下面我们对各种研究方法进行总结，并讨论如何取舍不同的方法。

☐ 对实际购买的无控制研究

测量价格敏感性的方法之一是分析历史销售数据。很自然，在测量消费者对他们已经使用过的产品的价格敏感性时，人们会预期这种分析方法更加有效。随着超市和大型市场里条形码扫描仪的使用日益普及，以及旅馆、航空公司和网站建立起经常性客户的数据库，在对消费者进行有关价格和价格优惠的敏感性分析时，历史数据已经成为越来越重要的信息来源。但下列因素的变化仍然会削弱历史数据分析的作用：(1) 市场上不同品牌的数量；(2) 近一段时间竞争对手的促销情况；(3) 各品牌的广告投放量与效果；(4) 日益成熟的消费者对价格的敏感性不断上升；以及 (5) 整体经济环境的情况。

营销研究人员在测量价格敏感性时可利用的历史数据有三种：(1) 历史销售数据——来自公司自身或者销售调查服务机构的记录；(2) 消费者组群数据——来自某一消费者组群的个体购买报告；(3) 商店扫描数据——个体零售店面的销售数据。

历史销售数据 从公司日常经营活动中收集销售数据花费少，而且只要是过去销售过的产品，公司都有相关资料。如果能够准确跟踪获取每日甚至是实时的销售数据，研究人员就能够进行趋势分析，并预测该产品未来的销售走向。但我们应该谨慎地认识到，销售数据仅能用于估计下一级渠道的价格弹性。比如在零售市场中，除非生产商直接面向终端消费者进行销售，否则其销售资料显示的就只是一段时期内向零售商发送货物的情况，而不是市场上实际的零售情况。有时候，虽然零售商以促销价格从生产商处获得了产品，但他们并不打算以同样的低价销售给消费者，而是选择囤积居奇。了解到这一点，有些商家就会直接监控零售点的库存变化，并将这些数据与实时更新的零售价格数据相结合。虽然这通常是库存管理系统的功能之一以便帮助商家及时调整库存，但是它同时也给营销管理者提供即时的数据来帮助分析需求的主要趋势。

过去，我们在使用那些并非直接销售给终端消费者的历史数据时会遇到很多问题。销售数据通常只能是是很长一段时期内的汇总数据，如周销量。在某一特定星期，有些商店的某些产品的价格可能会比另一些商店的高，但过了一段时间，这些商店有可能将这些产品打折出售一星期，接着恢复其正常价格。这些价格变化会影响到销量，但却隐藏在这种汇总数据当中了。目前几乎所有的零售商都使用扫描仪来记录销售情况，大多数还会将数据卖给制造商。由于我们可以观察到在很短时间内的销售变化情况，并且会员卡甚至能让我们能够记录每位购物者的消费行为在一段时期内的变化，这样一来，研究者们便能着手分析常规价格和促销价格的不同影响了。遗憾的是，包括所有商店在数周内汇总的销售数据掩盖了商店间的价格差异。由于只有汇总销售数据，研究人员只好从整个这段时期内所有商店的平均零售价格中寻找销售变化的原因。但是由于与某个特定星期内个体店面的实际价格相比，平均价格变化较小，这种数据在统计分析意义上也因此要小得多。不仅如此，某些商店服务的顾客细分市场群体的价格敏感性显著高于其他商店，这种汇总数据就会掩盖这些差异，并可能导致价格弹性的估计值只具有平均水平上的准确性，却不能适用于任何一家个体商店。

消费者组群数据 很多营销研究公司会从由几千个家庭构成的消费者组群中采集个体购买数据。每个家庭都要记录所购买产品的品牌和价格，或者使用能够追踪他们购买情况的特殊信用卡。因为产品是每天购买的，这些数据将会被汇总成为一系列周期为单周或双周数据。这样的数据资料有如下优点：

1. 与两个月或者季度数据相比，周组群数据能更快地积累观察数据，减少由于其他因子改变带来的问题，使得数据更具比较性。

2. 这些数据是我们能够观测到的实际支付价格，而不是不同商店的平均零售价格，同时我们可以分辨出优惠券或促销活动对购买产生的影响。[①] 这样就能够捕捉到数据资料中更多的价格变化，从而更容易发现价格变化产生的影响。

3. 企业不仅能够获得自己产品的销售资料，还能得到竞争对手同类产品的销售和价格数据（假设消费者组群中有人购买这些产品）。

4. 从这些数据中还可以得到价格敏感性与按不同人口统计标准归类的消费者群体的相互关系，这有可能帮助发现新的市场细分的机会。[②]

组群数据的一个潜在缺陷在于它的市场代表性不够全面。在获邀加入消费者

---

① 实际上，调研者仅获取了消费者报告的支付价格，这里存在谎报的风险，这虽然不会引起数据的偏差，但削弱了其真实性。所幸的是，有一种技术手段能免去消费者报告支付价格，从而解决上述难题。

② Ronald E. Frank and William Massy, "Market Segmentation and the Effectiveness of a Brand's Dealing Policies," *Journal of Business* 38 (April 1965), pp. 186–200; Terry Elrod and Russell S. Winer, "An Empirical Evaluation of Aggregation Approaches for Developing Market Segments," *Journal of Marketing* 46 (Fall 1982), pp. 65–74.

调查组群的家庭中，只有不到5%的家庭愿意接受要求并能够详细地记录他们的购买情况。因此我们有理由质疑这种组群本身就是一个有偏差的样本。而且，由于组群成员要对他们每天的购买行为进行记录，这会提升他们的价格意识，从而令其对价格变得更为敏感。一个家庭参与该组群的时间越长，这个问题也就越突出。幸运的是，科技进步使得一些研究公司在收集组群数据时不再需要参与者记录自己的购买情况。[①] 取而代之的是，当组群成员出现在商店的结账队伍里时，店内的扫描仪就会自动记录他购买的产品数据。这就大大简化了小组成员的参与过程，将消费实验小组的参与率提高到70%以上，同时还减轻了价格意识上升所带来的问题。而且，这类数据也更能代表消费者的真实购买行为，剔除了以往的偏差问题造成的干扰。

组群数据的另一个潜在缺陷是，家庭中往往只有一个成员愿意参加组群活动，但大多数家庭都是多人共同负责购物，结果是那些不参与小组活动的家庭成员的购物数据极易出现缺失，而这些成员在做出购买决策时常常遵循非常不一样的标准。比如，如果未参加组群的家庭成员成为了好市多会员，并且以大包装购买谷物早餐，那么无论对家庭中参与组群活动的成员提供多么可观的折扣，短期内这个家庭就好像完全从谷物早餐市场上消失了一样。扫描仪的广泛使用将扫描数据与组群数据联系了起来，这种分析方法大大增加了可用于分析的产品类型。组群数据测量优于汇总数据测量的原因在于，前者能够在更短、更具可比性的时期内获取更多的样本数据。结合广告及其他促销数据资料，研究人员就能够测量不同消费人群的价格敏感性，且这些测量结果具备合理水平的可信度（见阅读材料12-1）。由于研究费用由多个公司分担，所以与单个公司负担同样观测样本规模的研究相比，以组群数据为基础的测量研究要经济得多。

阅读材料12-1

使用组群数据衡量促销对购买选择的影响

最近一项研究的作者提出了两个重要的问题：消费者对价格是不是变得越来越敏感？对价格敏感的消费者是不是越来越多？为了研究这两个问题和其他一些问题，他们仔细研究了一个消费者组群8年多的数据资料，并在某个非食品类家

[①] 这些研究公司是指总部位于芝加哥的信息资源公司（Information Resources Inc.）和总部位于俄亥俄州辛辛那提市的伯克营销调研公司（Burke Marketing Research）。

用产品类别上,将这些数据与生产者的季度广告数据进行对比。他们对三种不同的价格促销作了评估:一是临时的价格削减,二是产品的特价销售,三是提供优惠券。在研究中,他们使用多元逻辑模型来测量促销活动(包括价格和非价格的促销活动)对消费者产品选择的影响。而且他们还将消费者分成忠实性顾客与非忠实性顾客两组来比较他们的价格敏感性。研究结论可以总结如下:

消费者的敏感性	平均价格敏感性	价格敏感性随时间变化
1. 忠实性顾客		
价格	−0.28	增加
价格促销	0.02	增加
非价格促销	0.03	减少*
2. 非忠实性顾客		
价格	−1.70	增加
价格促销	0.04	增加
非价格促销	0.09	减少*
非忠实性顾客的数目		增加*

* 表示显著性水平 p 值 <0.05,其他的 p 值 <0.001。

上述价格敏感性涵盖了各个研究时期的数据。从弹性来看,忠实性顾客价格敏感性不高,但在逐步增加。以价格为导向的非忠实性细分顾客群体显示出了更为明显的价格敏感性,而且也在逐步增加。研究人员还提到非忠实性顾客的数目在不断扩大,这表明"越来越多的消费者对价格和促销活动变得越来越敏感了"。

资料来源:Carl F. Mela, Sunil Gupta, Donald R. Lehmann, "The Long–Term Impact of Promotion and Advertising on Consumer Brand Choice," *Journal of Marketing Research* (May 1997), pp. 248 – 261.

商店扫描数据 获得实际销售数据的另一个来源是个体零售店的交易价格与销量。科技的发展让我们能够以合理的成本收集甚至以天为单位的精确的销售与价格数据。作为正常经营的一部分,任何使用扫描仪的商店都会产生这些数据。这些高频率的扫描数据比总体累计数据要优越得多,可以为营销分析人员提供他们产品动向的甚至是即时的信息。虽然同组群数据相比,扫描数据缺乏完整的、均衡的消费者群体人口统计特征,但忠诚客户计划使我们能够方便地将统计数据与人口特征联系起来,并且追踪这些人群的购买习惯。并且,这种获得数据的方法较组群数据的采集而言,成本也降低不少。将商店扫描数据与记录消费者人口统计特征和行为特征的组群数据结合起来使用,研究人员往往能更准确地掌握消费者的价格敏感性与消费习惯。现在,扫描数据已经成为研究包装消费品的价格敏感性的主要信息来源。[①]

以组群数据和扫描数据的形式出现的销售数据应用于包装消费品领域现在已经十分常见，而在许多B2B市场，因交易频率较低或者是没有相应的交易跟踪，销售数据采集并不容易。然而，并非所有数据都是这样。最近我们接触过一家企业，它就创建了一个记录市场竞争状况的销售数据库。具体来说，该企业（一家拖拉机生产商）让销售人员登记下所有的竞标信息，随着时间推移，该企业就建立了一个竞标价格数据库，将这个数据库与其自身的投标结果的历史记录相结合，就能够帮助企业估计出客户的价格敏感性，甚至细到估计不同细分客户的价格敏感度水平；同时还可以估算本企业拖拉机高于竞争产品的附加值。对这个拥有数十亿美元资产的企业来说，建立此类数据库的总投资在5万美元左右。

我们需要注意数据里的某些偏差，如竞争性报价是由客户提供的，那么他们往往有低报价格的倾向。因而我们需要调整数据分布以反映出这种偏差。如果可以从某些选取的样本中核实这些交易的实际报价并测量实际偏差水平，那么我们就可以用这些样本的偏差水平来估计总体的偏差水平了。我们在"正规化"处理这些竞争性报价的时候，也要小心，这样才能进行平等的比较。比如，我们是否考虑了售后服务、特殊财务条款或附带培训？

此外，将历史报价与后期的实际销售数据放到一起，就有可能估计出未来报价销售成功的概率，并可能观察到随着价格上升，销售成功概率会如何下降。这是估计价格敏感性的一种形式，也可以用来估计成功竞标时，未实现的潜在利润。

最后，当公司的定价能力增强后，公司往往会有新的机会去观察定价行为引起的反应。比如，当公司投资那些可以追踪频繁价格变化的科技时，他们可以寻找新的方法去研究定价行为对需求的影响。6号汽车旅馆就能将报价公布在其电子公告牌上，而且几乎无需成本就可以对价格进行甚至是每小时的更新。在很短的时间，这家公司就能够按不同地点、每周逐天，甚至每天不同的时段来分别研究客户对价格变化的反应。当企业增强了设定和管理价格的能力，它们很自然地会有新的机会以相对较低的成本对价格变化反应的研究进行"模拟自

[①] 参见例如 David R. Bell, Joengwen Chiang and V. Padmanabhan, "The Decomposition of Promotional Response: An Empirical Generalization," *Marketing Science* 18. No. 4 (1999), pp. 504–526; Shuba Srinivasan, Peter T. L. Popkowki Leszczyc and Frank M. Bass, "Market Share Response and Competitive Interaction: The Impact of Temporary, Evolving, and Structural Changes in Prices," *International Journal of Research in Marketing* 17 (2000), pp. 281–305; and Koen Pauwels, Shuba Srinivasan and Phillip Hans Franses, "When Do Price Thresholds Matter in Retail Categories?" *Marketing Science* 26, no. 1 (January–February 2007), pp. 83–100.

然实验"。

历史数据分析 我们常常使用线性回归的方法来分析历史数据。这种统计方法揭示的是研究中所采用的包括价格在内的解释变量能在多大程度上解释产品历史销售情况的变化。但我们也不能期望这种方法就一定能帮我们找到价格变化的影响。如果某种产品的价格过去几年几乎没有变化,那么应用任何一种统计方法都难以分析价格变化的影响。而且,如果每次价格的变化都伴随有诸如广告之类的其他变量的变化,那么我们最多只能找出这些变量同时发生变化对销售的影响。幸运的是,我们常常能够用时间序列分析或者结构方程组模型分析等更为复杂而精确的多变量分析方法,来测量这些变量对需求的交叉影响。

不论何种情况,我们都要小心地认识到历史数据分析存在的局限性。在对任何拟合方程进行测算时,研究人员首先要建立表达价格与销量之间关系的数学形式。如果这种数学形式不能正确地表达这两者之间的关系,那么我们对价格敏感性的估计反而可能引起误导。而且还要注意,研究人员对价格敏感性的测量结果只有在测量所采用的价格和广告水平范围内才是可信的。超出测量范围,先前所建立的数学关系并不一定适用于价格变化。同时,我们也必须看到,仅仅得到一个价格敏感性的估计是远远不够的,我们还必须去考察相应误差项的大小来理解测量结果的质量和精准度。最后,不论一个测量方程与历史数据如何吻合,其对未来价格变化影响的预测都是建立在"未来和过去是相似的"这一假设前提下的,所以其他因素变化得越多,利用过去的数据预测未来的准确性就越低。尽管存在这些限制条件,但研究人员只要拥有大量的历史数据,而这些数据中又有显著的价格变化,那么他们就可能对价格敏感性进行有效的估计。[①] 对于生产多种产品的公司来说,掌握价格变动对需求的影响,有助于整个产品线上优化需求组合。具体来说,可以通过调整价格将需求引向特定产品来优化库存,从供应商处获取更优惠的赊购额度,同时对有明确购买需求的消费者提供更广泛的产品选择。

图12-2 显示的是使用回归分析方法研究产品多种属性对两类客户的重要性程度。研究涉及两组消费者:一组是忠实客户(使用该产品超过一年),另一组是新客户(使用时间不到一年)。之所以如此划分,是因为信用卡公司的管理人员发现使用其信用卡超过一年的客户就会更倾向于继续使用更长的时间。有趣的

---

① 对回归分析的简要介绍参见 Thomas C. Kinnear and James R. Taylor, "Marketing Research: An Applied Approach", 4th ed. New York: McGraw-Hill Publishing, 1991; Mark L. Bereson and David M. Levine, "Basic Business Statistics: Concepts and Application," Prentice-Hall Publishing, 1992, Chapter 16.

是，对非忠实客户来说，用利率水平的敏感程度评估的价格敏感性相比忠实客户来讲实际上是非常相似的（非忠实客户的利率重要性指数为 0.16，而忠实客户的利率重要性指数为 0.14），而两组消费者最大的差别实际上是对服务的需求。研究人员还建立了一些不同时期的回归方程，以确认各种产品属性的重要性随时间变化的情况。

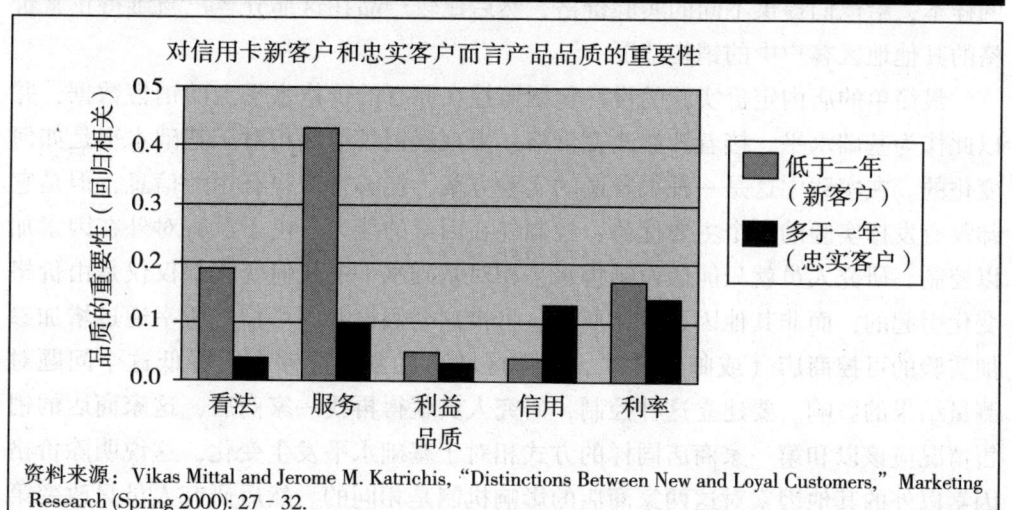

图 12-2　回归分析的应用

资料来源：Vikas Mittal and Jerome M. Katrichis, "Distinctions Between New and Loyal Customers," Marketing Research (Spring 2000): 27-32.

□ 对实际购买的实验性可控制研究

研究人员还可以通过设计实验情景，获得购买数据来研究价格敏感性。我们可以在购买者不知情的情况下从某个商店的定价实验中获取这类数据，也可以从实验室中获取这些数据。由于实验是在研究人员的控制下进行的，所以我们可以在保持广告水平和店内陈设等其他营销变量不变的情况下（在不可控的销售数据中，这些变量通常是和价格一起发生变化的），只让价格发生变化，来观察消费者的反应。这样，研究人员就能很快地检验很多不同价格水平下的消费者价格敏感度，而且能够（1）在实验室实验中剔除众多的无关紧要的外部影响，（2）或者在可控的店内实验的条件下将这些因素考虑在研究中。在做这一切的同时，消费者还能够像在正常条件下那样做出购买决策。这样一来，如果试验环境的设置能充分反映出实际购买环境，那么对价格敏感性的实验性研究就相当可靠了。

店内购买实验　店内购买实验需要在购买者不知道自己参与实验的情况下收

集实际购买数据。尽管"店内"字面意思是指实验在商店内进行,但店内购买实验的原理同样适用于任何真实购物情境。与传统零售商店内销售的产品相比,通过有控制的直接零售方式(比如邮购)进行销售的产品,更容易采用这种实验。比如研究人员可以从邮购清单中选择一部分顾客来接收那些采用实验价格的邮购目录,这些实验价格邮购目录与正常的邮购价格目录会有一些区别。即使是在 B2B 市场上的直接销售,我们有时也能从一个销售地区中选取一些有代表性的样本,给他们提供不同的实验价格,然后比较产品在这部分客户与维持正常价格的其他地区客户中的销售情况。

最简单的店内定价实验的设计包括监控在原有的价格水平上的销售数据,并以此作为基础水平,接着开始改变价格,来观察销售情况相对于基础水平是如何变化的。在实践中这是一种很普遍的实验方案,能够带来很有用的信息,但是它却没有发挥实验的一个主要优势:控制外在因素的能力。由于没有对外在因素加以控制,研究人员就只能假设销售水平相对基础水平的任何变化都仅仅是由价格变化引起的,而非其他因素变化所致。可惜这个假设并不可信。所幸通过增加参加实验的可控商店(或邮购样本、销售区域)的数量能够有效降低这个问题对测量结果的影响。要建立这种控制,研究人员就得再找一家商店,这家商店的销售情况应该以和第一家商店同样的方式相对于基础水平发生变化,这说明除价格因素以外的其他因素对这两家商店的影响机制是相同的。然后研究人员只改变第一家商店的价格,却仍然对两家商店的销售都加以观察。控制商店(第二家)销售情况的任何变化对研究人员来说都表明,除了价格因素外还有其他因素也在导致销售的变化。为了对结果进行调整,研究人员从实验商店(第一家)的销量改变量中减去控制商店(第二家)的销量改变量,然后才能确定价格变化对销量的独立影响。①

店内购买实验最大的一个优势就是能够检测价格与其他营销变量的相互作用,而在前面提到的历史销售数据中,价格变量总是与其他营销变量一起变化的。糟糕的是,这种实验的成本花费很大,因为每增加一个研究变量,就要增加更多的商店。根据最大容量信息所做的实验设计被称为完全析因设计,它要求要有足够的商店来将每种营销变量的不同层次在其他营销变量的各个层次中进行测试。通常研究人员不得不选择一种并非完美的实验设计,也就是部分析因设计,该方案牺牲了一定程度的精确性(通常需要假设某些交互作用不存在),以此来

---

① 当然实践中总有些外部因素只影响其中一家商店的销售,这就降低了这种控制的有效性。比如说,控制商店(第二家)的竞争对手可能缺货了。要降低这些因素对研究的不利影响,可以增加实验商店和控制商店的数量,当然相应的成本也会增加。

减少实验所需要的商店数目。①

尽管有很多文章都阐释了店内购买实验在测量价格敏感性方面的成功应用,但实施该方法的最大障碍就是成本太高,不论是监控销售情况、分析数据,还是保证商店的合作,都需要很大的花费。② 虽然在理论上这种实验方法并不贵,只要两家商店参加为期一周的实验就可以构成一个测试,但要进行更精确的测量,就需要耗费数月时间在更多的商店做实验。无论是为了降低某个外部因素对个体商店的影响,还是为了使所选取的消费者的行为更具代表性以至于可以作为整个市场行为的代表,我们都需要很多的商店来参加实验。另外,店内实验的时间跨度也应该较长,这样才能剔除短期内库存对价格敏感性的影响,因为这些影响会掩盖长期效应。因此,一项好的店内实验是很昂贵的,例如夸克麦片粥在进行价格实验时,就动用了120家商店,耗时3个月之久。这种实验的花费通常都在几百万美元的数量级上。③

除了财务和时间成本过高以外,店内实验还有其他缺陷。当部分买家知道他们支付的价格比别人高时,企业在这部分客户心目中的良好形象就会大打折扣。而另一方面,将价格定得低于正常价格时,如果研究的产品是像汽车或工业设备这样的高价耐用消费品的话,企业的成本就会很高。被竞争对手发现是另外一个潜在的巨大风险。如果研究的是一项新产品,企业则不愿意在上市之前就让对手提前看到。而且当对手发现用来进行测试的市场后,他们往往会采取行动,比如在选定地区开展特别的促销活动或做广告等,来破坏实验的结果。④ 因此,尽管通过店内实验有可能得到高质量的测量结果,但市场研究人员常常不得不选择其他的研究方法,其中最常用的是实验室购买实验。

---

① Thomas Cook and Donald T. Campbell, "The Design and Conduct of Quasi-Experimental and True Experiments in Field Settings," *in Handbook of Industrial and Organizational Psychology*, ed. Marvin Dunnette (Chicago: Rand McNally, 1976, 223-235)).

② William Applebaum and Richard Spears, "Controlled Experimentation in Marketing Research," *Journal of Marketing* 14 (January 1950), pp. 505-517; Edward Hawkins, "Methods of Estimating Demand," *Journal of Marketing*, 21 (April 1957), pp. 430-434; William D. Barclay, "Factorial Design in a Pricing Experiment," *Journal of Marketing Research* (November 1969), pp. 427-429; Sidney Bennet and I. B. Wilkinson, "Price-Quantity Relationship and Price Elasticity Under In-Store Experimentation," *Journal of Business Research* (January 1974), pp. 27-38; Gerald Eskin, "A Case for Test Marketing Experiments," *Journal of Advertising Research* (April 1975), pp. 27-33; Penny Baron, "Effect of Price and Advertising in Test Market Experiment," *Journal of Marketing Research* (November 1977), pp. 499-508.

③ Barclay, "Factorial Design in a Pricing Experiment," *Journal of Marketing Research* (Nov. 1969), pp. 428.

④ Paul Solman and Thomas Friedman, "Life and Death in the Corporate Battlefield," New York: Simon & Schuster Publishing, 1982, pp. 24.

实验室购买实验　实验室购买实验是试图在避免高额成本或不被竞争对手发现的情况下去复制店内购买实验的现实性。例如，一个典型的实验室购买实验在设于购物中心的一个研究场所内进行。调查人员拦住那些路过的潜在实验参与者，然后筛选出那些使用过所研究产品的消费者参加实验。根据实验前简短的问卷调查反映的信息，研究人员可以控制具有不同人口特征的参与者（性别、年龄、种族、收入和家庭成员的数量等）的比例，以保证实验人群能够真实地反映实际购买者的人口结构，这就是所谓的"比例取样法"。如果在购物中心内无法找到足够的某类人口特征消费者群体的样本，研究人员就会采用电话访问的办法与这类消费者取得联系，给他们提供一些优惠，激励他们来参加实验。

实验室购买实验能够控制实验的参与者，并能够在一个地点迅速地改变价格及购买环境中的其他元素（比如货架的位置摆放和售货点的陈设）。而且研究人员能够消除几乎所有可能会对测量结果产生影响的外部因素（如竞争对手的定价变化、同类产品的脱销或是不同商店间的差异）的干扰。在实验室购买实验中，参与者面对的是完全相同的地点、完全相同的店面陈设下的不同价格。通过不断为每一个新参与者提供不同的价格，研究人员可以有效地控制一天中不同测试时间对结果的影响。因此，如果是对三种价格水平进行测试，在任何时间参加实验的客户中都有接近三分之一的人会碰到每种价格水平。由于可以对实验进行如此严密的控制，研究人员能够用比店内实验少得多的购买量，同时耗费少得多的时间就可以得出结论。

由于研究机构的严谨性以及委托调查方的预算千差万别，实验室研究的设置也有很大的不同。最简单的设置可能只是一间展示各种相关产品的采访调查室。不同品牌的价格都标识清晰，而参与者会被要求做购买决策。从理论上来说，因为消费者确实是在进行购买，或什么都不买，因此消费者在一个简单的实验室中做出的购买决策与在真实的零售商店中做出的应该是一致的。但实际上这个结论可能并不正确。这里的问题在于实验室环境的人为性。首先，单一类别产品的展示使消费者在做出购买决策时比在真实的购物环境中更能集中注意力。研究表明，购买日用百货的顾客在超级市场购买大多数东西时甚至都不看价格。但在实验室里，顾客因为不想表现得过于随意，会更注意价格差异，反应也更明显。其次，当消费者们知道背后有人通过单向玻璃观察他们时，他们就会注意自己的行为举止，而不会像平常那样随意了。所以，有些消费者为了显示自己注重实惠，会购买一些低价品牌的产品，而另一些消费者为了不让别人觉得他们吝啬，则会选择购买高档品牌的产品。另外他们还可能因为自己从研究人员那里得到了报酬，因此觉得好像有义务无论如何也要买点什么，否则可能会不好意思。这样，本来他们在实际购物中并不想买这种产品，但现在还是会选择一种来购买。

为了克服这些局限性，一些研究公司可以提供很复杂的实验室研究设置。最复杂的实验室试图尽可能地模拟消费者购买该产品的真实环境。这些实验室包括与小型便利店规模相当的模拟商店。在进入模拟商店之前，研究人员会让实验参与者观看插播了实验产品广告的电视节目，或是让参与者阅读印有该产品广告的杂志。在进入模拟商店以后，参与者被邀请随便购物，想买什么就买什么，就像在平常购物时一样。

即使是最复杂的实验室购买实验，其研究花费也只是店内实验的一小部分。因此，包装消费品与小型家电的领头企业在制定定价决策时，都广泛地采用了这种研究方法。① 过去 11 年间，对网络直销商品所做的实验室购买实验的数量和频率激增。对于这类商品的实验室购买实验，设计真实购买环境、控制促销信息以及网上招募测试者的成本都非常低，因此可以更频繁地进行购买实验，更快地得到测试结果，同时可以将研究建立在更大的样本数量之上。设计这种研究的公司可以通过网页上的弹出广告招募测试参与者。对于一些消费者数量很少的市场（如工业设备或探险旅游市场），营销者可以通过购买客户电邮地址列表来找到他们。这样一来，一个网络购买实验只需花费一个星期的时间，其成本仅为真实购买环境中进行类似实验的十分之一。阅读材料 12-2 描述了某公司在考虑是否进入电子商务市场时所做的实验室购买实验。

阅读材料 12-2

测量电子书的价格敏感性

某网络零售商想测试是否能将一些畅销电子书的单次下载价格调成当前 $9.99 水平之上或之下。原因是出版商拒绝以电子书的形式出版他们最新和最畅销的书籍，害怕电子书会吞噬掉他们从新发行的精装书中得到的丰厚利润。于是这

---

① 对实验室测试市场（被作者称为模拟测试营销）的讨论参见 Kevin J. Clancy and Robert S. Shulman，"Simulated Test Marketing: A New Technology for Solving an Old Problem," *The Advertiser* (Autumn 1995), pp. 28–33; Kevin J. Clancy and Robert S. Shulman, "Test for Success: How Simulated Test Marketing Can Dramatically Improve the Forecasting of a New Product's Sales," *Sales and Marketing Management* (October 1995), pp. 111–114.

家网络零售商试图搞清楚他们的客户是否会愿意接受一个新的细分定价模式：对新出版的书和畅销书收取相对较高的价格——特别是书店为了增大客流量，通常把新出版的精装书籍定在较低的价格上，造成这些书常常是亏损最多的。这种模式下，将已由精装转为平装书籍的电子书按较低价格出售，而仍有精装版书籍的电子书将延续较高的价格。

这家零售商聘请了格锐智研（Grail Research，简称 GR）[①] 为其设计了一套网络实验系统，招募了 2000 名被测试者并分析了测试结果。为了保护其声誉，GR 给在线实验商店取了一个与这家零售商不相关的店名。实验目标是要了解高价格会如何影响消费者的电子书购买行为。GR 花费了一周半的时间与零售商一起设计实验并通过电子书购买者的电邮地址列表招募到了足够的被测试者。首先，他们询问了参加实验的被测试者偏好哪些类型的图书，紧接着根据他们的选择在每个种类中列出一系列电子书目，在价格和出版年限上都有所不同。一些电子书的定价高于 9.99 美元的标准，另一些则等于或低于 9.99 美元。设计该实验的初衷就是为消费者营造真实的在线购书体验。就像所有的网上购物模式一样，每位被测试者都有一辆购物车，他们可以将想买的书籍放入购物车内，并能随时看到购物车内的情况。在实验的最后，系统会给被测试者展示他们所有要购买的书籍以及总价，并让他们有机会在下单前将不想买的书从购物车内移除。

这项购买实验在网络上发布仅一周半的时间内，就有超过 2000 名被测试者通过确认购买完成了实验。又一周过后，GR 就完成了基于人口统计特征、书籍种类和其他不同细分方法的价格敏感性分析。下图很好地回答了这家零售商的主要研究问题。网络实验显示，低于 9.99 美元的电子书相对来说价格弹性较低，但高于 9.99 美元的电子书，尤其是到处都能买到的书目，其价格弹性非常高。然而，被测试者确实显示了他们愿意以高于 9.99 美元的价格购买那些尚没有纸质版的新书目的倾向。这项实验给网络书籍零售商带来了很大的启发。他们认识到对于新书他们尚有向上调价的空间，但降价销售老书目，其增加购买量带来的利润增加可能还不足以弥补价格下降导致的利润损失。在充分了解实验结果后，这家零售商决定实施细分的定价模型，如果出版商愿意授予他们那些还在精装版阶段的书籍的版权，他们便愿意提高这些书籍电子书的售价为出版商提供赚取更多利润的机会。

[①] Grail Research 是 Monitor Group 的成员之一，专注于为其客户制定市场战略，公司主页：www.grailresearch.com——译者注

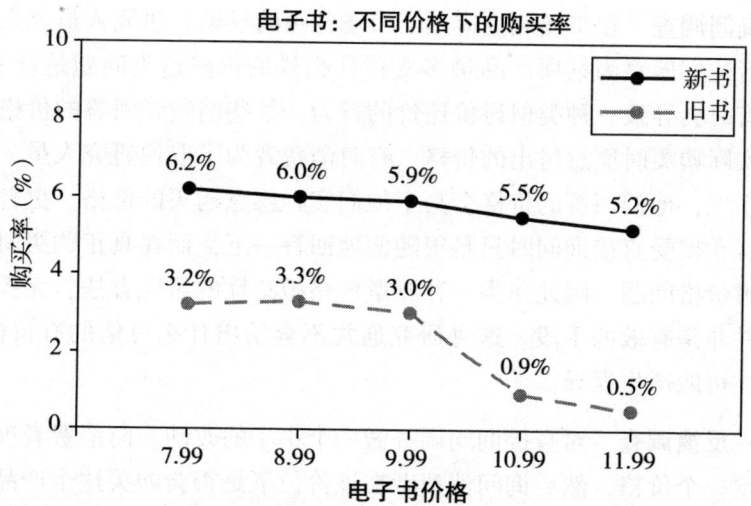

资料来源：格锐智研公司。虽然这幅图是基于真实研究绘制的，但为了保持客户资料的机密性，已对细节作出修改。

□ 偏好与意向的无控制研究

直接测量价格敏感性的最常用的研究方法是品牌偏好与购买意向调查。公司往往倾向于调查品牌偏好与购买意向，而非实际购买情况，是出于以下原因：

1. 收集调查数据比收集购买数据的成本要小得多。
2. 调查的数据资料可以用来测量大件耐用消费品（比如汽车和复印机），而在店内实验或实验室实验中测试以上产品的不同价位是不切实际的。
3. 调查数据在产品设计前就可以收集到，从而可以有效地指导产品设计。
4. 结果分析更快捷。

但调查性研究也存在一定的问题，很多消费者在被调查时提供的答案并不能可靠地反映他们在实际购买时的行为。原因多种多样，但其中一个主要的问题在于，这种研究需要受访者进行一定程度上的抽象归纳，而受访者不一定能够完成这个要求。当产品是消费者完全不了解的新产品，或者其使用方法不够清楚时，这个问题就尤为明显。结果，即使对于一个很配合的受访者，其价值取向或购买意向也很难真正清楚地了解。为了解决这个问题，一些研究公司用不同调查结果相互确认，这些调查中数据收集或问卷调查的方法会作稍微改动。比如，某个公司可能会用面对面访问的形式来收集数据资料，在进行确认时，会用电话访问的方式向另一组对象调查同样的问题。两种方法和两个样本所得的结论越是接近，最终的结果也就越准确。

直接询问调查 在市场调查应用于市场营销的早期，研究人员就发现，直接询问消费者他们愿意为某项产品最多支付什么样的价格这类问题是没有意义的。直接询问有时会导致一种类似讨价还价的行为，某些消费者回答的价格通常会低于他们在实际购买时愿意付出的价格。有时消费者为了取悦研究人员，或为了显得不那么小气，他们回答的价格会高于他们实际愿意购买的价格。更普遍的情况是，消费者在接受直接询问时只是很随便地回答一下，而在真正购买时，他们则会重新考虑价格问题。因此作为一种测量价格敏感性的研究方法，无控制地直接询问方法并非是有效的手段。这种研究通常不会给出什么可信的有价值的结论，其结果往往可能产生误导。

购买—反馈调查 对直接询问调查做一个小小的改动：向消费者展示某种产品前先确定一个价格，然后询问消费者在该价位下是否会购买这个产品。出乎意料的是，虽然直接向消费者询问他们会以什么价格购买这个产品，结果可能没有什么意义，但如果询问消费者愿不愿意以某个价位购买产品，调查结果还是有一些可信度的。将不同消费者对不同价格水平的回答汇总起来，就得到了一条类似需求曲线的曲线，它有时被称为"购买可能性曲线"（见阅读材料12-3）。询问消费者购买意愿的反馈比第一种调查方法好的原因只是因为这种询问模式更接近实际购买决策环境，而不是一个开放性的问题。而且在这种方法中，消费者没有机会与研究人员讨价还价。① 有趣的是，许多研究都显示，文化差异对调查结果的精确性有重大的、系统性影响，在美国、德国及日本等国间进行的购买反馈调查中就显示了这一点。

阅读材料 12-3

购买可能性曲线：简单的购买—反馈研究
——更高定价的机会

某软件公司为法律事务所开发出一种产品，这种软件可以轻松地制作出高质量的法律文书，并能够将文书整理归档，还能够为各种不同规模办公室进行付款

---

① 也许有人会提出来，购买反馈的调查方法应该划分在可控的实验研究类型里，因为研究人员实际上控制了被问及的价格。观察到这个问题是对的。购买反馈的调查方法之所以比直接询问的方法好，就在于在这种方法中研究人员引入了一定程度的控制。但在研究中能够控制的还是很少，对回答的人对同类产品价格认知度、促销的曝光度以及属于哪个消费群体，都没有控制。

时间管理。对产品的初始估价是每套 500 美元。Chadwick Martin Bailey 公司①针对该产品价格敏感性展开了一项全国性研究。开始是一些广泛地探索性研究,包括焦点小组和半结构性的访谈。这一阶段的研究显示,很大一部分律师都能够接受 6 000 美元左右的价格。研究人员随机抽取了 603 位律师作电话调查,问他们愿意在 2 000、4 000、6 000 或 8 000 美元购买该产品的可能性有多大,在每个价位获得了大约 150 个反馈。用 0~10 来表示购买可能性的大小,所有在 8~10 之间的反馈值都被当做是测量价格敏感性的基础值。49% 的事务所愿意以 2 000 美元的价格购买该产品。从图 A 中可以看出在高价位上需求没有什么弹性。当价格从 4 000 美元涨到 8 000 美元时,愿意购买该产品的事务所的比例并没有太大变化,但正像图 B 中显示的,对于销售收入来说却有很大的增加。

但是购买—反馈调查的数据不能与商店里相应价格下的实际销售相比,也不能用来预测实际店内销售的情况。最大的问题在于消费者的回答很大程度上依赖于他们印象中同类产品的价格。如果他们低估或高估了同类产品的价格,他们对自己购买意愿的判断就不一定正确。即使是在回答这种类型的问题时,有些消费者也会想讨好研究人员,或者不愿意显得很小气,这样他们的回答可能就是选择这种产品,而并没有考虑太多价格问题。

图 A 购买可能性曲线

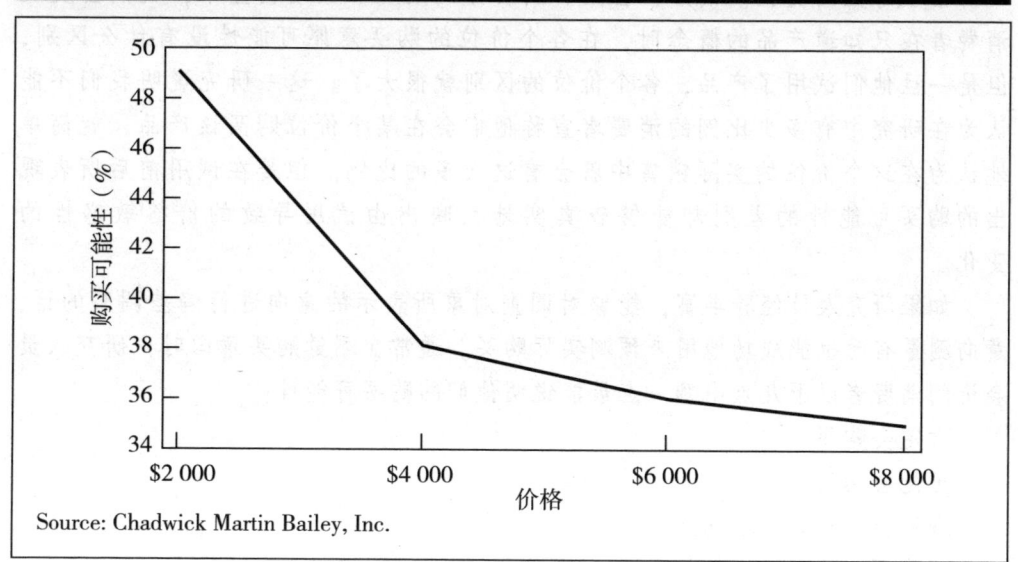

Source: Chadwick Martin Bailey, Inc.

---

① Chadwick Martin Bailey 是一家总部位于波士顿的咨询公司,专注于通过市场调研为客户制定发展战略,公司主页:www.cmbinfo.com——译者注

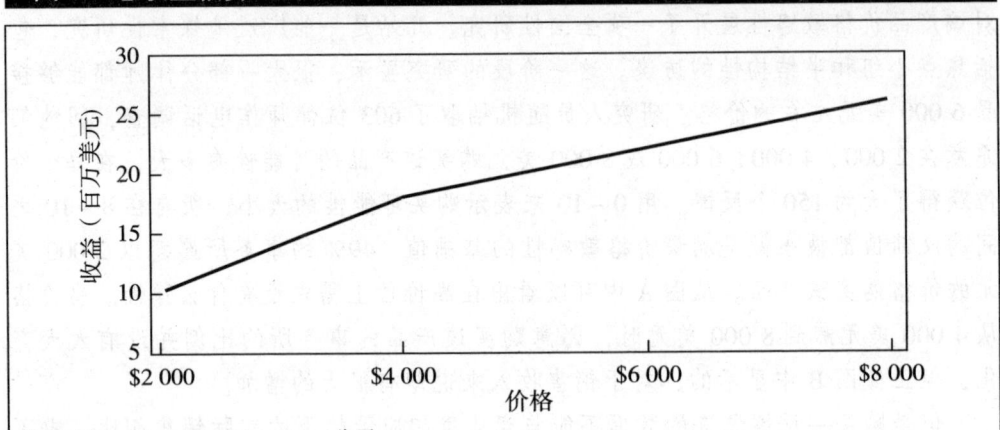

图 B　总收益估算

资料来源：Chadwick Martin Bailey公司。
本资料由Chadwick Martin Bailey公司提供，这是一家专职于策划和市场调查的公司，位于马萨诸塞州的波斯顿。

无论如何，这种研究还是有用的，因为它可以（1）作为一项初步的研究，找出某个新产品消费者愿意接受的价格范围，（2）在假设影响这些研究的各种因素保持不变，而且不会影响观察结果的条件下，可以确定不同时间点或地点的价格敏感性的变化。例如，在某种新食品的购买—反馈调查中，我们会发现消费者在只知道产品的概念时，在各个价位的购买意愿可能性没有什么区别，但是一旦他们试用了产品，各个价位的区别就很大了。这一研究说明我们不能认为在研究中有多少比例的消费者宣称他们会在某个价位购买该产品，就简单地认为在这个价位的实际销售中就会有这么多的比例。但是在试用前后所表现出的购买可能性的差别却能够较真实地反映出由试用导致的价格敏感性的变化。

如果研究人员经验丰富，能够对调查对象所表示的意向进行偏差调整的话，意向测量有时也能成功地用来预测实际购买。通常在测量购买意向时，研究人员会询问消费者以下几点中哪一点最能说明他们的购买可能性：

肯定会购买

可能会购买

也许会或也许不会购买

可能不会购买

肯定不会购买

世界知名的调查研究公司已向数百万计的购买者就成千上万的产品提出过这些问题。因此他们能够对不同种类的产品制定不同的偏差调整值。所以有经验的研究者会认为在先前的调查中回答"肯定会购买"的80%，回答"可能会购买"的50%，回答"也许会或也许不会购买"的25%，还有曾经回答"可能不会购买"的10%的人会真正购买该产品或服务。

特性排序 测量价格敏感性的另一种方法是在描述某种产品或某种购买情景时，将价格作为其特性之一。消费者根据多种尺度指标给不同的产品特性打分，分值可以是1~5，也可以是1~10，以此来表示各种产品特性不同的重要程度，也可以只是估计一下有百分之多少的消费者认为某个特性是重要的。[①] 这种方法的问题在于，消费者的反馈可能过于随意或积极，由于光环效应的存在，有时候反馈者不会很认真地比较所列出的特性孰轻孰重，特别是对那些邻近的特性，他们会给各种特性差不多的评价和分值。

深度访谈 深度访谈是一种"半结构性"方法，用来获取关于消费者如何使用产品和服务的反馈信息。研究人员从消费者的反馈中对产品和服务的价值进行推导分析，而不是直接向消费者询问产品或服务的价值。深度访谈往往是一对一地进行，经常会持续一两个小时。在B2C市场中，我们用这种方法来了解个人及家庭如何使用产品，以及他们如何评价产品的各种性能或定位方式。在B2B市场中，深度访谈要了解的是商家如何使用特定产品或服务来提高收益或降低成本。要成功做到这点，必须对受访商家的业务有深入地了解。在定价研究中，深度访谈的作用体现在以下几个方面：（1）了解产品或服务的哪些性能或效益对客户来说是重要的；（2）评估客户因使用产品或服务而获得的这些性能与效益的货币价值和心理价值；（3）大致评估一下客户愿意为产品或服务的这些性能和效益支付多少。深度访谈也用来构建衡量消费者在购买产品后能够获得多少货币价值的经济价值模型。这个模型随后也成为促销方案的一部分，以提高客户的购买意愿。对企业用户来说，这类模型很有用，因为B2B市场产品的效益很大程度上体现在收益的增加或成本的降低上。在B2C市场上，如果产品的效益能体现在节约花费上（如购买一台更节能的冰箱），那么这类模型同样适用。

与焦点小组相似，深度访谈一般也是半结构性的，它通常由经验丰富的访问员来完成，这些访问员有很明确、具体的访谈目标和访谈提纲，比如要把不同性能的差异化价值进行量化。由于需要十分专业的访问员，每次访问的费用也不菲，且样本的数量较小，所以深度访谈在市场研究中的应用并不广泛，对大众型

---

① Henry Assael, *Consumer Behavior and Marketing Action*, 2nd ed. (Boston: Kent Publishing, 1983).

市场里的产品与服务的定价研究来说尤为如此。[1] 但在更为复杂的B2B市场定价研究中,通过深度访谈获取的关于客户价值和支付愿意的相关信息常常能够产生更加深入的见解与分析成果。例如,在B2B市场中,深度访谈使访问员能够发现客户需求、客户的经验、客户解决问题的方式、公司的产品或服务解决这些问题的方式,以及通过使用该公司的产品或服务,客户实现的成本节约与价值收益。

深度访谈不直接询问顾客他们愿意支付什么样的价钱,而是重点关注产品或服务能够对客户的经济效益产生什么样的影响。也有可能通过找出客户购买什么样的其他产品来达到同等效果,从而了解客户的价值认知。例如,在B2B市场,一种被称为"诱发锚定"的方法就很成功,这种方法让客户列举出其预算内的几种替代产品,而这几种产品都可以让客户获得供应商所推荐的产品和服务方案承诺的同样的价值和收益。比如,在帮助一家软件公司客户为一套关系管理软件定价时,我们发现该软件的效益之一是降低了客户流失率。通过向软件的潜在客户询问他们获取新客户的成本,我们可以推测出维持客户关系的价值。

深度访问不但使供应商了解到别人认为他们的产品或服务价值是多少,还帮助他们知道为什么值这么多。深度访问试图了解这项产品最终可以满足哪些需求,以及产品或服务如何满足这些需求。这个过程能为供应商揭示出改进产品和服务的途径,为生产能以更高价格出售的、更具差异性的产品打下基础。这种方法也让我们发现哪些采购人员可能从购买该产品中受益。[2]

深度访谈不能在实际销售和协商的情景下进行,因为在上述情况中客户不太可能在访谈中显露他们对价值的真实看法。但是在通常情况下,深度访谈所搜集的数据会成为以价值为核心销售的重要基础,这时销售人员对自己的产品与同类产品的差异了如指掌,同时他们还了解这些差异会给客户带来什么样的价值,所以对于价格的合理性,销售人员能够不仅说服客户同时也能说服自己。企业经常用从深度访谈中获取的信息制作"价值案例史"。这些案例史描述了某个特定客户使用某个企业产品的经历,以及从中获取的具体价值。这些案例史最终成为了一种辅助销售的工具。[3]

---

[1] 集中组群和深度访问这两种收集数据和资料的非结构/无控制方法的应用,以及两者之间的区别,参见 Thomas C. Kinnear and James R. Taylor, "Marketing Research: An Applied Approach," 4th ed., New York: McGraw Hill Publishing, 1991.

[2] Abbie Griffi and John R. Hauser, "The Voice of the Customer," *Marketing Science* 12, no. 1 (Winter 1993), pp. 1–27.

[3] F. James C. Anderson and James A. Narus, "Business Marketing: Understand What Customers Value", *Harvard Business Review* (November–December 1998), pp. 53–65.

深度访问是一种极为有效的方法，能更好地了解不同产品或服务的性能是如何为客户创造价值的，尤其是在 B2B 市场中。它能帮助我们不仅仅局限于理解核心产品，同时也去了解不同的服务和其他辅助元素是如何为使用者创造附加价值的，为通过定价实现这些价值提供了深入理解。这种方法还能辨别相似的服务及辅助特征之间的区别，这些特征能够有效地为那些大宗商品化的产品找到差异化点。[1] 人们往往担心客户不会提供资料。而我们的经验表明，客户常常乐意分享他们的看法和资料，以便供应商更好地为他们服务。

□ 偏好与意向的实验性可控研究

为了解决偏好与意向的测量偏差以及一些外部因素引致的问题，研究人员尝试通过一些对购买的控制来提高研究的有效性。

调查问题的设计要让被调查者在思考这些问题时就像在真实地购买情况下一样。在多大程度上能够实现这一点还无定论，但是那些已经认识到精确的调查信息潜在价值的营销研究人员正在不断地进行尝试。

模拟购买实验法 许多研究人员相信在进行调查提问时，尽可能真实地模拟消费者的实际购买环境，是让消费者思考调查问题并按照他们在实际购买中会做出的决策来回答这些问题的最好办法。在这种研究方法中，研究人员要求消费者想象自己正在购物，并想要购买特定类别的产品。然后研究人员向消费者提供一些这类产品的图片介绍、规格描述，甚至标有价格的品牌实物样本，并要求消费者在不同的价格水平下挑选他们愿意购买的产品。因为这种方法并不需要实物，所以可以在设计概念真正转化为实体产品前，用来为新概念产品作定价测试，作为一般概念测试的一部分。

这种模拟购买实验与实验室购买实验的根本区别在于，在这项实验中参与者只是模拟做出某个产品的购买决策，并不需要真正购买他们选择的产品。[2] 模拟购买实验是一种在定价研究中广泛使用的工具，它能弥补其他调查方法的两个重要缺陷。如果调查被设计成让消费者在不同的品牌之间进行选择，这时，消费者的考虑过程就与实际购买时的考虑过程很接近。而且因为消费者并不知道研究人员研究的是哪一种品牌，所以他们在做出选择时也就不会想到讨

---

[1] 有关 B2C 与 B2B 市场中的价值动因及如何发现这些价值动因的研究，参阅 Ian C. MacMillan and Rita Gunther McGrath, "Discover New Points of Differentiation," *Harvard Business Review* (July – August 1997), pp. 133 – 145.

[2] D. Frank Jones, "A Survey Technique to Measure Demand Under Various Pricing Strategies," *Journal of Marketing* (July, 1975), pp. 75 – 77.

价还价或者讨好研究人员。因此,模拟购买实验有时能够较好地预测价格敏感性。①

虽然任何研究方法都会有偏差,但模拟购买实验在获取消费者购买行为的相关信息时,通常被认为是快捷、便宜、可行的方法。例如,如果某个企业想测量一个在全国范围内销售的产品的价格敏感性,在全国各地进行几百次店内实验的巨大成本会让企业望而却步。但如果该企业在部分地区同时进行店内实验和模拟购买实验,只要发现两者的结果基本一致,那么它就可以有信心在剩下的其他地区只进行模拟购买实验,并也可以将这种实验应用到对该产品同类产品的研究中。即便是实验结果显示会有持续性的偏差出现,在根据先前确认的偏差值修正结果后,模拟购买实验仍可以成功应用。

取舍(联合)分析法 在对价格敏感性以及其他特性的敏感性分析测量中,越来越多的人使用"取舍(或联合)分析"的实验方法。② 取舍分析最大的长处是能够将价格分解为消费者对产品的各种性能的价值。因此取舍分析法能够让企业认识到产品的每种特性差异化价值,以及消费者愿意为整套产品和服务支付什么样的价格。更重要的是,以此可以设计出只包含那些消费者愿意购买的特性新产品。如今,取舍分析法已经被广泛采用来辅助各种产品的设计,从汽车、办公室设备、家用吸尘器到一条龙式的旅游服务,无所不包。

取舍分析法的基础数据来源于消费者的回答。消费者的回答并未直接表达出他们的购买意向,但却揭示了购买意向下更深层次的潜在偏好。研究人员在收集数据时,会要求被调查者在两种详细描述的产品之间,或者是不同层次的两种性能之间做出选择。产品描述的设计要求在那些定义产品和价格的特性上要有系统性的变化。当不同的价格水平被引入研究方案的设计时,我们不但可以找到某些产品特性被赋予的价值,还能够进行价格弹性的估测。数据的收集一般是通过问卷调查完成的,但也可以通过互联网在线收集资料。

在获得消费者对一些产品或产品性能组合的偏好数据后,研究人员会处理这些数据并就每个消费者为每种产品性能分配的价值(被称为效用),以及这些特

---

① John R. Nevin, "Laboratory Experiments for Estimating Consumer Demand," *Journal of Marketing Research* (August 1974), pp. 261–268.

② 出现在营销文献中的第一篇关于取舍分析的文章是 Paul E. Green and Vithala R. Rao, "Conjoint Measurement for Quantifying Judgmental Data," *Journal of Marketing Research* (August 1971), pp. 355–363. 专门对其在定价中的应用的非技术性讨论参见 Patrick J. Robinson, "Applications of Conjoint Analysis to Pricing Problems," *Marketing Measurement and Analysis*, ed. David B. Montgomery and Dick R. Wittink (Cambridge, MA: Marketing Science Institute, 1980, pp. 183–205).

性在消费者购买决策中的相对重要程度进行评价和归纳总结。① 有了这些数据，研究人员就能够预测消费者愿意以什么样的价格购买包含哪些特性组合的产品，其中甚至包括市面上还没有的产品特性组合。研究人员还能够估量出消费者为了换取某种性能会在多大程度上牺牲另一种性能。例如，消费者愿意多出多少钱来购买一辆更节能的新汽车。

用一些具有代表性的消费者的类似数据，研究人员就可以建立起相应的数学模型来预测在特定价格下更偏好某特定品牌的细分市场的市场份额。因为研究人员收集的数据揭示了潜在的偏好，那么消费者的偏好就可以被预测及解释，甚至是在那些问卷中没有具体提及的价格水平和产品性能上，但前提是这些产品性能持续可测并且其真实的变化范围都被包括在调查中。示例12-4就是一个例子。为了在特性与价值间建立联系，读者要注意基本性能是如何随着价格变化的，这里我们称之为"性能效用"。

将取舍分析方法和直接询问法进行比较是很有用的。让受访者评价产品的整体，而不是单个产品的某些抽象属性，他们的回答常常更接近实际情况下的选择。比如，最近一项针对MBA毕业生的研究中，当问及他们选择某个工作最重要的考虑因素时，回答多为公司的人和文化，工资水平在纳入考虑的属性清单上被排得很低。然而，当同样的学生被要求在很多不同工作中做出选择时，调查结果显示，工资水平实际上是最重要的工作属性，接下来依次是工作地区、公司位置，公司的人和文化仅排在第四。

在所有利用偏好和意向测量价格敏感性的方法中，取舍分析法将为制定战略提供了最有用的信息。研究人员不仅能够分析出市场整体的价格敏感性，还能根据不同的价格敏感水平细分顾客群体，而且如果这些差别来源于产品性能上经济价值的差别，他们还可以说明是哪些性能导致了这些差别。因此研究人员就能够描述出哪些产品特性组合能够让企业最有利的撇脂或渗透市场。通过向消费者展示各种实验产品的图片，或向他们描述产品概念，或给他们看新产品的样品模型，即使是这些产品还没有完全研制出来，研究人员也能够分析出其经济价值。

---

① 下述文章描述了联合分析法中利用数据资料的程序：J. B. Kruskkal, "Analysis of Factorial Experiments by Estimating Monotone Transformation of the Data," *Journal of the Royal Statistical Society*, Series B (1965), pp. 251–263; Dove Peckelman and SubrataSen, "Regression Versus Interpolation in Additive Conjoint Measurement," *Association for Consumer Research* (1976), pp. 29–34; Philip Cattin and Dick Wittink, "Further Beyond Conjoint Measurement: Toward Comparison of Methods," *Association for Consumer Research Proceedings* (1976), pp. 41–45.

由于这些潜在的优势，越来越多的市场研究机构以及内部研究部门选择采用取舍分析法进行研究，但是从取舍分析法中可能获得的成果，也只与这种方法预测实际购买行为的能力相称，并非十全十美。一个谨慎的管理者会拿出很多理由质疑这种方法在某些市场的可靠性。取舍分析法没有模拟实际的购买环境，因此这种实验方法就会有一定程度的偏差。被调查者在参加联合分析测试时比在自然的购买环境中更注意价格及价格差异，所以，虽然在对非价格因素的研究中，取舍分析法还是很有用的，但在某些情景中，如果购买者在真实的购买环境中并没有表现出对价格的明显关注，那么这种方法就不足为信了。同样，当购买者在真实的购买情形下很难获得或比较价格和产品特性的时候，取舍分析法的价值也就很小了。例如，调查公司记录了医生药方中药品的实际价格数据，并将其与价格对医生开处方时药品选择的预期影响进行比较。联合测试预测的价格敏感性比实际水平要高得多。而且，如果被调查者对调查的产品一无所知（这种情况常常出现在创新型产品的调查中）取舍分析法就很难预测消费者将如何取舍，因为消费者不能将产品的差异化特性与预期收益有效地联系起来。

既然取舍分析法测量的是潜在偏好，那么研究人员至少可以检验某个消费者的回答是否前后一致。这样就能很容易地发现那些并不是认真参与调查的消费者，或在选择过程中总是不太理性的消费者，并将他们从样本中剔除。我们可以要求被调查者在首次回答完问卷的几天内再重新做这些取舍问卷，如果前后结果能体现出高度的一致性或可靠性，那么研究结果的可信度应该是很高的。[1] 因为实验对象不太可能确切地记得他们在上一轮中的所有答案，所以这种一致性就在很大程度上说明研究结果确实能较准确地反映消费者真实的潜在偏好。更让人欣慰的是，有研究表明，消费者认为重要但没有被列在问卷上的产品性能，对他们在列出的产品性能间进行取舍并没有什么影响。[2] 虽然取舍分析法比简单调查的花费要高，但它提供的信息也更多。就其相对低的成本以及至少在某些测试上的可靠性而言，在设计新产品或服务时，要想了解不同细分市场特性的价值，取舍分析法还是很值得考虑的。

---

[1] Franklin Acito, "An Investigation of Some Data Collection Issues in Conjoint Measurement," in 1977 *Proceedings American Marketing Association*, ed. B. A. Greenberg and D. N. Ballenger (Chiacago: American Marketing Association, 1977, 82–85); James McCullough and Roger Best, "Conjoint Measurement: Temporal Stability and Structural Reliability," *Journal of Marketing Research* (February, 1979), pp. 26–31; Madhav N. Segal, "Reliability of Conjoint Analysis: Contrasting Data Collection Procedure," *Journal of Market Research* (February 1982), pp. 139–143.

[2] McCullough and Best, *Conjoint Measurement*, pp. 26–31.

阅读材料 12-4

一个联合研究示例：
如何实现新型减震滑雪板的利润最大化

一家小型运动器械生产厂商研发出一种专门用于下坡的、内置电子减震系统的滑雪板，它能使滑雪者在下坡滑行时更容易地转弯，与粗糙面摩擦时发出的噪音也更小，从整体上减少滑雪者消耗的体能。为了给这款新型滑雪板制定一个使得利润最大化的价格，该公司进行了一项市场调研，力图弄清一系列能指明市场战略制定方向的问题。其中有三个问题与定价相关：

（1）该滑雪板的需求如何？其价格—销量的取舍关系如何？
（2）该滑雪板应针对哪个细分市场的滑雪者才能为公司带来最多利润？
（3）考虑到该滑雪板富含科技含量，将传统滑雪板采用的 90 天保修期进一步延长，从财务的角度来看是否值得？

为了得到这些问题的答案，该公司做了一次问卷调查，搜集到滑雪者的年龄、性别、收入、技能层次以及他们对各种产品特性支付意愿的相关信息。总共有 1200 名来自北美的滑雪者参加了此次调查。调查结果显示出 4 种主要购买者类型：

- **预算型买家** 一般而言包括了从初学到技术一般的滑雪者，他们只有在旧的设备坏掉时才会购买新的设备。
- **价值型买家** 包括了从技术一般到专业的滑雪者，他们经常都在考虑更换设备，但在购买前都会对不同产品进行仔细的价格—价值比对。
- **创新型买家** 包括了从技术一般到专业的滑雪者，他们会主动积极地搜寻并购买新技术设备。
- **精英型滑雪者** 是指常常活动于滑雪俱乐部并参加比赛的人群，他们在购买之前通常会测试不同新设备的性能以找到最适合他们的那一款。

公司在问卷中除了设计关于个人情况和过去购买经历的问题，还包括一个以联合分析为基础的模拟购买测试，请受访者设想他们下次购买滑雪板的情境并给出最可能的购买选择。公司让受访者了解了新型滑雪板有哪些好处之后，给他们提供不同的购买选择，如（1）购买采用这种新技术的新型滑雪板，（2）购买知名品牌的传统型滑雪板，（3）继续使用手边的滑雪板，不做新的购买。

这项调查的早期分析得出令人失望的结论：整个滑雪板市场对价格非常敏感，当价格位于450美元时，可实现收入最大化，但是令人失望的是，这款新型减震滑雪板只吸引了小部分滑雪者，并且随着价格上升，吸引力直线下降。更为复杂的是，新技术的研发和付给专利持有者的费用会致使公司承担很高的可变成本。即使将价格制定在使利润最大化的那一点，潜在回报也不足以使公司冒这个险。幸运的是，联合数据的其中一个好处是，它能以不同的方式切割样本。"创新型买家"的分析结果显示，他们确实有更高的产品购买率，更重要的是，当价格升高时，他们的购买意愿下降的速度相对较慢。虽然只占整个市场的一小部分，但他们能支持高达800美元的价格，这能为公司带来高额的利润。不仅如此，调查还发现针对这一类型买家的销售成本较低，因为他们会主动地去搜寻新上市的好产品。因此，对于他们来说，广告就显得不那么重要，公司可以省下大笔的广告费用，也不必建立复杂的分销网络。显然，这类购买率较高的"创新型买家"细分市场代表了这样一类人群：35岁~50岁的男士，年轻时滑雪技术高超，但随着年龄增长，感到膝关节不再好使。由于减震滑雪板更省力，能减少摩擦声响，还便于转弯，所以他们愿意也能够为其优越的性能支付很高的溢价。这个发现使该公司意识到，现在有一个新的机会可以以高价进入市场，并通过逐步撇脂实现利润最大化。

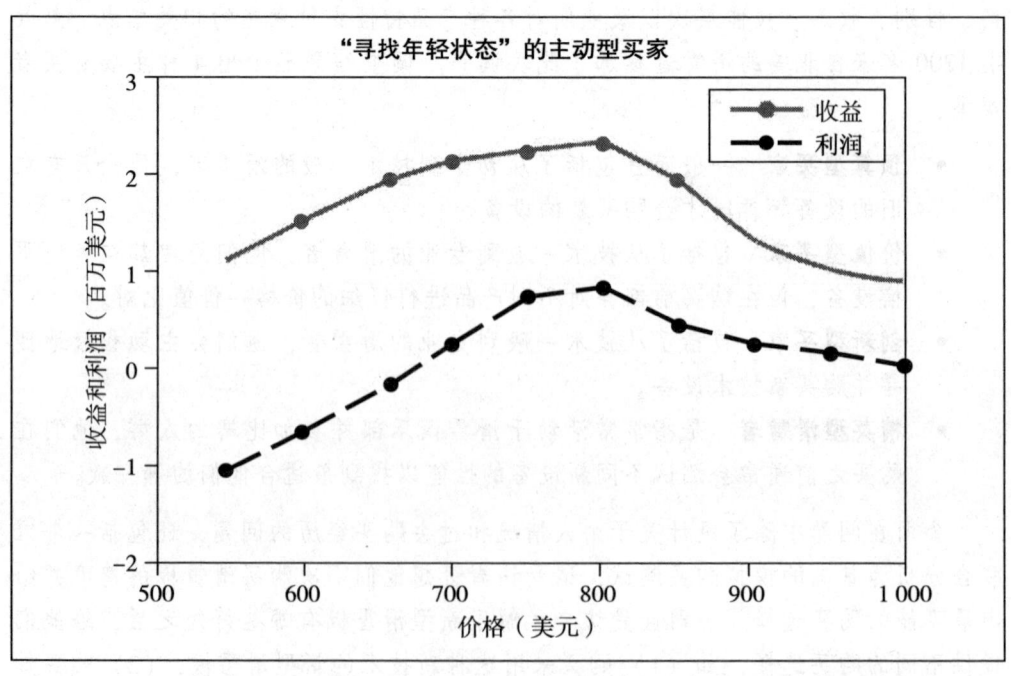

最后，该公司运用联合分析分离并测量出单个产品特性对购买意愿和总体购买率的影响。研究显示，将保修期从 90 天延长至 1 年能让目标细分市场上的受访者将产品购买率提升至原来的两倍。

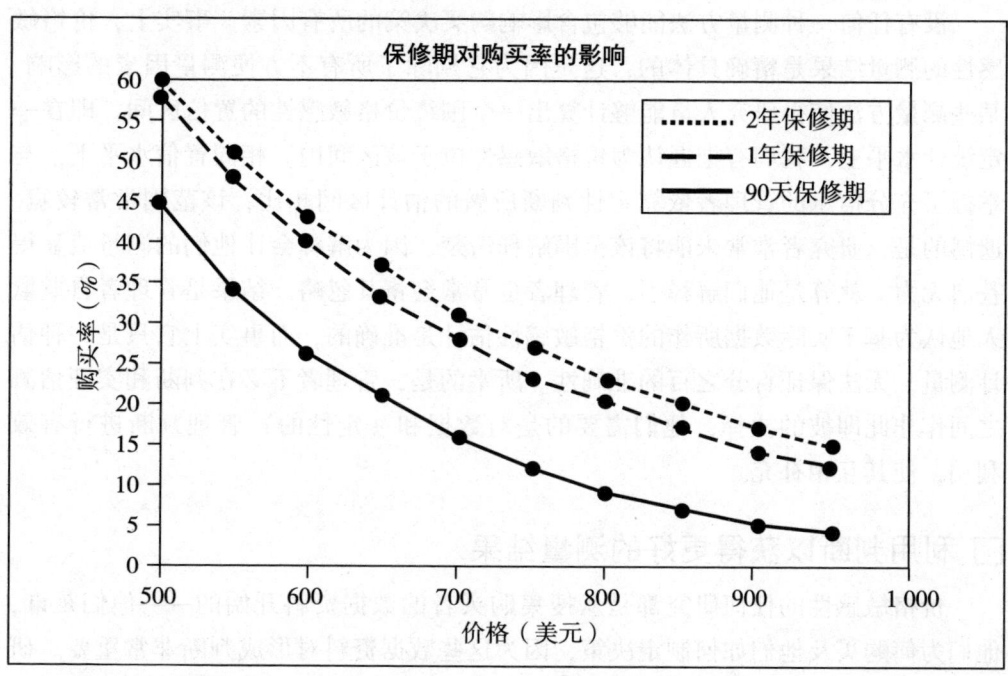

资料来源：Georg Muller, Monitor Company Group. 为保护客户资料的机密性，我们修改了文中有关产品目录和价格水平的内容。另外，上文的数据输出结果是真实的研究结果。

■ 正确使用各种测量技术

价格敏感性的数值估计对定价战略是利是弊取决于管理者如何运用。当受访者具有丰富的购买和使用该产品的经验时，尤为如此。如果管理者能更好地了解购买者，同时将这些认识用于判断购买者的价格敏感性，那么就像第 6 章所言，对于价格敏感性的测量将十分有效。这可以给管理者提供新的、客观的信息，增强对先前判断的信心，或者告诉管理者他们需要对购买者进行更深层次的研究。对价格敏感性的掌握也能够作为是否改变报价的参考——如果我们提价或降价，销量将会如何变化？结合可变成本数据，就有可能判断报价的变化能否对盈利产生理想的效果。

在定价行为中，数据估测是硬件，管理人员对购买者和购买行为的判断是软件。这两者的结合是成功定价的基础。管理人员对价格敏感性的判断一般来讲不是精确的，但一些经验性的判断一般来说都建立在一些利润预测和设定的精确数字之上。然而精确并不意味着准确。对价格敏感性的数量估计可能和真实价格的敏感性有很大差距。准确制定定价战略至关重要，而精确往往只是方便。

没有任何一种测量方法能够包含影响购买决策的所有因素。事实上，价格敏感性的测量结果是精确具体的，这是因为它剔除了所有不方便测量因素的影响。某些测量方法使得研究人员能够计算出一个围绕价格敏感性的置信区间，即在一定统计水平上，我们有把握认为价格敏感性位于该区间内。相同置信水平下，与掌握了充分信息的管理者依靠定性判断所做的估计区间相比，该范围常常较宽。遗憾的是，研究者常常未能将该范围解释清楚，因为解释会让他们的测量值显得苍白无力。就算是他们解释了，管理者也常常会将其忽略。结果是管理者自欺欺人地认为基于实际数据所作的价格敏感性估计是准确的，而事实上它只是一种估计测量，无法保证百分之百的准确性。所幸的是，管理者不必在判断和实证估测之间作非此即彼的抉择，他们需要的是对数据和（定性的）管理判断进行有效利用，使其互相补充。

□ 利用判断以获得更好的测量结果

价格敏感性的任何研究都是从搜集购买者的数据资料开始的——他们是谁，他们为何购买及他们如何制定决策，因为这些数据资料对形成判断非常重要。研究初期应该通过开放性的、定性的和探索性的研究来获得这些信息。这类研究能够帮助管理者认清现实并大致形成判断，而不仅仅关注管理人员刻意寻找的信息。[1] 在工业市场里，这样的研究包括与销售人员一起工作来观察整个购物流程。在销售结束后，管理者应该跟进并询问购买者是如何做出购买决定的，原因又是什么。他还可以翻阅以往的报价历史记录，寻找不同价格水平和中标可能性之间的相互联系。在很多情况下，管理者会电话采访重要客户和中介机构，询问他们对不同定价和营销活动的看法。[2] 在消费品市场里。这样的研究包括观察客户在焦点小组中对购买决策的讨论，以及我们前面讨论过的深度访问。我们可以从这样非正式的观察研究中得出一些结论，然后通过对更多的购买者进行调查访问来核实这些结论。

通过对购买者的观察产生的一些定性的认知，管理者会相应地形成对购买者

---

[1] Bobby J. Calder, "Focus Groups and Nature of Qualitative Marketing Research," *Journal of Marketing*, 14 (August 1977), pp. 353–364.

[2] Johnny K. Johansson and Ikujiro Nonaka, "Marketing Research and Japanese Way," *Harvard Business Review* (May/June 1987).

的一些判断。管理者经常会发现一个很经济且实用的方法是通过一些诸如对购买者某一方面的行为（如价格敏感性）进行测量的初级研究来进一步扩展和深化这些理解。因为在管理者对消费者的购买决策形成方式已有一定了解，他们可以再将这些信息应用于测量方案的设计，那么该测量研究产生有效结论的可能性就大大增强。管理者的定性判断在很多情况下能够（也应该）去指导具体的测量行为。

1. 对于实验性可控数据的估测来说，管理者的判断可以帮助决定研究应针对的特定目标群体，并为如何将针对特定人群的研究推广到整个市场范围提供指导。

- 管理者也许知道其产品 80% 的购买者是从事全职工作的女性。当研究人员计划通过家庭调查或购物中心试验来测量价格敏感性时，这个信息极为重要。工作日上午 9 点到下午 5 点间，在家或在购物中心出现的一般不会是职业女性，所以将这些人作为调查对象就不具有代表性。为获得具有代表性的样本，研究人员也许需要在晚上进行家庭调查，或在午餐时间到职业女性工作集中的场所附近进行调查。可能调查人员首先需要通过提问筛选出调查对象（比如问她们是否是全职工作？）

- 如果管理者还知道不同的社会群体对产品的购买量不同，那么，这种信息可以用来针对样本内不同的行为主体来划定调查结果的范围，以反映出这些行为主体对产品实际销量的相对影响。

2. 使用历史数据进行的估测，由于缺乏实验性控制，数据往往存在潜在的统计性问题，在这种情况下，将管理者的判断带到分析过程中就显得更加重要。管理者的判断有助于降低随机性错误，并解决某些统计问题。

- 历史数据中，价格变化的效应可能会被其他因素对销量的影响所掩盖，这些因素也许对研究人员来说并不明显，但对了解其产品购买者的管理人员来说却显而易见。比如，在研究多年冷冻海产品销量数据的时候，如果管理者能够告诉研究人员，很多购买者的行为是受到宗教斋戒的影响（每年不定期出现的基督教节日），那么研究人员对价格敏感性估测的准确性会大大提高。只需一点点关于消费者购买原因的信息，就能令研究员大大减少数据中的随机因素。如果没有这些信息，这些变量的影响就会导致价格敏感性估测的结果产生很大偏差。

- 使用历史数据的研究人员还常常被共线性的问题困扰，也就是不同的解释变量会同时发生变化。比如在一家供应商进行降价促销的同时，其零售商还可因改善商品陈列而享受供应商的价格优惠。没有来自管理层的额外信息，研究人员就不能把价格优惠和特别陈列的效应区分开。但是如果管理者发现本产品的购买者和另一种产品的购买者相似，而后者仅仅因为受到特别陈列的影响而没有价格优惠时，那么研究人员就能使用后者的数据来解决共线性问题。另一种方式是，如果管理者有信心可以对产品特别陈列的效应进行一定判断（如销量变化的三分之一到二分之一是由产品特别陈列引起的），那么这一信息同样可以帮助研究人员调整价格变化对销量影响的估计。[1]

3. 管理判断同样可用于选择合适的研究或调查设计方案，以及选择恰当的历史数据统计分析模型。

- 熟知购买者的管理者大多都知道购买周期（两次购买的间隔时间）长度以及库存容量的限度，二者共同决定了分析历史数据时一次实验的必要长度，或者应包括的滞后变量的个数。如果不能正确判断购买周期，那么研究人员可能会因为忽略了价格变化的长期效应而误算价格敏感性。
- 管理者可能对广告有丰富的经验，他们知道重点放在产品价格的广告与重点放在产品其他性能的广告对消费者会产生不同的影响。如果是这样，在进行试验或分析历史数据时，研究人员应该将不同类别的广告分开。研究人员应该认识到价格广告会与价格水平产生相互作用，而非价格广告与价格水平是相对独立的。

4. 在调查研究过程中，管理者的判断能为产品规格的描述提供指导，以确保这些描述涵盖了与购买者相关的各种变量，且描述方式恰当反映了其内在含义。

- 在汽车调查中，管理者在介绍运动型轿车时可以指出该车加速到每小时65英里所需时间的长短是一项重要的性能指标，但介绍家用轿车时就不用。
- 在对收音机的调查中，管理者会指出在说明书中使用"按钮"一词与"控制键"一词在内涵上大有不同，这会影响购买者对其他诸如可靠性

---

[1] 对于经过经典策略训练的读者来说，这些建议用管理判断来调整数据的说法可能看起来并不科学。但记住对价格敏感性进行数值测量的目的是为了得到有用的估计值，而非有针对地验证某一结论，这点非常重要。如果管理者对于某条销售历史记录能够产生更好的估计结果抱有强烈信念，却仅仅因为这些信念不够客观就轻易将其忽视是十分浪费的。见 Edward E. Leamer, "Let's Take the Con Out of Econometrics," *American Economic Review*, 73 (March 1983), pp. 31–43.

和工艺水平等性能的认识。

研究者不能很好地应用此类管理判断，或是因为由于管理者对购买者了解不充分而无法提供此类信息是价格敏感性测量研究常常令人失望的两个主要原因。

当测量中包含了管理者的判断时，这样的测量就有可能提供有用的信息，但这并不意味着测量的结果就无可挑剔了。每项市场营销研究后都应提出这样一个问题："结果为什么会是这样？"对价格敏感性的研究并不是最终的结果，其目的是促进我们对产品的购买者有更多的了解。如果研究结果与我们预先的估计不一致，我们就应该考虑先前的判断在什么地方出现了问题：是忽略了什么因素，还是对哪些因素重视得不够，导致了我们对价格敏感性形成了错误的预期？我们还应该考虑测量中的偏差是如何发生的。也许测量方法加强了购买者对价格的重视度，或是样本人群并不具有代表性。不论测量结果如何，我们都能从中了解到更多产品购买者的信息，以及决定他们价格敏感性的因素。即使我们发现测量结果有偏差，我们也能从偏差中获得很多信息。例如，管理部门对购买者价格敏感性的预期偏低，这主要是因为购买者在自然购买环境中对价格的注意力很低，以及不经常购买该产品的细分市场对产品有不同的价格敏感性。

□ 使用基于因特网的方法

随着因特网与电子商务的迅速发展，市场研究人员和其客户也越来越多地使用这种方式来收集客户与市场的数据。在线研究比传统的研究方式更加经济也更快速高效。比如，你不用再花钱雇人寄发邮件或打电话。在线研究的答复率似乎也更高，因为它给受访者造成的干扰较小，在电子邮件中按一下"答复"键的方式也更简单可行。但在线研究可能会因样本偏差而产生结果偏差，因为被调查者并不一定是广大目标市场的代表。比如说，在线样本可能就不能代表少数民族、低收入家庭、农村居民及老年公民，因为这些人群上网的比例比较小。虽然如此，在线调查在发现特定目标群体来研究时就十分有效。例如，Esearch.com[①]向很多在线被调查者发出资格审查问卷，以发现有特定产品或服务需求的人群，然后在这些小范围的人群中再进行进一步的研究。Esearch.com 的一个客户，礼来公司（Eli Lily，一家全球性的以研发为基础的医药公司，总部在美国印第安纳波利斯市）就使用这种在线资格审查程序来找出那些患有隐性疾病的人群，该公司正在开发这类疾病的治疗方法。[②]

[①] 这是一家成立于1995年的专注于做在线市场调查的公司。

[②] "Survey Your Customers – Electronically," *Harvard Management Update* (April 2000), pp. 3 – 4.

□ 外部数据资源

除了开展实验以及评估历史销售数据外，我们还要认识到，许多外部数据资源也可用来揭示价格敏感性。诸如政府机构或者贸易组织的公开数据，包含了大量历史销售发展趋势的数据、产业变更调整以及其他可能影响商业市场因素的数据信息。市场研究机构擅长于进行本章中描述的各种实验和分析。由不同学术和产业机构出版的期刊提供了历史经验，而这些经验也很可能适用于新产品。例如，竞争情报专业人员协会 SCIP 就是一家致力于满足竞争情报需求的工业贸易组织。①

产业市场的其他间接数据资源包括"制造业普查"、"工业购买力调查"以及其他大量的政府和私人数据来源。② 通过以上来源，企业能够了解到其客户所属的商业类型，在对应的市场中所占的市场份额，以及主要产品类别的平均购买规模及增长率。在 B2C 市场中，消费者组群调查报告也很容易获得。通过这些调查报告，管理者就能了解其产品购买者以及竞争产品购买者的组群特征（收入、家庭规模、教育程度和优惠券使用情况）。某些公司建立了购买者的消费心理统计档案，以开始对购买者深层次的购买心理动机进行挖掘，这远远超出了人口统计学的范畴。这些都是可供管理者判断价格敏感性的相对经济的数据来源。

无论使用哪种测量方法，一定要意识到商家的根本目的是聆听客户的心声，了解产品性能如何转化为价值，以及价值如何转化成消费者的购买意愿。

□ 选择合适的测量方法

测量方法不能任意地选择，在一定条件下，各种方法各有优劣。当公司在开发新产品或改造旧产品时，价格与产品特性的取舍研究就是一个好方法。显然，在这种情况下，使用历史数据或进行购买实验测试都不太可行，这样就只能转而使用消费者偏好与意向的研究，因为这种研究只需要借助产品说明或实验样品来进行就可以了。取舍（联合）分析此时是相当不错的选择。偏好与意向调查（如联合分析）对价格敏感性的预测其实也并不太准确，部分原因在于这种研究

---

① http://www.scip.org

② The Census of Manufacturer 是美国商务部的出版物。如果想查询其他联邦资源，请见商务部名为 "A Guide to Federal Data Source on Manufacturing" 的刊物。The Survey of Industrial Buying Power 是杂志 Sales and Marketing Management 每年一期的刊物。其他关于买方企业的社会统计和购买动机的有用信息资源可以从买方企业交易协会获得（比如 Rubber Manufacturer Association，National Machine Tool Builders Association），以及私人行业目录和研究公司（比如 Predicasts, Inc., Dun & Bradstreet, 标准普尔 Standard & Poor's）获得。

往往创造一个人工的购买环境，在这种环境下价格认知和对替代品的了解等被人为地简单化了。但在产品开发阶段，这些并不是管理部门最关心的问题。产品开发阶段的重点是如何增强产品独特的价值效应。甚至当调查研究仅仅准确地测量出产品特性对价格敏感性的影响时，它对产品开发也是很有用处的，尽管在后来实际制定价格时我们还要补充其他信息。

一旦某个产品已经生产出来，管理部门就会希望此时测量的价格敏感性尽可能包括各种相关因素。对于消费者经常购买的低成本产品而言，店内实验方法或复杂的实验室购买实验当然是首选。很少有例外，这些产品的购买者价格意识并不强，在购买决策时对价格并不很在意。与真实购买过程相比，由于这类产品价格敏感性测量调查过多地重视了价格在购买决策中的作用，最后往往导致了测量结果的偏差。店内实验的成本太高，在大范围内进行也不切实际。在这种情况下，管理部门最好做一些店内实验以及相应的模拟购买调查。如果说后一种调查方法中的偏差比较稳定的话，这种调查就可以应用在进一步的研究中，但前提是根据该调查结果与店内实验结果的差值对其做出调整。

当开发的产品是像电视或复印机这样的高成本的耐用消费品时，店内实验就不实际了。这类产品使用实验室购买的研究方法倒是要实际得多，因为这种研究方法对实验有一定的控制，所以只要有少量的购买就可以推导出一些结论，但是对于销售规模较大的产品，该方法的成本会很高。幸好高价值的产品也通常是消费者在购买时对价格比较重视的产品。事实上，由于开销较大，他们通常会仔细考虑购买的各个方面。因此，对于这类产品来说，用简单的实验室购买实验或者模拟购买调查来对价格敏感性进行预测，结果都会比较准确。就算是购买—反馈调查也可以发挥作用，找出潜在客户可以接受的价格范围，虽然我们不能太相信不同价格水平下的销量估计值。

产品上市一段时间后，就可以用历史数据来进行分析了。如果管理者执行营销决策的方式能提高销售数据的研究价值，这些历史数据的作用就更大了。比如，如果价格的变化有时是伴随着广告的变化，有时不是，那么销售数据就很能说明问题，研究人员可以将不同因素对销售的影响区分开。在调整历史数据时，导致实际数据失真的一些非常事件（如竞争对手的卡车司机罢工导致其货物运输不畅，而本公司产品销量大增）也是很有用的。而且管理人员在和购买者交谈或观察购买者时，也要时时在脑海中回顾那些对研究人员使用历史数据有帮助的问题：购买的周期有多长？当预期价格上涨时，购买者会额外购买多少产品用来囤积？即使历史数据中有太多的随机变量，从而没有把握得出确切的结论，但这些数据还是指出了价格与销量，或与其他营销变量之间的一些可能关系，这些关系可能也值得使用其他一些研究方法来进一步分析。

■ 小结

对价格敏感性的量化估计并不是了解产品购买者特性的捷径，比如他们是什么样的人，他们是如何购买的及他们为什么做出这样的购买决策。管理者对于价格敏感性的判断通常来自于主观观察，客观信息是对主观观察的一个补充，而对价格敏感性大量的估测则是客观信息的一个重要来源。作为一种重要补充，它们能大大提高管理者判断的准确性，并增强公司定价的有效性。

各种测量方法在其针对的测量变量和需要的测量条件上各不相同。测量的变量可以是实际购买，也可以是购买的偏好或意向。因为研究的最终目的是预测客户的实际购买，所以以实际购买数据为基础的研究一般来说也就比对偏好和意向的研究要更可靠。遗憾的是，收集与分析实际购买数据的花费更高，耗时更长，而且对那些还没有完成开发、无法立即投入销售的产品来说是完全不可能的。因此，大多数对价格敏感性的研究都是向潜在顾客提出一些有关偏好与意向的问题，再从其答案中推测购买行为。

定价研究的范围包括那些完全无控制的实验，到那些实验者几乎完全控制了所有可供选择的产品、价格和客户接受的信息实验。虽然实施高度控制的实验研究方法比无控制研究的成本要高，但通常这些增加的花费都是值得的。实际购买的无控制研究得到的数据会由于价格的变化太少、其他变量变化太多而损失一定的有效性。另外，人们的回答不够真实，或是不记得同类竞争产品的价格，都会造成偏好及意向的无控制数据的偏差。与之相比，有控制的店内购买实验和复杂的实验室购买实验对实际价格敏感性的预测就准确多了。即便是对偏好和意向进行的实验，在控制加强后，可信度也得到了保证。特别是取舍分析法，至少在预测价格敏感性在多大程度上仅由价值效应决定的时候还是很实用的。

选择合适的测量价格敏感性的方法要看产品处于何种发展阶段。如果产品还处在概念或模型阶段，那么唯一的研究方法就是测量购买偏好与意向。取舍分析法在这一阶段最能发挥作用，因为它能对产品各个性能的价值进行区分，从而帮助厂商决定哪种性能组合的盈利能力最好。如果产品已经准备上市了，那么店内或实验室购买实验更为合适，因为这些方法能够更真实地模拟实际的购买环境。当产品上市一段时间后，如果管理部门经常监控销量，并令价格独立于其他营销变量而改变，那么利用实际购买数据进行估测并不昂贵。即使实际的数据并不能提供结论性的结果，它们也能揭示出变量间的一定关系，并可以进一步用其他方法来测量验证。

　　不论用什么方法测量价格敏感性，对管理人员来说重要的一点是不能让测量结果代替管理判断。有些预测值的准确率很低，盲目地依赖它们是很危险的。管理者必须了解价格弹性估计值的合理范围，以及影响价格敏感性的因素，还必须对估计值的可能范围有整体上的认识。管理人员应该基于对购买者及其购买动机的了解，形成自己的预期，并且应该经常将预测值与自己的预期进行比较。如果发现不一致，那么就要重新审视测量方法和自己对购买者的认识。测量数值的准确度很大程度上依赖于指导测量过程的管理判断的准确性。了解购买者的管理人员如果合理应用他们这方面的知识，例如，（1）选取能代表产品消费市场的消费者样本，（2）辨别并解释可能掩盖某一效应的一些外部销售变化情况，（3）提供信息以将价格影响从与其同时变化的其他变量的影响中分离出来，（4）确认一个合适的统计模型或实验架构，（5）为调查研究提供适当的产品说明等，他们就能获得更为准确的价格敏感性估计。

第13章

道德和法律：理解定价的限制性因素

在做出定价决策时，成功的战略决策者不仅需要考虑盈利问题，还必须考虑决策是否与道德和法律相符。遗憾的是，在这两个方面我们往往都缺乏好的建议。一方面，一些并不擅长反托拉斯法的律师们往往过于保守——他们常常建议公司不要涉足那些仅有极小可能违法或受到调查的活动。事实上，要制定一项既保证获利又具有防御性的定价政策，我们只需对有争议的定价政策进行一些良性变通就可以了。另一方面，那些迫切需要完成季度目标的销售人员经常会完全忽略道德和法律限制，而这种行为常常会导致公司陷入代价高昂的法律诉讼或公众舆论的谴责中。本章的目的是提高人们对于道德和法律的认识，并增强分析他人意见的能力。

■ 定价中的道德限制性因素

"也许在管理活动中，没有一种活动像定价那样难以在道德方面精确地描述，公平地评价，并做出实际有效的规定。"[1] 这句经常被引用的评论道出了定价策略的道德矛盾。即使对于那些侧重利润的研究者，有些也认为除非不同价格反映了不同成本，否则差异化定价是不道德的；而另一些人则认为除非定价遵循"价格等于或与收益成正比"的原则，否则就是不道德的。[2] 因此，与营销领域的其

---

[1] Clarence C. Walton, *Ethos and the Executive* (Upper Saddle River, NJ: Prentice Hall, 1969, 209).
[2] William J. Kehoe, "Ethics, Price Fixing, and the Management of Price Strategy," in *Marketing Ethics: Guidelines for managers*, ed. Gene R. Laczniak and Patrick E. Murphy (Lexington, MA: D. C. Heath, 1985, 72).

他问题相比，定价的道德限制问题很少被提及，即便有，也只是谈论如价格欺诈和协议价格等较为简单的问题。① 那些很少被谈论的如盈利的策略技巧等问题，则要复杂和难处理得多。

本书旨在帮助管理者从其产品和服务创造的价值中获得更多利润。在很多文化背景下，特别是对那些宣扬道德原则的人，该目标不免受到道德谴责。尽管这种从道德角度质疑利润最大化的观点曾为很多人所接受，但在过去的三个世纪中，资本主义的成功和集体主义在物质分配上的失败导致该观点在人们当中的普遍程度不断下降。然而，目前仍有很多人（包括商务从业人员和教学人员）认为仍然有很多合理的道德规范来限制利润最大化定价策略的制定。

在模棱两可的情况出现之前，很重要的一点就是你和你的客户都要明白这些道德标准。我们可以从图13-1中列出的道德限制因素开始。读者应该明确自己及自己所从事的行业的道德约束，并同时判断他人（家庭、邻居及社会团体）是如何看待这样的态度和立场的。

图13-1　什么时候定价是符合道德标准的？道德限制

层次	交易是道德的，如果……	隐含信息
1	价格是自愿支付的。	"让购买者自己小心。"
2	"……并且建立在双方信息对等的基础上。"	销售之前要全部披露（二手车的缺陷，吸烟的危害）
3	"……不利用购买者的'基本需要'达到目的。"	对"基本必需品"（如抢救药物）没有额外利润要求。
4	"……并且对成本而言是合理的价格。"	没有建立在价值基础上的细分定价。即使对非必需品，也没有因为货物短缺额外加价。
5	"……不管收回成本的能力如何，都要平等地对待购买者。"	各尽所能，各取所需。

绝大多数人都会反对零道德限制。在零道德限制下，销售者可以随意设定价格和价格条款，并强加给购买者。犯罪组织收取"保护费"在全世界范围内都是一种遭到谴责的行为。如果我们有一个只有一个企业的城市，那么迫使员工从"企业直属商店"来购物，那么这个企业行为的性质比犯罪组织收取保护费也好不了多少。甚至当政府自身作为卖方强迫人们根据其制定的价格（税率）购买商品和服务时，大家通常也会谴责这种行为，除非人们有权影响这些交易条款的制定。在反垄断法出台之前，人们还使用类似的道德标准谴责"托拉斯"，它们

---

① Kehoe, "Ethics, Price Fixing, and the Management of Price Strategy," p.71.

通常运用超低的价格将竞争对手逐出市场。托拉斯通过排斥同类产品，使消费者不得不购买他们的产品。

道德规范的第一个层次就是所有的交易都是自愿的，这一点需要体现在所有运行良好的竞争性市场经济中。早期资本主义经济体和一些当今最具活力的资本主义经济体（例如香港）允许满足这一标准的任何交易。在20世纪之前，美国境内几乎所有的经济交易都遵循"货物出门概不负责"的法律原则，即"让购买者自己当心"。在这样一个市场中，人们经常对已购买的产品感到后悔（例如，昂贵的品牌手表实际上是便宜的假货，或购买的股票价值被高估）。但在另一方面，由于在取得经营许可、品牌以及经营披露方面不需要支付高额的法律成本，所以即使对穷人来说也有很多新的商业机会，这使失业率几乎可以忽略不计。

道德规范第二个层次提出了更为严格的标准，即使是自愿交易，但如果有人从不对称的信息中获利的话，这种交易也会受到谴责。卖家出售一辆二手车而没有透露该车的已知缺陷，隐瞒使用一种产品的已知风险，或者在说明产品优势时误导消费者，在这一道德标准下，这些行为都常常遭到谴责。因此，很多人都会谴责佛罗里达向外地人高价卖地或向穷人出售彩票，因为销售者预见到这些潜在的购买者缺乏（或根本无法处理）做出明智决策所需要的信息。由于卖方很自然地比大多数消费者掌握更多关于产品性能和优势方面的信息，他们可能应该有道德责任和义务完全、准确地公开这些信息。[1]

道德规范第三个层次提出的标准更为严格：卖方从那些消费者没有太多选择的"必需品"销售中获取的收益不应该超出"公平"水平。这一原则经常被这样陈述："任何人都不应当从他人的不幸中牟利。"因此，即使是名义上的资本主义社会，有时也会强制对房租和药品以及医疗费用实行价格控制。虽然这一层次的道德规范水平并没有被写进法律，但它的拥护者会谴责那些在电力供应不足时提高冰价，或在台风过后提高木材价格的厂商，因为在这些情况下，上述产品的需求都会猛增。

道德规范的第四个层次将第三层次的标准推广到所有产品当中，不论这种产品是否有多种替代品，或者不是大家认为的"必需品"。只有当利润能促使公司和个人做出为社会弱势群体谋利的决定时，利润在道德上才是合理的。[2] 只有当

---

[1] Manuel G. Velasquez, *Business Ethics*, 3rd ed. (Upper Saddle River, NJ: Prentice Hall, 1992, 292-283).

[2] Tom L. Beaucamp and Normal E. Bowie, *Ethical Theory and Business*, 4th ed. (Upper Saddle River, NJ: Prentice Hall, 1993, 697-698).

价格的设定能让资本和技术的供应者得到报酬，并促使他们去改善那些不幸之人的福利时，利润在伦理上才是合理的。通过利用独特的技术、伟大的创意或突出的效率（被称为"经济寻租"）获得的利润在该道德规范下也是令人质疑的，除非能够证明每一个人，或至少是最有需要的人，都可以从允许这些利润中获益。例如，一家高利润的公司比其他竞争对手的定价低，而工作条件却更好。从投机活动（低买高卖）中获利，或者通过细分定价（向不同的消费者收取差异价格以获得不同水平的收益）牟利都会被谴责，除非这些价格差异确实能反映成本的不同。

道德规范的第五个层次是最极端的道德限制，与市场是不一致的。在一些"原始"社会里，每一个人都被迫和部落里不那么富裕的人分享财富。"各尽所能，按需分配"是马克思主义社会和另外一些受人尊敬的道德哲学家的伦理信条。确实有些人试图将其付诸实践，但人类从根本上来讲是利己主义者，这种"各尽所能"的尝试最终都无功而返。但是，在家庭以及自己挑选的小群体中，这种道德准则可以是很成功的。在一些社会服务团体和宗教组织里，成员们经常为了共同的利益而一起工作并分享成果。即使在商业活动中，合伙制也是按在一定程度上分担损失、共享财富的。

对于经济交易中不同层次的道德规范限制，我们需要确定这些限制对于个人和社会可能导致的损失和收益。对把这些限制当成是一种标准的人来说，这些不同层次的道德限制对物质及社会福祉有什么样的影响？应该在不同的背景下使用同一标准吗？例如，对于 B2B 市场和 B2C 市场的标准是否相同？当你进军国外市场时，如果当地竞争对手的道德标准高于或低于你的标准，你会调整自己的道德标准吗？在评估朋友、商业伙伴和政治代表们所持的标准时，管理者们也应该问问自己，他们在商务活动中的道德标准和判断个人行为的道德标准是否一致。例如，当他们自己在过热的房地产市场上从大幅升值的房屋中获得了超额利润时，他们是否会谴责由于原油价格上涨而获得超额利润的石油公司呢？如果果真如此，是因为他们是伪君子，还是他们拥有持不同道德标准的正当理由呢？

在处理与他人的关系时，何种水平的道德标准才理想可行？对于这一问题我们虽然有自己的看法，并且会在不同环境下采用不同标准，但不论是我们自己，还是那些自认为是商业道德专家的人，都没有资格为他人做决定。每个人都应该做出自己的选择，并且承担其对个人和社会造成的影响。

无论每个人在道德方面对定价的看法如何，忽视定价方面的法律约束是一种愚蠢的行为。美国的反托拉斯法已经发展了很多年，它的发展既反映了公民对公司行为的道德评价，也反映了公司希望通过有关法律来限制更高效或更积极的竞争对手进入自己市场的心理。正如本章后面所讨论的，这些法律的意义随着时间的推移而变化，同时法庭的反应也是随着社会态度的改变和法官的不同政治观点改变的。

定价的法律框架

当制定定价决策时，决策者们要考虑的不仅是决策的盈利性，还包括其合法性。自19世纪后半叶开始，美国一直通过建立和加强反垄断政策来维护价格竞争。各项法令、规章和方针，以及无数的司法判决，都定义了何种行为是破坏竞争的定价行为，同时一系列规定的出台也使政府和私人团体能够对那些违反竞争定价行为的人加以追查。

在过去120多年间，美国反垄断法一直在对复杂且不断变化的商业环境做出反应，进而制定了一系列政策，并不断地对这些政策进行审查、质疑、延伸和修订。在过去的几十年里，美国这类法律的总体趋势是，从以经济假设为基础判断某种行为是否违反竞争，逐渐转变为根据表现出的经济效果来进行判断。这种变化趋势在很大程度上促进了现代定价的自由。当然我们也要承认，促进政策制定（甚至是时间落后以让法规与市场变化相衔接）的一个必要条件是不确定性。因为这种不确定性的存在，公司拥有了更多空间灵活地应对新旧挑战。

本节将要讨论的是定价法律的一些关键部分，主要关注其在全美范围内的一般适用性。[①] 由于美国在定价法律领域历史悠久，它已经成为包括欧盟和日本在内的世界其他地区相关法律的典范。例如，欧盟的反托拉斯法曾经施行了对中间商的地域限制，干涉了区域内的跨国贸易，但在2000年却宣布了安全港的合法性。[②] 这与20年前的美国一样，政府承认了在特定情况下，供应商有权控制产品的转售方式。

在美国，政府和私人团体都可以执行反托拉斯法。司法部被授权提起刑事和

[①] 专业化或特定产业的法律规定不在本书讨论范围之内。不过，联邦法律和各州法律的一般适用性是趋于一致的。对于反垄断问题（尤其是在定价方面），寻求法律顾问的帮助是明智的。本章的讨论并不能代替此类帮助。

[②] 参见1999 O. J.（L336）21（市场占有率为30%及以下的供应商可以使用安全港）。美国的法律并没有讨论供应商市场占有率的具体数值，但却要按照后面讨论的"合理原则"参考其总的经济影响。关于美国和欧盟反垄断法的更具体的区别，见脚注27。

民事诉讼，前者主要针对价格垄断和典型的卡特尔活动。① 同时，联邦贸易委员会以及一些私人团体也可以提起民事诉讼。② 民事诉讼原告往往是寻求法庭禁令来强制停止某些行为，而对于私人团体，他们更能以此寻求到三倍于其实际经济损失的赔偿（称为三倍损害赔偿），以及赔偿他们的律师和法庭费用。③ 尽管私人提出的反托拉斯诉讼的数量相比政府提出的要少很多，但是，大型的政府诉讼往往伴随着私人诉讼。

□《萨班斯—奥克斯莱法案》对定价实践的影响

出现安然和世界通讯这些众所周知的财务丑闻后，《萨班斯—奥克斯莱法案》成为了这些丑闻的直接产物———一项重要且全面的证券改革法案，并在2002年上升为法律。④ 该法案的主要目的是促成更准确的财务信息披露制度，同时还制定了报告和监督公司行为的责任衡量标准。该法案的影响是现在许多公司实践的定价和反托拉斯标准要比法案通过之前严厉许多。尽管《萨班斯—奥克斯莱法案》的大多数条款主要针对发行人⑤或上市公司，但是一些评论人建议，非上市的私人公司也应努力遵守该法案的要求。⑥

《萨班斯—奥克斯莱法案》尤其对财务审核和报告程序提出了更严格的规定。例如，法案要求公司的财务总监和首席执行官签署财务报告（例如公司季报和年报），并列举出了一系列违法行为，如明知财务报告违规仍然签署。⑦

---

① 违反国家主要的反垄断法（即《谢尔曼法案》）属于重罪。如果违法者是公司或其他团体，将被处以 1000 万美元的罚款；如果违反者是个人，将被处以 100 万美元的罚款或 10 年的监禁，或两者并用。15 U. S. C. § 1（2004 年，惩罚措施大幅加重）。《综合犯罪控制法》和《刑事罚款改良法案》的实施，18 U. S. C. § § 3571 – 3572，允许更严厉的经济处罚，罚款数额可以增加到非法所得的两倍或者受害人损失的两倍。而《联邦判决指南》也可以对惩罚施加影响。参见美国判决委员会《判决指南》，1991 年。

② 联邦贸易委员会没有《谢尔曼法案》的授权，但有其他包括《联邦贸易委员会法案》第五部分的授权，15 U. S. C. § 45。

③ 自 20 世纪 80 年代起，州律师也通常代表本州的公民起诉，通过全国律师总会的协调，积极要求在联邦范围内反托拉斯法的民事执行。

④ On July 30, 2002, the Sarbanes – Oxley Act of 2002, Pub. L.

⑤ 有法案如此定义"发行人"："术语'发行人'意思是一个发行人（正如 1934 年证券交易法的第三部分所定义的 <15 U. S. C. § 78c >），其证券在该法的第十二部分下获得注册（15 U. S. C. § 781），或者在第十五（d）部分（15 U. S. C. § 780 <d >）下要求文件报告，或者在 1933 年证券法下它提出或已经提出了还未生效的注册声明，并且它没有被撤回。" 15 U. S. C. § 7201（7）。

⑥ 例如，见 ABA Antitrust Section, Antitrust Compliance: Perspectives and Resources for Corporate Counselors 37 – 38 （2005）.

⑦ 15. U. S. C. § 7241; 18 U. S. C. § 1350.

该法案还规定了信息披露程序、内部会计管理机制以及举报条款，并阐明了如果对举报者实施报复行为，将面临罚款或判处 10 年以上徒刑，或者两者并用。①

尽管《萨班斯—奥克斯莱法案》的制定并不是为了要直接在定价领域来反垄断，但由于法案涵盖范围广泛，不可避免地会对定价产生影响。该法案在定价政策及相关领域最明显的影响是，涉及折扣、补贴与促销等资金处理的会计和公示程序都被严格控制，不论资金属于支出还是收入。因此，公司被要求将定价和定价行为的要求及准则纳入公司内部管理规程，编制相关行为文件，并且制定雇员报告内部违规行为的处理程序。

协议价格或价格激励

为减少或避免市场风险，商人们长久以来倾向于与竞争对手一起设定价格，或对分销商、经销商和零售商等下游渠道的定价施加命令或影响。长时间以来，美国的法律对这种行为的界定比较模糊。同时，我们现在也清楚地知道，竞争者们（共同影响市场价格的企业或个人）所能采取的行为显然是有弹性的，这其中最大的变化存在于分销渠道环节当中，如果处理方法得当，那么协议价格是合法的。

有两种类型的协议价格：横向协议价格和纵向协议价格。对于前者，竞争者在价格或在那些影响价格的销售条款上达成一致。在后一种协议价格中，供应商和分销商就产品的转手价格或与转售相关的重要条款达成一致。但是如果分销商（如独立的销售代表）并不拥有供应商的产品，而只是作为供应商的代理人进行活动，那么就不存在任何纵向的协议价格了，因为法律认为销售是直接发生在供应商和终端消费者之间，中间商只是起渠道作用而已。因此在这种情况下，供应商只是在制定自己的价格和销售条款。②

这一领域内最主要的法规是 1890 年颁布的《谢尔曼法案》的第一部分，其中规定禁止"任何限制交易的合约、联合……或者共谋"。③ 这里的合约、联合或共谋成立的必要条件是在两个或更多的个人或实体之间存在协议。因此，该法

---

① 18 U.S.C. §§ 1513–14.

② 类似的，当终端消费者的服务直接由供应商履行时，纵向协议价格也不适用于通过中间商销售的服务（比如手机服务），因为服务的所有权不属于中间商。实际上，中间商的角色就是供应商的销售代理。

③ 15 U.S.C. § 1.

律没有涉及单边的行为。① 而且，在横向协议价格方面，《谢尔曼法案》没有禁止只是模仿竞争对手的定价行为（被称作"有意识的平行行为"）。②

有时，协议价格的共谋存在书面合同或其他直接证据。但在大多数情况下，这种价格协议的证据只能从各方的行动中判断出来。虽然"有意识的平行行为"这一因素自身不足以证明协议的存在，但若统一步调的或相似的行为还伴随一个或更多的"其他因素"时，法庭就能发现同步性的行动。或许这些因素中最强有力一种是，如果个体单独采取某一被怀疑的行为时，它实际上会损害这些个体的利益，但是如果所有各方共同采取该行为，则均可获益，例如在供过于求的情况下，一致强迫客户接受不受欢迎的限制条件，或者统一提价。③ 另一个附加因素是当共谋的机会（通常表现为各个团体间的交流沟通）出现后，各团体采取了一致或类似的行动，尽管合法的商业解释会削弱这种机会与沟通作为证据的效果。④

发现协同行为后，下一步就是对其进行评估。案例法在《谢尔曼法案》第一部分的基础上做了进一步改进，它根据被控行为的性质需要两个层次的证据。一类行为被认为是属于"本身违法"，而其他行为则被认为属于"合理原则"。本身违法行为要求有证据表明被起诉的行为确实存在，并且确实造成了反垄断方面的损害。在判断行为是否属于合理原则时，则需要考虑第三个条件，即该行为是否不合理地限制了竞争。一般来说，本身违法行为较易证明，而合理原则较难界定，因为后者需要详细的经济分析，在促进竞争与限制竞争之间做出判断分析。当然，合理原则也给被告提供机会，让他们证明其行为的合理性，而在本身违法的情况下是没有这种机会的。

从历史上看，影响价格的所有协议都被认为是不合理地限制了竞争，并因此被认为是本身违法行为。然而在过去的 30 年里，美国最高法院将重点更多放在经济效应的论证而不是假设上，所以本身违法原则在横向和纵向定价问题上都发

---

① 这也是为什么代理销售行为和寄售（consignment）行为不受《谢尔曼法案》第一部分禁止协议价格限制的原因。在这里供应商保留着转售商所拥有商品的所有权，直到它们被出售给终端使用者。对供应商而言，这些都是单边行动，因为所有权从供应商那里直接流向终端使用者。

② 有关"价格信号"（一种促进有意识的平行定价的做法）的讨论请参见下文"其他定价问题"。

③ 参见《州际电路公司与美国政府诉讼案》《美国烟草公司与美国政府诉讼案》。当然，如果受质疑的行为和理性人的行为是一致的，或者被告没有理由参与共谋，那么，要找出证据会更困难。

④ 举例见关于婴儿食品的反托拉斯诉讼，166 F. 3d 112（3rd Cir. 1999）。另一方面，需要考虑申诉理由（对于公司从事了当前被调查的活动）的有效性，但是即使是这样一种做法的借口本身也不能使共谋成立。

生了变化。

☐ 横向协议价格

对横向协议价格来说，直接的价格垄断（竞争对手们在烟雾缭绕的房间里协议价格或操纵投标）本身就是违法的。这同样适用于间接的协议价格，在间接的协议价格中竞争对手间的协议是模糊的，如果在进行了详细的实际论证或市场分析后发现了这种模糊协议的证据，法院会判定某行为为违法的协议价格行为。①

然而，如果价格限制仅仅是某种促进竞争行为的偶然产物（有时被称为"偶然协议价格"），那么较为宽容的合理原则就可以适用。例如，美国最高法院运用合理原则，判定《美国大学运动联盟对董事会诉讼案》中，关于运动设备和程序的规则适用于该原则，但是对联盟内橄榄球队的电视曝光率的限制则是对产出的不合理限制，这种限制不合法地提高了价格。②

■ 转售协议价格或激励

☐ 纵向协议价格

在美国，纵向价格协议本身一度被认为是违法的，然而两起相隔10年的最高法院案例确立了我们今天所看到的法规：任何形式的转售价格（最高价格、最低价格或具体价格）案件须在联邦法律下根据合理原则裁决。1997年对"卡恩"案的决议推翻了29年前的原始案件，最高法院以此声明合理原则适用于裁定最高价格协议。另一方面，2007年对"丽晶案"的决议引起了更大的争议，该决议推翻了96年前的原始案件，将"卡恩"案的合理原则推广至最低价格（或具体价格，因为具体价格和最低价格的分析角度一致）。③ 或许是因为最高价格的效果是降低购买者的成本而最低价格或具体价格却是巩固高价，国会和州法院皆提交法案试图推翻最高法院对"丽晶"的决议，恢复使用本身违法原则裁定最

---

① 直接协议价格的案例，参见《美国政府与安德鲁斯诉讼案》，216 F. 3d 645（7th Cir. 2000）阿彻·丹尼尔斯·米德兰德（Archer Daniels Midland executives）。间接协议价格的情况，参见《美国政府与集装箱公司诉讼案》，393 U. S. 333（1969）。

② 468 U. S. 85（1984）。这一案例使得法院对《芝加哥期货交易所与美国政府诉讼案》的判决生效，246 U. S. 231（1981），它拥护一种交易规则，即收市后的交易应按临近收市时的市场价格进行结算。这一规则支持交易日日内的完全自由竞争，并且，即使这种规则固定了成员间的价格，也是有道理的。

③ State Oil Co. v. Khan, 522 U. S. 3（1997）; Leegin Creative Leather Prods. , Inc. v. PSKS, 551 U. S. 877（2007）.

低转售价格协议。但是到目前为止,仅有马里兰州的提案被制定成了法律。[1] 在这种情况下,评估合理原则的效果还为时过早,并且我们还缺少相应的经验证据来支持那种为了消费者权益而应该重返本身违法原则的论点。但是感性思维总让人们倾向于本身违法原则,这可能意味着国会将继续坚持本身违法原则或者其他州将加入马里兰州的"阵营",或者上述两种情况同时发生。[2]

但是,不管"丽晶"决议最终能否得到支持,到目前为止所有关于最低转售价格协议的立法工作都没有影响1919年最高法院对高露洁的裁定:没有通过协议(即单方面)设定的最高、最低或具体转售价格的行为不属于《谢尔曼法案》禁止的非法协议价格。[3] 因此,只要供应商和转售商之间在转售价格水平上不存在协议,供应商就可以宣布限定产品的转售价格(例如,确立最高、最低或具体价格),并拒绝向任何不遵从这一价格的转售商提供商品。即使转售商遵从供应商规定的转售价格,这其中也不存在任何非法的协议。在这个方面,许多行业的热门品牌产品生产商成功地阻止了中间商的折扣活动,这些行业包括例如电子消费品、家电、电器、运动商品、轮胎、箱包、手提包、录像机、农业供应品、电子检测设备和汽车配件行业等。

制定最低或具体转售价格政策的最常用理由是给转售商提供充足的利润空间,为转售商创造能够与供应商产品销售目标(如品牌形象)相一致的较好的销售条件。例如,供应商会希望转售商配备经验丰富的销售人员和产品陈列室,

---

[1] S. 148, 111th Con. (2009); H. R. 3190, 111th Con. (2009); Md. Commercial Law Code Ann. § 11-204 (b) (2009). 尽管仅有马里兰州正式将"丽晶案"的判决纳入州法律,但是许多州(如纽约州和加州)也大体上让本州的法律与联邦法律保持一致(在某些情况下各州会做出必要的调整)。受"丽晶案"的影响,纽约、密西根和伊利诺伊斯州的检察长根据联邦和州法律,在2008年对赫尔曼米勒公司(Herman Miller, Inc)提起诉讼,控告该公司涉嫌制定违法的最低协议价格协议。不过,该案件仅在四天后便通过"同意判决"解决。所以,不仅法院未来得及考虑与"丽晶案"有关的抗辩,该同意判决也不具有先例性价值。New York v. Herman Miller, Inc., No. 08 Civ. 2977 (S. D. N. Y. Judgment and Consent Decree).

[2] 由于对美国"丽晶案"的判决结果感到失望,加拿大随后立法禁止了任何形式的转售价格制定,并将价格侵害视为违法。具有讽刺意味的是,加拿大又在2009年将本国法律修改得偏向于合理原则。Competition Act, R. S. C., ch. C 34 (1985), § 76.

[3] 参见《美国政府与高露洁诉讼案》,250 U. S. 300 (1919); Leegin Creative Leather Prods., Inc. v. PSKS, 551 U. S. at 880. 高露洁案例是首例经过最高法院判决并允许公司采取此种行为的案例。从此,单边的纵向协议价格便被称为"高露洁准则(Colgate doctrine)"。严格来讲,供应商并非是在"制定"价格,而只是在"建议"或"推荐"价格,但是此类政策的结果与有效的单边价格政策相同。有关高露洁准则实际运用的详细讨论,参见Brian R. Henry and Eugene F. Zelek, Jr., Establishing and Maintaining an Effective Minimum Resale Price Policy: A Colgate How-To, Antitrust 8 (Summer 2003). 注意到在欧盟,任何协议形式的纵向协议价格(最高、最低或具体价格)都是违法的,并且也不存在类似的高露洁准则。

准备大量存货并提供优质服务。当然，此种策略也有助于供应商获取更高利润。而有时转售商也主动要求这种条件，因为它有可能帮助转售商避免价格竞争。只要在价格上不存在协议，那么转售商的这些要求即使被供应商满足，这类要求仍是合法的。[1]

定价政策的使用范围可以很广泛，也可以限制在一定的范围内，使用范围可以是单一产品，也可以涵盖供应商产品系列中的所有产品。同样，定价政策可以只应用于某些特定的、遭到价格侵蚀困扰的地理区域内或特定的流通渠道，定价政策也可以在全国范围内运用。在任何一种情况下，如果转售商违反定价政策，供应商必须停止向其提供相关产品，或者撤销一个产品系列或全部产品的供应。[2] 至于何时以及是否恢复供应则完全取决于供应商的单方面决定，尽管有时候警告、威胁和短期停止供应能够显现出双方达成了一定形式的协议。

为保持政策的有效性，供应商需要拥有强大的品牌力量或市场力量。否则，转售商不会费力地遵守政策，因为他们可以轻易地找到替代品。具有讽刺意味的是，畅销品是最容易被转售商打折的，因此，供应商的这种力量就显得更加必要了。另外还需要注意的是，转售价格政策在纵向上只能到达下一级分销渠道。如果所有的转售商都从生产商处购买，那么这种价格政策无疑可以贯彻执行。但如果大部分销售是通过多级分销渠道进行的，那么定价政策实施的有效性就很难保证。换句话说，一个生产商可以控制直接从他这里进货的零售商的销售价格，但是他不能控制从批发商那里进货的零售商的销售价格。为了应对这一问题，生产商可以"跳过"批发商直接向零售商销售，或者为了这样的销售目的，将批发商变为代理商。同样，也可以对直接和非直接的转售商使用同样的政策，但只允许批发商向"被认证的"转售商进行出售，转售商只有保证遵守定价政策，才能被列入"已通过认证"的名单。

转售价格政策是强有力的，但在法律范围内的管理政策的规则需要非常严格。执行这种政策要很小心，否则就会误入歧途。也就是说我们需要避免任何有关转售价格的协议，不应出现任何转售定价合约、遵守保证书和监督协议。上面提到的领域是法律雷区，因此对供应商雇员进行细致的培训至关重要。很多公司已经采用了这种低风险的方案，并收到了良好效果。

---

[1] 参见 Business Electronics Corp. v. *Sharp Electronics Corp.*, 485 U.S. 717, 726–27 (1988).
[2] 虽然在反垄断法上存在灵活性，但供应商撤回所有交易可能会引发转售商采用联邦或州政府的保护性条例，这些条例通常针对特定的行业（例如，汽车经销或者啤酒批发），尽管一些州拥有适用性更广的保护措施（例如《威斯康星州展销会经销权法案》，Wisc. Stat. § 135）。另外，除非适用的协议允许，否则，在合法的政策下撤销一种或多种产品也构成违约。

□ 直接交易方案

对供应商来说，另一种控制终端价格的方法是进行直销或代理销售。当供应商与终端用户在价格上达成一致，但终端用户无力承担产品运输费用或其仓储空间不足时，供应商可能会使用转售商的仓库来接剩下的订单：供应商可以选择寄售，或者在向终端用户销售前先购买转售商的存货，再出售给终端用户。在任何一种情况下，销售都是从供应商直接到达终端用户的。转售商成了供应商的存货仓库和运输代理人，并且只获取这些工作的酬劳。

当供应商已和终端用户谈好了价格，而转售商拥有货物的所有权时，供应商还有一个选择。在"转售商选择权"下，转售商可以选择按供应商制定的价格向终端用户出售产品，或者要求供应商寻找其他人来做这项工作。即使转售商同意在议定的价格上进行销售，该协议价格行为也不属于本身违法。这种行为被视为自愿，因此适用于合理原则范畴。①

□ 转售价格激励

除了通过协议、政策或直接销售来规定转售价格，一些供应商还选择提供财务或其他方面的激励措施（例如广告或活动补贴），来鼓励转售商以供应商满意的价格转售产品。尽管这些活动属于自愿行为，因而归于合理原则范畴，但是类似的激励仍然受到《罗宾逊—帕特曼法案》中价格歧视和促销歧视禁令的限制。②

在价格广告中，商家通常使用最低广告价格计划，尽管该理念也可以应用于最高限价和具体价格也是可行的。在该计划下，如果转售商在广告、产品目录或因特网上坚持某一价格，就可以得到广告活动补贴（通常以联合广告基金的形式）。③ 有些公司支付显性补贴（例如在转售商购买产品时给予一定百分比的折

---

① 这在一次性医疗产品领域中很普遍。有趣的是，供应商与大型连锁医院达成的价格可能比转售商从供应商那里进货的价格还低。但是，如果可以证明供应商有这样的销售行为的话，它就要用折扣来弥补差价。到目前为止，我们还不清楚"反丽晶"的立法会对直接交易方案或转售价格激励行为产生何种影响。不过，当最低价格协议被视为本身违法时，以上行为将根据"丽晶案"之前的合理原则判定，所以这样的情况还将继续存在。

② 15 U. S. C. § 13. 我们将在下一节讨论这条法规。在 1987 年以前，联邦贸易委员会认为促销方案中的价格限制是非法的，但是现在这种观念已经改变了。

③ 当然，这种操作如果做得太过分也会受到攻击，例如录音机的 5 家主要供应商就面临联邦贸易委员会提起诉讼，指控他们在价格竞争中实行价格歧视。这 5 个供应商已经同意停播他们最低价格的广告。由于指控是以这种方式得到解决，所以，不存在真正的事实认定，并且它们也无法作为合法的先例。不过，它们提供了一定的指导，尤其是在相当罕见的情况中（比如行业中的许多公司同时使用相同的 MAP 计划），它们抑制了几乎所有形式的价格沟通。事实证明这会对行业定价产生负影响，并且无法证明它们促进了竞争。

扣），而有些公司采用隐性补贴，例如规定，如果转售商不遵守方案要求，就无法获得补贴并会面临涨价。后一种方法常运用在电子消费品中。

最低广告价格计划的一个变体是团体广告或价格分摊广告（即供应商赞助广告）。转售商只有同意在指定时期内用促销价格进行出售，他们的名字才能被列入广告名单之中。同样，渴望定价自由的转售商们也可以要求不被列入广告名单之中。鉴于其自愿性，这种方法也不是本身违法的。

另一个选择是目标价格折扣。转售商的转售价格与供应商制定的目标越接近，从供应商处得到的财务回报就越高。该方式需要转售商对销售点的销售进行报告。扫描设备的广泛使用使得这类销售数据在消费领域较容易获得。在工业市场上，这种方式也变得越来越普遍。

■ 价格歧视和促销歧视

虽然经济学家们认为向不同消费者索要不同价格可以保证市场出清进而提高市场效率，但是，美国的有关法律更关注于保持大量的销售者以保障市场竞争。因此，尽管价格歧视从1914年开始在美国就被视为违法，但是直到1936年《罗宾逊—帕特曼法案》修正了之前的法律，整个价格歧视领域才有了统一的裁定标准。[①]

该法案出台时美国正处于大萧条时期，它认定大公司的歧视性价格和歧视性促销是非法的，以此来保护小公司（向政府或"慈善"组织销售仅供其内部使用的商品例外）。[②] 与此同时，市场中开始出现通过内部增长或合并（如沃尔玛或固安捷）形成的当代有实力的大买家，同时供应商也不断提高给予终端客户折扣和补贴的效率，这些都迫使或鼓励卖家通过钻《罗宾逊—帕特曼法案》的空子来创造性地制定出一些合法的差别价格及促销活动。这种趋势会继续下去，尤

---

① 15 U. S. C. § 13. 有关价格歧视的规定见该法案2（a）部分，有关促销歧视的规定在2（d）和2（e）部分。Id. § § 13（a），（d）－（e）. 各州的规定都是参照联邦法律制定的。加拿大的法律也禁止价格歧视，相关法律于2009年颁布，根据公司是否滥用支配地位（即滥用支配地位是否有可能产生极大的反竞争效应）进行裁定。见《竞争法案》（Competition Act, R. S. C, ch. C 34 (1985)，§ § 76，77，79.）。在2007年，受国会特许的反垄断现代化委员会呼吁废除《罗宾逊－帕特曼法案》，但是最终未能如愿。参见 Antitrust Modernization Commission, Report and Recommendations, iii（April 2007）.

② 需要说明的是，供应商直接销售给政府或慈善组织（比如一个不以盈利为目的的医院）自用的产品将不受《罗宾逊－帕特曼法案》的约束。然而，如果供应商先向中间商销售，再由中间商向政府或慈善组织销售的话，中间商的销售不在该法案的约束范围内，但是此时供应商却受到该法案的约束。

其是随着分销渠道进一步的合并与发展（主要因电子商务而产生），它要求并回报那些更具差异化的销售。

同其他反垄断法一样，司法部、联邦贸易委员会和私人团体都可以就《罗宾逊—帕特曼法案》提起诉讼，但是执法部门近年来很少关注这一领域。事实上，司法部在这一领域内拥有刑事权力，但已经很久没有使用过了，而联邦贸易委员会在经过整个19世纪70年代的活跃期后，如今在这一领域内几乎再没有提起过有重要意义的诉讼。近期绝大部分的执法活动集中于与商业贸易有关的私人诉讼（在该法案下消费者没有起诉资格）。① 如起诉成功，原告有权获得反垄断法所规定的赔偿（三倍损失赔偿，聘请律师和诉讼的费用或强制令）。

□ 价格歧视

时刻牢记，价格歧视并不总是非法的。假设供应商进行跨州销售，如想证明在《罗宾逊—帕特曼法案》框架下，该供应商实施了非法的价格歧视，必须满足以下5个条件，缺一不可：②

1. 歧视。只要向不同的客户索要不同的价格，歧视即成立。然而，如果不同价格存在的原因是由于向所有或绝大多数客户提供折扣或补贴（比如当场付款能获得折扣），而一些客户选择不接受，那么就不存在歧视，从而也不需要进行调查。这被称为"有效性抗辩"。

2. 出售给两个或更多的购买者。不同的价格必须是针对合理的同一时期内两个或更多购买者，即允许价格波动的规则。换句话说，在法律框架下，不应比较价格波动较大的市场中两次时间间隔很长的销售行为。如果价格一般每年或每半年变化一次的话，那么1月份的销售可以和3月份的销售比较。

除此之外，报价不同不足以说明企业违反了法律，还必须证明在不同价格上发生了交易或制定了销售协议。例如，如果两个电力产品的分销商从生产商那里寻求特别定价以竞标某一项建设项目或设备集成项目，而只有一家中标，那么，如果生产商足够谨慎的话，他可以给其中一个分销商更优惠的价格，因为这样做

---

① 例如，为了解除上千家药品转售商提起的联合诉讼，一些制药公司支付了7000多万美元。这些转售商认为它们向保健组织和管理式医疗机构（managed care organizations）提供了更优惠的价格，其行为违反了《罗宾逊－帕特曼法案》，并且是一种协议价格的共谋行为；而另一些制药公司进行了激烈的抗辩，成功避免了大部分赔偿。

② 如果不满足一个或多个条件就不算违法。通常被忽视的问题是，如果转售商在州际商业活动中将产品销售给其他商业机构，其销售行为也应遵循《罗宾逊－帕特曼法案》。另外，法案第二部分（f），15，U.S.C. 13（f）覆盖了转售商或终端使用者的购买行为。

只代表供应商提供了两个报价但是只进行了一次销售。①

3. 物品。《罗宾逊—帕特曼法案》只适用于物品（法律上称为"商品"）销售，因此，服务（如电信业务、银行业务和运输业务）不包含在内。② 当一个供应商将物品与服务捆绑在一起销售时（例如，包含零部件费用的维修服务，或包含技术维护服务的计算机硬件），只有当物品的价值占主导地位时，《罗宾逊—帕特曼法案》才适用。同样，如果生产者为客户购买原材料，并生产和储藏产品的话，其中的物品可视为服务，只要客户在整个过程中保有物品所有权并承担损失风险。

4. 相似的等级和质量。被评判物品必须在实物上和本质上是相同的。裁决可以忽略人们的品牌偏好，但功能上的差异会作为区分产品的标准。在一个关键的案例中，最高法院宣布某制造商的品牌产品和私有标签产品的价格必须一样，只要后者在实物形态和化学成分上都与前者相同。③ 但案例法所指的区别有时过于武断，因为一些有实际意义的功能和外形差异确实导致了产品的差异性，由此带来的价格差异是合法的。例如，制冷能力相差较大的两个空调是不同的产品，尽管它们看上去是完全相同的。

5. 竞争性伤害的可能性。法律通常所指的伤害是以下两个层次中的一种。第一个层次被称为"基本界限"，它允许供应商因竞争对手的歧视性定价行为对其提起诉讼。但在这里法律也规定竞争对手的歧视性定价必须在其成本之下，其目的是将竞争对手逐出市场或损害市场竞争（这被称为"掠夺性意图"），而不仅仅只是为了增加市场份额。而且，在实施歧视性价格的竞争对手达到目的后（即将目标竞争对手赶出市场或对整个市场造成伤害后），市场结构必须有助于

---

① 参见 Volvo Trucks North America, Inc. v Reeder0Simco GMC, Inc., 546 U.S. 164 (2006). 在这种情况下，很多公司认为应该给两家同样的报价，从某种程度上说，这是一种比较保守的做法，一来可以回避交易关系风险，以免被获得不利报价的那一家得知原委，二来可以回避法律风险（向某一转售商提供优惠价格以帮助它获得项目，同时向另一个转售商收取高价）。另一方面，如果供应商希望为某一转售商提供优惠价格，它可以通过制定一系列购买政策来隔离不同的交易。而且，既然相互竞争的转售商面对同样的分层次的价格方案，那么该价格方案当然可以通过向那些达到一定条件的转售商提供优惠价格，帮助他们在竞标中获胜。

② 物品和服务的区别并不总是显而易见的。例如，印刷、广告和房地产都属于服务行业，尽管这些服务中包含了一些实体的东西。另外，非定制软件是一种物品（类似于书籍或音乐CD），而定制软件确是一种服务。在放松经济管制的时期，法院对于电力是物品还是服务存在分歧，并且该区分非常重要。鉴于《罗宾逊–帕特曼法案》不适用于服务供应商，他们所进行的价格歧视可能会导致其他反托拉斯法的诉讼，或违反特定的行业法规。除此之外，州法律能够覆盖服务价格歧视，例如在加利福尼亚州就是如此。参见 Cal. Bus. & Prof. Code § 17045.

③ 《联邦贸易委员会与Borden公司诉讼案》，383 U.S. 637 (1966)（浓缩牛奶）。虽然本案的结果与人们的直觉不一致，但是如果不同品牌意味着生产和销售的成本不同，在对同样的产品定价时就应该考虑这些不同的成本，依据是被称为"合理成本"的抗辩（我们将在本章后面讨论）。

其提高价格或者伤害市场以直接导致总产量下降。① 毫不奇怪，由于这种标准过于严格，在当代几乎不存在"基本界限"的案例。

更为普遍的是"次级界限"，受到供应商不公平待遇的客户（转售商或终端客户）可以起诉供应商的价格歧视。但是，法律仅规定相互竞争的客户必须被平等对待。如由于所在地或市场的缘故，客户不存在竞争关系，这种价格差别在《罗宾逊—帕特曼法案》之下是被允许的。很显然，如果这种客户区别不是自然发生的，它们就有可能是由纵向的非价格限制下的合同和政策所致。

□ 对价格歧视的防御

即便5个价格歧视条件同时满足，公司仍有3种防御方式来避免自己被判为违法价格歧视。②

1. 合理成本。 如果价格差异是建立在合理的成本差异基础之上，那么这种价格差异是被允许的。例如，船运的平均成本要小于卡车运输，尽管法律并不强制供应商将所节省的成本体现到价格上——这完全取决于供应商自己的意愿，但法律规定实际节约资金中的一些或全部可以传递给消费者，但是不能超出节省的部分。

一个困难的地方是根据销量所设定的折扣，尤其是对那种阶梯形，但每一层级间存在较大差别时。也许这种成本结构在很多年前被供应商采用时，确实反映了真实的成本差异，但除非成本分析随时保持更新，否则，计算出的折扣可能无法反映出适时的成本。商业的动态特性和这种辩护所需的精确度增加了申辩的难度，尽管复杂的作业成本体系可能会是一个很有潜力的方式。一些制造商会为每个客户制作客户损益表，并以此来调整他们的定价。

2. 应对竞争。 在防御时，如果价格歧视的确是为了匹配竞争对手向主要客户群提供的报价，或者是为了保持一贯的价格差异度，那么该价格歧视是被允许的。③ 在

---

① 与当今法律对实际经济效益的重视一致，最高法院在 Brooke Group v. Brown & Williamson Corp.，509 U.S. 209（1993）一案中大幅提高了该领域的门槛。参见下文对"掠夺性定价"的讨论。
② 注意，由于抗辩将举证工作由原告转移到了被告，所以，被告的法庭记录将更加重要。
③ 有时，供应商根据购买者在自己分销系统中的作用来给予交易折扣，这些作用从购买者为供应商提供的服务中反映出来。例如，批发商能得到比直接购买的零售商更低的价格，是因为他们提供了仓储功能，并承担了更多的信用风险。分销层次的区别对待既没有被强行禁止，也没有完全被《罗宾逊–帕特森法案》允许，所以如果出现有关价格歧视的争议，供应商也许可以证明这种区别对待是基于成本差异的或者证明它未损害竞争环境。即使两条抗辩都不可行，功能性折扣仍旧是合法的，只要这种折扣是对购买者（提供的服务）的合理补偿。供应商的危险做法包括：(1) 利用受终端消费者控制的中间商来掩饰折扣；(2) 中间商不仅作为批发商进行销售，同时还作为零售商进行另外的销售，但是，供应商为中间商的所有购买提供了批发商的折扣。

微观水平上，大多数管理者都对如何使用这种抗辩十分熟悉，尤其是当购买者告诉销售者其竞争对手提供了一个更低的价格时。然而，"应对竞争"也同样可以应用在宏观水平上，以证明像总量折扣这类策略的合理性：由于总量折扣在行业内已被广泛地接受，所以，为反映真实的成本节约而进行价格调整，将会导致客户的流失。

当然，这种防御还是最常用于微观水平上。遗憾的是，这意味着供应商需要依赖购买者来获取竞争对手的定价信息，但是此时购买者有充分的动机说谎。[①] 对此，一些公司向他们的销售人员提供详细的"应对竞争"的表格，该表格要求购买者填写竞争对手的发票等方面的信息作为竞争价格的证据。尽管这种类型的证据是有帮助的，但是只要销售者在作出决定时有合理的依据相信购买者所描述的竞争对手的价格——即使之后销售者的判断被证明是错误的——销售方就可以采用歧视价格。当然，能够证明歧视价格合理性的书面记录或电子记录还是有用的。

因为"应对竞争"是一种防御，所以除了那些要求特别价格的客户，公司没有义务向其他任何人提供这种价格。当然，精明的购买者会试图在合约或购买订单中加入类似"最惠国待遇"的条款，由此保证自己在任何情况下都能获得低价，而不管自己是否符合条款的要求。这样的条款也许会造成供应商在《罗宾逊—帕特森法案》下与合同法下的责任冲突。

3. 条件的变化。 即使公司在推出特价前一直使用全价，但在销售易变质的、季节性的、过时的或抵押商品时，仍可以制定特殊价格。

□ 促销歧视

《罗宾逊—帕特森法案》也禁止促销歧视，以防止变相的价格歧视。了解价格歧视和促销歧视之间的差异很重要，因为它们适用于不同的法律标准，并且尽管在某些方面对于促销歧视的限制更加严格，但总的来说促销歧视存在更多的灵活性。

价格歧视覆盖了供应商对转售商或直接购买的终端用户的销售，而促销歧视一般只涉及对转售商的销售。[②] 从历史上看，促销歧视广泛存在于消费品市场，

[①] 《罗宾逊–帕特曼法案》第二部分（f），15 U.S.C. § 13（f），禁止购买者有意地促使歧视性价格，但是这种规定在很大程度上是无效的，因为联邦贸易委员会的执行力下降了，并且供应商也几乎从不起诉他们的客户。

[②] 在某些特殊的情况下，《罗宾逊–帕特森法案》中的促销歧视条款还覆盖了购买供应商产品的工业生产商（见下面的讨论），但是大多数情况下，这些条件仅用于转售商。为了保持本节内容的连贯性，除非特别指出，否则，凡是从供应商那里进行购买的团体都被称为"转售商"。

而工业品供应商比较关注的总量折扣是归在价格歧视范畴下的。然而，由于许多工业供应商急需富有创造性的营销手段和对转售商效果显著的激励机制，他们开始面对相同的问题。消费品和工业品的供应商都开始关注他们的转售商如何出售他们的产品（促销歧视），而不仅仅关注转售商如何购买他们的产品（价格歧视）。

与价格歧视一样，判定促销歧视违法也需要满足以下所有条件：

1. 提供补贴、服务或便利设施。 这是指供应商为了鼓励各种促销活动，给予转售商广告活动或促销的补贴（如每促销一单位产品优惠 5 美元），或者提供服务或设施便利（如展示器材或免费舞台）。

2. 同转售供应商物品有关。 如同价格歧视一样，有关促销歧视的法律并不涉及服务领域。除此之外，促销歧视一般只适用于供应商对转售商的销售，而通常不适用于那些购买产品以供自己消费的购买者。同样，促销歧视不适用于生产某一产品所需的组成部分，例如用在烘烤食品中的糖，或者汽车工厂安装的音响系统。然而，如果转售商按照生产商的要求，对外宣传其成品使用（包含）了该生产商提供的零部件（原料）（如冰激凌使用了特定品牌的巧克力，或者重型卡车使用了特定品牌的车轴），并获取了生产商的补贴或者其他好处，则该行为可被视为促销歧视。

3. 未向所有相互竞争的客户提供成比例的平等促销条款。 同样，供应商并不需要同等对待所有客户，只需要同等对待相互竞争的客户。除此之外，供应商提供的服务或便利设施，或其规定的补贴标准，必须是"可获得的"，即对所有竞争转售商来说，服务或便利设施都是可以获得的（有时候，供应商有义务为客户提供替代选择）。换言之，如果转售商能够从促销方案中获利，但实际上它们并未选择该促销方案的话，供应商可以不负法律责任。① 例如，如果仓储式会员连锁店可以在报纸上做广告，但是它实际并未选择该方案的话，那么供应商就没有法律义务为报纸广告补贴提供一种替代方式。另一方面，如果供应商支付购物推车上的广告，但一些零售商由于商店面积太小而无法提供购物推车的话，供应商则必须为其推出一种可行的替代方案，例如海报或橱窗广告。

促销歧视标准的灵活性建立在这样一个事实上：竞争客户并非一定要获得相同水平的收益，这与价格歧视规则隐含的要求正好相反。取而代之的是，促销歧视要求"成比例的平等"，有三种方法来实现这种平等：（1）根据购买量或金额（如买一盒，得一美元——一种合法地有利于大转售商的方式）；（2）根据转售

---

① 当然，供应商也许仍然面临着交易关系问题。

商的促销活动成本（全国性商业杂志上一整页广告的花费高于地方性商务通讯杂志的广告费用）；(3) 根据促销活动对供应商的价值（专门推销供应商产品的销售人员创造的价值高于非专门的销售人员）。①

☐ 竞争性伤害，防御和间接购买者

在价格歧视和促销歧视之间还有其他一些不太引人关注的区别。对于非法的促销歧视来说：第一，并不需要产生对市场竞争的实际伤害就可以判定非法，这使其更像一个本身违法原则；② 第二，应对竞争是唯一的防御，而"成本合理性"和"环境的变化"与此无关；第三，如果供应商向直接购买的转售商们提供促销补贴的话，那么，它也必须向通过中间商购买促销商品的转售商提供促销补贴（通常，供应商会向最终转售商提供退款或者强行要求中间商"传递"促销补贴）。

■ 运用非价格变量支持定价目标

☐ 纵向非价格限制

在价格歧视和促销歧视标准中，《罗宾逊—帕特曼法案》只要求供应商同等对待相互竞争的转售商和直接购买的终端用户。出于这个原因（或者为了与其他价格目标或营销目标保持一致），供应商可能想要控制转售商之间的竞争程度，即"品牌内竞争"。在1977年，最高法院对喜万年一案的裁决在这方面给供应商提供了相当大的灵活性，它支持纵向非价格限制适用于合理原则，并且支持通过减少品牌内竞争来促进"品牌间竞争"，即竞争性品牌之间的竞争。③

因此，通过使用胡萝卜政策（财务奖励），大棒政策（合同约束），或者二者的某种组合，供应商可以将纵向限制强行施加到转售商身上，以管理分销渠道，为定价设计提供较大余地。从历史上看，工业品供应商偏好使用纵向限制及相关的更具选择性的分销方式，而很多消费品供应商（除了那些销售耐用品的）

---

① 在 *Guides for Advertising Allowances and Other Merchandising Payments and Services*，16 C. F. R. § 240 中，联邦贸易委员会认可了前两种方法，并且有意地忽略了第三种方法，尽管现实中存在支持它的案例。幸运的是，该"指导"并非法律，所以不具强制性。

② 就像价格歧视一样，对于购买者来说，有意地促使歧视性的促销补贴是非法的，但是，根据修改后的草案，只有联邦贸易委员会有权在这种情况下追查说谎的购买者。参见 15 U. S. C. § 13 (f)。

③ *Continental T. V.*，*Inc. v. GTE Sylvania Inc.*，433 U. S. 35，51 – 52（1977）。

则更倾向于广泛的分销渠道，并且在限制上没有那么严格。然而，网上销售和其他因素带来的挑战已经将更多的注意力转移到对产品转售形式的限制上。

宽泛地讲，有三种类型的纵向非价格限制，它们都适用于合理原则范畴：

1. 客户限制。 转售商并非能够随心所欲地出售产品，供应商有时规定转售商只能向特定的客户出售产品，或者禁止转售商向某些客户出售产品。例如，在工业品领域，转售商可能被要求只能向管道设备的承包商出售，或者被要求不能销售给那些"专属于"供应商或其他转售商的客户。在消费品领域，转售商可能被限制只能向通过因特网订货的客户出售产品，或者完全被禁止向这类客户出售。

2. 地域限制。 虽然设定地域限制是用来防止或阻碍转售商在一个地区之外进行销售，但地域限制也可以被视为一种市场限制。"独家分销权"对供应商而言实际上是一种限制工具，因为它允许一个特定的转售商成为某地区或市场（不管怎样定义）的（针对供应商全部或部分产品）独家供货商。另外，当转售商被规定只能在一个特定的地区或市场中出售产品时，它就受到了"绝对限制"。通过将独家分销权和绝对限制相结合，可以创造一个"密闭地盘"。换言之，如果供应商允许经销商成为某产品在俄勒冈州的唯一销售人，它就给予了该经销商独家分销权。如果经销商被限制在那个州进行出售的话，它就受到绝对限制，并且当绝对限制和独家分销权结合在一起的时候，它就拥有了一个密闭地盘。

从1968年起直到1977年喜万年决议颁布之前，纵向价格都被认为是本身违法。相应地，大量所谓的"次要限制"被建立起来，它们在定价方面的作用也许不像其他限制一样显著，但是仍旧可以使用。其中一个是"主要责任区"，它允许转售商在特定区域外销售，但是供应商希望转售商将精力集中到其指定的地理区域上。[①] 第二个是"利润传递"，它允许转售商在任何地方销售，但是为了中和"搭便车效应"，转售商必须和被其侵占了地盘的转售商分享它在这一地区的销售收入和利润。第三个是"场所条款"，将转售商的销售限制在供应商批准的地域内。尽管当销售是通过因特网、电话或传真进行时，场所条款会失效，但是当转售商需要以实体形式出现在某区域时（尤其在转售商们正进行合并的情况下），这种方法是有用的。

---

① 主要责任区的最佳合约或政策要求转售商在被批准对外进行销售前，应完成主要责任区的销量目标。而最糟糕的合约是使用毫无意义的"最大努力"条款去要求转售商在主要责任区尽最大努力销售产品。注意，如果供应商与转售商之间没有书面协议，供应商也许会运用书面政策来强行实施纵向限制。

3. 产品限制。 供应商没有法律义务向他们的转售商或终端用户出售任何产品，以下两种情况除外：一是当供应商受合同约束；二是（在一种相对更罕见的情况下）供应商是一个具有剩余生产能力的垄断厂商。① 换句话说，供应商可以决定向其转售商或终端用户出售何种产品，该产品也可以称为指定产品。通过这种方法，供应商可以通过限制向谁销售何种产品的方式来减少品牌内竞争或其他冲突。

除此之外，如果供应商禁止转售商或终端用户从其他供应商那里购买特定的或某一类型的产品或服务，那么它们之间就是独家交易。另外，"忠诚计划"（即财务等方面的激励）也可能打消转售商或终端用户从其他供应商处购买的念头。根据合理原则，问题的关键在于其他竞争性供应商是否被不正当手段排除在外。只要其他供应商能通过其他转售商或其他方法进入市场，那么独家交易就是合理的。②

从某种程度上来讲，搭售和独家交易具有相同的效应。③ 最极端的搭售要求打算购买某种心仪产品或服务的消费者必须同时购买其他不合心意的产品或服务。虽然搭售经常被视为本身违法，但是证明其违法的分析与合理原则所要求的很相似。④ 一旦产品或服务可以分开购买，即使分开购买的价格稍高，但只要仍处于合理范围之内，搭售就是合法的。

在合理原则下，强制交易是搭售的一个变体。强制交易要求转售商销售供应商的整个产品系列或指定的产品类别以避免转售商只挑选称心如意的产品来销售。注意，强制交易和搭售可以有效地把竞争对手的产品挤下货架。

☐ 非价格激励

为了鼓励期望行为的出现，供应商可以向关系良好的转售商或终端用户提供非价格激励，比如优先获得新产品的权利或者增强的技术支持。由于它们的非价

---

① 同样的规则适用于想变成用户并需要特定产品的非用户。
② 当垄断者运用忠诚计划来保护或扩展其垄断力时，它会触及《谢尔曼法案》第二部分 15, U. S. C. § 2. 参见 LePage's Inc. v. 3M（*Minnesota Mining and Mfg. Co.*），324 F. 3d 141（3d Cir. 2003），cert. denied, 124 S. Ct. 2932（2004）（捆绑折扣的使用）和 note 55 *infra*.。
③ 独家交易和搭售可能遭到调查，见《谢尔曼法案》第一部分 15 U. S. C. § 1（物品或服务）；《克莱顿法案》第三部分 id. § 14（只包括物品）；《联邦贸易委员会法案》第五部分 id. §45（物品或服务）。
④ 非法搭售的要素是：(1) 两种分开的产品或服务；(2) 一个（搭售）产品的销售以另一个（被搭售）产品的购买为条件；(3) 在搭售产品市场中，存在足够大的经济力量来限制被搭售产品；(4) 被搭售产品显著影响市场环境；(5) 供应商无正当的抗辩理由，例如互补功能或商业机密。

格特性，这种歧视性的奖励没有被《罗宾逊—帕特曼法案》所覆盖，尽管其他法律可能会包含该领域。① 但如果供应商对通常由客户承担的费用进行承担或补贴，则会引发《罗宾逊—帕特曼法案》的调查。

其他定价问题

掠夺性定价

掠夺性定价的概念是：制定一个超低价格，该价格可能会对公司本身的利润造成损害，但会对竞争对手造成更大的损害。采取这种行为的目的可能是对竞争对手过于激烈的竞争实施惩罚，或者是为了将竞争对手逐出市场从而消除竞争。

依据《谢尔曼法案》第二部分或《联邦贸易委员会法案》第五部分的规定，低于边际成本（或其可测量的替代变量，如平均可变成本）的长期侵略性定价可能受到垄断或尝试性垄断的指控。② 然而最高法院在 1993 年规定，成功起诉需证明采取降价的销售商准备随后用涨价来补偿降价造成的损失。③ 提供这种证明的巨大困难严重阻碍了对掠夺行为的起诉，并且支持了价格削减能促进竞争的假设。

价格信号

发送价格信号是指供应商以某种方式向他的竞争对手传达自己未来定价的计划。通过提前向消费者或媒体提供价格改变的信息，供应商可以促进（竞争对手与自己的）价格平行。在杜邦公司一案中，联邦贸易委员会判定该公司发送价格信号违反了反垄断法，而上诉法院却推翻了该判定，认为有意识的平行定价并不违法，除非它具有串谋、掠夺、强制或者排他的性质。④ 尽管人们会质疑信号发送为串谋提供了可能性，但是它确实也有合法的商业用途。依照上诉法院的规

---

① 在各州有关分销商、经销商或总经销商的特定法律中，供应商也许会被要求（在所有的交易中）基本上做到平等对待所有中间商，或者（如在威斯康星州那样）在没有特殊原由的情况下不轻易改变他们的"竞争环境"。参见 Wisconsin Fair Dealership Law, Wisc. Stat. § 135.

② 15 U.S.C. § § 2, 45. 垄断要求：(1) 垄断者在市场中具有垄断力量并且；(2) 有意获得或维持这种力量。而尝试性垄断包括：(1) 带有侵略性或排他性的行为；(2) 在相关市场中，具有特定的或掠夺性的意图（获取垄断地位）；(3) 一种危险的可能性，即被告将会成功。掠夺性定价的串谋行为可能会违反《谢尔曼法案》第一和第二部分 Id. § § 1, 2.

③ Brooke Group v. Brown & Williamson Corp., 509 U.S. 209 (1993).

④ E.I. Du Pont de Nemours & Co. v. FTC, 729 F. 2d 128, 139–40 (2d Cir. 1984).

定，价格信号可以合法地帮助购买者制定财务及购买计划。①

小结

合法地制定和执行定价战略是定价中很重要的一个方面。公司除了要面对政府可能采取的法律行动外，公司还可能被私人团体（通常是它的竞争对手或客户）起诉。如果司法部有证据证明公司的定价行为违反了反垄断法的刑事条文，那么公司就会面临罚款，公司管理人员也可能面临罚款、监禁等刑事处罚。当司法部或联邦贸易委员会胜诉时，公司会收到禁令，被禁止采取某些行动。而在由私人团体提起的民事诉讼中，败诉的被告除了被禁止从事这些定价活动外，还要以三倍的价钱赔偿原告的经济损失，并承担原告的律师费和诉讼费。即便反垄断的诉讼被成功驳回，公司也要承担大量的经济和管理成本，声誉也会遭受巨大的负面影响。

同时还要明确一点，法律并不是非黑即白的，尤其是在定价领域。在过去的几十年里，美国的法院将重点更多地放在了提供可论证的经济证据上，而不是依靠假设来发现违反垄断法的行为。的确，一旦公司明确了任务目标，如今的反垄断法给公司提供了较大的灵活性去制定替代性战略战术，这些战略战术的风险通常与公司愿意承担的法律风险和交易关系风险相一致。虽然做起来并不容易，但只要愿意做出调整和改变，公司在绝大多数情况下仍能找到解决问题的方法。

---

① Id. at 134. 当然，不是所有类型的价格信号都收到了良好效果。8 家航空公司和他们联合拥有的数据收集及发布公司曾经遭遇了一个由司法部提起的有关计算机化系统（该系统用于提前通知各家公司票价的变化和促销活动，而且该系统能够修改或撤销之前的通知）的协议价格诉讼。*Airline Tariff Publishing* Co., 1994 - 92 Trade Cas. (CCH) 70, 686 (D. D. C. 1994) (all defendants, except United Air Lines, Inc. and USAir, Inc.); 836 F. Supp. 12 (D. C. C. 1993) (United and USAir). 站在政府的角度，这种数据交换的非公开性和航空公司的操作模式，等同于让这些公司在同一房间里进行直接商量。